Del Antijudaísmo
al Antisemitismo
en el I y II Milenio EC.

Enrique J. Dunayevich

Del Antijudaísmo al Antisemitismo
en el I y II Milenio EC.

NOTAS AL PIE Y ANEXOS
Las notas al pie y anexos de esta edición
han sido publicados online en forma separada
para su descarga y consulta gratuitas
en el sitio web del autor:

www.enrique-dunayevich.com.ar

Dunayevich, Enrique
Del Antijudaísmo al Antisemitismo en el I y II Milenio EC. 1a ed.
Buenos Aires : Catálogos, 2013.
320p. ; 21x15 cm.

ISBN 978-950-895-325-4

1. Sociología de la Religión. 2. Judaísmo. I. Título
CDD 306.6

Tapa: Yamila Stilman - Ariel Piluso
Diseño interior y diagramación: Ariel Piluso
Correctora: Silvia M. Biancardi

ÍNDICE

E.J.Dunayevich

PREFACIO

En nuestra búsqueda del rol de los judíos en la Historia hemos encontrado una respuesta orientadora en el trabajo de Abraham León y su Teoría del Pueblo-clase. Una teoría que, además de portadora de un nombre que induce a equívocos, ha sido frecuentemente ignorada o mal interpretada. Un rechazo que comparten no pocos judíos sensibles a la consuetudinaria incriminación antisemita que los identifica con el comercio.

Para numerosos historiadores y estudiosos, A. León habría sostenido que los judíos eran un pueblo casi exclusivamente de comerciantes. Con un enfoque maniqueo y engañoso, esos historiadores, empeñados en negar esa "inveterada" costumbre de endosar a los judíos tan "ignominiosa" actividad, han creído que para descalificar las afirmaciones de A.León, era válida la igualmente equivocada enunciación de que los judíos en sus actividades nada se diferenciaban de las poblaciones entre las que vivían.

Se hizo necesario aclarar en qué medida los judíos ejercieron el comercio, las circunstancias por las que se involucraron. Fue igualmente importante aclarar que, aunque los que se desempeñaban en el comercio eran una minoría, el ejercicio de esa actividad (y de otras afines) tuvo un peso relevante en la relación y en el desarrollo de los judíos en las sociedades en las que se desenvolvieron.

Sobre cómo a partir de un origen rural, los judíos se conectaron con el comercio, nos hemos referido en nuestro trabajo anterior, "Los Judíos en la Trama de los Imperios Antiguos".

En ese trabajo hemos mostrado como, en el Corredor Cananeo, el cuerno occidental de la Media Luna Fértil, lugar de paso entre los dos grandes centros de Cercano y Medio Oriente, los Imperios Egipcios y los Imperios Mesopotámicos, se dio el comienzo del desarrollo comercial judeo-israelita como eslabón de tierra de la navegación comercial fenicia. Cómo ese desarrollo en el encierro egipcio mesopotámico, encontró una salida con la expansión helenística que abrió el Camino de la Diáspora, Un camino que no comenzó (ni tampoco terminó) con la

9

destrucción del Segundo Templo.

¿Qué ocurrió con el judaísmo en el contexto del I Milenio y en la primera mitad del II Milenio? De ello nos ocupamos en este trabajo.

¿Qué pasó con el advenimiento del cristianismo? ¿Cuál era la posición de los judíos en la Edad Antigua Tardía en correspondencia con la irrupción del cristianismo? Para algunos, el antisemitismo nació con el cristianismo. Nuestra investigación nos llevó a conclusiones diferentes.

En primer lugar, el Conflicto de Alejandría, el Primer Pogrom de la historia, a partir de cuyo análisis se abrieron otros enfoques.

Durante los primeros siglos del I Milenio EC., cuando el cristianismo quería abrirse paso, tuvo lugar el enfrentamiento entre la Sinagoga y la Iglesia. ¿Cómo fue ese enfrentamiento? Como veremos, fueron esencialmente manifestaciones de antijudaísmo y no de antisemitismo. En la transición de la Edad Antigua Tardía a la Alta Edad Media y de ésta a la Baja Edad Media aparecieron situaciones en las que el cristianismo se vio en la imposibilidad de desplazar el judaísmo que insistía en sostener sus dogmas y principios en particular el de la venida del Mesías. Era necesario responder, entre otras, a cuestiones como las del judaísmo helenístico y su cuestionada actitud proselitista y el paso al encierro talmúdico.

En el I Milenio EC, con la revigorización de las economías naturales, de producción de valores de uso, los judíos en Europa a través del comercio siguieron cumpliendo un rol que les valió poder mantener privilegios de períodos anteriores: la *privilegia judaica*.

Las invasiones bárbaras, la caída del Imperio Romano y el nacimiento de los primeros reinos post-romanos fueron el comienzo de las economías feudales. Eran economías cerradas que se afirmaban a través de acciones militares y salían de las limitaciones de su estrecho marco productivo a través del comercio, una actividad útil y necesaria para su subsistencia. Una actividad gracias a la cual los judíos pudieron seguir manteniendo sus fueros. Fue un período de antijudaísmo y de latencia del antisemitismo.

Los últimos tramos del I Milenio y los primeros del II Milenio, en el comienzo del pasaje de las economías naturales a las economías de producción para el cambio, la naciente burguesía comercial cristiana entró en competencia con los comerciantes judíos. Con el desarrollo de esas economías de mercado, los judíos desplazados parcialmente del comercio, incrementaron su participación en el préstamo. En la confluencia de esas circunstancias y en su impotencia al no lograr el desistimiento mesiánico del judaísmo, nació el Antisemitismo Cristiano.

En los capítulos sucesivos de este trabajo hemos tratado de explicar cómo en esa conjunción se desarrolló la ideología cristiana del pueblo deicida que abrió las puertas a un antisemitismo activo.

Las primeras masacres (durante la primera Cruzada) tuvieron lugar en el inicio del II Milenio y recién tres siglos después, las expulsiones de Europa Occidental a Europa Central, de ahí a Europa Oriental y posteriormente a Cercano Oriente.

Las diferencias de contextos geopolíticos en Inglaterra y Francia con relación a los de Italia, Alemania y España explican por qué las expulsiones tuvieron diferentes características.

Esa etapa dio paso al período de la Edad Moderna, el de los Judíos de la Corte, el Iluminismo, la Hashkalah y la Emancipación. Un período que terminó en una nueva forma de antisemitismo, el Antisemitismo Racista.

La Shoah es el fin de un período. Podríamos decir que es el comienzo de un nuevo período. Solamente que es difícil hablar de un nuevo capítulo como si se diera vuelta la página de un libro, porque todavía hoy escapa a un cabal entendimiento.

Agradecimientos

Al Profesor José Emilio Burucúa que me ayudó a confiar que lo que me parecía una tarea descabellada, no lo era. A Federico Grassi que contribuyó con sus aportes a mis desenvolvimientos historiográficos, a Silvia Biancardi con las correcciones de estilo. A la Dra. Luisa Stigol con las conexiones norteamericanas. A Ariel Piluso, mi hijo, en el diseño y a Yamila Stillman por el diseño de Tapa.

A mis padres Moisés y Dora a quienes debo el haber podido ser y poder emprender.

I. EL FIN DE UNA ERA

Los últimos siglos de la Antigüedad, los primeros de la Era Común, presentan características de un interés particular para la comprensión de la Historia Judía; fueron los tiempos del Conflicto de Alejandría, primer conflicto antisemita de la historia y los del nacimiento y afirmación del cristianismo. A partir de ahí, con una Iglesia cada vez más agresiva a lo largo del I Milenio, en la primera mitad del II Milenio estallaron las persecuciones y expulsiones.

Las simientes del antisemitismo

En relación con el nacimiento del antisemitismo, cabe plantear cuestiones no pocas veces formuladas ¿El antisemitismo, es tan antiguo como el judaísmo? ¿Apareció con el advenimiento del cristianismo?

El helenismo en su expansión urbanística y comercial, creando centros y ciudades, movilizó pueblos de los más lejanos confines. Fue el período de aceleración de la Diáspora. Los judíos participaron en el intercambio, acompañando en forma sustancial el desarrollo; la colaboración los colocó en relación con otras comunidades, en un plano económico-social de nivel destacado. Fue el período en el que los judíos comenzaron a tener una importancia que no habían tenido hasta entonces. Una circunstancia que significó que empezaran a aparecer los prejuicios y falsedades que conformaron los pilares del antisemitismo.

La Diáspora, en los siglos IV y III aEC, se afirmó principalmente en Asia (Asia Menor, Anatolia y Mesopotamia) y en África (Egipto y Cirenaica). Cabe señalar que esa situación tuvo lugar dos siglos después de la destrucción del Primer Templo y tres siglos antes de la del Segundo Templo; dos hechos puntuales que la tradición considera relacionados con el comienzo de la expansión diaspórica.

En el ámbito de los dos grandes reinos herederos de Alejandro Magno (lágidas y seléucidas) los judíos, convertidos en socios menores de los helenos, devinieron sus colaboradores diligentes y confiables.

La ocupación de Judea-Galilea por los ptolomeos, así como a partir del 200 aEC por los seléucidas, aceleraron la helenización.

13

Los judíos constituyeron elementos valiosos para los propósitos del helenismo: participaron sin restricciones en la formación y poblamiento de nuevas ciudades (las Alejandrías, las Antioquias, las Seleucias).

Esa coyuntura que implicaba conveniencias recíprocas, los posicionó para la obtención de excepciones y privilegios relativos a la religión; las autoridades les garantizaban poder vivir de acuerdo a sus leyes ancestrales, no rendir pleitesía a los emperadores, ni incorporar su Dios en el Panteón al lado de los dioses de los otros pueblos conquistados.

Esas circunstancias fueron el caldo de cultivo que iba a ser particularmente favorable para el desarrollo del antijudaísmo que devendrá antisemitismo.

En ese cuadro, para los helenos, los judíos comenzaron a resultarles de una insoportable incoherencia. Desde su paganismo, veían la religión judía atravesada por una serie de "supersticiones' que no compatibilizaban con su culto naturalista.

No es pues de extrañar que a partir de esa situación se hayan desarrollado una serie de leyendas antijudías hostiles y calumniosas. Fueron numerosos los autores de filiación helena que difundieron fábulas e historias de contenido antijudío. Entre ellos, Manetón (siglo III aEC), sacerdote-historiador egipcio helenizado; Manaseas, presidente de la Academia de Alejandría, discípulo de Eratóstenes; además de Lisímaco, Ceremonón, Posidonio de Apamea y Diodoro de Sicilia.

Sus acusaciones conformaron los tres pilares del antijudaísmo:

-Que los judíos adoraban el asno o su cabeza.

-Que ejecutaban ritos holocausticos anuales como los asesinatos.

-Que eran portadores de pestes y horribles plagas, como las relacionadas con el Éxodo.

A partir del Siglo X EC, estos elementos se incorporaron, como armas básicas del Antisemitismo Cristiano.

El origen de la calumnia de la adoración de la cabeza del asno, que aparece en Manaseas, es indudablemente egipcio. Para los egipcios, las deidades con cabeza de algunos animales estaban dentro del Parnaso de sus dioses; pero así como para los judíos el asno era un animal de transporte y carga (que hasta los reyes habían usado), que para los griegos y romanos no despertaba ningún tipo de rechazo, los egipcios lo consideraban impuro y sucio. A partir de hechos o narraciones de la Biblia, implicancias de ese tipo se hicieron extensivas a otros animales, como el becerro y el cerdo.

Las delaciones de sacrificios humanos (que en la Edad Media se transformaron en muerte de niños o sacrilegios de profanación de la hostia), rituales basados en los holocaustos de animales en los pueblos de la Antigüedad, habrían sido tomados también de la Biblia (el sacrificio de Isaac o una transposición de la muerte de Abel).

Las imputaciones relativas a la difusión de plagas, pestes y otros males, en la Baja Edad Media se tradujeron en denuncias de propagación de enfermedades, de contaminaciones y de envenenamientos. En la religión judía los temas de la pureza y de la contaminación estaban particularmente presentes. La lepra era un flagelo que por su incurabilidad y el deterioro físico que provocaba, resultaba particularmente temible; el Levítico consagra dos detallados capítulos (el XIII y el XIV) a sus síntomas, a los procedimientos para reconocerla y al tratamiento de las ropas contaminadas. Pero la lepra no era el único motivo de preocupación ligado a la pureza. En la Biblia se habla de otras "impurezas": los flujos corporales del hombre y de la mujer, las leyes sobre los animales limpios o "inmundos" y otras "abominaciones" con sus correspondientes prohibiciones, leyes y expiaciones.

Los cuestionamientos no se reducían al campo de la salud y de la higiene, preocupaban también en el campo de la moral y de las costumbres. Yahveh y los Profetas habían clamado por el retorno a la pureza y sencillez de la vida pastoril y del desierto. Los Profetas habían luchado por recuperar al pueblo judío de la corrupción (el lujo y el confort) que el comercio habría implicado por el contacto con los cananeos. Esta preocupación también aparece cuando F. Josefo proclamaba la pureza de la raza de los fariseos ("casta sin mezcla y pura") o cuando los versículos del Deuteronomio (VII.3) reclamaban: "no contraeréis matrimonio con esos pueblos, no daréis vuestras hijas a sus hijos, ni tomaréis sus hijas para vuestros hijos" o cuando Esdras, con sus planteos separatistas, prohibía la unión con mujeres paganas. Todas esas leyes, normas y preceptos conformaron una rigidez en las costumbres y en la moral y configuraron la visión de que el pueblo judío hacía un sacerdocio de la pureza, que era exclusivista, que hacía culto de su separatismo, que era arrogante e intolerante: que "odiaba el género humano" (Tácito).

Cabe preguntarse ¿cómo y cuándo esos preconceptos se transformaron en fábulas y calumnias contra los judíos? Cuando las comunidades judías empezaron a dejar de tener la importancia y a perder el rol que habían tenido en el mundo helenístico. Fue en correspondencia con el comienzo del reflujo de la marea helenística en beneficio de los romanos, con la caída de la dinastía Antagónida en 168 aEC, de la Atálida en 133 aEC y de la Seléucida en 64 aEC cuando la toma de Jerusalén por Pompeyo. Las diferencias, las envidias, los rencores empezaron a emerger. Se abrieron viejas heridas que la violencia de la empresa asmonea había producido. "Tenían muchos motivos para odiarnos" dice F.

Josefo. ¿Y qué mejor respuesta, qué mejor reacción, qué mejor manera de lastimarlos que adjudicarles la propagación de las pestes a la que ellos tanto temían y de la que tanto se ufanaban de haber provocado? Si tanto pregonaban su monoteísmo (poco creíble entre los paganos, por lo abstracto), si tanto lo habían valorado al contraponer la inmaterialidad de su dios al culto de animales sagrados ¿por qué no atribuirles la adoración de dioses cuanto más ridículos y despreciables mejor? En cuanto al asesinato ritual, una calumnia difundida por Apión, ¿por qué no transformarlo en un holocausto humano o religioso?

A partir de estos elementos y de los cambios acaecidos en ese período, se puede entender la aparición del Antisemitismo Antiguo y su primera manifestación explícita en el Conflicto de Alejandría, así como su existencia, aún si latente, en la Edad Antigua Tardía y en los siglos inmediatamente posteriores de la Alta Edad Media.

Los judíos en Egipto

Para explicar el contenido antisemita del Conflicto de Alejandría, veamos la situación de los judíos en Egipto, durante el helenismo, su participación económica y social y su posición en el ámbito de la sociedad.

V. Tcherikover, de un indiscutido valor como historiador, no escapa a la generalidad de la mayoría de sus congéneres. En el *Corpus Judaicarum Papyrorum* sostiene que las actividades de los judíos cubrían el más amplio abanico de variedades: "desde el punto de vista económico no había diferencia entre los judíos y los otros pueblos entre los cuales vivían; no había una rama particular [de las actividades] que fuera de su monopolio". Es decir para Tcherikover, ninguna actividad sería exclusivamente, ni aún mayoritariamente judía; ni tampoco la mayoría de los judíos ejercían una determinada actividad.

En la *Trama de los Imperios Antiguos* hemos analizado las limitaciones de esas afirmaciones. El hecho es que, entre las numerosas actividades que los judíos ejercían, algunas, aún siendo minoritarias, los colocaban en situación de relevancia con respecto al resto de la sociedad. Los judíos a través de determinados sectores habían llegado a ocupar social, política y económicamente posiciones que los ubicaban a un nivel diferente con relación al conjunto de la sociedad, posiciones que hasta les habían posibilitado influenciar la cúpula gobernante.

En Egipto se había producido un gran desarrollo económico. Para gobernar el país, el estado ptolemaico necesitaba asegurar el control de la población y el manejo de la administración. Para ello debía contar con núcleos homogéneos con individuos suficientemente confiables.

Los extranjeros constituían una franja poblacional importante e ideal; eran más fiables que los nativos. En particular los helenófonos, griegos de habla pero extranjeros de nacimiento o de origen y los judíos, entre quienes el griego era el idioma corriente.

En relación con el problema de la seguridad, las *kleroukías*, las guarniciones de extranjeros que incluían a los judíos, constituían un instrumento válido para ese fin.

Había otra cuestión que el estado ptolemaico debía resolver: el manejo económico-administrativo. En Egipto se había desarrollado una organización altamente centralizada que incluía el sector rural, la producción manufacturera y el comercio exterior: era necesario funcionarios que pudieran cubrir esas actividades.

Tanto los griegos como los judíos, habituados a las prácticas del comercio y al manejo de la moneda, podían cumplir con esos requerimientos. Además los judíos, fieles a sus creencias y a sus compromisos con Dios, trasladarían esa fidelidad en lealtad a las tareas administrativas que les confiaran; una cualidad a la que los gobernantes lágidas se refieren en varias ocasiones.

Los judíos tuvieron así, una participación no despreciable en el aparato estatal ptolemaico. Ocuparon los más variados cargos, "desde las posiciones más elevadas e influyentes en la corte y en la administración lágida, hasta en los escalones más bajos como empleados de las aldeas" (V. Tcherikover).

La inserción de los judíos en la estructura lágida es pues incuestionable. Otro elemento para entender el Conflicto de Alejandría.

En la escalada del Conflicto

La llegada de los helenos a Egipto había dado lugar a una serie de situaciones contradictorias. Los helenos habían sido recibidos con beneplácito por los egipcios; habían aparecido como libertadores frente a la agresividad de los conquistadores persas.

Los judíos, en relación con los nativos no eran 'ocupantes' como los griegos, eran tan extranjeros como los sirios y los pueblos mesopotámicos, pero su situación social y económica y sus privilegios dieron lugar a sentimientos y actitudes negativas. Además de las celebraciones de Pesah, en las que la conmemoración de la liberación de la esclavitud en Egipto tuvo que haber incidido en las relaciones con los nativos, la sangrienta expansión asmonea había dejado una impronta de odios y de rencores.

Las posiciones de importancia que fueron conquistando, unidas a

17

los privilegios y a sus actitudes intransigentes, los fueron colocando en situaciones discordantes con el resto de la población y se fue creando una atmósfera de tensión cada vez mayor. Los privilegios, escribe L. Poliakov, "constituían fuentes de celos y de conflictos posibles".

No solamente llegaron a ser protegidos, sino también protectores de los reyes ptolemaicos. En *Contra Apión*, F. Josefo escribe: "Ptolomeo VI y Cleopatra II confiaron a los judíos todo su reino". Aunque esta afirmación sea más que exagerada, no deja de ser parcialmente válida en cuanto fue durante el reinado de la pareja lágida que se estableció el "estado judío de los Onías" en Leontópolis y allí se construyó un Templo. Fueron igualmente los Onías los que intervinieron en las luchas dinásticas apoyando a unos y luego a otros.(1)

No hay duda que esas situaciones de poder fueron percibidas por griegos y egipcios. Más aún, si tenemos en cuenta que, independientemente de las luchas dinásticas, durante Ptolomeo VIII Evergetes II, existieron levantamientos nativos en los que es más que probable que la represión haya estado a cargo de las legiones de los Onías, en buenas relaciones con Evergetes II. De todas maneras para los alejandrinos (griegos y egipcios) la situación no quedaba reducida a una cuestión puntual con los Onías; los judíos aparecían como capaces de interferir en forma decisoria en el destino del país.

A ese cuadro debemos agregar otra situación conflictiva: los griegos tenían una participación comercial importante; la competencia entre los ocupantes y estos judíos 'extranjeros' pudo haber sido fuente de diferencias y de entredichos, en particular los judíos en tanto pequeños comerciantes (*emporoi*) eran para los sectores populares falseadores del "justo precio".

Con la ocupación de Egipto por los romanos comenzó a producirse un cambio que va a modificar el cuadro de tranquilidad relativa de la comunidad judía alejandrina.

A comienzos de su entrada en acción en el mundo mediterráneo, los romanos habían buscado el apoyo de los sectores y pueblos que pudieran servir a sus propósitos de expansión y dominación. Su política con relación a los macabeos como paso previo al desplazamiento de los seléucidas, constituye un ejemplo.

Pero la política de Roma fue cambiando. Dada su extensión, el imperio había llegado a límites que resultaban difíciles de ampliar y aún de controlar. El intercambio empezó a dejar de tener el rol activo y expansivo que había tenido hasta ese momento. El comercio fue cada vez más pasivo, se fue reduciendo en importancia; las importaciones fueron limitadas a los productos faltantes que las clases altas requerían y los ingresos, a prácticamente el cobro de altos tributos a los países dominados. El abandono de la política comercial romana anterior, se tradujo en una modificación de la relación con los judíos. Su rol (de los judíos) no entraba dentro de lo que hoy llamaríamos su "política de estado". Ello implicó una falta de interés, o si se quiere, un interés 'oscilante' por las comunidades judías, que quedaban libradas al juego de situaciones coyunturales.

Quedaba en pie la necesidad de asegurar el dominio de los países bajo la dependencia de Roma. En Egipto, los romanos, a quienes los egipcios habían visto como liberadores (como anteriormente cuando la llegada de los helenos), no dejaban de ser invasores y extranjeros; por eso los romanos no podían contar enteramente con ellos. La comunidad helena en conjunto tampoco encuadraba enteramente dentro de los objetivos romanos: era demasiado amplia y heterogénea. Pero dentro de ella el núcleo de los griegos, fuertemente arraigados, con varios siglos de participación en las estructuras de dominación y ahora, no siendo ocupantes, en buenas relaciones con los egipcios, podían proporcionar el apoyo que los romanos requerían y suministrar los cuadros para la administración local. En cuanto a la comunidad judía, estaba demasiado comprometida con la administración ptolemaica destituida y por otra parte, no ensamblaba con la nueva política romana. Así los judíos comenzaron a ser reemplazados por los griegos tanto en los servicios públicos como en numerosos y variados cargos en la administración.

A pesar del deterioro que la nueva política implicaba, los romanos inicialmente no establecieron nuevas disposiciones, seguían manteniendo el estatus legal judío. Esta circunstancia incrementó la irritación y desconfianza con relación a los judíos, por parte de griegos y egipcios. A esta situación, se agregaba la difusión de propagandas antisemitas que habían comenzado a aparecer con más de un siglo de anterioridad.

El primer pogrom de la Historia

A los comienzos del Principado, la laografía en 23/24 aEC fue la piedra de toque para el inicio del Conflicto. Era un impuesto que debían pagar los residentes de Alejandría que no fueran ni romanos ni ciudadanos de la ciudad. Los griegos, ciudadanos de Alejandría, estaban pues exentos. Los judíos consideraban que el *politeuma*, la institución comunitaria que los autorizaba al ejercicio de sus actividades tanto religiosas como civiles les acordaba el privilegio de la ciudadanía. Era una situación confusa que en el clima favorable de los lágidas, los judíos no habían sentido necesidad de aclarar. Por otra parte no eran conscientes de las fluctuaciones de la todavía no bien definida nueva política romana.

El malestar se incrementó cuando la comunidad se vio castigada por los despidos, el licenciamiento de los cuerpos de legionarios judíos y la disolución del ejército de Onías a causa de la decisión de los romanos de utilizar fuerzas propias para las acciones de control. Además, el nuevo impuesto, colocaba socialmente a los judíos al nivel de los egipcios nativos. Para los sectores altos era la confirmación de la no pertenencia al círculo privilegiado de las clases gobernantes con la que muchos judíos se querían identificar.

La política romana de búsqueda de los griegos como sustentos locales significó una importante modificación en las relaciones judeo-griegas. El enojo de los griegos contra el ocupante quedaba atrás. Por otra parte, era una situación que (los griegos) valoraban doblemente en cuanto dejaba a los judíos 'a la deriva', sin los apoyos ptolemaicos anteriores, ni el sostén inicial de los romanos.

Se abrían nuevas vías para alimentar el antisemitismo naciente; a los viejos enconos liberados se agregaban las posibilidades de desquite. A los griegos les iba a resultar ahora más fácil enfrentar a la desprotegida comunidad judía, tanto más cuanto iban a poder contar con el apoyo de los egipcios.

No entraremos en las sinuosidades del conflicto. A la cabeza visible del mismo estuvo el prefecto romano Avilium Flaccus, que sintió tambalear su poder cuando, a la muerte de Tiberio, Calígula asumió como emperador. Flaccus se rodeó de sectores griegos, encabezados por dos *gymnasiarcas*: Lampo e Isidoro, dos individuos ambiciosos, venales y sin escrúpulos que movilizaban el populacho para conseguir que los judíos perdieran los privilegios que les proporcionaba el estatus de *politeutas*.

Alejandría devino el centro de un vendaval de furia popular contra la comunidad judía. Griegos y egipcios irrumpieron en los templos judíos para colocar la estatua del emperador. Las masacres de los judíos se extendieron principalmente a los barrios del puerto. Los comentarios de Filón sobre la participación de los judíos en las actividades portuarias durante el Conflicto, son concluyentes. En el puerto había muchos judíos en actividades tales como la de 'capitalistas' que participaban en los negocios y transacciones, la de propietarios navieros (*naukheroi*), la de comerciantes mayoristas y minoristas (*emporoi*). Como consecuencia de los ataques durante el Conflicto, la paralización del puerto fue prácticamente total.

Los judíos eran acusados de ser culpables de los más variados males (actuales y anteriores). Un 'sentimiento' nuevo: el antisemitismo, que reaparecerá posteriormente, en más de un milenio, en otras circunstancias. Era una situación también nueva: el Primer Pogrom de la historia.

Antijudaísmo y Antisemitismo

El Conflicto de Alejandría, el Primer Pogrom de la Historia fue paradigmático por sus características y por sus diferencias con otros conflictos, tales como la Rebelión Macabea y la Gran Rebelión del 66-73 EC.

Estas dos rebeliones correspondieron a enfrentamientos entre el poder, en un caso seléucida y en el otro romano y los judíos. Eran situaciones que llamamos de antijudaísmo.

Cuando decimos "antijudaísmo" nos referimos a situaciones específicas en las que los judíos, como etnia con su religión y costumbres, estuvieron en pugna con otros grupos étnicos o solamente religiosos. Esas situaciones, en algunas ocasiones se tradujeron en enfrentamientos en los que los judíos, con sus 'banderas', sus diferencias étnicas (entre ellas, religiosas) estuvieron enfrentados con otros pueblos con diversos objetivos.

Se ha pretendido que entre las medidas que durante la Rebelión Macabea, los seléucidas quisieron imponer, la prohibición de la observancia de la religión judía por Antioco IV Epifanes, fue una manifestación de antisemitismo. Los propósitos de Antioco eran el saqueo del Templo (en connivencia con los corruptos sacerdotes judíos); el intento de sometimiento religioso era circunstancial, aunque real. Era una situación a la que el pueblo respondió con la lucha en defensa de sus creencias, concadenada con la de obtener su independencia, a la que los seléucidas evidentemente se opusieron. Cuando Antioco Epifanes, con la colaboración del Sumo Sacerdote Jasón, judío helenizado, proyectó convertir el Templo en un lugar pleitesía al emperador, su actitud fue también antijudía. Todas estas situaciones configuran una situación general de antijudaísmo. La actitud seléucida fue tan antijudía como fue 'anticartaginesa' la de Catón, con su consigna: *Cartago delenda est.*

La Gran Rebelión del 66-73 EC, fue de alguna manera similar a la Macabea. Los enfrentamientos fueron principalmente entre judíos y romanos aún si del lado de los romanos participaron no pocos griegos y sirios. La rebelión fue fundamentalmente la expresión de un pueblo que quería liberarse de un opresor y recuperar sus valores étnico-religiosos. La actitud romana era evidentemente antijudía.

Con características semejantes, la insurrección de 135 EC de Bar Kohba, aunque de menor envergadura, fue igualmente una rebelión judía contra el ocupante romano, que a su vez generó una represión antijudía. Las consecuencias ulteriores: el cambio del nombre de Judea por Palestina y el intento de Adriano de reconstruir Jerusalén con un nombre distinto, fueron también antijudías.

En el Conflicto de Alejandría, fue una situación diferente. Estuvieron involucrados griegos, helenos, egipcios y romanos en conjunto contra los judíos, como un todo. Un enfrentamiento, en el que los primeros inventaron y desvirtuaron situaciones en las que los judíos (pobres o ricos, comerciantes, funcionarios, artesanos o labradores) aparecían como responsables de los males e injusticias de la sociedad. Estas situaciones caracterizan el antisemitismo

En el Conflicto, además de los sectores de poder, que se movían con fines políticos, aparecían elementos fabuladores, corruptos que por intereses personales, quisieron aprovechar situaciones de descontento, de malestar popular.

El antisemitismo es una actitud, digamos un accionar que por diferentes motivos, atribuye a los judíos en tanto judíos, defectos, culpas, males, plagas, pestes, miserias, hambrunas, crímenes, características físicas, costumbres aberrantes o prácticas inmorales, raciales, éticas o económicas.

Después de la explosión de Alejandría, en la sociedad romana, el antisemitismo va a quedar en un estado de latencia. Durante los cuatro siglos que siguieron al Conflicto, las actitudes de los emperadores romanos con respecto a los judíos fueron cambiantes, sea de respeto, sea de crítica. Oscilaban entre políticas discriminatorias y políticas favorables. Era una característica de las sociedades de base rural que minusvaloraban el comercio, aún si era imprescindible para su funcionamiento.

Con el advenimiento del cristianismo, en su esfuerzo de afirmación, la Iglesia va a enfrentar inicialmente a los judíos con disposiciones fundamentalmente religiosas, por lo tanto de antijudaísmo. Para lograr su objetivo adoptó actitudes no siempre específicamente religiosas: las de diferenciarse, de sustraer a los cristianos de la influencia judía, desplazándolos de la inserción social que habían logrado (la *privilegia judaica*). Eran actitudes discriminatorias que buscaban poner trabas al proselitismo judío, eran expresiones de antijudaísmo.

Marcel Simon en su valorable trabajo *Verus Israel*, analiza los enfrentamientos entre la Iglesia y el judaísmo en los primeros siglos de la Era Común. Pareciera que, por lo menos en ese texto, M. Simón al utilizar, el término "antisemitismo" no diferencia la actitud de la Iglesia en la primera mitad del I Milenio EC de la que, como veremos más adelante, la Iglesia tuvo en el II Milenio.

Los conflictos y los enfrentamientos religiosos han sido frecuentes en la historia: las Cruzadas contra el Islam, los cristianos contra los cátaros, las guerras de religión entre católicos y protestantes, las de los musulmanes, hinduistas y budistas en la India o las de sunitas y shiítas. Eran actitudes: "antiprotestantes", "antislámicas", "antiherejes", de sectas contra sectas, de religiones contra religiones, equivalentes a las actitudes antijudías.

En situaciones de antisemitismo como la de Alejandría, con los agitadores ligados al poder, con una distancia en el espacio de varios miles de kilómetros y en el tiempo de casi dos mil años, no estamos lejos de los pogroms de la Rusia zarista, ni de la "noche de los cristales rotos" de la Alemania nazi, con los factores de poder (cosacos o tropas de asalto) movilizando sectores populares.

A mediados del I Milenio, la Iglesia se había fortalecido y expandido, mientras el judaísmo persistía en no querer aceptar "la nueva verdad" (el Evangelio). A partir de esas circunstancias, la Iglesia va a cambiar el eje de su prédica: los judíos iban a cargar con la responsabilidad, con la culpa de la muerte de Jesús. Esa ideología trascendía la especificidad, de la relación de los judíos con el resto de la sociedad; involucraba a los judíos desde siempre y para siempre. Todos los judíos eran y habían sido culpables, el Antijudaísmo devino Antisemitismo Cristiano.

II. DEL HELENISMO AL TALMUDISMO

Los comienzos de un proceso

El nacimiento del cristianismo y la destrucción del Segundo Templo marcaron transversalmente la evolución de la historia judía del I Milenio. Las dos religiones del Libro atravesaron el Milenio por caminos sinuosos, paralelos y divergentes. Una idea bastante generalizada es la de que en los primeros siglos, mientras la Iglesia, con actitudes y políticas antisemitas, se orientaba hacia la conversión de los judíos y de la mayoría pagana, el judaísmo habría permanecido encerrado en sí mismo.

En el período helenístico, el judaísmo tuvo una actitud de apertura y una presencia que facilitó el acercamiento de los gentiles. El judaísmo no se manifestó con una actividad proselitista misionera similar a la que luego emprendió el cristianismo; el proselitismo judío fue una consecuencia indirecta relacionada con la importancia relativa y el prestigio de la comunidad judía.

Con la expansión diaspórica esa situación se mantuvo. Ello explica la enorme desproporción (una relación de tres a uno) que había en el momento de la destrucción del Templo entre los judíos fuera de Judea-Galilea en comparación con los que no habían emigrado.

El tema del proselitismo judío ha sido discutido por diferentes historiadores. Una cosa era una actitud abierta y otra un proselitismo activo. El hecho es que tanto la una como el otro no fueron ni absolutos, ni desde siempre.

Emil Schürer, Jean Juster y Menahem Stern han sostenido que el proselitismo existió desde la Antigüedad y que se acentuó en el siglo I EC. Durante los primeros profetas, la época de consolidación del judaísmo, la actitud no era convocante, abierta, ni tampoco proselitista; el espíritu inicial fue el de luchar contra la contaminación idolátrica; la de mantener a los judíos alejados de los dioses cananeos o asirios: "Derribaréis sus altares, quebraréis sus imágenes y destruiréis las esculturas de sus dioses" (Deu. XII.2). Esa actitud llevó a los judíos a oponerse a la unión con otros pueblos, tal como lo expresa el versículo

25

deuteronómico: "no daréis vuestras hijas a sus hijos"(Deu.VII.3).

Aún en los casos puntuales de uniones, como la de Judá y una cananea, la de José y una egipcia, las de Moisés y una madianita y una egipcia, la de David y una filistea, ello no implicaba la conversión de las esposas. Podemos registrar una probable conversión, la de Ruth, la moabita: "tu pueblo será mi pueblo" (Ruth I, 16) y también otra más general en Esther (VIII, 17): "muchos de los pueblos de la tierra se hacían judíos"; tal situación correspondería a la época macedónica o más exactamente a la época de la expansión helenística y al gran desarrollo diaspórico. (1)

La componente proselitista aparece en la segunda etapa del Asentamiento, cuando el pueblo judaita-israelita, en conexión con los cananeos, entró por el camino del desarrollo con un espíritu más amplio. Es el espíritu con el que los profetas señalan a Yahveh, que pasó de ser del Dios del Pueblo Elegido al Dios de judíos y no judíos por igual: el Dios Único del Universo al que todos los pueblos podían adorar. Fue al promediar el I Milenio aEC, en la época de los últimos profetas, sobre todo los del post-Exilio, cuando los profetas como Miqueas, tenían una postura de apertura humanista y universalista de tolerancia: "Yahveh reinará también para los no judíos que....se convertirán al culto del verdadero Dios único, desde ahora para siempre" (Miq IV. 5 y 7). (2)

Aunque esas manifestaciones no aparecen como situaciones expresas de conversión, su actitud general correspondía a un espíritu de apertura, de buena disposición hacia los gentiles. Esto no significa que por el sólo hecho de haber sido emitido, el mensaje haya sido escuchado y correspondido con una respuesta efectiva. Porque como decíamos más arriba, la actitud que facilitó el acercamiento de los gentiles y un proselitismo real, se dio a partir de la incorporación por parte del judaísmo del espíritu helenista.

El judaísmo helenístico

Cuando el helenismo promotor de cambios penetró en Cercano Oriente, los judíos hasta entonces mayormente reducidos al ámbito de Judea-Galilea, pudieron salir de su acantonamiento territorial y entrar en el helenismo. Inmersos en la convulsión de la gran corriente expansiva, el entrelazamiento y las conversiones devenían inevitables.

Bajo la ocupación directa y sucesiva de Judea-Galilea por los ptolomeos y los seléucidas, los dos principales reinos herederos de Alejandro, el helenismo dejó su impronta en todos los estratos de la comunidad judía, en particular en las clases más acomodadas y los sectores religiosos superiores. En Judea las ciudades fueron urbanizadas según el modelo griego. Los sectores ligados al poder, con una aristocracia comercial y religiosa, fueron activos partícipes del cambio cultural y económico. Los integrantes del clan de los Tobías de Amón fueron estrechos colaboradores de los seléucidas y de los ptolomeos, los Onías de Leontópolis (con su templo y su ejército), tuvieron ajustados vínculos ptolemaicos. Dada la generalidad del uso del griego (el arameo siguió siendo el idioma de habla corriente), en Alejandría, se hizo necesaria la traducción de la Biblia al griego (la Septuaginta). Las monedas, que en la época asmonea llevaban leyendas en griego y en hebreo, en la herodiana se acuñaban solamente con texto griego.

Que la helenización alcanzaba a todos los sectores, lo testifican las tumbas del cementerio de Beth Shearim en Judea y en la Diáspora en los cementerios judíos de Rodas y de Roma (donde de 534 inscripciones el 73% estaban en griego y el 23% en latín). El uso de inscripciones en griego en las sinagogas fue también bastante corriente, a pesar del anatema contra el uso de lenguajes gentiles.

Si la gesta independista macabea en defensa de la independencia judía enfrentó al ocupante seléucida, el período asmoneo que tomó el relevo, no quedó al margen de la corriente helenística. Simeón, el último de los hermanos macabeos, hizo construir un mausoleo en el más estricto estilo helenístico; Aristóbulo I adoptó el sobrenombre de Philoheleno y Juan Hircano estrechó relaciones con Pérgamo, capital del reino bajo la dinastía Atálida, otro de los reinos herederos de Alejandro.

Las acciones de los asmoneos, de Juan Hircano y de Alejandro Janeo en particular, no fueron actitudes que favorecieran el proselitismo. Después de destruir en el Monte Garizin, el templo sagrado de los samaritanos (la secta disidente judía) desbastaron, la ciudad de Samaria y la de Gaza, reduciendo a la esclavitud a sus habitantes y forzando las conversiones y circuncisiones de idumeos y de iturreos (Flavio Josefo, *Antigüedades* 13.3.62).

El espíritu helenístico del judaísmo aparece expresado también en documentos como la Carta de Aristeas (siglo II aEC), los Oráculos Sibilinos de mediados del siglo II aEC y los Libros de los Macabeos.

En el período romano en Judea, la cultura greco-romana fue adoptada por Herodes con sus construcciones monumentales y la remodelación del Segundo Templo.

Es significativo que en ese período hayan empezado a aparecer manifestaciones pictóricas en templos y catacumbas judías, decoradas con figuras animales o con formas geométricas derivadas, contradiciendo el mandamiento bíblico de "no traducir en imágenes, nada que esté arriba en el cielo, ni abajo en la tierra ni en las aguas".(3)

E.J.Dunayevich

El helenismo penetró no sólo en la cultura (en el teatro, por ejemplo), sino también en las costumbres, la asistencia a los *gimnasia*, e incluso a los baños públicos (en hebreo el término *balan* era de origen griego *balaneus*). (4)

En el Libro de la Sabiduría (supuestamente de Salomón) en consonancia con un espíritu universalista, se señala que Yahveh acordaba a los judíos ser la luz de las naciones, el libro habría sido escrito en pleno helenismo alejandrino en el último siglo antes de lsaEC. También en la literatura apócrifa se registra la influencia helenística: Ben Sirach, Enoch, Tobías, Actas de Levi. (5)

Los ideales helenísticos aparecen en Filón de Alejandría, en el siglo I EC, en su intento por crear un sincretismo entre los valores de la Biblia y los de la cultura griega. Son numerosos los pasajes en los que se manifiesta a favor de la conversión de los gentiles al judaísmo. (6)

A fines del siglo I EC. Flavio Josefo comenta en *Contra Apión* la cálida bienvenida a los gentiles que deseaban adoptar las leyes judaicas; era una expresa respuesta a la retórica de Apolonius Molón para quien los judíos se negaban a admitir a los que provenían de otras creencias. Ese espíritu helenístico de acercamiento hacia los gentiles de apertura al mundo que lo rodeaba, se mantuvo en el período romano y posteriormente en los comienzos de cristianismo, lo que no significó que el impulso proselitista se haya concretado en forma masiva.

Los cambios en el judaísmo

La agitada convulsión en correspondencia con la caída del Segundo Templo, no cambió sustancialmente las relaciones de los judíos de Roma con los romanos. En Roma, a pesar de la simpatía que habrían tenido hacia sus hermanos levantiscos y la desconfianza y resquemores que se suscitaron después de la catástrofe, la situación volvió por los carriles por los que antes había transitado. El silencio que en su dolor, los judíos de Roma habrían guardado, quiso ser visto por los romanos como una muestra de lealtad. Una actitud y una interpretación favorable a los intereses de ambos sectores. La sociedad romana siguió protegiendo a los Josefo, a los Agripa, a las Berenice y al resto de la comunidad. Los judíos siguieron practicando su religión sin sufrir mayores discriminaciones y continuaron con sus actividades ajustadas al marco de la política económica no expansiva que el imperio había comenzado a adoptar. Los judíos entraron a desenvolverse entre los vaivenes coyunturales de los emperadores de turno, en situaciones a veces para nada favorables, como las relacionadas con la imposición del fiscus judaicus o las persecuciones de Domiciano.

II. Del Helenismo al talmudismo.

Después de la caída de Jerusalén y los sucesivos fracasos del Levantamiento general bajo Trajano y la Rebelión de Bar Kohba se generó una atmósfera de desconcierto. En un comienzo, los judíos tuvieron la sensación de que Yahveh los había abandonado y que la alianza con el Pueblo Elegido había sido rota. Pero la capacidad de recuperación no tardó en aparecer. Superado el sentimiento de frustración y aunque las consecuencias del desastre persistieran, el cuestionamiento a la justicia divina quedó rápidamente descartado. En todo caso, si Dios había castigado así a su pueblo, tendría sus buenas razones: la sanción no podía ser sino temporaria. Según el Apocalipsis Siriaca de Baruch, la nación en su conjunto había tenido que pasar por esa prueba a consecuencia de su culpa. Para Flavio Josefo, plegado sin demasiado entusiasmo a la rebelión del 66-73, la catástrofe debía ser endosada al fanatismo de los celotes que al rebelarse contra los romanos habían equivocado el camino, o debía ser atribuida a la animosidad y ambición que había dividido a los propios judíos. Aún más: Yahveh habría transferido la carga del castigo al mismo Vespasiano, cuyo triunfo, el propio Josefo habría predicho.

Por otra parte, la ortodoxia rabínica de Judea, no tardó en tratar de reconstruir sus deterioradas relaciones con el poder romano: el Rabí Johanah ben Zakai no había esperado la caída de Jerusalén para requerir y obtener la autorización de formar una escuela religiosa en Yavneh.

Después de la caída, las cuatro sectas principales de la comunidad judía de Judea, tuvieron distintos destinos. Los celotes, comprometidos más directamente con los acontecimientos de las dos rebeliones, prácticamente desaparecieron. Los esenios, una franja casi marginal del judaísmo oficial, dejaron igualmente de ser mencionados (en parte, habrían terminado por incorporarse, al cristianismo). Los saduceos, opuestos a la guerra, también sufrieron el colapso de manera irreversible: su política de colaboración con Roma había fracasado y la destrucción del Templo les privó del lugar único de culto y de sacrificios que preconizaban. Por otra parte, su inflexibilidad en el trato con los cristianos (a quienes ignoraron) tampoco los ayudó a sobrevivir.

El fariseísmo fue en cambio, prácticamente la única secta que subsistió; en los hechos devino el equivalente del judaísmo. Los rabinos manifestaron una gran flexibilidad política en el trato con los romanos. A pesar de la rigidez de su ritualismo y su indudable hostilidad hacia el ocupante romano, los fariseos dieron muestras de una asombrosa adaptabilidad a la situación emergente de las sucesivas derrotas. Los rabinos pronto reconstituyeron el Sanedrín y continuaron con la elaboración de la Mishnah; además del Rabí Johanah ben Zakai y de Flavio Josefo, que pregonaba con orgullo su fariseísmo, otro de los

E.J.Dunayevich

rabinos de ese período fue el Rabí Akiba, fuertemente comprometido con Bar Kohba (lo había reconocido como Mesías) y el Rabí Tarphon a quien Justino Mártir supuestamente tomó como modelo en sus Diálogos con Tryphon.

El hecho es que, aunque el helenismo haya estado a favor de mejorar las relaciones con otros pueblos, la nueva coyuntura iba a colocar al fariseísmo en situaciones contradictorias no fáciles de superar. En efecto, para algunos sectores la helenización había sido una traición a los principios fundantes del judaísmo. Ignorando la apertura ideológica que había introducido, sólo vieron en el helenismo la correa de transmisión de la corrupción de los altos sectores sacerdotales en la época que precedió a la Rebelión Macabea y la causa de la degradación moral y de las costumbres de las clases acomodadas favorecidas por el desarrollo comercial que la expansión había originado.

Por otra parte, cuando el cristianismo hizo su aparición, en su esfuerzo por sustituir al judaísmo, traía también un mensaje humanista y universal, que era también helenístico. Helenismo y cristianismo constituían una conjunción a la que habría que oponerse.

Esa concepción implicaba para el fariseísmo una carga contradictoria difícil de resolver. O mantenía el espíritu abierto comunicacional (proselitista) u optaba por su rechazo y por el encierro, dejando abonado el terreno en el que el cristianismo pujaba por afianzarse.

En ese contexto el fariseísmo, iba a poner en juego su capacidad de adaptación y las posibilidades de subsistencia del judaísmo.

Los fariseos habían ido introduciendo, a lo largo de los siglos anteriores a la Era Común, un concepto innovador y hasta revolucionario con relación a las actitudes de los saduceos. En el período que medió entre la destrucción del Primer Templo y el de Esdras y Nehemías, el del probable cierre de la versión escrita de la Torah, los fariseos habían comenzado a pensar en la necesidad de complementar la tiranía de su texto. Las reflexiones, las interpretaciones, la exaltación del estudio, ocuparon un lugar primario en el ideal fariseo. Además, su adhesión a la apertura, contradecía la actitud de fortalecimiento interior que reforzaba un conservadurismo, Una preocupación por adaptarse a la realidad, por registrar que los cambios en la sociedad los llevaban a la necesidad de adaptar el culto, a considerar que se imponían nuevas reglas: una manera de mantener la tradición, renovándola.

La adaptabilidad de los fariseos a nuevas situaciones abrió el camino para sobrellevar la destrucción del Templo. Eran fieles a la Tanah, es decir a la Ley y a la observancia de los preceptos. Su religión era la religión del Libro y secundariamente la del Templo. El Templo había sido aparentemente un lugar para los ritos y los ritos eran sólo un aspecto de La Ley. Esa actitud los independizaba de la propia contingencia física de su destrucción. Así para Rabi Johanah ben Zakai los trabajos de caridad eran sustitutos de los ritos del altar y para Rabi Eleazar, la limosna podía dispensar los sacrificios del Templo.

Fue así como, colocados en una situación inesperada y por cierto no deseada, la caída del Templo no interfirió en su conducta ni en sus prácticas religiosas y hasta las fortaleció. Las prescripciones relacionadas directa o indirectamente con el culto en el Templo devinieron letra muerta. Las palabras de Yahveh tomaban otro significado: "El cielo es mi solio y la tierra estrado de mis pies: ¿Dónde está la casa que habréis de edificarme y dónde el lugar de mi reposo?" (Isaías. LXVI, 1). La desaparición del Templo allanó la modificación de las prácticas rituales al diversificar los lugares de culto, lo que a su vez dio lugar a la consolidación de la Diáspora.

Por otra parte, la existencia del Templo había colocado a los judíos de Palestina en una situación privilegiada, en una situación de inequidad con relación a los de la Diáspora. Los judíos de Palestina, los de Jerusalén en particular, eran "los judíos del Templo"; para ellos las ceremonias del Templo eran habituales; a ellas podían concurrir en cualquier momento, no solamente durante las fiestas. Esas posibilidades eran en cambio excepcionales para los judíos de la Diáspora, casi inalcanzables. Con relación a los judíos jerosolimitanos, eran mirados (o se sentían mirados) como judíos de segunda clase. La pérdida del Templo implicó colocarlos en un mismo pie de igualdad.

El fortalecimiento interior que proporcionó ese trabajo de elaboración es uno de los elementos que permiten entender la vitalidad del judaísmo del I Milenio. Los judíos de la Diáspora no sólo habían afianzado su posición con relación a los de Palestina, sino que iban a estar mejor adaptados para emprender una de las tareas en las que el judaísmo se involucró, no solo en relación con los gentiles sino una actitud de apertura favorecedora del proselitismo, En ese sentido, el Templo había sido un obstáculo, un estorbo para relacionarse; ahora los judíos con quienes los gentiles tomaban contacto ya no eran los judíos con las raíces en el Templo. Habían echado raíces en sus nuevos asentamientos; se les abría otra puerta en el abanico del universalismo. Aunque la evocación a Israel o a Jerusalén siguió estando presente y la religión siguió configurando una impronta "nacional" aglutinante, los judíos de la Diáspora, con el fariseísmo fuera de la solemnidad del santuario y de la contingencia geográfica, reforzaban la componente universalista del helenismo.

¿Cómo se conjuga la apertura y el espíritu helenístico con el rigorismo del fariseísmo pre-talmúdico y su supuesta actitud de desprecio y de aislamiento hacia las bases populares?

Recordemos que la palabra *perishim* de la que deriva la palabra fariseo significa en su raíz tanto "los que interpretan" como los "separados". Esas imágenes están en consonancia con la pluma de los evangelistas, que pintaban a los fariseos como sinónimo de "legalistas", "casuistas" e "hipócritas". Si los dos primeros adjetivos son acordes con las innegables características iniciales de la secta, el término "hipócritas", en cambio, podría haber sido puesto en boca de Jesús por los evangelistas interesados en denigrarlos. Sobre ese particular, J. Parkes sostiene que, en el período del nacimiento del cristianismo, los principios del judaísmo prácticamente sólo podían ser trasmitidos por las enseñanzas de los fariseos: ser judío creyente era ser fariseo. El fariseísmo era la devoción por la moral y el respeto por la ley. Sería injusto decir que los rabinos colocaban la ley ritual por encima de la ley moral. Lo que es posible es que si esas hubieran sido las expresiones Jesús, que hasta pudo ser discípulo de Hilel, las mismas corresponderían a su mayor preocupación por la ley moral que por los lazos con lo ritual; con ello habría querido manifestar su crítica a lo que consideraba un desmedro de la moral ante la desmedida inflexibilidad de la secta.

Hay, por otra parte otros elementos que muestran a los fariseos en situaciones proselitistas. El mismo Mateo pone en boca de Jesús: "los fariseos recorren mar y tierra para hacer un prosélito" (XXIII, 15). Está también la expresión de F. Josefo: "[mientras] los saduceos sólo persuadían a los ricos, sin conseguir arrastrar al pueblo, la masa se inclinaba por los fariseos" (Ant. 13.10. 6).

Lo que podemos decir es que, si en el fariseísmo el elemento helenístico abría las puertas del judaísmo hacia afuera, en el interior del fariseísmo mismo se anidaba un elemento contradictorio: el rigorismo talmúdico. Un rigorismo que, moldeando el judaísmo con un conjunto de reglas, cerraba las puertas a las influencias externas circundantes y evitaba la absorción por el cristianismo ascendente, o su dilución en un eventual sincretismo. Paradójicamente, el talmudismo, que con su componente de encierro, lograba preservar la originalidad judaica, imprimía un freno a la apertura; era un contradictorio y arriesgado desafío para el devenir de los judíos de la dispersión.

Con la destrucción del Segundo Templo, el Sanedrín, institución central con el Sumo Sacerdote como presidente, fue reconstituido con el establecimiento del Patriarcado. Los patriarcas, con jurisdicción en Palestina, no tenían nominalmente autoridad sobre las comunidades regionales de la Diáspora, aunque sí, una autoridad relativa que se limitaba a la difusión de ciertas disposiciones religiosas que no implicaban una legislación general y obligatoria. Dado ese vacío, la normativa de cada comunidad dependía del espíritu de sus sectores civiles y religiosos más influyentes, en general el Gran Rabino o *nasim*. De ahí que en los escritos rabínicos aparezcan a veces expresiones contradictorias que correspondían al proceso que internamente tuvo lugar en el judaísmo: el paulatino pasaje de la vertiente helenística a la talmúdica, para la cual el proselitismo era subsidiario, si no definitivamente negativo.

En resumen, podemos decir que en el I Milenio de la Era Común, el judaísmo evolucionó entre andariveles contradictorios: los expansivos helenísticos y los cerrados talmúdicos; que en el primer tramo, el predominio del helenismo permitirá una mayor conexión y en consecuencia mayor trascendencia en medio de un cristianismo en ascenso y que en el período siguiente, con el cristianismo triunfante, el rigorismo talmúdico posibilitará su subsistencia, acentuando la tendencia al encierro y al exclusivismo, evitando el nacimiento de sincretismos disolventes. (7)

La religio privilegia

¿Cuál era la actitud de la sociedad romana con relación a los judíos en el escenario posterior a la destrucción del Segundo Templo?

Ubicarnos en la etapa imperial de Roma, en la que los judíos gozaron de una situación de privilegio, nos va a permitir entender el período de la Edad Antigua Tardía en la primera mitad del I Milenio, así como el mundo que los cristianos debieron enfrentar.

En el espíritu imperante en Roma, la creencia en la existencia de muchos dioses implicaba la aceptación de que otros pueblos también los tuvieran. Hasta podría tratarse de los mismos dioses que se adoraban con distintos nombres, con distintos ritos o que se representaban en distintas formas. Con tal de que respetaran los dioses y los ritos locales, todos los pueblos podían colocar y adorar las imágenes de los suyos en el Panteón romano y celebrar sus ceremonias de culto; era una situación frecuente en los templos del politeísmo en el Mundo Antiguo. La pluralidad y diversidad de propios y ajenos dio lugar a un espíritu de tolerancia y a una relativa benevolencia hacia los otros cultos.

Cada grupo tenía devoción por sus propias divinidades y no tenía ningún interés particular en ganar prosélitos, por lo que la agresividad proselitista era prácticamente inexistente. Reinaba el politeísmo y el polimorfismo; un principio de libertad que a veces derivaba en un sincretismo que implicaba que los pueblos dependientes aceptaran adorar otros dioses, con sus ritos y homenajes, a un Zeus con el nombre de Júpiter o a un Baal o Amón con otra investidura. Tal situación de tolerancia no es equivalente al sincretismo que se conformó en América con los pueblos originarios y con los de orígenes africanos llevados a Brasil o al Caribe. En estos casos lo que se hizo, fue adaptar las religiones y ritos de los pueblos dominados a la religión y ritos del cristianismo dominante. El principio de tolerancia romana no era absoluto. Algunos cultos de origen extranjero, por su exotismo, sus formas y ritos, chocaban con la estructura pagana. Los cultos astrológicos, esotéricos orientales o egipcios, como el de Isis y el de Serapis, además del de Mithra, del zoroastrismo, dieron origen a perturbaciones que llegaron a quebrar la relativa armonía del horizonte politeísta. Los judíos, en los comienzos de su asentamiento en Roma, cuando su presencia no era todavía destacada, habrían sufrido también algún tipo de persecuciones. (8)

Los judíos tenían solamente un dios, lo que todavía podía ser admisible; lo que para los romanos no habría resultado natural, habría sido que no hubieran tenido ninguno: el ateísmo era una anomalía inaceptable que entraba en un plano de ilicitud. El individuo o grupo humano que no creía en ningún dios, es decir que no pertenecía a ninguna congregación religiosa (*collegium*) era un marginado de la sociedad. Ahora bien, el judaísmo, con su dios único, que además de innombrable, no podía ser representado por imágenes, era en la mentalidad pagana, difícilmente creíble. El judaísmo aparecía casi como una expresión de ateísmo. La situación era por demás cruda y contradictoria: ¿qué dios podrían tener los judíos si no tenían una imagen para colocar y adorar en el Panteón? (9)

Hubo en la época del imperio otra carga que contribuyó a desnivelar la balanza de la tolerancia: el surgimiento del culto al emperador, al que los judíos no estaban dispuestos a ofrendar sacrificios ni tampoco a colocar en forma de estatuas en las sinagogas (como en el caso de Alejandría durante el Conflicto del 38-40 EC). (10)

Si esas situaciones colocaron al monoteísmo mosaico en disonancia con el espíritu general de tolerancia del paganismo politeísta, la existencia de otras leyes ligadas directamente al culto y a los ritos perturbó aún más el equilibrio entre judíos y paganos. Nos referimos a los descansos sabáticos, las festividades y los regímenes dietarios, sobre los que los judíos no aceptaban imposiciones que se los hicieran transgredir. El respeto del Shabat complicaba la situación cuando los judíos no podían estar presentes si la distribución pública de pan o de cereales se hacía un sábado; una circunstancia que algunos emperadores contemplaron, estableciendo para los judíos un día especial para el reparto. Por otra parte la Ley instituía que en el Shabat un judío no debía portar armas, ello implicaba su no integración en legiones mixtas, la excepción lisa y llana de su incorporación al ejército, o la creación de legiones judías especiales. También las exigencias de los regímenes dietarios traían complicaciones, significaban la no participación de los judíos en las comidas comunitarias.

El incumplimiento de las leyes y la no aceptación de las prácticas de la religión romana habrían conducido a imponerles una sanción, lo que era contrario al principio de tolerancia, o a admitirles el no cumplimiento de las leyes, lo que hubiera significado otorgarles un privilegio. El dilema era pues o intolerancia o privilegio.

Ese complicado y contradictorio cuadro, agregado a otras situaciones que veremos más abajo, es otra de las circunstancias por las que, al no optar por la intolerancia, los romanos consideraran al judaísmo como *religio privilegia*.

Los privilegios de "vivir de acuerdo a sus propias leyes" ya les habían sido otorgados durante el helenismo y fueron confirmados explícitamente por Julio César en una serie de edictos (mencionados por Flavio Josefo en *Antigüedades 14.10*) agrupados en lo que algunos historiadores han llamado *Magna Carta*. Estos documentos fueron inicialmente concedidos a Hircano II y Antipatros en reconocimiento por el apoyo que habían brindado a Julio César en su campaña en Egipto. Los derechos que implicaban fueron extendidos posteriormente a los judíos de Roma en particular y a las comunidades judías en general. Cartas similares, llamadas de protección, se otorgaron a los judíos a lo largo de la Edad Media.

Los edictos de reconocimiento establecían las bases de los privilegios de los judíos de Roma. Les garantizaban la práctica del culto y la autorización de aplicar sus propias leyes. Establecían que la religión era considerada *religio lícita*; la religión pasaba así a la categoría de *collegium*, por lo cual sus integrantes eran considerados encuadrados dentro de la ley. Los edictos implicaban no solamente la autorización de la práctica de la religión, la extendían también a la autorización para recaudar fondos comunitarios y para el envío de la tasa al Templo de Jerusalén; equivalían al principio de "vivir de acuerdo a sus propias leyes". Estos eran algunos de los elementos que conformaban la *privilegia judaica*.

Cabe preguntarse por qué la extensión de los privilegios otorgados a Hyrcano, a las comunidades judías, a las de Roma en particular.

Además del interés por afianzar la alianza con el reino asmoneo para afirmar el poder romano en Cercano Oriente, había otras circunstancias que explican la actitud de Julio Cesar.

En sus ambiciones políticas, Julio César se respaldaba en los "populares", opuestos a los "optimates", el partido de los aristócratas. Con el propósito de favorecer sus ambiciones políticas, con esas disposiciones

Julio Cesar buscaba el apoyo de la comunidad judía de Roma. La comunidad judía era una comunidad relativamente numerosa, que cubría un amplio abanico, en el que, además de un sector medio y bajo, se destacaba un sector minoritario pero influyente. Su peso no era intrascendente y Julio César lo valoraba. (11)

Según el criterio general de historiadores y estudiosos como Jean Juster y Saló Barón, el nivel social y económico de los judíos de Roma no era significativo. Una posición similar a la de otros historiadores con relación a otros lugares y épocas, tales como Víctor Tcherikover en el Egipto helenístico y B. Blumenkranz en el Medioevo en Galia-Iberia.

Según otros estudiosos afines al pensamiento tradicionalista la *privilegia judaica* habría sido otorgada por el peso del contenido ético de la religión y por su rigor en la observancia de la ley. No es un argumento que nos parezca válido, dada la pluralidad y heterogeneidad que caracterizaba a una sociedad como la romana, con la colorida riqueza de su paganismo. Tampoco parece válida la afirmación de Flavio Josefo en *Contra Apión*, que pretende hacer valer la antigüedad de la religión; un argumento relativo, pero no suficiente.

Para Jean Juster la existencia y justificación de los privilegios correspondían a una situación aleatoria: "podían ser mantenidos, renovados y aún suprimidos". Pero por el hecho de haber sido ratificados por emperadores sucesivos desde Octavio Augusto pasando por Constantino y Teodosio el Grande, podemos estar seguros que si la comunidad judía, especialmente la de Roma, hubiera sido intrascendente, los privilegios no hubieran sido confirmados como lo fueron. Habría, según J. Juster, otra posible explicación: "los romanos encontraron en el mundo helenístico, que en numerosos lugares los judíos gozaban de esos privilegios; conservadores por naturaleza y por política, no quisieron modificarlos y dejaron que los judíos continuaran gozando de los mismos". Esa afirmación, pensamos, tampoco es válida: en Egipto el conservadorismo de los romanos no les impidió prescindir de la colaboración de los judíos cuando constataron que no eran funcionales a sus intereses generales.

Durante el helenismo, los privilegios judaicos fueron otorgados por el rol que los judíos cumplían en la sociedad. Podríamos plantearnos si en el período del imperio existían condiciones como las que llevaron al helenismo a acordar al judaísmo privilegios de esa índole. Es por ese lado por el que el otorgamiento de los privilegios (*la privilegia judaica*) podría tener una explicación: la existencia en Roma de una comunidad judía que por su importancia, económica, política y social desempeñaba un rol necesario para su funcionamiento. Como hemos señalado anteriormente, aunque las circunstancias no eran las mismas, tanto en

II. Del Helenismo al talmudismo.

el contexto de la ocupación y de la expansión helenística, como durante el período preimperial e imperial romano, los judíos resultaban ser útiles y necesarios para la realización de los fines que los respectivos imperios perseguían. (12)

Veamos en primer lugar la opinión de J. Parkes:"Es imposible decir si alguna ocupación, de la variedad de actividades en el imperio, era característica de las desempeñadas por los judíos. Los judíos tenían toda clase de actividades; en su inmensa mayoría eran trabajadores relativamente humildes y en una amplia proporción habían iniciado su vida en la Diáspora como esclavos". En lo que se refiere a los esclavos, es la opinión de otros historiadores en el inicio de la Diáspora, la mayoría de los judíos en Roma eran esclavos. (13)

Las reiteradas sátiras y burlas de Juvenal, de Marcial, entre otros, relacionadas con los judíos, que vivían en la margen derecha del Tiber, la más pobre, con sus sinagogas "como guaridas de mendigos", son elementos válidos para afirmar la existencia de un sector de la población judía con un bajo nivel social y económico que, por el hecho de su proximidad con el puerto, generaron, sin lugar a dudas, actividades como la de comerciantes menores e intermediarios. (14)

En una escala de actividades de mayor nivel, según J. Parkes: "Además de la agricultura, los judíos en Roma tenían una extensa actividad financiera[...] Esa actividad tenía en el mundo romano un carácter primitivo e improductivo; estaba más relacionada con la ostentación y la compra de favores políticos que con el desarrollo de la industria[...] es decir, los judíos no participaban en una actividad como la del préstamo para la producción" Era una forma de préstamo, agregamos nosotros, que recién se va a desarrollar en las economías productoras de valores de cambio (de mercado).

Es decir que, la existencia de sectores de bajos y medianos recursos, no excluía la de sectores de peso; reiteramos las afirmaciones de J. Parkes: la "extensa" participación de los judíos en las actividades financieras.

A lo anterior, Juvenal trasmite su preocupación por la "degeneración de las familias romanas producto del judaísmo; los padres adoptan algunas de sus costumbres y los hijos se vuelven totalmente judíos". Los judíos, continúa Juvenal, "debilitan las tradiciones romanas, con sus indolentes costumbres sabáticas, su absurda abominación del cerdo y otra serie de indecencias. Es la lamentable dejadez de los padres al no evitar que sus hijos queden envueltos en la alienación de la secta de los circuncisos". La frecuente referencia de los escritores latinos, confirma que la comunidad judía incluía esos sectores. (15)

Esos comentarios confirman la existencia en Roma, de un sector probablemente no muy numeroso, pero con recursos y actividades que lo colocaban en posición destacada pero suficientemente importante como para explicar la reiterada preocupación por la penetración del judaísmo. (16)

Para Rostovtzeff, en la época del Imperio, "la clase de los comerciantes aumentó y los semitas (judíos, sirios y arameos) eran sus miembros más prominentes". Es también la posición de un historiador como W. Durant, para quien en Roma había un sector de la comunidad judía influyente y de nivel superior. Hay otros elementos que confirman su existencia: la organización de las sinagogas con sus consejos de ancianos, con su presidente (*gerusiarca*), sus funcionarios administrativos, sus servidores del templo entre los que se contaban "doctores de la ley" y otros con títulos honoríficos, como el de "padre de la sinagoga" o "madre de la sinagoga". (17)

La solidez de las relaciones entre Roma y los judíos se confirma por el rango que le confirió al Patriarcado, equivalente al de una alta autoridad romana. Algunos Patriarcas tuvieron relaciones estrechas con los emperadores: Yehudah I ben Simon ben Gamaliel era amigo personal de Caracallas (211-217).

En conclusión, en Roma, había un sector relativamente poderoso relacionado con el comercio y los negocios, minoritario pero influyente, que daba al conjunto de la comunidad el peso e importancia que explican el porqué de la *privilegia judaica*.

Las actitudes de la sociedad y de los emperadores romanos

La *privilegia judaica* no fue producto de una situación circunstancial exclusiva de la época de Julio Cesar; fue una preocupación permanente que se tradujo en actitudes pro-judías y antijudías de la sociedad y de los emperadores romanos durante prácticamente la primera mitad del I Milenio. Confirió al judaísmo una posición de respeto que condicionó la actitud y la estrategia del cristianismo en procura de ocupar su lugar cuando irrumpió en Europa Occidental. Esa situación se acentuó en las primeras décadas del siglo II EC cuando el Imperio abandonó la política de expansión y se limitó a asegurar el propio abastecimiento, la satisfacción del lujo y las apetencias de las clases dominantes. No fue ajeno a ello la conexión de los judíos con el comercio en general y con el comercio exterior a larga distancia.

Dentro de esta configuración, podemos entender la actitud general de los emperadores romanos hacia los judíos, sus vaivenes y oscilaciones. Los judíos habían dejado de tener el rol que habían tenido en la época de la expansión helenística; un rol que aunque dejó de ser fundamental, no dejó de ser necesario. Ese rol les confería una importancia y respeto, aunque ahora relativos.

Es de señalar que las clases dirigentes romanas, funcionales a la tradicional economía agraria, cimentando un espíritu aristocrático, despreciaban profundamente el comercio, en especial el medio y el pequeño. La opinión de Cicerón sobre ese particular en *De officiis(I:150-I)* es terminante. (18)

Resulta ilustrativo ver cómo en esas economías agrarias, la legislación discriminatoria se aplicaba en forma inversa a la de épocas posteriores: eran prohibiciones que se imponían a las clases dirigentes a fin de preservarlas de una actividad considerada como denigrante.

La actitud general de los emperadores, al aceptar que los judíos conservaran su culto, sus costumbres y sus ritos, fue una actitud de 'tolerancia', con posiciones oscilantes o cambiantes que traducían de alguna manera el descontento que la *privilegia judaica* despertaba en la sociedad. (19)

No cabe duda que la relativa importancia de los judíos en la estructura económica en la sociedad romana, los acompañó (conjuntamente con los privilegios) en su desplazamiento diaspórico, durante los siglos iniciales. Un prestigio favorecedor de un acercamiento por parte de las poblaciones en donde se asentaban.

Fue una situación, a la que el cristianismo en su política de afirmación y de expansión debió hacer frente durante la primera mitad del I Milenio EC; una coyuntura, que, como veremos en los capítulos siguientes, favoreció las situaciones de antijudaísmo que se desarrollaron en ese período.

Presencia, prestigio, proselitismo

En el comienzo del I Milenio EC el judaísmo ocupaba un lugar importante en la sociedad romana, un lugar que generó una corriente de simpatía de respeto y hasta de acercamiento y de afinidad con los más diversos elementos paganos y cristianos. Son numerosos los testimonios que evidencian las buenas relaciones, el respeto mutuo entre cristianos y judíos, manifestadas, entre otras, en los encuentros intelectuales por dirimir las diferentes "verdades".

En el Anexo *"La Diáspora, la salida del encierro"*, hemos analizado las situaciones demográficas geopolíticas y económicas que condicionaron la Diáspora.

En relación con la demografía de la Diáspora y para entender el ver-

E.J.Dunayevich

dadero alcance y profundidad del proselitismo en Europa Occidental, veamos cuál o cuáles habrían sido las características del proselitismo y de las conversiones.

La supuesta expulsión de judíos acaecida según Valerio Máximo en 139 aEC, en tiempo de Tiberio (14-37 EC), podría ser expresión de la preocupación en la sociedad romana por la presencia activa e 'invasiva' del judaísmo.

Posteriormente se dieron casos de romanos que sin llegar a la conversión habrían sido fuertemente influenciados por el judaísmo: personajes como Popea, la mujer de Nerón y Flavia, una noble romana esposa de un magnate habrían sido "judaizados". Sin lugar a dudas, a partir de la dispersión y de los asentamientos, para que las comunidades judías se hayan desarrollado y hayan podido tener la magnitud que tuvieron, tienen que haberse formado sobre la base de núcleos consolidados y prósperos.

Con el fariseísmo universalista, las conversiones habrían sido el resultado de actitudes de carácter sectorial o aún individual, un proselitismo para nada misionero.Las conversiones colectivas no se dieron en Europa sino en el ámbito periférico, pueblos que adoptaron el judaísmo conducidos generalmente por sus reyes. Fue el caso del rey Izates en Adiabene en el Imperio Parto, el del kahán Bulán de los Kházaros, en la llanura caspio-negrina y el del rey Himyar (los *himayaritas*) en la península árabe.

Podríamos confeccionar listas de conversiones, una seguramente mucho más numerosa de judíos que se convirtieron al cristianismo. Podríamos señalar que la referencia a personajes que se convirtieron al judaísmo tuvo resonancia cuando la posición que ocupaban era de relevancia. De todos modos, la lista más numerosa de conversos al judaismo la conformarían los individuos humildes, desconocidos provenientes del paganismo, que según Blumenkranz, "espiritualmente poco les daba".

Si desde el punto de vista semántico, proselitismo significa "conversión a una religión", al referirnos al proselitismo, corresponde hacerlo con un sentido más amplio, en cuanto a la existencia de grados de conversión, de compromiso, de acercamiento o de simpatía con la religión. En ese sentido distinguiríamos distintos tipo de prosélitos: los prosélitos "de ley", que aceptaban todas la observancias; los prosélitos "de la puerta", que seguían prácticamente los principios y costumbres, que asistían a los oficios desde el parvis ("se quedaban en la puerta"). Podríamos referirnos a aquellos con menor compromiso: los mencionados judaizantes, los que no asistían al templo (en latín *metuente* o en griego *sebomenoi)* y también a la secta de los "temerosos de Dios"

40

II. Del Helenismo al talmudismo.

(*godfearers*), como la de Dura-Europus, en Asia Menor variante sincrética de un proselitismo que no alcanzó la plenitud, a los simpatizantes, individuos que de una manera u otra se sentían cercanos al judaísmo.

La existencia de judaizantes en la Roma Imperial se registra también durante la época de Domiciano. Suetonio refiere que durante las persecuciones de Domiciano, algunos de los evasores del *fiscus judaicus* "vivían una vida judía sin admitir que lo fueran" (*qui in professi Iudaicum viverent vitam*). El caso de Flavius Clemens y Flavia Domilia (primos del emperador) llevados a juicio por ateísmo, acusación que se formulaba frecuentemente a los judaizantes que no admitían serlo, es otro de los involucrados en esferas relacionadas con la alta sociedad romana.

Sin lugar a dudas la exigencia de la circuncisión y el rigorismo talmúdico incipiente no fueron factores que favorecieran la conversión plena. En el caso de Adiabene, la circuncisión habría sido aparentemente obviada, lo que no impidió su identificación con la Rebelión del 66-73 EC. Los conversos eran a veces excusados del rito de la circuncisión, algunos casos son mencionados en las Odas Sibilinas y hasta en el Talmud. La privilegia judaica del período romano, que con una influencia activa o pasiva se tradujo en proselitismo, fue una situación que se mantuvo vigente en la primera mitad del Milenio: un mundo con un judaísmo socialmente operante en el que el cristianismo naciente buscaba abrirse camino.

Un largo camino de diferenciación, de elaboración de la identidad cristiana, de confrontaciones, con actitudes discriminatorios cada vez mayores, cada vez más agresivos, que con la expansión y la afirmación dieron lugar al nacimiento del Antisemitismo Cristiano. En ese proceso, el judaísmo helenístico terminó por orientarse hacia al aislamiento al que el talmudismo lo llevó.

III. EL CRISTIANISMO EN DESARROLLO

Los comienzos del cristianismo

Los primeros siglos del I Milenio de la Era Común corresponden a los últimos siglos del Imperio Romano y al pasaje de la Edad Antigua Tardía a la Edad Media Temprana.

La Iglesia, va ser parte fundamental de la estructura ideológica del nuevo orden social. Para San Agustín sería el triunfo de la Ciudad de Dios (el mundo celestial) sobre el mundo terrenal.

¿Cómo fue la expansión y el triunfo del cristianismo en el ámbito del Imperio Romano?

En la crisis general de la sociedad romana, la religión pagana como religión del Estado, impotente para mantener la confianza en los ideales tradicionales y canalizar las inquietudes de una humanidad convulsionada, había quedado reducida prácticamente a los sectores de poder y a grupos regionales. En las más diversas capas sociales surgió la idea de salvación inspirada en algunas religiones orientales, como el zoroastrismo o el culto de Mithra que invocaba al Sol. El cristianismo hizo suya esa idea. "El trasmundo adquirió en los espíritus una significación cada vez más alta y la gloria terrenal -de la que los magistrados y legionarios eran defensores- comenzó a parecer pálida en comparación con la que ofrecía "la bienaventuranza eterna" (José Luis Romero). La idea no era incompatible con la tradición judía, para la cual la llegada del Mesías sería acompañada por el Reino de Dios en la Tierra.

En el Mediterráneo Oriental, en el ámbito romano, después de la expansión y bienestar del período helenístico, la ocupación romana y la modificación de su estrategia geopolítica habían implicado un cambio en la situación anterior. La expansión había llegado a sus límites y con ello la esperanza de un mundo terrenal mejor. En Judea, en particular, a través del pensamiento mesiánico, la crisis y la miseria abrían camino a la búsqueda de la salvación; "Millares de judíos aguardaban al Redentor, la magia y la brujería, los milagros, los demonios, los ángeles y los magos (los Reyes Magos, Simón el Mago), la adivinación y la astrología eran aceptados en todas partes" (W. Durant). Los agitadores

43

y los "mesías" (los 'falsos mesías') aparecían periódicamente. Proliferaban las sectas con vida semi-monástica, con espíritu de sacrificio, de ascetismo, de austeridad, como la de los esenios, identificada como la secta de los Rollos de Qumran (los Rollos del Mar Muerto) de la que probablemente Juan Bautista formaba parte y otras, como la de los terapeutas de Alejandría.

En ese mundo de incertidumbre, los constructores del cristianismo, identificados con la idea judaica del Mesías, adoptaron a Jesús como tal y tuvieron el empeño de llevar la nueva fe adelante.

Que Jesús de Nazareth haya existido o no, que lo que se dice que predicó correspondiera a las palabras por él pronunciadas o puestas en su boca en los Libros Evangélicos o en las Epístolas Apostólicas, que sus seguidores lo hayan visto como el Mesías o que sus discípulos hayan inducido a creerlo, que Jesús lo haya aceptado, son temas para un análisis que no entra dentro de nuestros propósitos. El hecho es que en las circunstancias enunciadas, en ese clima propicio, el cristianismo se desarrolló alrededor de la figura de Jesús el Nazareno, con su personalidad y su carisma. El Hijo del Topoderoso no era topoderoso ni omnisciente; su sabiduría era percepción, sencillez, intensidad de sentimientos; sus objetivos: responder a los requerimientos y exigencias de los que lo seguían. Era suficientemente inteligente al responder con evasivas a las preguntas comprometedoras y lo suficientemente hábil como para expresarse con parábolas o alegorías que su público no siempre habrá captado (Ernest Renan).

Jesús no hizo milagros; él mismo atribuía sus curaciones a actos de fe (que hoy llamaríamos sugestión). Su fracaso en realizar milagros en Galilea ante el descreimiento de sus coterráneos es una prueba de ello. "¿Quién es éste? ¿No es el hijo del carpintero?", preguntaban. Cristo respondía con un lenguaje sorprendentemente sencillo: "No hay profeta sin honra, sino en su tierra y en su casa". Una reflexión hoy invertida con la de "nadie es profeta en su tierra" y Mateo agregaba "No hizo allí muchas maravillas a causa de la incredulidad de ellos" (S. Mateo; XIII, 57 y 58). Es muy probable que su magnetismo espiritual, su encanto corporal -que alcanzaba tanto a hombres como a mujeres- sus propios titubeos, sus debilidades, su entrega sin resistencias, lo hicieran más humano (y en ese sentido, más creíble) y aún más atractivo: lo mismo que el anticipo de la traición de Judas, las falencias de los que lo rodearon, la negación de Pedro, la disputa de los apóstoles por un lugar en el cielo, la huida de éstos después de su detención y su grito desesperado en la cruz.

Uno de los pilares sobre los que el cristianismo se apoyó, fue su raigambre popular inicial. De acuerdo a la literatura canónica, tanto

Jesús como la mayor parte de sus discípulos, en lo que se refiere a sus vidas, a sus vestimentas, a sus actitudes, eran de extracción popular; también los primeros prosélitos y el público al que se dirigían era gente del pueblo y de las capas inferiores de la clase media. Las mismas expresiones de desprecio de Celso (ligado al paganismo y a las clases superiores) en cuanto a que los cristianos eran la "hez del pueblo", son confirmatorias. El cristianismo, en cambio, tardó en prender entre los campesinos; identificados con el nombre de *pagani* ('pagos' y su derivado paganismo). (1)

Las prédicas de Jesús se formularon en un mundo con una población en la que los humildes y pobres estaban ávidos por salir de su miseria. Cuando Jesús empezó a dirigirse a los esclavos, no lo hacía con la idea de liberarlos sino de aportarles consuelo con la promesa de un reino indefinido mejor. No era pues lo que hoy llamaríamos socialmente, un revolucionario.

Judea era un mundo en el que los anunciadores de la bienaventuranza no podían sino generar en las cúpulas religiosas un rechazo, sobre todo entre los saduceos y los fariseos. La aceptación de esas promesas era la pérdida su ascendente (la de saduceos y fariseos) sobre la gente, el derrumbe de las fantasías que la religión judía postulaba. Para los saduceos y fariseos era preferible ignorar la confrontación con la realidad de la miseria, que Jesús postulaba y seguir centrados en las preocupaciones por la observancia de la Ley.

De las dos sectas principales del judaísmo, la de los saduceos, pertenecientes a las grandes familias aristocráticas sacerdotales, estaba aferrada a la letra escrita de la Torah; eran enemigos de toda innovación ritual o doctrinal. Los fariseos, que formaban parte de un sector intermedio, con una actitud más amplia, aunque "casta pura" (según Flavio Josefo), menos conservadora, se orientaban al análisis de las nuevas situaciones de la vida individual y colectiva y a las interpretaciones de la Ley. Tenían una actitud que, aunque con exigencias rituales menores, no escapaba a algunas de las críticas de las que fueron objeto por los cristianos.

¿Cuál era el arraigo del judaísmo en Palestina? De una población total de aproximadamente un millón o un millón y medio de habitantes, el conjunto de las sectas habría representado sólo una pequeña minoría. F. Josefo da la cifra de seis mil fariseos y de cuatro mil esenios; en cuanto a los saduceos, declara que eran poco numerosos. Podemos pensar además, que la inmensa mayoría de los judíos, aun si se sentían involucrados en la religión mosaica, estaban lejos de identificarse con las exigencias de los rigoristas. La insistencia ritualista, común a ambas fracciones, dejaba un amplio espacio libre, que indudablemente facilitó el tránsito a la nueva secta, sobre todo a partir de que Paulo de Tarso empezó a sostener el incumplimiento de algunas exigencias de la Ley.

En ese contexto es muy comprensible que los sectores populares, "las gentes del país" (*ameh haaretz*), conjuntamente con los impíos se sintieran atraídos por la naciente creencia, menos exigente, anunciadora de la llegada de un reino mejor.

Los caminos de la expansión del cristianismo fueron inicialmente largos y contradictorios. Dada la escasa documentación fehaciente no resulta fácil reconstruirlos. La adhesión a la figura y a los mitos que se fueron creando alrededor de Jesús, se difundió con gran celeridad. Las primeras conversiones estuvieron a cargo de los apóstoles, los doce discípulos a quienes Jesús habría encargado divulgar el Evangelio (del griego *evangelium*, "buena nueva").

Ningún cristólogo, ni historiador de la Iglesia pone en duda que ni Jesús ni sus apóstoles pensaban fundar una nueva religión, llegar a un cisma o a una secta divergente de la religión judía; cuanto mucho habrían pensado en la necesidad de un aggiornamento. Los apóstoles y los primeros discípulos posteriores eran inicialmente designados como judeo-cristianos: eran judíos que creían que el Mesías (Meshah, en hebreo), que el Ungido o Cristo (*Kristos* en griego), había llegado.

Las discusiones doctrinarias surgieron fundamentalmente a partir de las ideas que los discípulos empezaron a difundir particularmente las promesas de redención que la aceptación de Jesús como el Mesías implicaban. Fue el camino que llevará a la formación inicial del cristianismo. En ese tránsito aparecieron las interpretaciones sobre la validez de la Ley.

Santiago el Mayor, Pedro (Pedro Cephas) y Juan el Evangelista constituyeron lo que para Pablo fueron las "columnas" apostólicas (Gal. II, 9). Hicieron los primeros adeptos cristianos entre los judíos de Samaria, Cesarea y Judea. y entre los diseminados en Ponto, Galacia y Capadocia.

La propia dispersión judía en marcha desde el helenismo, constituyó un campo propicio para difundir el cristianismo. Según Will Durante "el constante movimiento de los judíos de ciudad en ciudad y su vinculación con todo el Imperio a través del comercio, ayudaron a abrir el camino. Pablo y Bernabé, con sus viajes a Asia Menor (Galacia y Éfeso) y a la península griega (Corintia y Tesalonia), estuvieron orientados hacia la conversión de los paganos. Esteban se ocupó fundamentalmente de la conversión de los griegos. La comunidad cristiana comenzaba a ampliarse.

Esteban se opuso a la unicidad del santuario y a la centralidad del culto en Jerusalén , apareciendo así las primeras diferencias rituales con el judaísmo. El único santuario legítimo, sostenía, debía tomar el modelo que Yahveh había diseñado (Éxodo XXV), el del antiguo tabernáculo con los altares, que se adaptada a los hebreos, nómades primero, dispersos luego. Una idea tomada del profeta Nathan cuando recibió el mensaje de Yahveh: "No has de edificar casa donde yo more" (II Samuel VII, 5). Al oponerse al culto centralizado de Jerusalén se creaban condiciones para difundir y universalizar la nueva creencia. Esteban fue acusado de haber blasfemado al Templo como santuario único de culto y juzgado por el Sanedrín fue condenado a la lapidación. Fue la primera acción concreta contra los cristianos y uno de los primeros pasos hacia la separación.

Pablo (la figura mayor entre los Apóstoles), con sus planteos, contribuyó aún más al desarrollo del cristianismo. En su misión entre los gentiles (griegos y sirios) encontró las mayores dificultades. La aceptación de la idea judeo-cristiana implicaba la de las observancias judías, con todos sus rigores dietarios y rituales y en particular el de la circuncisión. Los nuevos prosélitos se negaban a someterse a un rito que para los judíos era el símbolo sagrado de la alianza del pueblo con Dios. Era evidente que el tema resultaba un escollo. Pablo tuvo conciencia de que si el planteo de la salvación implicaba la aceptación de la Ley en todas sus formas, la universalización de la religión no podría prosperar entre los gentiles. Intentó obviar a los paganos la obligatoriedad de las observancias, en particular la de la circuncisión. Sentía defender en el cristianismo la fe judaica. En su epístola a los gálatas escribía: "porque en Cristo-Jesús ni la circuncisión vale algo ni la no circuncisión: sino la fe que obra por la caridad" (Gal. V, 6). Pero el rechazo por parte de los "judíos viejos" cristianizados a la aceptación de los "judíos nuevos" (incircuncisos), fue categórica. (2)

Después de su tercer viaje, de vuelta a Jerusalén para celebrar la fiesta judía de las Siete Semanas (Shavuot) decidió plantear el conflicto ante sus pares. La comunidad cristiana dirigida por Pedro y por Santiago el Mayor, hermano de Juan el Evangelista, había convocado a un consejo, el llamado Consejo de los Apóstoles o de los Ancianos (fue el Primer Concilio). (3)

Pablo enfrentó en el Consejo a Pedro; defendía su evangelio (sus verdades) sus doctrinas y sus éxitos. Pedro dudaba, Santiago intermediaba. La cuestión era delicada y de difícil solución. En Hechos de los Apóstoles figura cómo el tema habría sido resuelto, o mejor dicho, soslayado. Hubo concesiones por parte de la 'ortodoxia' como la de no prohibir a los nuevos conversos comer con los antiguos paganos, pues ello hubiera implicado la imposibilidad de la comida fraternal de la eucaristía. Quedó igualmente clara la obligación de la observancia de sacrificios de animales y la prohibición de matrimonio entre parientes, conforme a las leyes mosaicas, así como otras prescripciones resumidas en "abstención de cosas sacrificadas a ídolos y de animales no desangrados y de fornicación" (Hechos XV, 28, 29 y XXI, 25). En cuanto al controvertido tema de la circuncisión, se dispuso confusamente no imponer a los gentiles "ninguna cosa más que estas cosas necesarias"; un verdadero ejercicio de habilidad dialéctica. (4)

La ambigüedad de la no decisión, conformó aparentemente a ambas partes. A Pablo que sin detenerse en otras discursivas, continuó con su misión del 'evangelio de la no circuncisión', mientras Pedro seguía con 'el de la circuncisión'. El enfrentamiento no iba a tardar de llegar. En Antioquia, "Pablo resistió a Pedro en la cara, porque era de condenar" (Gal II, 11) y le reprochó: "¿por qué siendo judío, vives como los gentiles y constriñes a los gentiles a judaizar?" (Gal II, 14).

No obstante ello, Pablo, que en su exitosa misión había ignorado la ley judaica, cuando retornó a Jerusalén, los jefes de la Iglesia lo recibieron con: "no hay nada de lo que fuimos informados a cerca de ti, si no que tú también andas guardando la ley" (Hechos XXI, 24). Se repetía la situación del Consejo anterior, era el inicio de la duplicidad discursiva de la Iglesia. (5)

El cristianismo no dejaba de afirmarse. Pablo, enfrentando al 'partido de los circuncisos', fue un pilar importante.

Pero si el Mesías había llegado y hasta condenado a muerte y crucificado, el reino de la Bienaventuranza no había venido, ni con él ni con su muerte.

El mito comenzó con la desaparición del cuerpo, luego con la Ascensión. Había que rescatar la gran esperanza que la figura de Jesús había suscitado, la de la Salvación. La respuesta comenzó a ser elaborada: el Reino de Dios no había llegado, pero pronto llegaría, porque Jesús retornaría; era el hijo de Dios y volvería para establecer su Reino sobre la Tierra. En cuanto a "cuándo" y "cómo", a partir de la complicada explicación de la Ascensión, se abrieron nuevas especulaciones y condicionamientos. Para Juan el Evangelista, los pecadores debían prepararse para el Juicio Final; el Reino de Dios advendría próximamente y aún inmediatamente si toda Judea se arrepentía y se limpiaba de pecados. Los cristólogos y teólogos comenzaron a diferir la fecha del Segundo Advenimiento, la Parusia (de la que la Biblia, el Antiguo Testamento, no había hablado). La muerte de Nerón, la destrucción del Segundo Templo por Tito, el anuncio de la reconstrucción de Jerusalén por Adriano, fueron considerados por muchos cristianos como señal de la próxima Segunda Venida. Según Will Durant para *Tertuliano en Apolo-*

geticus Pro Christi, el caos del Imperio a finales del II siglo era el anuncio. Viendo que Cristo no venía, aparecieron nuevas interpretaciones y nuevas fechas. En una Epístola atribuida a Bernabé, el compañero de prédicas de Pablo, según Kirsopp Lake (*The Apostolic Fathers*), el Señor vendría al cabo de mil años (un tiempo prudencial). (6)

Hubo otros anuncios: uno amenazante, cuando la raza de los judíos se extinguiera y otro, que sería retomado más tarde, cuando los judíos se convirtieran. San Juan planteó otra alternativa, Jesús enviaría al Espíritu Santo en su lugar y la Salvación vendría con el Apocalipsis. Finalmente una más definitiva, diríamos hasta inapelable: el Reino de la Bienaventuranza no acaecería en la tierra, fue trasladado a los cielos y a una vida en un paraíso allende la muerte. Con la esperanza de salvación en el más allá, la sustentación del cristianismo había sido resguardada y no daba opciones para su cuestionamient, ni lugar para su comprobación.

Pero si el Cristianismo fue inicialmente una secta entre las muchas que proliferaban en Palestina y finalmente, un desprendimiento de la religión mosaica, si subsistió y al cabo de un largo proceso se desarrolló ¿cómo pudo llegar a constituir una de las grandes religiones monoteístas?

Fuera de Judea-Galilea, las misiones evangelizadoras se fueron intensificando y extendiendo a Siria, Asia Menor, Anatolia y Alejandría, donde la Diáspora se había desarrollado intensamente. En el Oeste el paso siguiente era Roma. Hacia fines del siglo I y comienzos del II, el Cristianismo va a entrar en una nueva etapa, su separación del Judaísmo.

Dogmas y ritos

Las comunidades cristianas se fueron unificando mediante la concertación de acuerdos sobre diferentes bases y dogmas. El principio de dirección democrática fue abandonado para adoptar una constitución jerárquica, la creación de un episcopado monárquico (principio de la consagración apostólica y de la sucesión) y la separación entre el clero y los laicos. Pero la expansión y las tareas evangelizadoras no hubieran podido seguir adelante sin la construcción de una ideología propia. Después de los evangelios y de las epístolas apostólicas, el cristianismo empezó a definir su teología a través de los Padres de la Iglesia.

Era necesaria también la incorporación de elementos rituales equivalentes a los que en general acompañaban a las religiones, imprescindibles para su inserción en el mundo.

El Cristianismo tenía desde su inicio una particular carga: era un desprendimiento de la religión mosaica. De ella iba a incorporar elementos rituales e ideológicos que le permitieran afirmarse y que a su vez, adaptándolos o reemplazándolos por otros nuevos, diferenciarse.

Así, en los comienzos, los primeros cristianos se reunían en recintos cerrados según el modelo de las sinagogas (lugar de reunión), que comenzaron a llamar con el vocablo griego *ekklesia* (asambleas populares).

La muerte de Jesús había tenido lugar en correspondencia con su viaje a Jerusalén para celebrar Pesah. ¿Cómo hacer para conmemorar ambos acontecimientos, el de la muerte y resurrección de Jesús, con las invocaciones de tristeza, opuesto a la alegría que implicaba, la celebración de la liberación del cautiverio en Egipto?

En primer lugar hubo que aceptar algunos rituales modificando su significado. *Sedder* se transformó en la "última cena" y los rituales del *massot*, en la partición del pan y en el de la hostia, símbolo del cuerpo del que iba a ser entregado y torturado, y el del vino en el del Cáliz de la Sangre Real (*Sang Royal, Sangryal*).

Mucho más complicado resultó independizar la fecha de Pascua de la de Pesah, que los cristianos acostumbraban a compartir, y festejar con los judíos. La cuestión fue definida en el siglo sexto, cuando se estableció que el día de Pascuas de la Resurrección debía festejarse un domingo (el Domingo de la Resurrección) de acuerdo al calendario juliano independizada de Pesah ligada al 15 de Nissan del calendario judío. (7)

Hubo otros casos en los que la diferenciación se estableció en forma incompleta o artificiosa. Para los romanos el año empezaba con el solsticio de invierno cuando el sol comenzaba a levantarse sobre el horizonte; correspondía, al 25 de diciembre del calendario juliano. En esa fecha se celebraba el rito popular mithraista del natalicio de Mithra, identificado con el Sol Invencible (*natalis invicti solis*). La popularidad de Mithra era tal que en 354 los Padres de la Iglesia, en la necesidad de afirmarse, registraron la conveniencia de adoptar esa fecha como la del nacimiento de Jesús y una semana después, como comienzo del año, La fecha elegida, correspondería a su circuncisión, evidentemente no pudieron desprenderse de la vinculación judaica de Jesús. (8)

La fiesta judía de *Shavuot*, (Fiesta de las Semanas) se celebraba Siete Semanas (cuarenta y nueve días) después de Pesah, conmemoraba la entrega al pueblo hebreo de las Tablas de la Ley por Moisés (o también a la aparición de Yahveh en el Monte Sinaí) Era festejada comúnmente también por los cristianos. Resultaba difícil ignorarla; la Iglesia la convirtió en la celebración de Pentecostés (cincuenta días después de Pascuas) como conmemoración de la aparición del Espíritu Santo, enviado por Dios.

Pero es a nivel ideológico en el que la Iglesia tuvo que entablar sus más esforzadas batallas de identidad, tanto con las postulaciones internas como frente al judaísmo. En efecto, durante los primeros cuatro siglos de su existencia, ante la necesidad de responder a las sucesivas cuestiones ideológicas que fueron apareciendo, surgieron numerosas divergencias a las que tuvo que hacer frente. En grandes líneas, las disputas y controversias se concentraban alrededor del complicado problema de la Trinidad (Dios, Hijo y Espíritu Santo), diferencias que resultaban harto sutiles. Temas relacionados con el significado de la Trinidad, con la naturaleza de Cristo o del Espíritu Santo, dieron lugar al surgimiento de herejías como el marcionismo, el arrianismo, el monofisismo, el nestorianismo, el monotelismo, el monarquismo, el adopcionismo. Las controversias en torno a volver al primitivo cristianismo, a la austeridad y a la prédica del ascetismo dieron origen a otro tipo de herejías: el montanismo, el monaquismo y el donatismo. Esas diferencias convertían en hereje al sector que no lograba imponer sus principios. De esos conflictos surgieron iglesias menores o cismáticas que en la mayoría de los casos concluyeron por desaparecer. (9)

El arrianismo tuvo una difusión e inserción que merecen ser destacadas. Gracias a las prédicas de Orfila (310-380), alcanzó una sorprendente inserción entre los visigodos, ostrogodos, burgundios, vándalos y lombardos. Sus diferencias ideológicas se centraban en la naturaleza de Cristo. La Iglesia defendía la consustancialidad (*homousia*), Dios y Jesús eran Padre e hijo, en oposición a la semejanza (*homoiousia*) que el arrianismo sostenía: Jesús había sido creado por Dios (como Adán) "es decir no era de la misma "sustancia" de Dios La figura de Cristo no tendría carácter divino. Esa concepción colocaba al arrianismo en una posición más cercana al monoteísmo judío. Eso explica, independientemente de consideraciones políticas y económicas, la actitud arriana favorable a los judíos, particularmente en la España visigoda arriana. En 325, bajo Constantino, el arrianismo fue condenado por el Concilio de Nicea, aunque durante varios siglos siguió vigente, sobre todo entre las tribus germánicas.

La afirmación del cristianismo

¿Cómo articuló el cristianismo su política para introducirse en el mundo romano?

¿Cuáles eran las características del mundo romano en el que, el judaísmo se había asentado y en el que en primera instancia el cristianismo dirimió competencias y predominio?

El cristianismo no tuvo la potencia ni la agresividad que seis siglos después tuvo el islamismo, que en sólo dos siglos llegó a imponerse en los países de la ribera sur del Mediterráneo y del Cercano y Medio Oriente, para luego comenzar a introducirse en Asia Meridional, Oriental y en África.

Para su consolidación fue necesario un largo proceso marcado por tres hitos: el de Constantino en 323, cuando fue reconocido como religión, el de Teodosio el Grande en 392, cuando devino religión oficial y el de Justiniano en 525, que con su absolutismo e intolerancia acrecentó su agresividad.

Después de su implantación en la península itálica, el cristianismo se fue introduciendo en Galia y en la península ibérica, a medida aumentaba la dominación romana. Tuvieron que transcurrir todavía alrededor de siete siglos para que el cristianismo católico comenzara a difundirse en la región central y oriental del continente europeo.

El Cristianismo se encontró con un mundo romanizado en el que el paganismo formaba parte de la identidad del imperio en decadencia. Irrumpió con una ideología inicialmente de tolerancia y de armonía, sin conversiones forzosas, a través de las misiones evangelizadoras y de la conversión de los diferentes reyes bárbaros.

En los comienzos era confundido con el judaísmo, del que era considerado como una secta derivada, que se desenvolvía disperso y minoritario, abroquelado en comunidades unidas con un prestigio que su antigüedad reforzaba. En 52 EC. Suetonio se refiere a las persecuciones de "judíos impulsores de Cristo". Con ritos similares y la común aceptación del Antiguo Testamento, el cristianismo formaba parte de lo que se consideraba la *judaica superstitio*. (10)

Cuando empezó a ser diferenciado, empezó a gozar de los mismos privilegios, y a atribuírsele los mismos defectos. Así, la creencia en un dios único e invisible que los cristianos compartían inicialmente con los judíos, contribuyó para que en algún momento también se los considerara ateos y que fueran calumniados como los judíos. La corporeidad, la materialidad y la incorporación de imágenes y objetos del culto que fue introduciendo, fueron probablemente unas de las bases de su triunfo. (11)

Cuando el mensaje cristiano del Reino de la Fe y de la Esperanza empezó difundirse, entró en disonancia con la ideología del imperio. Los cristianos, con persistente rebeldía se negaban, como los judíos, a admitir el culto del emperador. Una actitud que en una sociedad orgullosamente conservadora, no podía sino generar rechazos. Su dinamismo y difusión resultaban aún más intolerables y una peligrosa amenaza para el orden establecido; los cristianos "merecían" el circo y la muerte: comenzaron las primeras persecuciones. (12)

Cuando en el año 64 EC. Nerón eligió a los cristianos como vícti-mas propiciatorias del incendio de Roma, habían transcurrido sólo tres décadas de la muerte de Jesús. En ese sentido, J. Parkes es categórico: hubo probablemente cierto número de cristianos ejecutados, pero para nada una persecución sistematizada. (13)

En la época de Domiciano (81-96), las persecuciones no habrían hecho distinción entre judíos y cristianos. Según Suetonio habrían sido motivadas por la preocupación del emperador por incrementar la recaudación del *fiscus judaicus*. Las vejaciones discriminatorias a los judíos, podrían haber apresurado la decisión de la iglesia de apartarse formalmente de la ley judaica de la circuncisión de la carne, para optar por la circuncisión del espíritu, el bautismo.

Fueron pasos sucesivos; la separación habría tenido lugar en el pasa-je del siglo I al siglo II; las primeras persecuciones exclusivamente con-tra los cristianos habrían sido durante Trajano (112-115). Vino luego un período de reiterada intolerancia anticristiana de aproximadamente cien años, durante los Antoninos, los Severos y los emperadores milita-res; de las persecuciones aisladas bajo Marco Aurelio y Septimio Severo se pasó a la persecución general con Decio (249-251) y con Valeriano (253-260).

Las persecuciones no habían logrado su objetivo. En 261 Galieno, hijo de Valeriano, promulgó el primer edicto de tolerancia que res-tituía sus bienes a las comunidades cristianas. En los cuarenta años que siguieron se inició un período de distensión; hubo persecuciones menores. La Iglesia, que ya había hecho pie, seguía ganando fieles y continuaba creciendo ahora también entre los sectores ricos.

Diocleciano en 303, entre sus reformas por el restablecimeinto del Imperio, pretendió hacer resurgir el paganismo iniciando brutales per-secuciones contra los cristianos. A la muerte de Diocleciano, las luchas por el trono fueron intensas: en un momento hubo seis rivales que procuraban ocuparlo. (14)

En 313 el cristianismo fue promulgado como religión lícita por un segundo edicto, el llamado Edicto de Milán. El cristianismo era ahora religión admitida en todo el imperio, aunque todavía no religión ofi-cial.

Después de sucesivas eliminaciones, quedaban Constantino, deve-nido Augusto de Oriente y Licinio, Augusto de Occidente. (15)

En 323 Constantino venció a Licinio. Como emperador único del Imperio invitó a sus súbditos a abrazar la nueva fe. El cristianismo era ahora religión oficial en Occidente y en Oriente.

En el año 325 Constantino convocó el primer concilio ecuménico de la Iglesia, el Concilio de Nicea (la capital de Bitinia). En ese concilio, se declaró a la Iglesia, Católica (Universal) y Apostólica; comenzaron a establecerse normas sobre el monopolio de la fe y el poder secular. El Concilio definió el significado de ser cristiano: creer en un Dios y en su hijo creado de la sustancia divina (concepción contraria a la doctrina arriana), decidió la expulsión de los arrianos y definió los principios de erradicación de los otros grupos de cristianos a partir de lo cual devendrían herejes. (16)

En los años siguientes, durante algunos de los sucesores de Constantino (Constancio, Juliano el Apóstata y Valente) el cristianismo sufrió todavía algunos retrocesos. (17)

En 380, por el Edicto de Tesalónica, Teodosio I el Grande establecía "que todos los pueblos que sean gobernados por la administración de nuestra clemencia, profesen la religión que el divino apóstol Pedro dio a los romanos". Aunque el cristianismo no había devenido ni único, ni obligatorio, de ahí en más la libertad de cultos comenzaría a ser seriamente restringida.

El cisma en la bipolaridad del Mundo Antiguo

¿Cómo fue el escenario en el que el cristianismo tuvo que abrirse paso? El mundo antiguo se había desarrollado en un panorama de dualismos simplificadores. De una bipolaridad entre griegos y extranjeros había pasado sucesivamente a la de helenos y no-helenos y a la de greco-romanos y bárbaros. Con los cambios políticos y culturales que siguieron, la bipolaridad se replanteó con un esquema nuevo, en el interior del propio Imperio. En el mundo romano que no se concebía sin la pertenencia a un culto, la línea demarcatoria se trazó en el ámbito de las religiones. Por un lado, el paganismo ampliamente mayoritario (que incluía a los romanos helenizados y a los ex-bárbaros romanizados) y por el otro el judaísmo, con su exclusivismo, sus particularismos y su rigorismo. A los judíos, económicamente posicionados aunque no siempre bien acogidos, se les garantizaba la libertad de practicar su religión (la *privilegia judica*). Flavio Josefo había exhibido sus títulos de antigüedad en *Contra Apión*; eran títulos que los paganos valoraban. "Sus ritos, sean lo que fueren, se justifican por su antigüedad" escribía Tácito (que poco puede ser sospechado de simpatía hacia los judíos).

¿Cuáles fueron las armas que el cristianismo utilizó cuando irrumpió en ese mundo bipolar ya conformado? Era el continuador del judaísmo; pretendía ser el verdadero Israel (el *Verus Israel*). Se presentaba al mismo tiempo como la creencia renovadora que corregiría los errores del judaísmo. Los judíos se habían apartado de las verdades del

III. El Cristianismo en desarrollo..

Antiguo Testamento. En los mismos textos bíblicos no faltaban situaciones en las que se podía interpretar que el "segundo", el que "venía después" era el elegido de Dios.

Los cristianos "hacen un culto de Dios de una manera distinta" proclamaba Clemente de Alejandría. El cristianismo era "la nueva Verdad" (Orígenes). Las tradiciones judías (y paganas) eran "anticuadas". Era un mensaje que implicaba un espíritu innovador, joven y esperanzado, que pretendía representar un mundo nuevo. Ese intento de romper con el conservadorismo romano bien pudo haber provocado la reacción romana que llevó a la persecución de los cristianos.

En ese contexto inicial, los judíos seguían detentando posiciones de privilegio encuadradas en una política de estado donde todavía cumplían un rol útil y necesario. Sin tratar de favorecerlos, las autoridades romanas tampoco se proponían suprimirlos. De haberlo intentado, habrían generado problemas e inconvenientes y ningún tipo de beneficio. (18)

Durante los primeros apóstoles, e incluso en las prédicas de Pablo de Tarso, no había síntomas aparentes de una separación. El propio Pablo en su apartamiento de la Ley intentaba convencer que sus planteos no implicaban una ruptura. Las manifestaciones contrarias a los judíos que aparecen en Marcos no corresponden al espíritu de los sinópticos sino al que empezó a incubarse en el II siglo; en el Cuarto Evangelio, el de Juan, se denuncia el rechazo que la llegada de Jesús habría suscitado entre los judíos: "Vino a los suyos y los suyos no lo recibieron" (San Juan I.11). Expresiones de ese tipo aparecen tanto en Tertuliano (160-230) como en Orígenes (185-253), pero no son ni sistemáticas ni continuas y son cuantitativamente menores. (19)

Durante la Guerra del 66-70 EC habían transcurrido menos de 40 años de la muerte de Jesús; el cristianismo, precariamente afirmado y todavía indiferenciado ideológicamente, estaba en pleno proselitismo apostólico inicial; los judeocristianos, que no creían en la oportunidad ni en las posibilidades de la revuelta, se retiraron a Pella.

La separación, el proceso de separación, se enmarca en la atmósfera agitada del espíritu de rebelión entre los años del primer decenio del Siglo II (antes del Levantamiento General contra Trajano) y los del tercer decenio del mismo siglo (la Rebelión de Bar Kohba).

Es a partir de fines del siglo I y comienzos del II que la separación habría comenzado a insinuarse. Es el período del Cuarto Evangelio, cargado de acusaciones y rechazos hacia los judíos. Es también cuando el Patriarca envío emisarios a las sinagogas de la diáspora, con expresiones condenatorias y recomendaciones disuasivas del trato con los cristianos. En 117, Trajano y Plinio en cartas intercambiadas reconocían la autonomía que los cristianos habían alcanzado: los paganos tenían en claro la existencia de una diferencia entre judíos y cristianos; en las persecuciones de Trajano, los cristianos fueron las únicas víctimas.

Resulta pues muy entendible que la Rebelión de Bar Kohba, signada por excesos cometidos por los judíos contra los cristianos, haya sellado la separación. Jerusalén, proclamada la *Aelia Capitolina*, fue vedada a los circuncisos y abrió sus puertas a los cristianos.

En cuanto a las sectas periféricas, los judeocristianos, que en tanto que circuncidados tuvieron prohibido el acceso a Jerusalén, subsistieron todavía varios siglos. Los ebionitas y los nazarenos, en cambio, anatematizados también por la Sinagoga y despreciados por los mismos cristianos, desaparecieron más rápido; estaban entre los dos polos, el de la Iglesia y el de la Sinagoga, y no había lugar para ellos. (20)

También es significativo que en ese período los paganos hayan devenido mayoría entre los conversos cristianos, sobrepasando ampliamente a los de origen judío o samaritano.

En los escritos judíos de la época la "nueva secta" no aparece mencionada, tampoco la palabra "cristiano", ni ninguno de sus derivados. La palabra "Cristo" era la traducción griega de "Ungido", nombre con el que los judíos designaban al Mesías. Dentro de la tradición teológica judía, nombrarlo era invocarlo y por lo tanto, aceptarlo. En los párrafos que se referían a una creencia, a una secta o a un grupo que pudiera estar relacionado con el cristianismo, utilizaban el término *minim*, sin un significado preciso en hebreo, aunque probablemente equivalente a "herejes". El término empleado que más directamente se refería a los cristianos fue el de nazarenos con el que primitivamente se los identificaba. En algunos textos en los que por su sentido general, era innegable la referencia a los cristianos las palabras correspondientes fueron suprimidas o reemplazadas.

Los cristianos no siempre fueron ignorados; en el *Birkath-ha-Minim*, un documento litúrgico, en una referencia taxativa, se expresa: "Que los *minim* mueran al instante; que sean borrados del libro de la vida y que no sean contados entre los justos". (21)

El marco ideológico de la separación

El cristianismo buscaba afirmarse de acuerdo al esquema señalado: era la creencia renovadora que remplazaría los antiguos mitos, era el verdadero Israel, el auténtico intérprete de la Biblia, al tiempo que se presentaba como la cristalización de los dogmas, la reivindicación de sus fuentes y la diferenciación de sus hermanos de origen.

El marcionismo puso a la Iglesia en situaciones conflictivas y en discusiones ideológicas y fue característico por las dificultades dialécticas que implicó. Con un planteo gnóstico, Marción rechazaba el intento de armonizar las tradiciones bíblicas judías con las del cristianismo y rechazaba el Viejo Testamento. La Iglesia se encontró en la situación de atacar (y defenderse) sobre dos frentes en el ámbito ideológico. Al defender la validez del Antiguo Testamento, atacando al judaísmo, la Iglesia se colocaba en una situación de difícil equilibrio. La disputa se resolvió en 144 EC, con la expulsión de Marción. (22)

Las posturas contradictorias a veces la llevaban a situaciones conflictivas. Durante la primera mitad del milenio no condenaba a los judíos, sólo les señalaba su ceguera y su tardanza en comprender la nueva situación.

A pesar del desastre de Palestina, el judaísmo no había perdido su vitalidad, ni su poder de atracción. No sólo no aceptaba la nueva doctrina sino que persistía en ocupar el lugar por el que los cristianos bregaban. El Viejo Testamento no postulaba la existencia de dos pueblos elegidos y en ese contexto, no había lugar para que dos religiones pudieran pretender ser simultáneamente las verdaderas religiones de Israel.

La Biblia no era precisamente un conjunto de textos que pudieran desvincular sin cuestionamientos la historia y la tradición del pueblo judío. Las leyes y reglas que prescribía correspondían a un supuesto acuerdo de Dios con el pueblo judío, el "pueblo elegido", una Alianza que debía ser perpetua, que la ley codificaba. Al nutrirse en las mismas fuentes, en su necesidad de diferenciarse, la Iglesia se encontró en una situación en la que se imponían discusiones ideológicas. Fueron cuatro siglos de polémicas durante los que la Iglesia y los judíos mantuvieron, con relativa altura, frecuentes lides discursivas. Los planteos de la Iglesia eran fundamentalmente antijudíos y no antisemitas, aunque no dejaron de dar lugar a desbordes y excesos verbales, a desmadres que pueden ser considerados como antecedentes del Antisemitismo Cristiano del II Milenio.

Las primeras polémicas antijudías comenzaron alrededor del período de Bar Kohba (en 135 EC.). Los diálogos de Aristón de Pella son de esa época (c140 EC); son los más antiguos que se conocen y reproducen un supuesto diálogo entre dos judíos (uno de ellos converso).

Entre los apologistas que buscaron los justificativos para demostrar que el cristianismo era anterior al judaísmo o que el Cristo del Evangelio estaba anunciado en la Biblia está Justino Mártir, que encontró que Isaías (LIII, 3) preanunciaba los sufrimientos del Mesías ("despreciado y desechado entre los hombres, varón de dolores, experimentado en quebrantos"). En el Salmo (XXII, 1) figuran las mismas palabras que el Evangelio puso en labios de Cristo: "Dios mío, Dios mío, ¿por qué me has dejado?" En otros apologistas las citas son muy generales, de discutible interpretación. No faltaron casos en los que los judíos cuestionaron su autenticidad, como en el Salmo (XCVI, 10) "el Señor reinó desde el madero", la frase "desde el madero", no figuraba en las versiones de la Biblia aceptadas por los judíos. (23)

También en el famoso versículo de Isaías (VII,14) de la Septuaginta: "la virgen que concebirá y parirá un hijo"; en las versiones de Aquila, de Simaco y de Teodosio la palabra "virgen" fue traducida como "joven" o "doncella".

Apharates y otros se ocuparon de encontrar antecedentes bíblicos sobre otras filiaciones divinas: Adán, engendrado por el pensamiento de Dios, era su Hijo; en Éxodo (IV, 22) "Israel es mi hijo, decía Yahveh"; y en II. Sam. (VII, 14) Yahveh hablándole al profeta Nathan: "Yo seré el padre y él (David) será mi hijo". Jesús bien podía ser "también", el hijo de Dios.

Otro de los ejes sobre el que los apologistas centraron la polémica era el de la validez de la ley en cuanto a prescripciones rituales. Las prescripciones eran simbólicas, su carácter no era imperativo y su valor, relativo. Había que hacer una distinción entre la ley moral y la ritual. La ley moral estaba escrita en el corazón del hombre y lo guiaba en el camino de la salvación.

Para Ireneo, las leyes rituales eran aplicables sólo al pueblo judío por sus pecados y su rigidez; la llegada de Cristo las había hecho inválidas. Los ritos dietarios eran también relativos, Dios no se los había exigido a Noé. En cuanto al descanso sabático, Abrahán no lo practicaba y tampoco Josué, que transportó el Arca alrededor de Jericó durante siete días sin interrupción (que evidentemente incluían el Shabat): "el séptimo día dieron la vuelta a la ciudad de la misma manera"(Jos. VI,15).

La relatividad de la circuncisión se podía apreciar en cuanto fue impuesta a Abrahán recién a partir de la alianza y que además Moisés no la había aplicado. De todas maneras no era el sello de un convenio con Dios, pues era un rito que también seguían otros pueblos (egipcios, moabitas y amonitas). Para Tertuliano y para Justino fue un merecimiento por los pecados cometidos, que iba a permitir diferenciarlos a fin de que no pudieran entrar en la Ciudad Sagrada cuando así lo dispondría Adriano (supuestamente una imposición anticipada en varios siglos).

Se entendía que cada prescripción ritual estaba relacionada con un pecado particular. El Shabat, por ejemplo, debía ser interpretado como una manera para que los judíos tuvieran siempre al Señor en su memoria (aquí aparece una forma de la idea de "pueblo culpable"). Las leyes alimentarias tenían por objeto suprimir la glotonería y la avidez "tradicional" de los judíos.

Hubo un aspecto, al que nos hemos referido, sobre el que los apologistas enfocaron particularmente sus cuestionamientos: el de los desfasajes temporales en la observancia de las leyes rituales, entre la enunciación y la aplicación. Antes de la Alianza, ni Abrahán ni sus antecesores, tanto Noé, como el propio Adán, ni a *postreriori*, tampoco Moisés las habían respetado. Eran situaciones que confirmaban que con la llegada del Mesías, las leyes rituales y ceremoniales devenían obsoletas y perimidas. En el Evangelio de Marcos son numerosos los versículos que muestran a Jesús apartándose de la Ley, como cuando contestó a los escribas y fariseos que le reprochaban comer con los pecadores: "No he venido a llamar a los justos sino a los pecadores", o como cuando respondía a los que le señalaban que ni él ni sus discípulos ayunaban como lo hacían los de Juan Bautista y los fariseos: "nadie echa vino nuevo en odres viejos". O cuando con sus discípulos, arrancando las espigas un sábado replicaba: "¿Nunca leísteis qué hizo David y los que con él estaban cuando tuvieron necesidad y hambre?" y agregaba: "El sábado fue hecho para el hombre y no el hombre para el sábado".

El apartamiento de las prescripciones rituales por parte de Jesús, era una manera de mostrar a los judíos, a los judaizantes, a los paganos y a los posibles conversos que los principios del judaísmo habían sido reemplazados por los del cristianismo. Por otra parte, entre los principios del Antiguo Testamento que el cristianismo no cuestionaba sino que rescataba, estaban los de la ley moral que no solamente respetaba sino que, en definitiva, compartía con el judaísmo.

Esa manera de enfocar la evangelización llevó a James Parkes a las siguientes conclusiones. El cuestionamiento de la Ley, de las prescripciones ceremoniales y rituales, permitió al cristianismo ganar la batalla en su enfrentamiento con el judaísmo. El judaísmo había persistido en "la primacía de los rituales y no en la de los valores éticos y morales, en la observancia de la letra, más que en la del espíritu de la Ley. Lo que el cristianismo ofrecía no era algo completamente diferente, era lo mismo, sólo que en lugar de las prescripciones rituales (obsoletas o injustificadas, como la circuncisión), adicionaba a los valores del judaísmo "el poder de Jesucristo". No sabemos a qué se refería Parkes cuando hablaba de ese "poder", lo que por nuestra parte podemos decir, es que entre lo que el cristianismo agregó hay un elemento de indudable valor convocante, el de la "figura" de Jesucristo, el de la fuerza de la imagen, que daba materialidad a la concepción abstracta que los judíos daban a Dios; la imagen trascendía con un poder de atracción en los sectores populares. El cristianismo incorporó el símbolo de la cruz que también contribuyó a superar las limitaciones que la abstracción y la no corporeidad implicaban en la mente popular. Más aún´, el cristianismo, particularmente el catolicismo, (los bautistas no lo hacen) agregó a la figura de Jesús, otras figuras como la de la Virgen (las "vírgenes"), los santos, las reliquias que con el símbolo de la cruz contribuyeron a superar la inmaterialidad poco accesible a la mentalidad popular.

La apologética cristiana de la Iglesia desarrolló el análisis ideológico de la Biblia y de las leyes con una exégesis y una firmeza tal que hizo decir a Ireneo en *Contra los Herejes*: "Si los judíos hubieran imaginado que íbamos a valernos de las Escrituras para propagar que la casa de Jacob iba a ser desheredada de la gracia de Dios, no habrían dudado ellos mismos en quemarlas". (24)

Gran parte de esos estudios se tradujeron en textos polémicos, controversiales en forma dialogal y en encuentros ideológicos. (25)

Cabría preguntarse si esos textos transcribían controversias con personajes judíos reales (rabinos o no). Según Marcel Simón, es probable que correspondieran a encuentros *ad corpus* con personajes cuyos nombres en general no mencionan los escritos. Las referencias de Tertuliano son bastante explícitas en cuanto parecería que las discusiones pudieron, efectivamente, haber tenido lugar. Orígenes sería igualmente inequívoco. Por la manera en que Justino desarrolló el diálogo pareciera que, por lo menos en su inicio, se hubiera tratado de una conversación real con un rabino. De todas maneras, si los oponentes existieron, las transcripciones de las controversias, por la forma en que fueron volcadas (tendenciosamente favorables a los autores) no eran evidentemente textuales. En Anastasius de Sinaí (*Disputatio contra Judeus*), el adversario judío, no pareciera haber sido un sujeto particularmente contestatario: aceptaba la inferioridad de los milagros del Antiguo Testamento con relación a los del Nuevo y la superioridad de la personalidad de Jesús sobre la de los profetas. Los contendientes en general no han podido ser identificados, salvo en el caso de Justino, en el que Tripho habría sido el rabino Traphon que el Talmud menciona. (26)

Algunos apologistas tuvieron necesidad de recurrir a maestros de hebreo para la interpretación de las Escrituras: fue el caso de Jerónimo, (San Jerónimo) que tomó lecciones con un rabino y tradujo la Biblia del hebreo al latín, la versión conocida como la *Vulgata*. Aunque algunos de los libros de la *Vulgata* habrían sido traducciones del griego o de traducciones anteriores al latín, la mayor parte sería una traducción directa del hebreo. (27)

Por otra parte existen pocas escrituras controversiales de origen específicamente judío; el Talmud, como lo hemos señalado, prácticamente ignora la existencia del cristianismo. (28)

Volvemos a replantearnos el por qué ese despliegue de energías dialécticas dirigido hacia los judíos y hacia el judaísmo, el por qué esa insistencia en enfrentar la religión de cuyo tronco el cristianismo provenía.

Lo que podemos afirmar es que, en las polémicas y lides ideológicas los judíos, los doctores de la sinagoga, los contendientes que intervenían no formaban parte de un judaísmo declinante encerrado en sí mismo.

Así como el cristianismo, con relativamente pocas dificultades, pudo desplazar la religión pagana en el decadente imperio romano atravesado por las "hordas" bárbaras, cabría preguntarse si el cristianismo habría desarrollado su actividad identitaria, su preocupación por el proselitismo judío y su accionar sustitutivo, si éste hubiera estado encerrado en sí mismo, sin proyección externa.

El hecho es que después de aproximadamente cuatro siglos de enfrentamiento ideológico, el cristianismo, recién en el siglo IV con Constantino empezó a modificar su estrategia antijudía apuntando sus baterías en la forma de un creciente antisemitismo. Era un período en el que el judaísmo era un adversario declinante pero no inactivo, que había perdido el empuje de su prestigio pero que tenía aún una presencia dinámica y eficaz, en el que los sectores representativos, por su nivel económico y cultural, todavía no habían perdido toda su importancia. El judaísmo minoritario, para la Iglesia, era preocupante.

IV. EL CONFLICTO JUDAÍSMO - CRISTIANISMO

Las disposiciones antijudías

En este capítulo nos ocuparemos fundamentalmente de la actitud de la Iglesia en la etapa de su afirmación en relación con el judaísmo. Una actitud ante un judaísmo que ocupaba un lugar de importancia, que mantenía su prestigio, sus relativas buenas relaciones con el poder y su influencia sobre los sectores populares. Era para los judíos una situación de relativa tranquilidad.

Los trabajos de James Parkes y de Marcel Simón han contribuido de una manera valiosa a aclarar las relaciones entre el judaísmo y el cristianismo en la primera mitad del Milenio, así como la actitud antijudía y no antisemita de la Iglesia.

La actividad económica de los judíos en la Diáspora Occidental era similar a la que tuvieron en Egipto y en Roma: eran comerciantes, propietarios alodiales (tierras no sujetas a los señores), especialmente de viñedos, trabajadores rurales, así como artesanos y semi-artesanos. El comercio no era de su exclusividad, era común entre los sirios, los griegos y los frisones.

Insistimos en el interés de señalar que en el siglo IV la participación de los judíos en el comercio (aún si minoritarios) y en actividades relacionadas, los colocaba social y económicamente en la categoría de ser útiles y necesarios, lo que reforzaba su posicione de privilegio. Sobre el particular trascribimos el comentario de James Parkes al referirse a las actividades de los judíos en el siglo IV: "No tendrían ningún fundamento las frecuentes afirmaciones de que eran numerosos los judíos extremadamente ricos y los pobres extremadamente pobres, Sin duda, individualmente los habría, pero no hay evidencias que constituyeran un sector numéricamente importante".

Las disposiciones iniciales de la iglesia en sus propósitos de expansión, de conversión, que llevaban a la necesidad de afirmación, de diferenciación, perseguían objetivos religiosos. Las actitudes eran antijudías.

Las disposiciones del Concilio de Elbira en España, en 306-309, poco antes de la conversión de Constantino, prohibían a las mujeres cristianas el casamiento con judíos; a los cristianos, la relación con mujeres judías (o paganas) y a los clérigos y a los laicos aceptar la hospitalidad de judíos. Su objetivo era, el de evitar relaciones "contaminantes". Ponían en evidencia también la existencia de una comunidad de un relativo prestigio y solvencia; las disposiciones que prohibían el casamiento de mujeres gentiles con hombres judíos estarían efectivamente relacionadas con el atractivo que ejercían los hombres de cierto status.

Esa política tenía derivaciones a veces insospechadamente ridículas. La necesidad de acentuar la separación aparece en cánones como el que disponía la observancia de ayuno los sábados (una manera de marcar diferencias con la costumbre sabática, que para nada implicaba un ayuno); o como el que prohibía que el varón viudo contrajera matrimonio con la hermana de su esposa fallecida, una interpretación contraria al levirato judaico, que establecía la obligación de un varón de contraer matrimonio con la viuda de su hermano. Otro de los cánones prohibía a los cristianos hacer bendecir sus campos por judíos. Era una curiosa disposición, independientemente de que de ello se infiere que la actividad agrícola no era una ocupación vedada a los judíos, lo que resulta para destacar es que la rural, sería una actividad probablemente exitosa, que para los cristiano provendría de la bendición de los campos por los rabinos.

Los concilios de Antioquia (341), de Laodicea (360) y la compilación siríaca de los Cánones Apostólicos del mismo siglo, marcan la misma tendencia discriminatoria. La Iglesia, a través de los cánones manifestaba su preocupación cuando los cristianos participaban en las celebraciones de Pesah y de otras fiestas judías y cuando (además de Pascuas y Pesah) otras festividades judías coincidían con las cristianas (Pentecostés con Shavuot,). Otras disposiciones establecían que los evangelios y otras escrituras sagradas no se leyeran durante el Shabat; que ese día no debía ser tomado como día de descanso sino el Domingo, día del Señor; que los clérigos y los laicos no debían orar en las sinagogas; que los cristianos no debían recibir el pan ácimo de los judíos. Todas estas regulaciones muestran la existencia de buenas relaciones entre judíos y cristianos, además de la preocupación de la Iglesia por afirmar su identidad y las probables consecuencias prosélitas de penetración judaizante.

Ante la "tardanza" de los judíos en aceptar la nueva fe, la Iglesia comprendió que la cuestión no se resolvería sólo a través de la confrontación ideológica.

Con el reconocimiento del cristianismo por Constantino, a partir del siglo III, la situación empezó a cambiar. Después de un período de

IV. El conflicto Judaísmo Cristianismo.

casi un siglo, con emperadores con actitudes todavía de tolerancia (no todos los que siguieron a Constantino abrazaron la versión nicena), se inició un proceso en el que la Iglesia va a tener una incidencia cada vez mayor en la restricción de los privilegios de los judíos. (1)

La Iglesia inició una nueva política de enfrentamiento con el judaísmo que se tradujo en disposiciones no solamente canónicas sino también legales, es decir administrativas.

Al poner trabas a las actividades de las comunidades, al limitar sus relaciones con el resto de la sociedad, al tratar de despojar a los judíos de sus antiguos privilegios, la Iglesia trataba de reducir su importancia y prestigio con el propósito de dificultar su funcionamiento y así restringir su influencia proselitista.

El hecho es que esas disposiciones, frecuentemente resultaban contrarias a los intereses de los emperadores en tanto gobernantes. Perjudicar a los judíos, lesionar sus actividades, podía significar para los gobernates más perjuicios que los "beneficios espirituales" que la Iglesia perseguía. La iglesia las impulsaba y los emperadores se sometían a sus requerimientos, a veces con reticencias. Hubo conversiones forzosas e intentos de expulsión, que por la posición económica que los judíos ocupaban no llegaban prácticamente a concretarse. En la España de los reyes visigodos católicos, la reiteración de esa política con desastrosas consecuencias para el país, continuó hasta la ocupación musulmana en el siglo VIII. Las masacres en el ámbito europeo recién tuvieron lugar a partir del siglo XI y las expulsiones en el ámbito europeo pudieron efectivizarse recién después de fines del siglo XIII, cuando nuevas condiciones sociales y económicas las hicieron posibles.

Durante los siglos IV y V proliferaron las leyes y disposiciones antijudías que restringian o dificultaban el accionar de los judíos; leyes dictadas por los emperadores romanos de Oriente y de Occidente y por disposiciones o cánones de concilios de algunos reyes romano-germánicos convertidos al cristianismo (francos, burgundios, visigodos). A ello se sumaron numerosos cánones del papado y de los sucesivos concilios. En el período entre Constantino y Justiniano (y aún bajo los emperadores bizantinos posteriores) se promulgaron unas 150 leyes seculares y unos 70 cánones conciliares antijudíos. Gran parte fueron recopiladas en el *Código Teodosiano (C.T.)* promulgado por Teodosio II en 438, posteriormente reformuladas en el Código Justiniano (C.J.). (2)

La legislación evolucionó desde posiciones diferenciadoras a actitudes discriminatorias. Los emperadores identificados con el cristianismo, trataron inicialmente de mantener las comunidades judías en el estatus que habían tenido hasta entonces. Era una economía de transición de la Edad Antigua Tardía, en el pasaje al Medioevo Temprano.

En algunas de las disposiciones imperiales, con decisiones contrarias a los intereses de la Iglesia, los intereses económicos reales estuvieron presentes. Así, cuando la Iglesia prometía condonar deudas si se aceptaba el bautismo, el rey exigía que el futuro converso salde las deudas que tenía con el rey y hasta aceptaba la reconversión (la vuelta al judaísmo) para que desde su actividad pudiera honrarlas.

Hubo otro tipo de disposiciones: las leyes y cánones que prohibían a los judíos el ejercicio de funciones públicas. ¿Qué se perseguía con esas prohibiciones? Dado su número y reiteración, cabría suponer que el acceso de los judíos a cargos públicos (que les otorgaban un relativo poder e influencia) no era aleatorio, sino que se producía con relativa frecuencia. Efectivamente, para el funcionamiento de los reinos bárbaros cristianizados implicaba la incorporación de individuos idóneos en esos manejos. Independientemente de los aportes que los germanos introdujeron en diferentes actividades, sus conocimientos administrativos eran insuficientes para cubrir esas funciones. Los judíos, por su participación en el mundo helenístico, traían la experiencia y conocimiento que esos cargos requerían. La función pública confería prestigio, los colocaba en una posición destacada y no es impensable que esa situación operara en un sentido favorable al proselitismo.

Ese tipo de situaciones eran aún más notorias cuando el cargo era el de curial, recaudador de impuestos; un cargo para el que los judíos eran muy frecuentemente designados. Amolón, en su persistente requisitoria contra los judíos, los acusaba de proporcionar amparos impositivos a cambio del abandono de la convicción cristiana. En ese sentido, las leyes relativas a las responsabilidades curiales son particularmente interesantes. Su importancia se evidencia por la cantidad de veces que fueron reformuladas y confirmadas por emperadores como Constantino, Juliano, Graciano y Honorio y los códigos de Teodosio II y de Justiniano.

El cargo de curial derivó de una antigua institución romana, el Decurionato, cuyas características cambiaron en diferentes períodos. De sus connotaciones militares iniciales (brigadas integradas por diez personas), los decuriones pasaron a ser curiales. Las recaudaciones tenían que alcanzar un cierto cupo; si era excedido, la diferencia era en su beneficio; si el cupo no era cubierto, el curial debía responder con sus bienes. El cargo era hereditario y por su carácter público implicaba obligaciones de rituales paganos, por lo que inicialmente era reservado a los romanos y los judíos estuvieron exentos. A partir de la legalización del cristianismo, la obligación de cumplir con los ritos religiosos fue dejada de lado; no había más razón para que los judíos no pudieran ser recaudadores; lo habían sido en Alejandría y en tanto tuvieran respaldo económico podían ejercerlo. Se incorporaba así al circuito fiscal un sector con capacidad y solvencia. En períodos de desarrollo el cargo era rentable, pero en momentos de crisis dejó de serlo; la gente no pagaba y los curiales debían cubrir el faltante. En el Imperio de Occidente, en el ciclo final, la crisis era general. Del privilegio se pasó a la obligación y los curiales, intentaban desligarse de sus obligaciones, huyendo de sus lugares de residencia. Se los obligaba a volver y a hacerse cargo de esas responsabilidades.

Con relación a la tenencia y al comercio de esclavos ¿cuál era la situación de los judíos y cual, la actitud de la Iglesia? Para la Iglesia, la esclavitud no era una institución contraria a los principios del cristianismo; era una actividad perfectamente aceptable. Acorde con las normas sociales heredadas de los romanos; la familia era de tipo patriarcal; conformada por el *pater familia*, su esposa, sus hijos y sus esposas y también los esclavos y sus familias. La relación amo-esclavo era de servidumbre, lo que no implicaba particularmente la violencia. Era frecuente que entre amos y esclavos se estableciera un vínculo que condujera a los esclavos a abrazar la religión del amo. Es a partir de esa posibilidad que la Iglesia planteó la cuestión de la tenencia de esclavos por parte de los judíos. Formuló un paquete de leyes y cánones relacionados; disposiciones variadas y contradictorias. (3)

Para Constantino y para Honorio la tenencia de esclavos por los judíos era admitida en tanto el esclavo no fuera convertido; en caso de conversión, el esclavo recuperaba su libertad y aparentemente, el propietario no sufría otra pena que la de perderlo (C.T. 16.9.1). Bajo Justiniano se les prohibió de manera irrestricta la propiedad de esclavos (J. Parkes). (4)

Con el endurecimiento de las disposiciones, las limitaciones a la tenencia de esclavos se hicieron específicamente extensivas a la de todo cristiano en relación de dependencia (sirviente o empleado). Aquí hubo considerandos que comienzan a adquirir una connotación ideológica antisemita: era inaceptable que un cristiano estuviera bajo la "innoble" servidumbre judía. (5)

Las disposiciones restrictivas a la tenencia de esclavos tuvieron consecuencias en cuanto limitaron la posibilidad de explotaciones agrarias extensivas y sin lugar a dudas incidieron negativamente en la actividad de los judíos como propietarios de tierras. Ello no implicó, en ese momento, la tan pregonada prohibición a los judíos de tener tierras. Condujeron a una restricción de la actividad rural limitándola a predios que por su extensión la mano de obra familiar fuera suficiente, o a dominios como los viñedos o los olivares en los que las necesidades de mano de obra eran limitadas y/o temporarias. Son numerosos los ejemplos de explotaciones de ese tipo en mano de judíos.

Otro aspecto relacionado con los esclavos: el de la trata, es decir el comercio. Son numerosos los autores, además de J. Parkes y M. Simón, que hacen referencia a la participación de los judíos en el comercio de esclavos. La Iglesia no se oponía al comercio de cristianos mientras no estuviera en juego la posibilidad de la conversión, y no era precisamente esa circunstancia que podría ser objeto de preocupación: un esclavo convertido al judaísmo, por las connotaciones rituales y dietarias que implicaba, devendría la peor mercadería.

En el siglo IV los judíos en tanto herejes no tuvieron el mismo trato que los herejes no judíos. (6)

En ese ámbito, si bien unos y otros tuvieron que soportar restricciones y penalidades a veces similares, el tratamiento fue diferente. Los herejes eran particularmente maltratados; no podían reunirse, se les confiscaban sus propiedades, se los expulsaba de las ciudades donde trataban de predicar, se les prohibía entrar en las iglesias católicas, se les imponía multas y hasta sentencias de muerte. Los libros heréticos eran quemados, mientras que la Torah era a veces todavía respetada. En el Código Teodosiano se registran 33 disposiciones relativas a los herejes, la mayoría promulgadas por Teodosio el Grande. Pero así como para un hereje era más fácil inclinarse ante un anatema eclesiástico que para un judío aceptar el bautismo, para el poder imperial no era un problema prohibir una desviación ideológica y convertirla en herejía; una actitud que no podía ser aplicada a un judío que seguía perteneciendo a una *religio licita*, una religión protegida. Mientras los herejes eran odiados, los judíos en la primera mitad del I Milenio conservaban su influencia y su prestigio y no eran todavía pasibles de restricciones mayores.

Como nos hemos referido, las disposiciones antijudías empiezan a aplicarse en el siglo III a partir de Constantino. Aunque el pueblo judío no era todavía el pueblo "maldito", las leyes comenzaron a desarrollar un sentimiento antijudío generalizado: un camino ascendente hacia el antisemitismo.

Aún con el cristianismo devenido religión oficial del Imperio (se prohibieron los cultos paganos y las herejías), Teodosio I el Grande, en 393, manifestaba expresamente que las "sectas" judías seguían siendo toleradas: "La secta judía no está prohibida por ninguna ley. Estamos por consiguiente seriamente disgustados al tener conocimiento de que en ciertos lugares las reuniones de judíos fueron prohibidas. Su Excelencia castigará con estricta severidad tanto los excesos que se cometan en nombre de la religión cristiana, como las acciones ilegales, atentados contra las sinagogas o intentos de destruirlas o dañarlas" (C.T.16.8.9).

IV. El conflicto Judaísmo Cristianismo.

La oficialización de la religión cristiana por Teodosio I el Grande va a marcar un avance en la tendencia de la Iglesia a la intolerancia; la reducción de los privilegios judíos, no implicaba que desaparecieran. Las comunidades judías continuaban siendo útiles al sistema y por lo tanto a los gobernantes. Ante esas circunstancias y la imposibilidad de ganarlos o de suprimirlos, la Iglesia empezó a pergeñar una nueva estrategia. Si los judíos no podían ser eliminados, si iban a subsistir, deberían quedar como "pueblo testigo" de la muerte del Hijo de Dios, como "pueblo culpable" perseguido y desamparado, a la espera de su redención por el camino de la Fe o la llegada del Juicio Final. Esas fueron las bases ideológicas del Antisemitismo Cristiano. (7)

Las restricciones cada vez mayores de los privilegios en la última etapa de este período significaban que el poder de la Iglesia superaba las posibilidades de una política independiente por parte de los emperadores, para quienes los judíos seguían siendo necesarios. La Iglesia había abierto el camino del antisemitismo, con un contenido todavía solamente religioso; llevarían todavía varios siglos para que pudiera imponer su espíritu fundamentalista. La situación cristalizará con el desarrollo de la economía mercantil que abrirá las puertas al nacimiento de la burguesía comercial cristiana interesada en desplazar los judíos de su actividad comercial.

La responsabilidad de los judíos en las persecuciones de los cristianos

Los judíos no eran indiferentes al crecimiento de sus adversarios monoteístas. El origen común, los esfuerzos cristianos en diferenciarse, en reducir su influencia, daban pie a inevitables reacciones. Las mismas prédicas cristianas (de la "verdadera creencia", de la "llegada del Mesías" y del "advenimiento del Reino de los Cielos") significaban una negación de la creencia judía; eran innegables razones para que los judíos se sintieran obligados a responder.

Dadas las supersticiones y calumnias que se empezaron a tejer alrededor de la "nueva secta", no es de extrañar que los judíos denunciaran a los romanos la "herejía" cristiana y hayan a su vez intentado diferenciarse para privar a los cristianos de la protección que el estatus de *religio licita* les confería. Lo que es más que probable es que no tuvieran el monopolio de tales denuncias y que los paganos no hayan esperado a los judíos para impulsarlas. De todas maneras, es posible que los judíos no hayan sido ajenos a la decisión de Nerón de culpar a los cristianos por el incendio de Roma y que Tertuliano tuviera fundamentos cuando afirmaba que "siembran infamias sobre nosotros". Cabe señalar que el mismo Tertuliano a pesar de esas afirmaciones, se

refiere al refugio que los cristianos encontraron entre los judíos durante las persecuciones.

En el caso puntual de Esteban, el primer mártir de la Iglesia, acusado de blasfemias contra Moisés y contra el Templo, no cabrían dudas
que fue condenado por el Sanedrín y lapidado por la multitud. Lo
mismo en el caso de Santiago el Mayor, que habría sido mandado a
degollar por Agripa I en el 44. Que luego sus restos aparecieran en
España, es otra historia.

En el caso de Andrés el Apóstol, que murió en una cruz en X, hay
versiones contradictorias: según la Apocalipsis Syria habría sido ejecu-
tado en Bethehem por orden de Herodes, según la Iglesia Etíope fue
asesinado en Patras por un sacerdote pagano. (8)

Fuera de esos casos específicos, aún si algunos pueden haber sido
ciertos, en su mayoría corresponden a versiones contradictorias, de
poco fundamento.

La mayoría, recogidas en las *Acta Sanctorum* (Vida de los Santos)
fueron recolectadas en el siglo XVII; su validez es dudosa en cuanto eran funcionales a la política de la Iglesia de ese período. James
Parkes analiza las numerosas situaciones de las distintas fuentes. La
mayor parte, con discutida fidelidad, contradicciones y evidente falta
de objetividad, provienen de supuestos testimonios reproducidos por
escritores posteriores.

Lo que se puede afirmar es que los judíos no tenían una participación directa en las decisiones, ni conformaban grupos de presión
efectiva sobre el poder. En ese sentido, Marcel Simón señala que para
que los judíos pudieran haber tenido alguna responsabilidad en las
persecuciones, se habría requerido que estuvieran en posición de tener
alguna influencia en relación con el poder.

Las expresiones de Justino en su supuesto diálogo con Triphon son
confirmatorias: "no tenéis ahora el poder para poner vuestras manos
sobre nosotros, pero toda vez que lo pudiste hacer, lo hicisteis".

Esas situaciones sólo existieron en Palestina cuando las autoridades
políticas y religiosas judías tuvieron alguna libertad de acción permiti-
da o tolerada por el poder romano.

Ello se dio en los períodos de disturbios y conflictos con Roma, en
el siglo I y durante la Rebelión de Bar Kohba, cuando fueron numerosos los cristianos muertos. En la Diáspora, en el período que va de
Adriano a Constantino (135-312), y en particular durante las persecuciones cristianas más violentas de Decio y de Diocleciano, los judíos
estuvieron muy lejos de tener influencia efectiva sobre el poder. (9)

La agudización del conflicto

Después de la rebelión del 66-70, y de los levantamientos del siglo II, a la Iglesia no le resultaba difícil decir que los judíos eran incorregibles rebeldes. Durante los siglos III y IV, en su intento de acercamiento al poder imperial, el cristianismo empezó por afirmar que los judíos eran los verdaderos enemigos del Imperio; que los cristianos eran los defensores del orden establecido; que la religión cristiana iba a continuar el camino abierto por la religión pagana. Los intermitentes choques, en particular en Cercano Oriente, unidos a los fracasos catequizadores, van a contribuir para que los planteos, las *altercatia* de los Padres de la Iglesia, expresaran posiciones cada vez más agresivas. La Iglesia acentuó sus apremios sobre el judaísmo con planteos ideológicos a medida que el cristianismo se extendía territorialmente y el paganismo perdía adeptos. La conversión de los distintos pueblos llegó a adquirir extraordinaria importancia en el campo político. (10)

Esa situación no se dio en forma lineal. El proselitismo judío nunca había sido expresamente autorizado ni aceptado, sino simplemente tolerado. El antisemitismo que había aparecido en el Cuarto Evangelio, el de San Juan, era todavía antijudaísmo, o antisemitismo en estado de latencia. Entre los apologistas que encarnaron el cambio de actitud, Juan Crisóstomo, que vivió entre 344 y 407, sería el más representativo. Desde su púlpito de Antioquia con sus violentos sermones, sus diatribas, inusuales en su época, con un carácter apasionado, excitaba a sus fieles y presentaba a los judíos como "bestias salvajes" que ultrajaban la naturaleza, que "con sus propias manos asesinaban a su progenie para rendir culto a los vindicadores demonios, enemigos de nuestra vida". Según J. Parkes, si se tratara de tener alguna explicación para tan desmesurada ofuscación, habría que buscarla por el lado de las "demasiado buenas relaciones entre los cristianos y la rica y poderosa comunidad judía de Antioquia". (11)

Si J. Crisóstomo es el primero por su agresividad, hubo otros Padres de la Iglesia que también lo acompañaron: Agustín de Numidia (354-430), Jerónimo de Dalmacia (345-402), el autor de la Vulgata, Atanasio de Alejandría (295-373), Basilio de Cesarea (329-379), Cirilo de Jerusalén (315-386) y Cirilo de Alejandría (376-444).

Ambrosio de Galia (340-397), obispo de Milán, es otro ejemplo de persistente ofuscación. Además de denunciar a los judíos por las supuestas quemas de iglesias, enfrentó a Teodosio I por la quema de la sinagoga de Callinicum en Asia expresando que "era un miserable cobertizo, lugar de descreídos y de condena de Dios". (12)

En los documentos de la Iglesia las expresiones de indignidad, turbidez y sacrilegio, así como las amenazas y las actitudes de violencia, eran cada vez más frecuentes. La Iglesia y sus apóstoles se iban posesionando del espíritu de discriminación que la etapa justiniana prefiguraba.

"Si los propósitos de la legislación eran los de encerrar a los judíos tanto como se pudiera, la tarea resultó difícil de encuadrar en un marco de equilibrio" (J. Parkes). El hecho es que la campaña de agresión verbal de los apologistas terminó por penetrar y las autoridades superiores y aún sus obispos fueron sobrepasados por los cuadros menores y por los sectores populares, movilizados por monjes fanáticos. Finalmente, la violencia, manifestada a través de los motines, la quema tanto de sinagogas como de iglesias, no tardó en instalarse en ambos lados. (13)

Las situaciones contradictorias de ese período son múltiples. Entre otras acusaciones la del obispo Aurasius de Toledo al anatemizar al obispo Froga por haber prestado oídos a los dogmas judaicos y haberlos expuesto públicamente, poniendo en ridículo a la Iglesia; o las leyes de Erwigio (*circa* 680), el rey visigodo de España, que hizo un llamado de atención por la "inadmisible" costumbre de algunos cristianos que se abstenían de comer ciertas comidas prohibidas para los judíos; o las preocupaciones del papa Adriano (794) relativas a "los católicos judaizantes que llevan una vida en común con judíos y paganos al punto de comer y beber con ellos, o las admoniciones de Isidoro de Sevilla contra los judíos conversos que "cojean de ambos pies, puesto que no son ni verdaderos cristianos, ni enteramente judíos, o sea, peores que unos y otros".

En cuanto a las autoridades imperiales, aun si a veces acompañaban a la iglesia en sus ataques, en no pocos casos intentaban frenar la furia destructora para evitar el derrumbe de una comunidad cuya actividad social y económica contribuía al funcionamiento del imperio.

En ese contexto hubo emperadores (además de Teodosio I), que reiteraban que el judaísmo no estaba prohibido y hasta promulgaron disposiciones relativamente proteccionistas como las de Valentiniano I en 373, Arcadio en 397, Honorio en 412, Teodosio II en 412/18, que establecían la protección y el respeto de las sinagogas. De todas maneras, no pocas disposiciones estaban acompañadas por considerandos que más que una defensa de las víctimas y una amonestación a los victimarios mostraban una impaciente intolerancia hacia "esos revoltosos" que no habían entendido los beneficios y privilegios con los que habían sido "favorecidos" y les advertían que no por ello debían presumir de poder cometer ultrajes contra la fe cristiana.

Los judíos, es cierto, ante las apostasías, reaccionaban en no pocos casos con lapidaciones y otras violencias. No faltaron disposiciones de Constantino que establecieron severas penas para los que molestaban a los "que se habían apartado de la malsana religión de la Sinagoga" (C.T.16.8.5).

La intolerancia en la etapa final del Imperio

En el encuadre político del Imperio, Teodosio I el Grande aparece en el punto de inflexión del cambio. Aunque continuó con la política antijudía iniciada durante Constantino y retomada por Graciano, sus posiciones pro judías fueron notorias. Amén la señalada disposición en la que manifestaba que las "sectas" judías seguían siendo toleradas, les aseguró la libertad interna de excomulgar a sus herejes (C.T.16.8.8) y entre otras actitudes, reprimió motines antijudíos.

A Teodosio I le sucedieron sus dos hijos: Arcadio en Oriente (un muchacho de diecisiete años) y Honorio en Occidente (de solamente once). Los dos imperios estaban sufriendo un irreparable deterioro; mientras el último logró sobrevivir sólo unos 80 años, el de Oriente pudo subsistir como Imperio Bizantino, durante más de mil.

La actitud de Honorio (395-423) con los judíos, estuvo condiciona- da por la alarmante situación política y económica por la que el Impe- rio de Occidente estaba pasando: la penetración de las tribus bárbaras a través de las fronteras, devenida imparable y la cada vez mayor presión de la Iglesia. (14)

En esa situación, Honorio desde Ravena negoció con los visigodos a quienes cedió Aquitania otorgándoles el status de pueblo federado y trató de aquietar el frente interno destrozado, enfrentando a ocho em- peradores sucesivos. Con Roma asediada y saqueada por Alarico y sus visigodos en 410, Honorio, en un laberinto de contradicciones, intentó recomponer su economía tratando de obtener provecho de las comuni- dades judías. Así, mientras presionado por la Iglesia excluía a los judíos de los cargos públicos (C.T.16.8.24), de las funciones de la corte y de los cargos militares, *omnia militia* (C.T. 6, 8,16), con un mal disfraza- do cinismo, les confirmaba el dudoso honor de las responsabilidades curiales (C.T.12.1.157 y 158) y en su 'magnanimidad' permitía que los conversos a quienes se hubiera condonado sus deudas, retornaran al judaísmo (a fin de que las pagaran) (C.T.16.8.23). En contra parte, les autorizaba la práctica del derecho y de otras profesiones liberales (C.T.16.8.24), anulaba la disposición por la que se había retirado a los Patriarcas el derecho de recolectar fondos que se enviaban a Jerusalén (C.T.16.8.14 y 16.8.17).

Fue un período zigzagueante en el proceso de deterioro de las re- laciones de la Sinagoga con la Iglesia. Estamos lejos de decir que la le- gislación de Honorio en relación con los judíos podría ser considerada "amistosa", pero tampoco que la furia antisemita hubiera estallado. J. Parkes, en general reacio a formular proposiciones economicistas, sugiere que "en el acelerado colapso económico del Imperio, Honorio estaba poco dispuesto a prescindir del aporte que la laboriosidad judía podía proporcionarle".

Valentiniano III (423-455), hijo y sucesor de Honorio, marcó un escalón más en la línea ascendente de la política de aislamiento antijudía; ratificó la prohibición a los judíos de ocupar cargos públicos ("en tales cargos podían tener ocasión de corromper la venerable fe de un cristiano"). Los emperadores que le sucedieron, fueron débiles e ineficaces.

Cuando Arcadio accedió al trono de Bizancio en Oriente, tuvo con relación a los judíos, una actitud similar a la de Honorio. En cuanto a cinismo no le fue en saga: restableció las responsabilidades curiales liberando a los sacerdotes judíos de la observancia de los ritos paganos a fin de que pudieran llevar "sus actividades de acuerdo a sus propias leyes". Los sacerdotes judíos "retendrían los privilegios" anteriores, mientras los laicos recaudarían los fondos curiales para las exhaustas arcas del emperador. En 398 instituyó que los tribunales rabínicos sólo podían juzgar casos relacionados exclusivamente con judíos y que los judíos no serían juzgados por los tribunales propios cuando se tratara de cuestiones civiles, penales o fiscales (C.T.16.8.15).

En 408, Teodosio II sucedió a Arcadio, tenía siete años y Pulqueria, su hermana mayor, de una exacerbada religiosidad cristiana (devino Santa Aelia Pulqueria), tomó la regencia e hizo sentir su peso, en particular en lo que se refería a las leyes antijudías. En 430 Teodosio II culminó la compilación del *Código* que lleva su nombre, incorporando legislaciones de los emperadores anteriores, eliminando disposiciones devenidas obsoletas y agregando otras nuevas. El Código estaba conformado por 16 libros de los cuales el último se refería a cuestiones religiosas. La legalidad de la "secta judía" que Teodosio el Grande había mantenido, fue ratificada, aunque en los hechos las cosas fueron diferentes en cuanto las restricciones fueron mayores (C.T.16.8.9).

La época seguía convulsionada, cruzada por motines y contra motines; la comunidad judía en Cercano Oriente era numerosa y poco dispuesta a aceptar pasivamente las agresiones. Los judíos se quejaban y Teodosio II respondía con un doble discurso. Las sinagogas no debían ser quemadas ni dañadas ni destruidas; la ley caería sobre los culpables, pero que los judíos no pretendieran "hacer justicia por manos propia" ni cometer ningún acto contra la santidad de la religión cristiana (C.T.16.8.21).

Otras dos disposiciones marcan el inexorable proceso de deterioro: en 415, el Patriarca fue degradado bajo la imputación de haber construido sinagogas, comprado esclavos y circuncidado cristianos (C.T, 16.8.22). Independientemente de la veracidad o falsedad de las imputaciones, el decreto ponía prácticamente fin a la institución del Patriarcado, del que aunque no se conoce la existencia de alguna disposición relativa a su desaparición, con la muerte del último Patriarca, entre 425 y 430, dejó de existir.

En 425, Teodosio II completó el cuadro de intolerancias: los judíos (y los paganos) debían observar los ayunos y fiestas cristianas porque, entre otras petulantes consideraciones, "los judíos cegados por la locura de su maldad, y los estúpidos paganos por el error y la insania, debían saber que había un tiempo para el placer y otro para la plegaria" (C.T.15.5.5). (15)

En 455, Marciano, heredero de Valentiniano III, continuando la línea de intolerancias, promulgó una serie de leyes contra las desviaciones heréticas. (16)

La furia anti herética continuó contra los monofisitas (que dieron origen a la Iglesia Copta) y los nestorianos. Estas dos herejías van a subsistir y van a tener un rol activo cuando la expansión islámica.(17)

Alejandría y Antioquia alternaban en la primacía de la turbulencia tanto por parte de judíos como de cristianos. En Antioquia residía una comunidad judía poderosa. Los judíos no fueron los únicos perseguidos: también "sus" herejes, los samaritanos, ferozmente masacrados luego de una sangrienta rebelión durante Zenón (474-491), sucesor de Marciano y cercano antecesor de Justiniano.

Si la curva ascendente del antisemitismo tuvo con Teodosio I un punto de inflexión, con Justiniano, 130 años después, tuvo un pronunciado punto de quiebre. Justiniano, sobrino de Justino I asumió en 527. Justiniano promulgó el *Código* que lleva su nombre. Bajo sus sucesores el código se complementó con las *Novella*. (18)

Identificado con la ideología de la intolerancia, Justiniano decidió terminar con los derechos y privilegios judaicos. De las 50 leyes relativas a los judíos del *Código Teodosiano*, la mitad fueron reemplazadas por otras específicamente antijudías. La declaración de legalidad de la "secta", renovada por Teodosio el Grande y por Teodosio II, en el Código Justiniano, fue omitida. Aún si se mantuvieron algunas leyes proteccionistas, las advertencias y castigos por ataques a los conversos, fueron renovados, también la prohibición de construir sinagogas, de tener esclavos cristianos y de contraer matrimonios mixtos.

La innovación más significativa de Justiniano en lo referente a los judíos, es la de la *Novella 146*. (19)

En sus capítulos resolutivos, prohibía el uso del hebreo con una soberbia e hipocresía teñida de aparente tolerancia; establecía que en la sinagoga los libros sagrados 'podían' ser leídos en griego, en latín o en cualquier otra lengua, "para que todos los presentes puedan comprender y vivir y actuar de acuerdo a lo que escuchan [...] así no habrá oportunidad para que los intérpretes, que sólo hacen uso del hebreo, puedan corromperlos de la manera que lo deseen, dado que la ignorancia del público oculta su depravación". Disponía también el uso de la versión de la Septuaginta, "la traducción más precisa y la más altamente aprobada y, para que no parezca que prohibimos todos los otros textos, permitimos el uso de la traducción de Aquila, que [...] poco difiere de la Septuaginta".

En el cuerpo de la disposición agregaba: "Si cualquiera entre ellos busca introducir vanidades impías, negando la resurrección o el juicio, o la obra de Dios, o que los ángeles son parte de la creación, exigimos que inmediatamente sean expulsados de todas partes; que ningún reincidente eleve su voz impía para contradecir el propósito evidente de Dios. Aquellos que profieran tales sentimientos serán condenados a muerte; de este modo el pueblo judío será purificado de los errores que introdujeron".

Otra innovación no menor: la total prohibición de la Mishnah "o, como la llaman, la segunda tradición; puesto que no es parte de los libros sagrados, ni ha sido entregada a través de los profetas por inspiración divina, sino la obra del hombre, hablando sólo de cosas terrenas y no habiendo nada de lo divino en ella".

Los judíos habían dejado de ser reconocidos como pertenecientes a un pueblo legitimado por su antigüedad, sus creencias y sus instituciones. A diferencia de los heréticos, no se trataba de negarles el derecho a existir. Su derecho a existir era funcional a su existencia como pueblo testigo que debía subsistir en tanto "culpable del horrible pecado, del sacrificio infligido al Salvador". Aún más, los judíos debían vivir en expiación como "siervos de los cristianos" (ecce Judaes servís est Christiani) hasta la aceptación del 'mensaje' y la conversión final. En esos términos Justiniano promulgaba las bases del Antisemitismo Cristiano.

"El judaísmo no podía ser prohibido", escribió J. Parkes. La aceptación de la existencia del pueblo testigo tenía una explicación, que reiteramos: el rol que los judíos todavía cumplían en la sociedad.

En el cierre de este período, mientras la Iglesia se afirmaba ideológicamente, la corriente helenística en el interior del judaísmo había dejado lugar a la talmúdica, aislacionista y rigorista, retrayéndose en sí misma y renunciando al interés por los gentiles. Fueron dos situaciones conjuntas y paralelas: el triunfo generalizado del cristianismo y el desplazamiento, en el interior del judaísmo, del helenismo al talmudismo.

En ese contexto, en Oriente y en Occidente había una diferencia de situaciones contrastantes. En Oriente el judaísmo era masivo. Para afirmarse, el cristianismo tuvo que recurrir desde muy temprano a la agresividad, a la intolerancia y a la violencia. En Occidente, la implantación del judaísmo había sido menos invasiva, su agresividad empezó a entrar en juego recién a partir del siglo IX, cuando el desarrollo de la economía mercantil abrió el paso a la naciente burguesía comercial cristiana.

V. LA LLEGADA A EUROPA OCCIDENTAL

Las primeras comunidades

El período helenístico fue el del comienzo de la verdadera Diáspora, las colectividades judías, tenían una religión firmemente incorporada que aseguraba su cohesión. A lo largo de los siglos III y II aEC la dispersión se orientó fuertemente en primer lugar hacia Cercano y Medio Oriente con los dos grandes polos de atracción Alejandría y Antioquia. A partir de ahí Celesiria, Asia Menor, Anatolia y la Mesopotamia.

La dispersión hacia Europa Occidental arranca lentamente recién en el siglo II aEC siguiendo las rutas marítimas del Mediterráneo y las vías terrestres que lo circundaban: la costa de África y las costas de Europa. (1)

Con asentamientos intermedios en las islas del Egeo y en la costa africana (Cirene, Berenice, Cartago y Volúbilis) a fines del I Milenio aEC y comienzos de la Era Actual, llegaron a Sicilia, Italia, las Baleares y la península ibérica. Haciendo pie en Galia, la expansión en el continente europeo va a continuar hacia el Norte, siguiendo las rutas comerciales, los valles del Ródano y sus afluentes, los de la cuenca atlántica del Garona, del Loire y del Sena, los valles del Rhin y sus afluentes, para continuar en los Países Bajos y en Alemania. El camino a Europa Oriental por los Balcanes y las planicies negro-caspianas habría sido transitado en los siglos posteriores.

En todos los países donde se asentaron, los judíos tuvieron una inserción con un componente fundamentalmente orientado hacia el comercio y en menor grado, hacia la actividad rural. Ello no significa que evolucionaran igualmente; las diferencias se debieron fundamentalmente a la conformación y a los desfasajes políticos de las regiones de asentamiento.

En la península itálica

Como dijimos, los judíos penetraron en la península itálica a través de Sicilia (la Grecia Magna) en el siglo II aEC. El proceso continuó con Roma, Nápoles (*Neapoli*) y Puteoli (*Pozzuoli*) al norte de Nápoles, como polos de atracción. Nápoles fue el segundo centro judío de actividad comercial peninsular después de Roma. (2)

La primera referencia concreta de judíos en la península itálica es la de la misión que Judas Macabeo envió en 161 aEC para requerir el apoyo del Senado. (3).

Después del advenimiento del reino asmoneo, durante las últimas décadas del siglo II aEC y las primeras del siglo I aEC, pequeños grupos de judíos, posiblemente comerciantes, habrían empezado a generar una corriente con destino a Roma que habría llegado a conformar en los tramos finales de la República una comunidad relativamente importante (lo hemos visto en el Capítulo II). En ese período se registró un constante ir y venir de los sectores más salientes de las clases altas de Judea, entre ellos los miembros de la casa real asmonea que en una privilegiada estadía compartieron la vida con la *jeunesse dorée* de la capital. Es significativo que en el año 59 aEC Cicerón se refiriera a la comunidad judía de Roma como "una muchedumbre influyente". En 37 aEC, se registró la visita de Herodes, proclamado rey de Judea. (4)

La época de Julio César fue probablemente un momento cumbre en las relaciones entre las comunidades judías de la península y el poder romano.

En el siglo y medio que siguió a la muerte de J. César en 43 aEC, durante las dinastías Julio-Claudio-Flavia, Roma continuó siendo un centro de asentamiento de los judíos, atraídos por el magnetismo de la expansión imperial. Entre las últimas décadas aEC y el Siglo I EC, Roma devino el centro de la mayor comunidad judía de Europa (probablemente equivalente a la de Antioquia y a a de Babilonia). (5)

Aún con los cambios que tuvieron lugar en el I Milenio, en el pasaje de la Edad Antigua Tardía a la Edad Media Temprana, durante los primeros siglos del cristianismo, la *privilegia judaica* siguió vigente. El judaísmo estuvo presente tanto en las oscilaciones políticas de las autoridades imperiales como en las actitudes de la iglesia naciente en su empeño por diferenciar el cristianismo del judaísmo y suplantarlo.

Bajo Constantino, con el cristianismo legalizado, se inició la etapa en la que la Iglesia bregó por que los emperadores adoptaran su política. En el vocabulario imperial empezaron a aparecer términos despectivos hacia la religión judía, como "asamblea sacrílega" y "secta inicua". (6)

A lo largo de la península la dispersión incluía las cincuenta ciudades más importantes. En Bolonia encontramos comunidades judías importantes; también en el Norte, en Génova (*Janua*), Tortona (*Dertona*) y Brescia y hacia el sur, en las nombradas Puteoli y Nápoles, en cuya cercana Pompeya, fragmentos arqueológicos evidencian la existencia de una comunidad judía antes de la erupción del Vesubio en el 79.

En el Sur, se distribuyeron en Bríndisi (*Brindisum*) el *terminus* de la Vía Apia, segundo puerto meridional en importancia después de Puteoli, y más al sur en el puerto marítimo de Bari, además de Oria, Otranto, Taranto, Catania, Mesina, Agrigento (*Girgenti*), Palermo y Siracusa. Los puertos del sur eran el canal de entrada de los judíos procedentes de Palestina, Egipto y Asia Menor; también nudos de la red de rutas comerciales con las que los comerciantes judíos estaban relacionados.

Las comunidades judías en el ámbito de la península estuvieron atravesadas por el mismo denominador común de Roma, al lado de sectores mayoritarios de menores recursos, se registraron sectores, grupos o familias que por su nivel económico y su cercanía con las autoridades, aún si minoritarios y sin llegar a ocupar posiciones de poder, alcanzaron un prestigio que explica el mantenimiento de la *privilegia judaica* y la recurrente preocupación de la Iglesia.

La dispersión geográfica relacionada con el gran fraccionamiento político territorial y la no existencia de un poder centralizado, fueron determinantes para que no se conformaran sectores que detentaran riquezas ostentosas, ni ocuparan posiciones sobresalientes.

Esas circunstancias dieron lugar a que las expulsiones en los períodos posteriores no fueran sistemáticas, ni simultáneas, una situación que diferenció el devenir de las comunidades judías de la península de otras regiones de Europa Occidental como Inglaterra y Francia.

La acometida de los bárbaros continuaba. En 474/475 era el preludio del acto final del Imperio Romano de Occidente. Orestes, consejero de Atila, a la cabeza de una legión de bárbaros (hérulos, esciros y rugios), depuso al emperador Julio Nepote e hizo proclamar Emperador de Occidente a su hijo, Rómulo Augusto. Rómulo Augusto, un año después de su nombramiento, fue depuesto por Odoacro, de la tribu de los hérulos. Elegido rey por una legión de mercenarios, Odoacro no quiso asumir como emperador; envió los emblemas del poder imperial a Zenón, Emperador de Constantinopla. Una prueba de la aceptación de los bárbaros de la supremacía romana. Era el fin del Imperio Romano de Occidente, con Rómulo Augusto, como último Emperador. Habrá que esperar al año 800 para que un bárbaro, el rey franco, Carlomagno, osara hacerse nombrar emperador.

Después de la caída de Roma, la península estuvo sometida a sucesivas ocupaciones: la de los ostrogodos, bizantinos, lombardos y sarracenos. Estas situaciones dieron lugar al surgimiento de pequeños estados (ducados, principados). Fue un período en el que cada uno de los poderes que gobernaban en la península desarrolló políticas con las que se afanaron en contar con las numerosas comunidades judías que florecían en las dispersas *civitates* (Bernard S. Bachrach).

Bajo los ostrogodos

Odoacro había asumido como Rey de Italia en 476 sin aceptar el título de Emperador. En 488 los ostrogodos (con el apoyo del Zenón el Emperador de Bizancio), penetraron en la península itálica. Teodorico, (493-523) su rey, depuso a Odoacro en 493 y fundó el reino ostrogodo de Italia.

Cuando los ostrogodos conquistaron la península, conformaban núcleos casi exclusivamente de guerreros, sin formación administrativa ni económica. Teodorico necesitaba mantener las estructuras y apoyarse en individuos que cubrieran esos rubros con eficiencia. Rodeándose de consejeros que lo asesoraran, buscó el apoyo de otros bárbaros, de romanos y de judíos; entre ellos, algunos judíos como Symmmachus jurisconsulto y Telesynus senador, que habrían alcanzado posiciones de influencia en el gobierno. Con ese tipo de asesoramientos Teodorico editó un Código (154 edictos); una recopilación y adaptación de la legislación existente (el Código Teodosiano había sido promulgado hacía poco más de cincuenta años). El Código de Teodorico ratificaba a los judíos sus privilegios anteriores y, lo que es también relevante, omitía los artículos que les prohibían el acceso a cargos públicos y la tenencia de esclavos. (7)

Otra de las modificaciones de Teodorico al Código Teodosiano, fue la autorización a los judíos de portar armas los sábados; una disposición que dio lugar a la formación de legiones judías que tuvieron un destacado comportamiento en diferentes oportunidades (Bernard Bachrach).

La actitud de Teodorico hacia los judíos fue en general de un permanente equilibrio. Si por un lado llegaba a ordenar la reconstrucción de las sinagogas saqueadas o destruidas por manifestantes cristianos y hacía azotar a los que no le obedecieran, por el otro no dejaba de reiterar a los judíos que no aceptaría que sobrepasaran los límites autorizados, reprochándoles: "¿Por qué oh, judíos buscáis con vuestras peticiones la tranquilidad terrena y no sois capaces de encontrar la tranquilidad eterna?".

El período ostrogodo transcurrió así en un clima de agitación y de relativa libertad. Se registraron numerosos actos de violencia, quemas de sinagogas y motines, a los que los judíos reaccionaban con contra-motines y hasta con ridiculizaciones de los emblemas del cristianismo.

En 523, durante Atalarico, sucesor de Teodorico, los judíos seguían manteniendo su lealtad hacia los ostrogodos y estos seguían respetando sus privilegios. En el sur de Italia los judíos eran importantes e influyentes; en Nápoles controlaban el mercado de productos alimentarios; en Venosa, no lejos de Nápoles, gozaban del rango de *majors civitatis*, cargos administrativos colegiados. Cuando el general bizantino Belisario, enviado por Justiniano, sitió la ciudad, lucharon y defendieron las fortificaciones y fueron los últimos en rendirse durante los asaltos finales (Cecil Roth y B. S. Bachrach).

Belisario, había conquistado el reino vándalo de África del Norte, desembarcado en 535 Sicilia y ocupado el sur de la península. Depués de Nápoles continuó la ocupación de Italia con la toma de Milan *(Mediolanum)* en 540 y de Ravena. Fue el comenzó del Exarcado de Ravena dependiente de Bizancio. Tras una breve recuperación de los ostrogodos en 541, la región fue retomada por el General Narsés a la cabeza de un nuevo ejército bizantino que en 554, puso fin al Reino ostrogodo de Italia.

Bajo los lombardos

En 568, los lombardos invadían Italia por el Norte. Aunque en su avance llegaron a ocupar territorios al sur de Nápoles (Benevento en Campania llegó a ser una de sus capitales), no lo hicieron bajo el dominio de un rey único. Estuvieron divididos en un mosaico de ducados, no pocas veces enfrentados con los bizantinos del Exarcado de Ravena que seguía las órdenes de Bizancio.

Agiulfo (590-616) y Liutprando (712-744) fueron dos monarcas lombardos que, con la ayuda de administradores romanos, lograron una mayor centralización; así Liutprando cubrió un amplio territorio, con el ducado de Spoletto semindependiente. Quedaron fuera de su dominio los Estados Papales en Roma y las regiones en manos de los bizantinos: el exarcado de Ravena, Calabria, Sicilia y Cerdeña.

Los lombardos, como la mayoría de los germanos, eran inicialmente arrianos. En el período inicial, los judíos no sufrieron cambios mayores. La conversión de los lombardos al catolicismo habría tenido lugar durante Agiulfo. Poco se sabe de esta conversión, sólo que tanto Agiulfo como su madre, habrían sido los primeros en convertirse y que en ella, haya probablemente intervenido el Papa Gregorio I el Grande. El Código Teodosiano fue igualmente adoptado; complementado con la Ley Lombarda que ratificó la vigencia de la ley romana que consideraba a los judíos como ciudadanos romanos. A partir de la conversión al catolicismo, sobrevinieron los cambios; bajo el rey Pectarito en 661, los judíos fueron sometidos a la alternativa de bautismo o muerte siguiendo la política de Bizancio y la de España visigoda católica. Lo más probable es que la disposición no haya sido efectiva; el hecho es que a fines del siglo VIII, los judíos seguían viviendo en territorio lombardo bajo una confusa legislación teodosiana donde se mezclaban las prohibiciones de matrimonios judeo-cristianos y las reglamentaciones sobre la posesión y adquisición de esclavos. Seguía vigente la situación contradictoria entre la Iglesia preocupada por el proselitismo judío y las autoridades para quienes los judíos seguían siendo funcionales a la economía de la sociedad.

En los Estados Papales

Los Estados Papales (el plural era un símbolo de primacía), tuvieron como base geográfica inicial, los territorios en la región central de la península bajo la autoridad del Obispo de Roma. (8)

Aunque ha sido comprobado que la llamada "donación de Constantino" ha sido históricamente inexistente, a partir de Constantino la Iglesia empezó a adquirir autonomía e importancia al incrementar sus propiedades a través de donaciones piadosas. (9)

Fue fundamentalmente bajo León I Magno (440-461) que los Estados Papales comenzaron a tener mayor relevancia y acentuaron su independencia con relación a ostrogodos, bizantinos y lombardos.(10)

Gelasio I (492-496) fue el primer sucesor de Pedro de quien se tiene noticias de haber tenido actitudes favorables con los judíos. (11)

El papa Gregorio I el Grande (590-604) marcó su pontificado con un admirable espíritu de tolerancia y de humanidad. Una actitud de firmeza y al mismo tiempo de equidad que no deja de ser sorprendente; a pesar de la apremiante intolerancia de la época, Gregorio I ponía énfasis en proteger los derechos de los judíos. Su preocupación por el mantenimiento de la *privilegia judaica* se evidencia, entre otras actitudes, en la elección preferencial de artículos del Código Teodosiano favorables a las cuestiones judías por sobre los mucho más restrictivos del Código Justiniano, vigente desde 530 (James Parkes). Las ambigüedades del Código Teodosiano se adaptaban a veces mejor a sus propósitos que la rigidez del Código Justiniano. Siguiendo ese criterio, a pesar de que la legislación justiniana prohibía a los judíos tener cristianos bajo su dependencia, Gregorio I toleró que los propietarios judíos tuvieran esclavos cristianos siempre que les permitieran la práctica de su religión.

Las actitudes de Gregorio I no estaban inspiradas en un espíritu de comprensión o de simpatía hacia los judíos; correspondían a un criterio pragmático: los judíos, infieles hasta tanto no hubieran renunciado a sus creencias, seguían siendo útiles. Las actitudes relativamente pro-judías del Papa se pueden interpretar en el encuadre de la realidad de los Estados Papales de ese período. Según B. S. Bachrab, "el Papa [...] era un agudo observador del escenario político del Oeste y del Este y un conocedor de la importancia de los judíos para el funcionamiento de las ciudades del Mediterráneo". No acordaba con la intransigencia antijudía; sostenía que mantener los privilegios acordados a los judíos era en interés de la Iglesia (J.Parkes). (12)

El siglo VII es el del afianzamiento de los Estados Papales a través de la diplomacia y la astucia de los papas, aliados alternativamente con los exarcas de Ravena y con los lombardos. Sometidos a la tutoría bizantina, los Estados de la Iglesia empezaron a fortalecerse cuando el Papa Esteban II, hacia 752, ante la amenaza lombarda, obtuvo la ayuda de los francos de Pepino III el Breve.

Pepino recuperó de los lombardos el exarcado de Ravena, anteriormente en mano de los bizantinos, se lo entregó al Papa así como la región periférica romana y la de los obispados de la llamada Pentápolis (Rimini, Pésaro, Fano, Senigallia y Ancona) otorgándole así el dominio temporal de territorios que la Donación de Constantino le había supuestamente concedido.

En el marco de la sobrevivencia de la legislación romana, del humanismo gregoriano, de la todavía existente fraternización entre judíos y cristianos, se puede asumir que los Papas de ese período, como autoridades territoriales, se encontraban en la particular situación de gobernar con actitudes favorables a los judíos y lidiar con la emergente doctrina de la intolerancia. La Iglesia fue artífice ideológico innegable de este proceso; aunque no pocas veces fue frenada por las posiciones realistas de los papas y de los gobernantes, que no veían con buenos ojos la eliminación de los judíos por el rol que cumplían en la estructura socio-económica.

Convertida en una especie de aprendiz de hechicero, en un incendio que no podía o no quería apagar, la Iglesia se encontró envuelta en numerosas oportunidades en contradicciones que no siempre pudo resolver. Hubo situaciones a las que los papas tuvieron que adaptarse, enfrentados por obispos (Ambrosio de Milán, Agobardo y Amolón de Lyon, Isidoro de Sevilla) que agitaban los blasones de la intolerancia. A ello se sumó la presión de sacerdotes y predicadores menores responsables de excesos, saqueos y matanzas como los que tuvieron lugar durante las Cruzadas y sobre todo después, durante la Baja Edad Media. Este sector del clero estaba encerrado en una espiral envolvente. Sus prédicas encendidas desataban el fanatismo de la doctrina del "pueblo maldito" (en contradicción con las enseñanzas de amor y de tolerancia que se suponen de Jesús).

Estas prédicas complementaban la actitud de la Iglesia, heredera del espíritu de las economías agrícolas, tradicionalmente contrarias al comercio y al préstamo,"comercio del dinero", que los judíos representaban. Más aún, la prescindencia de los judíos podía desarticular la actividad comercial y la financiera, devenida un componente imprescindible para el funcionamiento de la sociedad.

Bajo los bizantinos

El Exarcado de Ravena, bajo la dominación bizantina, se extendió entre 540 y 751, prevaleciendo en parte del Sur de la península, desde Campania (Nápoles) hasta Puglia (Taranto, Bari), Calabria y Sicilia y en el Centro Norte con Ravena como capital.

Fue un período durante el cual los emperadores bizantinos en Oriente, a partir de Justiniano y las dinastías sucesivas (Heraclida, Isaura, Macedónica) no cejaban en sus actitudes antijudías extensivas a todas las provincias del Imperio.

Sin embrago la actividad discriminatoria justiniana, en la península fue aplicada con relativo rigor. En el inicio, los bizantinos siguieron la política justiniana y muchas sinagogas en Sicilia fueron convertidas en iglesias. En Nápoles en cambio las sinagogas no fueron ni destruidas, ni confiscadas. En relación con la tenencia de esclavos, la actitud bizantina fue particularmente permisiva. Los judíos podían ser propietarios de esclavos sin restricciones (paganos, cristianos o judíos); podían utilizarlos en las explotaciones agrícolas y no estaban obligados a liberar a los esclavos paganos cuando se convertían al cristianismo. La trata de esclavos tampoco les estaba prohibida. Nápoles era un importante centro de comercio esclavista y los funcionarios bizantinos lo favorecían. Los judíos tampoco tenían restricciones como propietarios de los bancos ni como prestamistas; no faltaron los casos en los que hombres de la iglesia, a pesar de las prohibiciones conciliares, empeñaran objetos litúrgicos de valor. (13)

Se puede decir que en los territorios peninsulares, los personeros de Bizancio pudieron conjugar intereses locales y propios con la actividad económica de las comunidades judías. Los pequeños grupos dispersos que conformaban las comunidades judías peninsulares constituían a veces verdaderos clanes familiares, como el de la familia Ahimaaz o Amittai en Oria (Puglia), protagonista de situaciones indicativas de su importancia, que mantenía una relativa independencia y podía influenciar las autoridades de turno. (14)

Cuando a partir de 827 el Islam inició la conquista sistemática de Sicilia, con esporádicas acciones en el sur territorial de la península, la comunidad judía siguió manteniendo con los musulmanes actitudes equidistantes, similares a las que había tenido con los bizantinos. (15)

En el siglo IX, Lavello, Gaeta, Brindisi, Matera, Taranto, Trani, Oria, Venosa, Bar, y Benavento, cobijaban florecientes comunidades judías. Oria, la principal ciudad de la Italia bizantina después de Roma y Ravena, el centro judío más importante de la región, aseguraban el comercio con Grecia, Norte de África y el Mediterráneo Oriental. En 871 los bizantinos intensificaron sus acciones en la península; en 880 recuperaban Bari y Taranto y en pocos años desalojaban a los musulmanes de los otros reductos territoriales.

Bajo los sarracenos

A partir de 827, los sarracenos (nombre con el que los cristianos designaban a los musulmanes) iniciaron la expansión desde Africa hacia occidente. (16)

Sicilia fue conquistada desde el Emirato *aghlábida* de Kairuán (a 150 km de Tunes) en el Norte de África. En 831 Palermo fue capturada; en 839, Taranto y un año después Bari (que va a devenir durante cuarenta años el centro sarraceno más importante de la región). Siracusa fue conquistada en 878 y Taormina en 902. En cambio, los intentos islámicos de hacer pie en el sur de la península no pudieron mantenerse con continuidad. El dominio aghlabide sobre la isla continuó durante cien años hasta 948, cuando los *fatímidas* los desplazaron. En 1061 la invasión a Sicilia por los normandos con Roberto Guiscard, el Astuto, puso fin a la ocupación islámica.

Las relaciones de los judíos con los árabes fueron diferentes de las que tuvieron con los bizantinos en Italia y con los visigodos católicos en España. Los conquistadores árabes a través de la *dhimma* establecían un mecanismo de dominación de los sectores minoritarios en los territorios donde la expansión los llevaba. (17)

Los judíos podían así ejercer sus actividades, por lo que los musulmanes podían evitar la interrupción del proceso productivo, y mantener así el pago de los impuestos. Una situación que, dentro de la intolerancia de la época, podemos considerar de relativa libertad. Ello no significa que esa relativa benevolencia no haya alternado con intervalos de discriminación y de opresión. En 888 las autoridades musulmanas establecieron que tanto cristianos como judíos debían llevar vestimentas con colores distintivos. Los judíos debían por otra parte aplicar en las puertas de su casa signos indicadores de su condición de judíos. Esas disposiciones fueron predecesoras de las que años más tarde los cristianos generalizaron en Europa. (18)

Dentro de esa atmósfera contradictoria, los judíos se integraron en la cultura musulmana: aprendieron el árabe y adoptaron sus vestimentas (colores aparte). Tenían el derecho de continuar con sus leyes ancestrales, de tener tierras en propiedad, pero no la de ampliar las sinagogas, ni la de hacer prosélitos. Las comunidades judías estuvieron así fuertemente implantadas, además de en Palermo, centro principal de Sicilia, en otras ciudades como Catania, Siracusa y Agrigento. Así, mientras en el Imperio bizantino imperaba la intolerancia justiniana, en Sicilia las comunidades judías se desarrollaron en una atmósfera de relativa tolerancia.

Los documentos rescatados en la Genizá del Cairo han revelado que Egipto era un puente entre Sicilia y la Mesopotamia, con un tráfico comercial fundamentalmente de seda y de perfumes. Las actividades no eran solamente comerciales, la comunidad de Sicilia mantenía intercambios con los rabinos y estudiosos de África del Norte, de España, de Egipto y de Bagdad y las importantes academias mesopotámicas. Sicilia se convirtió en uno de los centros más grandes del judaísmo de la Europa Occidental.

En Galia

Continuando el flujo de migración que el prestigio de Roma había provocado, los primeros judíos (*sarfati*, en hebreo) se habrían instalado en Galia en el Siglo I EC. (19)

De ahí a suponer que con anterioridad a la era cristiana había comunidades judías importantes instaladas en Galia, es hacerse eco de la leyenda de los que además de pretender pertenecer a una seudo aristocracia por su antigüedad, habían estado fuera de Judea en la época del calvario del Gólgota, lo que podía permitirles escapar a la recurrente acusación de haber sido testigos culposos de la Crucifixión.

Galia era una región en desarrollo ligada a Roma y no es sorprendente que en los primeros tiempos de la Era Actual, algunos judíos con nombres de relevancia histórica hayan sido deportados a Galia: Herodes Arquéalo, etnarca de Judea (el de "la matanza de los inocentes"), desterrado por el emperador Augusto a Vienne (en el Poitou) en 6 EC y Herodes Antipa, tetrarca de Galilea y Perea, exilado por Calígula a Lyon (*Lugdunum*) en 39 EC.

Pero el hecho es que, hasta la caída del Imperio Romano de Occidente, las evidencias arqueológicas de la existencia de judíos en Galia son escasas: en el siglo III EC en Arles, a comienzos del IV EC en

Bordeaux y a mediados y fines del mismo siglo en Poitiers y en Avignon. Recién a partir de 465 EC, los descubrimientos arqueológicos en Vannes, Clermond Ferrand, Narbona, Valence y Orleáns empezaron a llenar ese vacío (sellos con relieves de candelabros con 5 brazos entre otros).

Establecidos inicialmente a lo largo del Valle del Ródano, las comunidades judías se fueron extendiendo más al Norte, en el Valle del Saona, afluente del Ródano, y a lo largo de la cuenca del Rhin.

La instalación del heterogéneo conjunto de francos, (con salios, ripuarios y sicambrios) en el Norte de Francia actual, data del siglo IV. Habían mantenido sus creencias paganas y contactos limitados con los romanos. Con el rey franco Clovis también llamado Clodoveo I (482-511) a la cabeza, la conversión al catolicismo de los francos en 496/498, habría sido producto de una operación política en la que no habría sido ajena la mujer de Clodoveo I, Clotilde, princesa cristiana de linaje burgundio. (20)

Clodoveo, fundador de la dinastía merovingia, (el nombre de su abuelo era Meroveo) había entendido que la conversión era la mejor manera para consolidar el dominio sobre la población galo-romana fuertemente cristianizada. La conversión de los sectores paganos no fue masiva; se habría logrado recién a partir de los éxitos de la expansión de los francos. En menos de medio siglo los francos sometieron prácticamente toda la Galia (desplazando a galo-romanos, visigodos, alamanes y burgundios). El dominio y la cristianización de las tribus allende el Rhin y el de lo que hoy es el sudoeste de Alemania fueron recién alcanzados con el advenimiento de los carolingios en el siglo IX.

En el período merovingio no existía el derecho de mayorazgo; las luchas por la sucesión dieron nacimiento a fraccionamientos que más tarde devendrían dominios feudales.

Las relaciones judeo-cristianas en Galia, no habían sufrido mayores deterioros. La actitud de la Iglesia hacia el judaísmo era más bien de respeto: primaba el status de *religio privilegia* (B. Blumenkranz). La preocupación del cristianismo estaba todavía marcada por definir su identidad, diferenciar ambas religiones y evitar el proselitismo judío.

La relación de los judíos con los reyes merovingios durante los cien primeros años de la dinastía -aproximadamente cinco generaciones, (482-584)- no sufrió sustanciales modificaciones. Una situación que se expresó en numerosos cánones conciliares. (21)

En 511 en el Concilio I de Orleáns, conjuntamente con la homologación de la *Lex Sálica*, fueron acordados los principios de la *privilegia judaica* (respeto del Shabat y de las festividades religiosas, y autonomía

E.J.Dunayevich

judicial). Durante ese período, Clodoveo I emitió leyes relacionadas con el proselitismo: los judíos que compraban esclavos cristianos no debían intentar convertirlos. No podían recibir esclavos cristianos de regalo, aunque sí en herencia o en préstamo. Los judíos que tenían esclavos cristianos y no trataban de convertirlos no debían ser molestados. Las leyes eran en cambio más severas en relación con los matrimonios mixtos: eran considerados adulterios, salvo que la parte judía se convirtiera al cristianismo. Los judíos no podían ejercer cargos públicos.

Con la muerte de Clodoveo I (511), la división del reino entre sus hijos derivó en las luchas por el poder. Las unificaciones (seguidas de escisiones), se sucedieron: bajo Clotario I (548-561) y bajo Clotario II (613-629). Los sucesivos reyes merovingios en general se alinearon con la política pro-judía de Clodoveo I.

En ese período las disposiciones de los Concilios se limitaban a señalar la importancia de no otorgar a los judíos cargos públicos (y la referida prohibición de matrimonios mixtos). Que se insistiera sobre esos temas es una evidencia de que la comunidad judía no estaba aislada de la cristiana, que ambas tenían relaciones cercanas y amistosas. (22)

Esa política aparece también entre los burgundios: en 517, en el canon del Concilio de Eapone se prohibía a los cristianos asistir a las comidas que los judíos ofrecían (probablemente para las fiestas religiosas). La preocupación de la iglesia por el proselitismo judío se manifestaba a veces en disposiciones algo más rígidas. No había llegado todavía el momento para tener actitudes que restringieran sus actividades.

Las comunidades judías en Galia eran importantes: la de Clermont databa de la época del Imperio romano. En las ciudades más importantes del Mediodía, Marsella y Burdeos, los judíos mantenían un fluido comercio con Bizancio, y llegaron a tener cargos de nivel, como el de jueces y el de recolectores de impuestos. El incremento de la población judía se acentuó con las inmigraciones procedentes de Italia durante el predominio bizantino del siglo VI y de España durante las persecuciones por los visigodos católicos del siglo VII.

En el convulsionado período merovingio las guerras por el trono eran corrientes; los judíos llegaban a apoyar a uno u otro de los contendientes: habían devenido factores de poder. Resulta lógico que si perdedor fuera el pretendiente de la fracción a la que los judíos habían sostenido, el triunfante emitiera disposiciones antijudías. (23)

Cuando Clotario II decidió eliminar a los judíos de los cargos públicos, es discutible que tal disposición se haya mantenido. Durante los últimos merovingios, el poder pasó prácticamente a manos de los Mayordomos de Palacio (*maior domus*), verdaderos regentes o alcaldes.

Fue el período de los llamados "reyes haraganes" (*roix faineants*). (24)

Durante ese período, Carlos Martel, Mayordomo de Palacio, devenido gobernador de Austrasia (una de las regiones del dividido reino de los merovingios), en 732 venció a los árabes en Poitiers y detuvo su avance.

La derrota de los árabes, además de frenar su expansión en Occidente, dio lugar a un fortalecimiento importante de los mercaderes judíos que pudieron tomar el relevo de las caravanas a Palestina, Persia, India y probablemente China. Fueron los llamados *radanitas*, término de origen persa o árabe que significaría "ruteros" o "conocedores del camino". (25)

En 751, Pepino III el Breve, el hijo de Carlos Martel, consiguió que el Papa lo nombrara rey, desplazando a Childerico II, el último merovingio, e inaugurando la Dinastía Carolingia.

Durante ese período, como veremos, la política real habría mantenido el perfil marcadamente pro-judío de los merovingios. A comienzos del siglo VIII, sobre la base del Código de Alarico, se recopiló el código *Epítome de Aegedius*, en el que amén las prohibiciones de casamiento y las preocupaciones por el proselitismo se reconocía la vigencia de los derechos y de los privilegios de los judíos.

Cuando la Dinastía Carolingia desarrolló su presencia real en el *Regnum Francorum*, las comunidades judías, aún precarias y sin mayores recursos comerciales, habían tomado importancia. Pepino el Breve, después de su triunfo sobre los moros, en 759 reconoció a los judíos, el manejo de la mitad de Narbona por su activa participación en la campaña. De esa manera iban a poder ser parte activa de la nueva Europa que empezaba a ponerse en marcha (B. S. Bachrach).

En Germania

Germania posteriormente territorio del Sacro Imperio Romano-Germánico, era la fracción este del Imperio Carolingio, dividido en tres fracciones por cuestiones sucesorias.

La referencia más antigua sobre la existencia de judíos en Germania, aparece en una epístola de 321 EC del emperador Constantino dirigida a los judíos establecidos en Colonia: serían los primeros asentamientos diaspóricos exteriores a la cuenca del Mediterráneo. Aunque no hay referencias de una continuidad de asentamientos en los siglos anteriores inmediatos, por la representatividad del firmante, el documento es una evidencia de la relevancia que en ese período los judíos tenían en la región.

Es recién en consonancia con la expansión carolingia, entre los siglos VII y fines del siglo X, cuando la población judía en Germania tuvo un sustancial crecimiento a través de Francia, de Italia y los Balcanes, debido a las inmigraciones provenientes de Cercano Oriente que buscaban alejarse de las persecuciones bizantinas. La gran mayoría se asentó a lo largo de las vías fluviales en los centros urbanos sobre el Rhin, el Mosela, el Danubio, el Elba y el Saale.

En los siglos X, la participación de los judíos en Germania ya era importante: es el comienzo de la revolución mercantil. Son numerosas las órdenes de protección de los emperadores de las dinastías sucesoras a la carolingia: la sajona de Enrique I el Pajarero, los Oton (I, II y III) y la sálica con Enrique IV. La carta de protección emitida por éste en 1074 es ilustrativa: hacía referencia a "los judíos y otros comerciantes" (*judei et ceteri mercatore*). Aunque, sinónimo de comerciantes lo judíos no eran los únicos, los había también frisones y lombardos, entre otros. (Breuer y Graetz).

En otras cartas los judíos eran eximidos del pago de derecho de aduana como "premio a su fidelidad". Alrededor de 1090 el mismo Enrique IV ratificaba los privilegios de libre comercio de los judíos señalados como "pertenecientes al tesoro real". Los privilegios fueron renovados por Federico I Barbarrosa en 1157 y en 1236, por Federico II, su sucesor. Los judíos formaban parte del patrimonio imperial: esas disposiciones garantizaban además la actividad comercial a través de la creación de "zonas de depósito" o *portus* (en latin), *wik* (en dialecto germano) o *burh* (en inglés).

El otorgamiento de las cartas de protección correspondía al interes en favorecer el desarrollo. Esa política implicaba por cierto, una reciprocidad: se les concedía el derecho de vivir de acuerdo a sus leyes, la *privilegia judaica* seguía vigente. La participación de los judíos llegó a ser relevante en el comercio internacional. Eran los principales mercaderes a lo largo del Danubio, involucrados en la colonización de Germania del Este y de Polonia; intervenían en el tráfico de esclavos y en el intercambio de vestimentas de lujo, oro, perlas, pieles, seda, pimienta con Cercano Oriente.

La región del Rhin se convirtió en un gran centro económico-comercial. Los asentamientos judíos urbanos, con sus *portus* periféricos, gravitaban en las áreas centrales de las ciudades, a diferencia de la gran mayoría de la población cristiana distribuida en zonas rurales. (26)

Mainz, Worms y Speyer devinieron las ciudades con la mayor concentración de judíos. Cuando en 1084, Speyer adquirió el status de ciudad, el Obispo Lord Rudiger Houzmann invitó a los judíos a radicarse. En el documento correspondiente manifestaba "su satisfacción y orgullo de poder contar con su participación para el engrandecimiento de la ciudad". Además de concederles la exención de determinados impuestos, les acordaba los tradicionales privilegios ancestrales. (27)

El documento de Rudiger puso en evidencia una circunstancia a la que no queremos dejar de referirnos. Rudiger invitaba a los judíos que provenían de un sector de Mainz destruido por un incendio; lo hacía con el propósito de evitar la "insolencia" y la agresión de la turba. Para ello se les destinaba un sector de la ciudad que sería circundado por un muro de protección. Se proporcionaría así a los judíos un ámbito para que se desarrollaran tanto administrativamente como para que pudieran vivir de acuerdo a sus costumbres.

La existencia de barrios judíos era común en las ciudades medievales, correspondía a situaciones comunitarias y a razones de auto protección. El hecho es que la construcción de un muro periférico alrededor de un barrio, aunque tenía los propósitos señalados, su entidad llegó a confluir con los fines por los que posteriormente los ghettos fueron establecidos, para "evitar la contaminación judía".

Si la acogida en Speyer fue consecuencia de un incendio de Mainz producto de un accidente o de un atentado contra la comunidad judía, el hecho es que ocurrió apenas 12 años antes de las matanzas de judíos en la cuenca del Rhin durante la Cruzada de los Pobres en 1096. Estamos en el inicio del I Milenio, en el que la reforma gregoriana pone en marcha la ideología del Antisemitismo Cristiano. Ya a fines del I Milenio las actitudes antisemitas habían sido cada vez más frecuentes. En 939 el Papa León VII escribía al arzobispo de Mainz que eran preferibles las expulsiones dada la ineficacia de las conversiones forzadas.

La sociedad transitaba por el desarrollo de la economía de mercado, la burguesía comercial cristiana comenzaba a entrar en el mercado: la competencia comercial con los judíos no se había manifestado todavía con el rigor que más tarde provocaría su desplazamiento del comercio. Tal situación habría sido suficiente para generar el caldo de cultivo de las masacres que los sectores medios de la Iglesia promovieron pocos años después, en la agitada atmósfera de la Pre-cruzada. En el *Anonymus of Mainz* en referencia al pogrom de Speyer de 1096 promovido por el conde Emicho de Leiningen, se menciona la participación de campesinos y de los burgueses de los alrededores de la ciudad.

VI. BAJO LOS VISIGODOS EN LA PENÍNSULA IBÉRICA

La historia de los judíos en la península ibérica registra una diferencia con relación a la mayoría de las comunidades judías en Europa Occidental. Aún si tiene prácticamente todos los elementos que aparecen en las otras comunidades, las persecuciones por los visigodos cristianos (589-711) tuvieron lugar siete siglos antes que las primeras expulsiones en el resto de Europa (Inglaterra 1295). Una abrupta y descarnada situación que interrumpida por un "entreacto" (la llegada de los árabes en 711, seguida de la Reconquista) va a culminar con la expulsión en 1492.

Mitos y Leyendas

Cuando se trata de precisar la antigüedad de los judíos en la península ibérica, es fundamental diferenciar los mitos y leyendas de las situaciones documentadas históricamente. (1)

Independientemente de la poca verosimilitud de las leyendas, hay una explicación sobre la reiteración de su existencia: la necesidad de los judíos hispanos de remontar su presencia en la península a una época suficientemente lejana como para no ser imputados de descender de antepasados relacionados con la muerte de Jesús. Algunos como el Rabí Isaac Abrabanel, decían que sus antecesores habían llegado después de la destrucción del Primer Templo. Otros de haber llegado a España en la época davídica o aún descender de David. Para algunos historiadores, los judíos habrían llegado con la flota salomónica o acompañando a los fenicios cuando la fundación de Cadiz (Gadir) o de Tarsis a mediados del I Milenio aEC. (2)

Aunque es probable que los judíos hayan participado en las expediciones fenicias o griegas, no hay elementos históricos para afirmar que las factorías fundadas en la península ibérica por los fenicios o por los griegos, incluyeran sectores judíos importantes. Manuel Pomar (*La España del Rey David*), se apoya en la existencia de elementos toponímicos de aparente origen hebreo con lo que pretende justificar la antigüedad judía en la península. Así, "cantábrico", derivaría del hebreo *gan-ibrit*, "huerto de los hebreos" (*gan*, huerto, *ibrit*, hebreo). (3)

No sería extraño que algunas de las toponimias ibéricas fueran de origen hebreo aunque podrían ser también fenicio-cartaginesas, ambas lenguas semíticas. El hecho es que, si la lingüística, como la toponimia, son herramientas de la historia, sus conclusiones tomadas aisladamente, no son de por sí suficientes para explicar hechos históricos. Deben ser confirmadas por otras ramas de la ciencia como la arqueología, la antropología y en particular por testimonios históricos.

De todos modos, algunos de esos nombres pueden corresponder a comunidades judías que, como veremos, se habrían asentado en la Península en el último siglo aEC lo que no es poco.

Cabe preguntarse si es posible que reducidos grupos de judíos que hubieran hecho pie en la península ibérica en la época fenicia-cartaginesa hubieran podido conservar su identidad en el ajetreo de los numerosos pueblos que ocuparon o atravesaron la península, desde los celtíberos iniciales, pasando por los romanos y posteriormente los vándalos, alanos, suevos, terminando con los visigodos.

En el caso de Hadrumenta actual Sousse (en Tunes), antigua colonia fenicia de Cartago, se han encontrado tablillas del siglo VI aEC en las que aparecen extrañas mezclas de nombres de diversas divinidades, como "*Alaot*, el Dios de Abraham y *Jao*, Dios de Israel". Esas tablillas probablemente corresponderían a alguna desaparecida comunidad judía que habría integrado las factorías fundadas por los fenicios que no pudo mantener su fidelidad a la religión primitiva (Monceaux, *Les Colonies Juives dans l 'Afrique Romaine*, citado por L. Poliakov). (4)

Las fuentes históricas y arqueológicas

Lo que resulta más probable es que los primeros judíos hayan llegado a la península ibérica durante el último siglo aEC o en los comienzos de la Era Común, siguiendo los asentamientos sucesivos de las pequeñas colonias costeras cartaginesas de la costa africana del Mediterráneo, o de las islas intermedias (Djerba, Sicilia, Balearias), por las rutas comerciales marítimas de los fenicios o de los griegos. El hecho es que los documentos más antiguos encontrados en la península hasta ahora, corresponden a la época del Imperio Romano durante los primeros siglos de la Era Cristiana y durante la dominación visigótica posterior: los siglos IV, III, y II EC. El más antiguo, un ánfora del siglo I EC de la época romana (Museo de Ibiza) con signos considerados como hebraicos; se trataría de un producto manufacturado por una comunidad judía establecida en la isla, o dada la similitud de la pieza con otras elaboradas en Samaria, la confirmación de la existencia de intercambios entre Ibiza y Galilea. Otra evidencia de la presencia de judíos en la región, un epitafio del siglo II EC en Mérida, en el que aparece el nombre de "Menander", frecuente entre los judíos de Roma y el de "Justinus" como natural de Flavia Neapolis, nombre que en aquel tiempo los romanos daban a Sechem en Galilea. (5)

En Elche excavaciones arqueológicas han dejado al descubierto ruinas del siglo IV EC que corresponderían a la más antigua sinagoga hispánica hasta ahora encontrada. (6)

A partir de los asentamientos en las regiones costeras donde mejor podían desarrollar sus emprendimientos comerciales, los judíos se iban desplazando hacia el interior, fundamentalmente a lo largo de los grandes ríos como el Guadalquivir, con Córdoba (*KartJuba*, "ciudad de Juba", general númida cartaginés), del Ebro con Tortosa (*Dertosam* o *Dertosa*) y Zaragoza (*Caesaraugusta*) y otras ciudades como Segovia, Ávila y Astorga (*Asturica Augusta*). En Toledo (*Toletum*) sobre el Tajo, la existencia de la comunidad judía durante la época romana es dudosa (la fecha arqueológica de una estrella de David encontrada es imprecisa); es recién en la época visigoda y sobretodo en la musulmana tardía cuando su importancia ha sido revelada.

Al norte de los Pirineos, en el ámbito de la actual Francia, Septimania (la región mediterránea del Sudoeste), que formó parte del reino visigodo, albergó una comunidad judía numerosa, especialmente en Narbona; y también más al Este, en otras ciudades traspirenaicas como Arles en la Provence.

Bajo el cristianismo en la época romana

La llegada del Cristianismo a España está rodeada de confusión. Independientemente de la leyenda sobre la estadía de Pablo y de Santiago, sus inicios probables habría que situarlos e mediados del Siglo II; mientras que recién en el siglo IV se puede hablar de establecimiento efectivo con el concilio de Elbira (303-309), el primero de la Iglesia Hispánica. España era todavía una provincia romana no oficialmente cristiana (el edicto de Tolerancia de Milán data del año 313) y los visigodos todavía no habían atravesado los Pirineos.

Si en el período inicial del cristianismo los judíos en la península no constituían numéricamente una fuerza, en el período visigodo (468-711) posterior, la documentación histórica registra la existencia de comunidades judías importantes, fundamentalmente a lo largo de la costa mediterránea: en el Golfo de Cádiz, en la Provincia romana Bética (la cuenca del Guadalquivir) y en la Tarragonense (en la costa valenciana y en la catalana).

A partir de esa situación se puede afirmar que cuando el concilio de

Elbira, si bien los judíos no eran numerosos, su prestigio comenzaba a ser suficiente como para representar una fuente de preocupación de la Iglesia. Las disposiciones antijudías del Concilio constituyen el precedente de otros numerosos cánones conciliares, edictos y leyes reales. Eran disposiciones que no traducían todavía el espíritu de fanatismo generalizado de siglos más tarde; el eje principal de la intranquilidad del cristianismo apuntaba a la resistencia de los judíos en aceptar la "nueva verdad", a los riesgos de "contaminación" , al peligro de judaización, si no de proselitismo. (7)

La preocupación que las comunidades judías provocaban no se limitaba a la región peninsular, se extendía a las islas Baleares, donde se destacaban y eran económicamente prósperas. Las violencias, ataques e incendios a la sinagoga y robos acaecidos un siglo después en Mahón (*Magona*), no corresponderían a la generalidad de la población cristiana, sino al espíritu de algunos fanáticos como el Obispo Severo de Mahon. Esos hechos, que se habrían producido en el siglo V a raíz de la llegada de Jerusalén de las reliquias de San Esteban, fueron relatados por el propio obispo, en una carta plagada de posturas fanáticas, de visiones y sueños admonitorios y de situaciones milagrosas que habrían tenido como corolario una pretendida conversión general al cristianismo de los judíos de la isla y la exigencia de emigrar a los refractarios. A pesar de esa supuesta conversión, la comunidad judía balear siguió vigente en los siglos posteriores. En la misma época, un documento (*el Altercatio Ecclesiae et Synagogae*) pone de manifiesto el respeto al que la comunidad judía se había hecho acreedora, la actitud conciliadora y comprensiva de los cristianos y la buena convivencia entre las dos comunidades. (8)

Bajo los visigodos arrianos

La llegada de los visigodos abrió una nueva etapa en la situación de los judíos en la península. Los visigodos no eran propiamente invasores (como los vándalos, suevos y alanos llegados a la península anteriormente). Habían ocupado el sur de Galia al inicio del siglo V ; con la anuencia de los emperadores romanos habían fundado el reino visigodo de Toulouse. Tenían la categoría de "federados"; a cambio del permiso de asentamiento, tenían la misión de custodiar las fronteras. A mediados del siglo V, con Eurico (466-484) comenzaron a extender sus dominios sobre la península ibérica. En el siglo VI fundaban el Reino Visigodo Hispánico con Toledo como capital, conservando un pie en la provincia gala de Septimania.

Constituían un grupo minoritario frente a la mayoría íbero-romana. Su credo arriano no facilitaba su relación con la mayoría pagano-católica. Las autoridades visigodas necesitaban un apoyo para poder sostener la ocupación. La reducida comunidad judía, con un relativo nivel económico, iba a cumplir la función complementaria que los visigodos requerían. Se repetía la situación que había ocurrido en Egipto (y luego en Italia bajo los ostrogodos) cuando los ocupentes minoritarios buscaron el apoyo económico-administrativo de las comunidades judías, también minoritarias.

A pesar de la exigüidad de los documentos rescatados sobre las condiciones de vida de los judíos de la época, la legislación secular y religiosa y los testimonios de Isidoro de Sevilla (*Historia de los Godos*) y de Juan de Toledo (*Historia de la rebelión contra Wamba*), de validez dudosa por tendenciosos, han proporcionado una información particularmente interesante.

Durante los 120 años de dominación arriana los judíos pudieron vivir sin sobresaltos, gozando de la tolerancia oficial. Frente a la antinomia arriano-católica, las creencias antitrinitarias comunes facilitaron probablemente el acercamiento visigodo-judío..

Alarico II (484-507), sucesor de Eurico, sintió la necesidad de proveer a su país de una legislación reguladora. Su Breviario, promulgado en 506, fue una adaptación del Código Teodosiano de 438. Es de señalar que, con una compaginación poco elaborada y para nada sistematizada, su espíritu general no trasmitía un contenido que reflejara plenamente la buena colaboración visigodo-judía existente. En conjunto, el Breviario tenía numerosas disposiciones antijudías, con una evidente similitud con los cánones del Concilio de Elbira. Una circunstancia nada sorprendente dado que, por los pocos conocimientos que los visigodos tenían en materia jurídica, es probable que para confeccionarlo hayan recurrido a los sectores de la *inteligencia* católica elbirense. De todas maneras, algunas disposiciones traducían el espíritu de tolerancia arriana que hemos señalado. En particular, las que al reconocer a los judíos sus ancestrales privilegios, reflejaban que su existencia era una necesidad para el desarrollo de la sociedad. (9)

Este punto de vista es confirmado por García Iglesias para quien "los judíos peninsulares constituían minorías influyentes, de destacable importancia".

El cambio con los reyes visigodos católicos

Una de las preocupaciones de los reyes visigodos había sido la de lograr la unidad del reino. Desde el punto de vista político-territorial alcanzaron ese propósito con la victoria de Leovigildo (573-586) sobre el reino suevo (actualmente Portugal) y cuando Suíntila (621-631), cincuenta años más tarde, expulsó a los bizantinos de sus enclaves sobre la costa levantina (*Provincia Spaniae*). Desde el punto de vista jurídico, la redacción del *Codex Revisus* contribuyó también a superar las contradicciones del derecho godo-romano.

Había un tercer aspecto relativo a la unidad y gobernabilidad del reino: la mayoría hispano-romana de la población seguía siendo católica. Convirtiéndose al catolicismo los visigodos creyeron que lograrían ambos objetivos. La abjuración del arrianismo tuvo lugar en 589 durante el reinado de Recaredo. Al integrarse con la población católica, los visigodos creyeron que podrían prescindir de los judíos porque podrían ser reemplazados en su rol económico-administrativo .

Se inició un período de más de 100 años, hasta la invasión musulmana en 711, durante el cual los reyes visigodos católicos, con el apuntalamiento de la Iglesia, desarrollaron agresivas políticas antijudías en un empeño de quitarles las bases de sustentación y posibilidad de desarrollo. Al despojarlos de su importancia y peso, pensaban que su prestigio y su atracción caerían.

La "contaminación" judaica dejaría de ser un peligro por lo que se podría consumar la unificación del reino, ahora también en el ámbito religioso.

A poco de asumir Recaredo reunió el Concilio Toledo III. Los cánones de este concilio y los de concilios peninsulares posteriores, junto con las leyes sucesivas, conformaron las *Lex Visigothorum*, que complementaron el Breviario de Alarico con nuevas disposiciones antijudías. (10)

Si el objetivo de esas disposiciones era el de debilitar los judíos y hacerles perder su prestigio, con el propósito de lograr su conversión o en definitiva su desaparición, sus resultados fueron como veremos catastróficos para la sociedad en conjunto. Los reyes visigodos católicos creyeron que para llevar su propósito a las últimas consecuencias la política más eficaz era recurrir a actitudes más duras, las conversiones forzosas y/o las expulsiones. Veamos en qué medida esa política pudo ser sostenida.

Nos vamos a encontrar con reyes con políticas duramente antijudías como Sisebuto, Chintila y Recesvinto, alternando con otros con actitudes menos desfavorables como Recaredo y Sisenando, o todavía comparativamente más suaves como Suintila, Chindasvinto o con disposiciones contradictorias como Ervigio, o como el caso de Egica, que de una política favorable pasó a la opuesta.

El rey Sisebuto (612-621) fue el primero más radicalmente antijudío: promulgó leyes que imponían la conversión forzosa. Aunque una parte relativamente importante de judíos habría huido a Galia, los conversos, seguían aún siendo un problema: no era infrecuente que las conversiones no fueran sinceras. El IV Concilio de Toledo estableció que ni los judíos conversos, ni sus descendientes podían ocupar cargos públicos. Evidentemente las conversiones forzosas no habían dado el resultado esperado: judíos o ex judíos podían seguir teniendo malas influencias. (11)

Según Blumenkranz, el mismo Sisebuto habría albergado serias dudas sobre la conveniencia de desprenderse de los judíos. La política visigoda siguió siendo oscilante y contradictoria. (12)

Recesvinto, en el discurso inaugural del Concilio VIII de Toledo (653), manifestaba su furia por la obstinación de los judíos, vituperando contra la incesante apostasía de los bautizados. La situación era tanto más dolorosa en cuanto habiéndose logrado la extirpación de las otras herejías, no quedaba nada más disonante que "la vergüenza sacrílega del judaísmo".

Ervigio continuó con disposiciones enmarcadas en el cuadro de la intolerancia: se impidió a los judíos la celebración de su Pascua y otras fiestas, la observancia del Shabat y las prescripciones alimenticias.

El domingo debía ser día de descanso también para los judíos. Los conversos, hasta el sexto grado de consanguinidad, no debían tener trato ni contraer matrimonio (o tener relaciones carnales) con los no conversos (disposiciones más rigurosas que las Leyes de Nuremberg); estamos a siete siglos del marranismo o criptojudaísmo.

Egica, a los comienzos de su reinado, dio marcha atrás con relación a su predecesor: abandonó la conversión forzosa y la discriminación de los conversos. Los judíos conversos podrían ejercer libremente el comercio y acceder al mercado sin ninguna discriminación. Según J. Parkes la razón del cambio habría sido genuinamente económica: el país estaba al borde del colapso.

Witiza (702-710), el sucesor de Egica, fue relativamente benévolo con los judíos. Pudo serlo en el nuevo cuadro de realidades dado que prácticamente se había logrado el objetivo tan largamente buscado: una parte de los judíos había emigrado a Francia merovingia. Según James Parkes: "la clase de los pequeños propietarios había desaparecido casi completamente y la actividad comercial estaba también en ruinas". El país en su conjunto también lo estaba.

Ello no significa que los judíos hubieran sido completamente eliminados. Era el final del ciclo: en 711 los moros desembarcarían y ocuparían el país. En el período que iba a comenzar los judíos volverían a ocupar una posición de relativa importancia.

E.J.Dunayevich

La explicación del fracaso de una política

Pese a la recurrencia de disposiciones restrictivas e intentos de eliminación ¿Por qué las notorias actitudes oscilantes de los sucesivos reyes visigodos católicos? ¿Por qué el reiterado fracaso en lograr la supresión de los judíos del ámbito de la Península?

García Iglesias y James Parkes plantean una primera posibilidad. La situación estructural de la península habría comenzado a cambiar: la monarquía de la sociedad feudal en formación era intrínsecamente débil ante la aristocracia feudal incipiente; una debilidad acentuada por el sistema sucesorio germánico electivo (sólo ocho de los veintitrés reyes visigodos fueron hijos de sus predecesores). Para poder gobernar, los reyes habrían tenido que elegir sus aliados, ya sea entre la aristocracia y la Iglesia, o entre sectores rivales de la aristocracia misma, o entre los judíos. A nuestro entender, que la débil monarquía haya buscado aliados entre los judíos y que luego los cambiara por otros, explicaría la existencia de situaciones coyunturales pero no sistemáticas, ni estructurales.

Habría otra posibilidad: que la irreductibilidad del judaísmo, de la religión, haya hecho fracasar los intentos discriminatorios. Nadie pone en duda que los judíos constituían una comunidad perseverante y tenaz, relativamente exitosa, con una capacidad de resistencia ante los embates fundamentalistas. Pero sería parcializar la realidad si se sostuviera que esa situación se alcanzó gracias a la fuerza de la religión judía y a la incapacidad de las autoridades católicas y no se considerara la existencia de una realidad objetiva que condicionó la situación.

En la opinión de García Iglesias en la España visigoda "no había prácticamente diferencias en el abanico de posibilidades sociales de los judíos y de los cristianos". (13)

En una primera aproximación se podría hasta aceptar esa imagen. Había judíos ricos y judíos pobres, que se dedicaban al comercio y también los empleados, los sirvientes domésticos y los que ejercían actividades profesionales. (14)

En relación con la agricultura hay muchos elementos y leyes relacionadas que confirman que los judíos de la España visigoda participaban exitosamente en esa actividad dado que era una de las que ejercían en Judea. (15)

En cuanto a la conexión de los judíos con el préstamo de dinero, no se registran datos de la época que los relacionaran, por lo que según L. García Iglesias "se podría concluir que no lo practicaban, puesto que si así fuera, fuentes tan adversas como las que abundaron no habrían dejado de señalarlo". (16)

102

Estamos todavía lejos de la prohibición efectiva de tenencia de tierras que ocurrirá diez siglos después en Europa Occidental, Central y Oriental; una situación generalmente invocada para explicar porqué, supuestamente los judíos se vieron obligados a dedicarse al comercio y al préstamo.

A partir de ese variopinto abanico de actividades, podríamos preguntarnos en qué medida el comercio en la España visigoda era una actividad importante de los judíos. L. García Iglesias nos da la respuesta al relativizar el tema en su visión generalizadora: "los judíos que se dedicaban al comercio eran numerosos, aunque no todos y no eran estas ocupaciones exclusivas; negar que hubiera judíos de altos niveles económicos sería cerrar los ojos a lo evidente, como también afirmar que no abundaban los judíos pobres y los medianamente situados". Es decir es decir eran numerosos los que se dedicaban a la actividad comercial, que no todos se dedicaban al comercio y abundaban los judíos pobres y medianamente situados.

El hecho es que los judíos, con sus actividades comerciales y administrativas (cargos públicos, encomiendas recaudatorias), tenían un rol social y económico funcional a las necesidades del reino.

De ahí que cuando los reyes visigodos católicos decidieron poner en marcha el proceso de unificación religiosa, la eliminación de los judíos por conversiones o por expulsiones sufrió sucesivos y reiterados fracasos: los judíos por sus actividades eran todavía necesarios para el funcionamiento de la sociedad. La política pendular visigoda estuvo pues relacionada con las dificultades materiales para poner en práctica la eliminación de los judíos. El cumplimiento de las disposiciones no era efectivo, quedaban en el olvido, hasta la llegada de nuevas autoridades y de nuevas disposiciones. Cuando los judíos eran expulsados no se iban, o se iban y luego volvían, autorizados o no. Blumenkranz también lo señala: la reiterada restricción de las actividades constituía una prueba. O "los funcionarios católicos 'miraban para otro lado', o su 'tolerancia' bien podía implicar que aceptaban, proponían o recibían prebendas".

De manera que es lógico señalar que la actividad comercial era una de las ocupaciones más importantes de los judíos. En una época de poca movilidad social, también los conversos habrían continuado con la actividad comercial. Lo confirmarían las restricciones, trabas y controles que Ervigio impuso a los conversos en sus viajes: Cabría preguntarse qué otras actividades que no estuvieran conectadas con las comerciales hubieran podido motivar una reglamentación de tal tipo. Esto no significa que el comercio estuviera sólo en manos de los judíos. Junto con los judíos estaban también los sirios y los griegos, (mencionados por Pirenne) que compartían (y competían), en los puertos mediterráneos de Málaga, Cartagena, Tarragona y Sevilla, "sirio" o "judío" eran sinónimos de comerciantes (muchas veces designados indistintamente).

En definitiva, en la España visigoda, había un sector mayoritario de judíos de nivel medio con una variedad de actividades y una clase social relacionada con el comercio, menor en número per importante en cuanto a su peso. La función social y económica era todavía válida y seguirá siéndolo hasta el advenimiento y desarrollo de las economía mercantiles (siglo X al siglo XIV).

El hecho es que, los visigodos convertidos al cristianismo niceano, en 589, con sus discriminaciones y persecuciones, se anticiparon en más de cuatro siglos y llevaron a la ruina a España abriendo las puertas a la invasión musulmana en 711.

VII. EN EL FEUDALISMO DE LA ALTA EDAD MEDIA

En el comienzo del feudalismo

Hemos visto anteriormente cómo, a partir de la destrucción del Segundo Templo, el judaísmo de la Diáspora inició en Europa Occidental su adaptación a la nueva situación emergente conformando comunidades de prestigio y de peso, ante un cristianismo cuyos propósitos eran abrirse camino, ocupado su lugar.

A partir de la época helenística, por el rol que tuvieron en las diversas sociedades en las se incorporaron, los diferentes sectores de las comunidades judías, aunque minoritarios, habían colocado al judaísmo en posiciones de particular importancia. Fue el caso de Alejandría durante la transición heleno-romana, el de Roma en el pasaje de la República al Imperio, el de la España visigoda arriana de la convivencia y el de la visigoda católica de las persecuciones.

¿Cuáles eran las actividades de los judíos en Europa Occidental al norte de los Pirineos a comienzos del feudalismo en la Edad Antigua Tardía y Edad Media Temprana?

Vale reiterar que el pueblo judío, como tantos otros pueblos de la Antigüedad, al inicio de su formación estuvo conectado fundamentalmente con la tierra, y que su pasaje al comercio, que geográfica e históricamente la Diáspora helenística motorizó, no implicó el completo abandono de las actividades rurales, que continuaron manteniendo, aunque no como actividad principal.

Henri Pirenne, nos da pie para complementar las características de las actividades comerciales en el período que nos ocupa: "En la Alta Edad Media eran aleatorias; no eran [en general] ocupaciones comunes y por más que se busquen mercaderes de profesión casi no se halla ninguno...o *más bien se hallan únicamente judíos*" [las cursivas son nuestras]. "Sólo ellos a partir de la época carolingia, practicaban el comercio con regularidad, a tal punto que en el idioma de la época, la palabra *judaeis* y la palabra *mercator* eran sinónimas. Se dedicaban casi exclusivamente al comercio de las especias (pimienta, incienso), de las telas preciosas (sedas), esmaltes y marfiles". A su vez desde el reino franco trasladaban eunucos, esclavos, tejidos, armas y las más variadas pieles, por Constantinopla a la Mesopotamia, la India y China o por Alejandría y luego por Medina y La Meca o por Palestina y Siria a Extremo Oriente. En el regreso venían cargados con productos exóticos y preciados. Estos productos [agrega Pirenne] trabajosamente transportados para una clientela reducida -la aristocracia y el clero- debieron implicar utilidades sin duda importantes.

Además del comercio de media y larga distancia, los judíos cubrían la escala de los minoristas y de los buhoneros. H. Pirenne se refiere también a la diversidad de las mercaderías que introducían a través de España, tanto "su pacotilla" de especies como los valiosos tejidos, las orfebrerías y los muy requeridos esclavos.

La generalización de la variedad de actividades llevó a B. Blumenkranz a afirmar que "antes del siglo XI, los judíos vivían en medio de la población europea teniendo aproximadamente las mismas ocupaciones que la media"; a lo que agrega: "no eran solamente comerciantes", comerciantes "eran los menos". Una engañosa afirmación en cuanto "nivela" esas actividades con las del conjunto de la población. Porque precisamente de eso se trata: cuando se confecciona un listado de las actividades de los judíos, en la época y en el lugar que sea, cuanto más largo y detallado sea el listado, más engañosas serán las conclusiones en cuanto no se evalúa la importancia relativa de las diferentes actividades.

Paradójicamente, el propio B. Blumenkranz aporta argumentos que desarticulan sus afirmaciones cuando dice que: "resulta sorprendente que haya sido necesario inventar que judíos que no eran comerciantes lo fueran, cuando no resultaba difícil encontrar los que auténticamente lo eran, [porque] es evidente y lógico, que las informaciones sobre los judíos de la época se refieran más frecuentemente a los que tenían "*actividades comerciales, actividades de mayor peso, importancia y trascendencia que la de un jornalero*" (las cursivas son nuestras). Y aún más, B. Blumenkranz acota sobre ese particular: "Si tantos documentos nos hablan de comerciantes judíos, el hecho es que el comerciante, *era un actor importante*" (las cursivas son nuestras). Un texto que claramente confirma el pensamiento que venimos sosteniendo. (1)

Una reflexión similar se desprende de los comentarios de James Parkes cuando señala que los judíos "accedían a toda clase de ocupaciones, tanto en la agricultura, como en el comercio" y agrega "eran numerosos e influyentes". Un párrafo en el que J. Parkes después de "nivelar" las actividades de los judíos ("toda clase de ocupaciones"), al ignorar las diferencias de peso y de trascendencia social, política y económica de los diferentes sectores, termina por reconocer el nivel

106

de importancia que realmente tenían.

No sólo no todos los judíos eran comerciantes; tampoco todos los comerciantes eran judíos: los mercaderes orientales, griegos y sirios, eran numerosos. Muchos de ellos se dedicaban también a la venta de especias, seda y reliquias. Los sirios -con un origen geográfico muy cercano- no pocas veces eran confundidos con los judíos y también identificados como sinónimo de comerciantes. Estaban además los cahorsinos (de Cahors sobre el Lot en el Mediodía de Francia) y los lombardos (los ultramontanos) identificados también con el préstamo. (2)

Entre los italianos, además de los lombardos figuraban los venecianos, que dominaban ampliamente el comercio con el Mediterráneo Oriental y también los genoveses, que preponderaban en el golfo de León (hay un conocido dicho genovés: "hacen falta dos judíos para empardar un genovés"). Y entre los nórdicos, los frisones, y los vikingos, que alternaban la piratería con el comercio. En el siglo X, en el puerto de Arles se señala a los griegos como proveedores o mercaderes, y a los francos en el comercio de armas, citados ambos como intermediarios en el sacrílego comercio de reliquias procedentes de Jerusalén o de Roma.

El comercio en la sociedad feudal

A partir de la descomposición del Estado Romano y de la consolidación de los reinos germánicos, la sociedad romana dio paso a la sociedad feudal en una transición de alrededor de cuatro siglos. La estructura feudal fue evolucionando sobre la base de núcleos, que inicialmente agrupaban territorialmente a los campesinos que buscaban protección.

Era una sociedad de estructura cerrada con una base rural. En el interior, el intercambio era reducido. En la periferia el comercio cumplía un rol de proveedor de los productos que esas economías no proporcionaban.

Siendo una economía fundamentalmente ligada a la producción agrícola, resulta comprensible que dada la incertidumbre de ese tipo de producción, estrechamente dependiente de las fluctuaciones climáticas, en años de prosperidad se consumiera según las necesidades, se guardara para los años malos y sólo se vendieran los eventuales excedentes, mientras que en épocas de escasez, se tratara de procurar afuera lo indispensable. Se producía fundamentalmente para el consumo y sólo los faltantes o sobrantes entraban en el intercambio comercial. Con una reducida circulación de la moneda y de metales preciosos, se registró un marcado retorno al trueque. Fue un retorno a las llamadas economías naturales de la Antigüedad, previas al helenismo.

El comercio, como hemos señalado, era casi accidental y sin dinamismo, una actividad que subsistió en el intercambio regional, en la media distancia y en el plano internacional en la larga distancia.

Dentro de la precariedad y las incertidumbres, en el cuadro de inseguridad generado por las invasiones y los persistentes bandidajes, en un contexto de insuficiencias, de discontinuidad, de desequilibrios climáticos, de frecuentes hambrunas, el comerciante devino una figura imprescindible y hasta prestigiosa aunque no siempre positiva.En general extranjero, lo era doblemente, como tal y por no formar parte de la producción propiamente dicha. Con la precariedad y la casi inexistencia de un mercado físico (la feria o la plaza), el mercader ofrecía o compraba productos fuera del ámbito material del casco urbano, en las puertas de la ciudad, o exteriormente en los límites del dominio señorial. Ocurría frecuentemente que, prácticamente itinerante, sus eventuales emplazamientos eran periféricos o en barrios diferenciados, lo que a su vez acentuaba su marginalidad.

El mercado prácticamente no existía, salvo algunas ferias y mercados locales como Saint Denis en proximidades de París, Su establecimiento posterior correspondió al despertar de la economía de intercambio.

La no vigencia de un mecanismo regulador de precios, es decir la inexistencia de la oferta y la demanda generalizadas, dio lugar a que se generara el concepto de "precio justo", al que el comerciante habría debido ajustarse. El llamado "precio justo" sería un "precio legal" en un mercado inexistente, sobre el que se pretendía que tanto el soberano como la Iglesia deberían sostener. La idea general de la sociedad y del consumidor era que el comerciante, "vendiendo aquí más caro de lo que allá compraba, falseaba los precios". Eran circunstancias de arbitrariedad, que aún si lo situaban económica y socialmente por encima del nivel medio, lo colocaban en una situación de desconfianza y de desprecio. Ese contexto conjugado con la precariedad de la producción, las plagas, pestes, epidemias, guerras y hambrunas hacía que los comerciantes fueran no sólo cuestionados, sino frecuentemente odiados.

A pesar de ello, esos sentimientos de iniquidad no se expresaban frecuentemente; la población estaba subsumida por el orden establecido en el que la equidad no formaba parte. La moral de la Iglesia había reducido los individuos a la pasividad, a la no discusión sobre la validez de los preceptos de orden divino y a la aceptación de la sociedad tal como estaba constituida, con su estructura y sus principios. Los cuestionamientos tendrán lugar recién en la Baja Edad Media, con el comienzo del desarrollo del mercado.

Durante la época carolingia

Por las insuficiencias de la producción y las apetencias de las clases dominantes y a pesar de la indudable declinación del comercio, la sociedad devino aún más dependiente del mismo. Después de constituir un elemento motor del expansionismo helenístico y de la menos agresiva actividad comercial de la sociedad romana imperial y esclavista, los judíos entraron a formar parte del mundo feudal. En esa nueva estructura, los judíos adquirieron un estatus por el que estrecharon sus relaciones con las clases de poder. Un status que implicaba que la *privilegia judaica romana* había dejado lugar a la *privilegia judaica feudal*.

Cuando los últimos reyes merovingios, divididos en luchas sucesorias, fueron perdiendo poder, éste, paulatinamente fue pasando a manos de los Regentes, Alcaldes o Mayordomos de Palacio (*Majordomus*). (3)

Con esos precarios títulos se encumbró la figura de Pepino III el Breve (hijo de Carlos Martel), que en 751, después de poner en prisión al último merovingio, era nombrado rey de los francos por una asamblea nobiliaria. Daba así comienzo a la dinastía carolingia.

Supuestos herederos de los desvalorizados merovingios, los carolingios estaban lejos de tener asegurada su autoridad. Tenían la oposición de los colaterales pepínidos (entre otros Grifo, hijo bastardo de Carlos Martel) y la de los pretendientes al trono de la dinastía desplazada.

Ante la afirmación creciente del cristianismo, Pepino el Breve entendió la importancia de fortalecer su relación con la iglesia. El papado, con sus territorios dominados por los lombardos, estaba en situación de debilidad. En un acuerdo de intereses recíprocos, Pepino el Breve apoyó al Papa Esteban III recuperando para los Estados Papales los territorios en posesión de los lombardos. Fue la llamada Donación de Pepino verdadera refundación de los Estados Pontificios. En retribución el Papa ratificó a Pepino sus derechos sobre las coronas reales. (4)

Esta situación abrió las puertas a los sucesivos papas que en cartas a Pepino y a su hijo Carlomagno, les aseguraban la reciprocidad de las relaciones. Francia se estaba convirtiendo en "la hija preferida de la Iglesia". Años más tarde, en 800, el Papa Leon III nombraría a Carlomagno emperador de Occidente (*Imperator Augustus*), un título que desde Rómulo Augusto nadie había osado llevar.

El reino franco estaba todavía en una situación precaria; su dominio cubría las regiones galas del oeste y norte (Austrasia y Neustria), del centro-sud (Borgoña) y del sudeste (Provence). Después de hacer pie en Italia y ser nombrado rey de los lombardos, en 768, Pepino ocupó el sur de Galia: Aquitania (Toulouse) en el sudoeste, Septimania (Narbona) en el sud-centro, detentadas por condes visigodos apoyados por los musulmanes. Según B. Bachrach los judíos apoyaron a Pepino el Breve cuando tomó la ciudad. En reconocimiento por tal actitud, les habría otorgado parte del manejo de la misma. Pepino el Breve comenzaba a adoptar una política abiertamente pro-judía.

El hecho es que en el sur de Galia las comunidades judías eran importantes, no sólo por sus vínculos comerciales anudados en la época merovingia sino también porque eran numerosos los judíos propietarios independientes (alodiales). Los carolingios necesitaban afianzar su dominio sobre la región y las comunidades judías podían significar un aporte valioso. A cambio de la organización de *milites*, legiones en las que los propietarios judíos participaban con sus equipos (armas y caballo), Pepino confirmó la tradicional *privilegia judaica* de autonomía judicial y religiosa; les reconoció la propiedad de los alodios y les garantizó el derecho de emplear cristianos en el laboreo de sus tierras y en el trabajo doméstico, esta última disposición resulta particularmente relevante. Ello dio lugar a reacciones por parte de algunos altos prelados como el Arzobispo Aribert de Narbona, que requirió infructuosamente al Papa la abrogación de los edictos.

Después de la toma de Narbona, Carlomagno inició una campaña por la ocupación de la región norte de la península ibérica: un intento fallido que terminó en la derrota en la quebrada de Roncesvalles. (5)

Tras la derrota, Carlomagno reorganizó sus fuerzas septimanas de acuerdo al sistema de *milites*, y emprendió en la región de Gerona la toma de numerosas ciudades como Lérida, Pamplona, Barcelona y ciudades menores; fue la base de la formación de las Marcas Hispánicas. La colaboración militar de judíos propietarios de alodios no se limitó a la de los septimanos, las fuerzas carolingias de las regiones de Aquitania, Borgoña y Provence también fueron integradas de la misma manera.

A partir del afianzamiento en el sur, las acciones de Carlomagno se orientaron hacia el nordeste donde, después de treinta años de luchas, redujo a los sajones convirtiéndolos al catolicismo y extendió su dominio sobre los bávaros. La expansión carolingia continuó con expediciones hacia el este (por el Danubio) que enfrentaron a los avaros y eslavos y hacia el norte a los daneses.

Con la afirmación de la relación con la Iglesia y la expansión del cristianismo allende el Rhin, la dinastía carolingia llegó a a conformar un imperio que en alguna medida restablecía el antiguo Imperio Romano de Occidente. Correlativamente, el afianzamiento carolingio implicó un cambio y un fortalecimiento del comercio a larga distancia. El rol de los judíos como comerciantes comenzó a dejar de ser aleatorio, devino prácticamente regular. Se afirmó el comercio internacional con el Extremo Oriente con la utilización de la vía marítima del Mediterráneo y la vía terrestre por la península ibérica y el África del Norte. La vía del Danubio a través de Europa Central y la llanura caspiana, Kahazaria, aseguraba el acceso al Extremo Oriente (la Ruta de la Seda).

Un ejemplo del nivel de las relaciones de Carlomagno con los judíos según Eginhard, su biógrafo: se servía de un judío tan poco egoísta que, especializado en la importación de productos orientales, 'cedía' a Carlomagno los beneficios de sus propios negocios. Este 'servicial' colaborador sería el mismo consejero comercial judío (de nombre Isaac) que Carlomagno envío a la corte del califa abásida Harum al Rashid de Bagdad. No es esa la única mención de judíos en la corte del emperador. Tanto en los informes imperiales de Carlomagno (capitulares) como en los de Carlos el Calvo (su nieto) las referencias a judíos con actividades cercanas a la Corte son frecuentes. Carlos el Calvo tuvo también "su" judío, Judá, a quien se menciona como embajador ("*Judas hebreus, fidelis noster*") para llevar un mensaje y "diez libras de plata" al obispo de Barcelona.

B. Bachrach menciona la promulgación por Carlomagno de no menos cinco *epítomes* o códigos favorables a los judíos; Carlomagno les autorizó también la acuñación de monedas. Las disposiciones establecían limitaciones para evitar los excesos, en cuanto promovían el control de las medidas y de los pesos. Con relación a los préstamos, regulaban la toma en garantía de personas físicas (para evitar que en caso de no pago, los prestatarios se convirtieran en dependientes o en esclavos). Por otra parte, estipulaban la prohibición a los empleadores judíos de dar asueto los sábados a los trabajadores cristianos a cambio del descanso dominical.

Independientemente de su intervención diplomática o como proveedores, los judíos eran también intérpretes y traductores del árabe o del persa.

La política projudía de Carlomagno tendió a armonizar las diferencias que las leyes romanas (*Lex Judaeorum*) de los siglos precedentes establecían entre los judíos y los otros pueblos. En contraposición a disposiciones antijudías anteriores (como las del Breviario de Alarico) Pepino morigeró, como la de la conversión de un esclavo al judaísmo que, sancionada con pena de muerte, fue permutada por la obligación de liberar al esclavo.

Las actitudes igualitarias y la promoción de asentamientos y actividades comerciales con el fin de poder contar con la colaboración judía por parte de los carolingios, significaba un escollo para los planes de la Iglesia. Esa situación dio lugar a que la política carolingia tuviera que transitar entre dos andariveles. Por un lado el mantenimiento de su política pro-judía favorable a sus intereses gubernamentales y por otro lado, el enfrentamiento y a veces la aceptación de las disposiciones de la Iglesia con sus exigencias discriminatorias antijudías.

Lo que parece probable es que el empuje y la actividad de las comunidades judías seguían dando pie a la existencia de un espíritu de convivencia que la Iglesia interpretaba como judaizante y que suscitaba sus preocupaciones antiproselitistas. No hay dudas que conversiones como las del diácono Bodó durante Luis el Piadoso, suscitaron mucho revuelo.

Cuando Carlomagno murió en 814, su hijo Luis el Piadoso (Ludovico Pío) continuó con la política projudía de su padre. Durante su reinado continuaron los capitulares con disposiciones que aseguraban la relación del poder central con los judíos que mantenían los privilegios concedidos a los que efectuaban negocios en beneficio del Tesoro y les otorgaban la excepción del pago de peaje para el transporte de mercaderías. Los privilegios iban a la par de la protección; Ludovico Pío (y Carlomagno) designaron un *Magíster Judeorum*, un funcionario encargado de supervisar el cumplimiento de las disposiciones y de velar por la seguridad, la vida y los bienes de los judíos; una institución que aunque probablemente no llegó a ser general, reapareció en la región del Rhin en el siglo XII.

En ese contexto, la *privilegia judaica* de la época romana seguía vigente: los judíos eran hombres libres, aunque con una libertad condicionada. En alguna medida las prescripciones de Ludovico Pío fueron todavía más favorables que durante su padre. Hasta habría empleado a judíos en cargos gubernamentales que otorgaban autoridad sobre los cristianos y se habría rodeado de un *staff* permanente de expertos en leyes judías. En otras disposiciones les confirmaba el derecho de administrarse y juzgarse según sus leyes y costumbres y de comerciar (lo que en contrapartida no impedía el consiguiente pago de tasas); se aceptaba su testimonio en juicio y hasta podían denunciar a cristianos. (6)

Esos privilegios tenían sus limitaciones. Las reiteradas violaciones de los cánones de la Iglesia dieron lugar a enconadas reacciones como las del Arzobispo Agobardo de Lyón. (7)

Después de la muerte de Ludovico Pío en 840, tras una sangrienta lucha entre sus tres hijos, el Imperio fue dividido en tres regiones: para Luis el Germánico, la Región Oriental (base de lo que después devendrá Germania), para Lotario, la Región Central, Lotaringia, o Lorena (desde Italia septentrional al Mar del Norte) y para Carlos el Calvo, la Región Occidental (después Francia).

En 847, después de la muerte de Lotario, Carlos el Calvo incorporó la Región Central, unificando así las regiones occidentales y centrales del Imperio.

VII. En el feudalismo de la Alta Edad Media.

Durante el reinado de Carlos el Calvo no pareciera que la situación y el rol de los judíos hubieran cambiado visiblemente. Además de mantener su entorno judío (su médico personal era Sedechías, (su *fidelus* Judacot), amplió la participación de los judíos en la acuñación de monedas y en la recolección de impuestos, actividades ambas que en la Edad Media estaban estrechamente relacionadas.

Uno de los principales problemas que Carlos el Calvo tuvo que enfrentar fue la embestida del partido clerical encabezada por el Arzobispo Hincmar de Reims y por el Arzobispo Amolon de Lyon, sucesor de Abogardo; sus objetivos eran anular las numerosas disposiciones projudías promulgadas por los carolingios. El Antisemitismo Cristiano estaba en sus comienzos; la justificación de la acometida fue presentada en un voluminoso documento (*Liber contra judaeos*), un catálogo de supuestos abusos cometidos por los judíos contra los cristianos, entre otros, sus actividades proselitistas. La gestión fue rechazada; el rey se negaba a tomar medidas contrarias a los intereses gubernamentales.

El tercero de los hijos de Ludovico Pío, Luis el Germánico, heredero de la región oriental, continuó con actitudes projudías; su política se habría orientado a no cerrarles el mercado con tal de que se avinieran al pago de los derechos de aduana.

La realidad de la región oriental era distinta de la de la región occidental: los judíos eran poco numerosos. Luis el Germánico se ocupó de favorecer el asentamiento de las comunidades judías en los territorios bajo su dominio. Para ello contó con el apoyo de algunos altos prelados de la iglesia. En 962, Otto I El Grande, de la dinastía sajona renombraba la parte oriental del dividido Imperio Carolingio, como Sacro Imperio Romano Germánico. (8)

Renée Doehaerd proporciona abundante documentación sobre casos puntuales de épocas anteriores y posteriores. Los judíos no se limitaron a ser proveedores de la corte; participaban en otras actividades y en otros ámbitos: muchos eran administradores de los bienes de instituciones de la Iglesia y/o proveedores de los obispos y de la Iglesia misma. (9)

A fines del siglo X aparecen distintos nombres judíos como gestores de los asuntos de los dignatarios eclesiásticos: el Rabí Gershom Meir Hagola, investido representante del rey (*negotia monachorum*), el judío Astier ocupado de los asuntos del abate de Saint André-le Bas y el Rabí Meshulam, de los del obispo de Narbona.

Los cargos cercanos al poder laico y eclesiástico requerían un nivel de confianza y capacidad. La recolección de impuestos generaba situaciones delicadas en cuanto ejercerla implicaba conocimientos que no eran fáciles de cubrir y que al mismo tiempo posibilitaban el otorgamiento de favores, discrecionalismos e influencias que favorecían el proselitismo.

Las referencias anteriores son compartidas por la historiadora E. Bembaza para quien la política projudía merovingia-carolingia, aún si a veces contradictoria, correspondía a las limitaciones del poder soberano y a sus necesidades económicas: "eran válidas en tanto *los judíos eran útiles; podían ser anuladas en cualquier momento cuando dejaran de ser necesarios."* Eran alianzas que suscitaban la enemistad de los sectores en conflicto con los reyes, o con los señores" (las cursivas son nuestras).

Entre conflictos y *disputatio*

La sociedad feudal de base agrícola, era esencialmente una sociedad estática y de castas; cada cual era instado a permanecer y "debía" permanecer en su lugar. Así como Cicerón en Roma miraba despectivamente al noble que se rebajaba a ejercer un oficio o el comercio, el cambio de oficio o de actividades estaban fuera de la estructura social y mental de la época. El hijo de un herrero debía ser herrero; lo mismo ocurría con el hijo de un comerciante. Los reglamentos corporativos eran rigurosos en cuanto a la separación de gremios como castas y a la incorporación selectiva de los aprendices.

En ese cuadro de supuesto equilibrio, con una *privilegia judaica* formalmente vigente, con un judaísmo que todavía era respetado y sobre todo tolerado, el cristianismo desarrolló su accionar. En esa situación se encontraron los Padres de la Iglesia cuando vieron la necesidad de defender la validez de la religión cristiana en las grandes lides verbales entre cristianos y judíos que en ese período se plantearon. (10)

Eran verdaderos torneos públicos de elevado nivel, cuidadosamente programados por la preparación que requerían, tanto por la de los participantes, como por los temas en disputa: el planteo de las bases de discusión, la aceptación o el rechazo de las fuentes, la elección de la versión de la Biblia (del Antiguo Testamento por supuesto). Todo en un marco de respeto por el adversario (dentro de los roces y acaloramientos que el disenso generaba). Un clima de 'buena vecindad' en correspondencia con las relaciones económicas y culturales existentes entre los judíos y la Iglesia. Una situación que no se habría dado si los rabinos, los estudiosos, los obispos y teólogos contendientes, no hubieran tenido un relativamente alto nivel social y económico.

Podemos decir que en la Alta Edad Media, salvo en la España Visigoda Católica en el siglo anterior a la llegada de los musulmanes, los judíos, en comparación con lo que sufrirían posteriormente, no fueron objeto de mayores segregaciones, discriminaciones y exclusiones promovidas por la Iglesia. En opinión de L. Poliakov, "hasta el siglo IX las crónicas no mencionan explosiones de cólera populares antijudías". Que Bernard Blumankranz señale "las *buenas relaciones* entre cristianos y judíos", es lo que lo lleva a decir que los judíos "vivían sin diferencias". Por el contrario, el hecho era que ante el fracaso de una política dedicada a la conversión, ante la persistencia por parte de los judíos de mantener sus diferencias y su credo, la Iglesia empezaría a buscar otros rumbos como los de intentar demostrar que el cristianismo era anterior al judaísmo, que en realidad era el *Verus Israel*, y que los judíos, "pueblo testigo y culpable" debía quedar a la deriva hasta el "Día del Juicio Final".

En el fraccionamiento post-carolingio

Durante Carlomagno y sus sucesores (Luis el Piadoso y Carlos el Calvo), la inserción de las comunidades judías se había realizado en el marco de prosperidad y de expansión del Imperio. A fines del I Milenio los carolingios habían desbordado ampliamente el núcleo de su capital Aquisgrán (*Aachen* o *Aix la Chapelle*).

De los tres reinos en los que el Imperio Carolingio quedó dividido con la muerte de Ludovico Pío, el que más quedó afectado por el principio germánico de división de heredades fue el sector oriental, posteriormente Sacro Imperio en particular, que en menos de un siglo derivó en la creación de una multitud de pequeños reinos, principados ducados o condados.

Esa fractura dio lugar a una correlativa dispersión de las comunidades judías en correspondencia con los centros de poder; un contexto que generó las posibilidades de desplazarse buscando mejores oportunidades o menores exigencias. En esa situación las comunidades judías continuaron su desarrollo por distintos caminos, según los territorios. Cuando la autoridad superior prevalecía, los judíos habían estado ligados al emperador (*ad cameram nostram*), lo que en alguna medida los sustraía del poder de los señores. El desmembramiento feudal y el tabicamiento de los dominios los colocó bajo la dependencia de los señores en la jurisdicción de los diferentes feudos; ello implicó que, como proveedores, su relación con los señores fue análoga a la que habían tenido con la corte central.

Era una particular relación que no implicaba una servidumbre o posesión física de dependencia. Para los señores feudales la cuestión radicaba en asegurarse de contribuciones fiscales que los proveedores y prestamistas debían tributar. Los diferentes dominios bajo cuya órbita los judíos entraban podían ser laicos o eclesiásticos; unos y otros les concedían protección a cambio de los beneficios que les proporcionaban. (11)

A partir del siglo IX empezó el incremento del intercambio con el paulatino ascenso de la actividad comercial y la mayor concentración urbana. La actividad de los mercaderes se hizo cada vez mayor y la importancia de los hombres de negocio comenzó a ser cada vez más notoria. Con el desarrollo de la economía mercantil, la ciudad medieval comenzó a extenderse fuera de sus murallas, en la periferia, en los *fauxburgs* (falsos burgos). La situación implicó la cada vez más frecuente participación en el comercio de otras etnias. (12)

El desarrollo del intercambio significó que también los cristianos comenzaran a involucrarse en el comercio, no sólo los laicos, también los miembros de la Iglesia. Los establecimientos religiosos usufructuaban la situaciónb de recibir los tesoros de sus fieles bajo su protección directa a título de "encomiendas"; los tesoros eran a su vez confiados a los hombres de negocio (Doehaerd, *Diplomata Karolinorum*).

Un capitular del año 877 precisa que "mercaderes cristianos, judíos y extranjeros junto con personas residentes en las ciudades debían cooperar con el pago de sumas exigidas por los normandos". Una especificación más que significativa: la existencia de comerciantes cristianos, que los burgueses (los" residentes en la ciudad") participaban en la actividad comercial y además de los judíos y otros "extranjeros" no judíos.

La formación de los burgos periféricos, los *fauxbourgs* acentuó el acercamiento de los judíos a las ciudades y el abandono de las explotaciones agrícolas cuya extensión implicaba el uso de mano de obra cristiana. Ello no significa (lo reiteramos una vez más) que los judíos no pudieran ser propietarios de tierras, disposición que recién se implementó a partir del siglo XV. La formación de fauxbourgs fue el germen de la formación de los barrios periféricos judíos (*Burgus publicum ebrerum, Burgus Iudaicus, o Burgus Jezieu*) que aparecen en el siglo XI, en Vienne, Ratisbona, Colonia, Worms y Niza. Aunque algunos no eran exclusivamente judíos, en todos los casos eran concentraciones de hábitat espontáneas, sin que mediara ninguna medida coercitiva. Es en ese período cuando aparecen disposiciones como las del obispo Rudiger de Speyer que conceden a los judíos terrenos para que se instalen en un barrio rodeado por un muro (no eran todavía ghettos).

En las últimas décadas del siglo X y comienzos del XI, empezaron a registrarse situaciones contrarias a los judíos, cada vez más agudas. Los judíos persistían en no querer aceptar "las verdades evangélicas". El antijudaísmo teológico era cada vez más discriminatorio, el epíteto de "pueblo deicida" cada vez más reiterativo.

Las disposiciones antijudías de la Iglesia se manifestaron en las resoluciones de los Concilios (de Meaux y de París, en 845 y 846) y en las actitudes de algunos de sus prelados: los mencionados obispos Agobardo y Amolón de Lyon y el diácono Florus, también de Lyon, que en no pocas oportunidades se enfrentaron con las autoridades reales.

Después del período carolingio, en Francia, durante Roberto II (996-1031) el segundo de la sucesión capeta, el obispo de Limoges lanzó una oleada de persecuciones con anuencia del rey, contra los judíos de Orleáns, con el pretexto de que se habían unido al sultán de Jerusalén en una conspiración para destruir el Santo Sepulcro. La masacre, los bautismos forzados y las expulsiones pudieron ser detenidos gracias a la intervención del Papa Juan XVIII (1004-09). En el Concilio de Coyanza en Oviedo (España) en 1050 se prohibió a los cristianos habitar en la misma casa que los judíos; una medida de precaución destinada a evitar "la apostasía de los fieles".

Esta situación anticipa el período que se inicia: estamos en vísperas de las Cruzadas y en el comienzo de una actitud antisemita militante provocada y favorecida por estamentos medios de los fanáticos del clero, contrapuestos a las posiciones a veces contemporizadoras de los altos dignatarios de la Iglesia.

Eran actitudes acordes con la ideología en gestación: la de considerar al pueblo judío que, como "pueblo testigo, no debía desaparecer o, mejor dicho, "todavía no podía desaparecer" porque los mecanismos para su reemplazo, que llevaron al desarrollo del mercantilismo no habían alcanzado aún el nivel requerido: los judíos seguían siendo útiles al sistema. El pueblo judío no era "todavía" el pueblo deicida; el antisemitismo se estaba afirmando.

VIII. EN CERCANO Y MEDIO ORIENTE

Nuestro trabajo sería insuficiente y la visión sería incompleta si nos refiriéramos solamente a la Diáspora en Occidente y no nos ocupáramos, aunque sea sumariamente de la importante Diáspora en Cercano y Medio Oriente.

Cuando mencionamos la existencia de numerosas comunidades judías en el momento de la destrucción del Segundo Templo, nos estamos refiriendo a las comunidades de la Diáspora que en gran parte residían en Cercano y Medio Oriente: donde la expansión helenística los había llevado.

Era el mundo al que se referían tanto Estrabón como Flavio Josefo, cuando escribían lo difícil que era encontrar un lugar de la tierra habitable en donde no hubiera judíos.

Como veremos, las relaciones de los judíos con los pueblos y autoridades donde se asentaron en Cercano y Medio Oriente, tuvieron características diferentes a las de Occidente.

En Palestina después de la catástrofe

Después de la destrucción del Segundo Templo, con el Levantamiento general bajo Trajano y la Rebelión de Bar Kohba, las corrientes de dispersión continuaron, aunque sin la dinámica de las épocas anteriores.

En Palestina, el judaísmo se reestructuró e inició una renovación religiosa con la elaboración de una literatura que va a marcar el pensamiento ideológico en el Milenio que comenzaba. En el interior de Judea las comunidades se fueron adaptando a la nueva situación; Jerusalén sin el Templo dejó de ser el gran centro del judaísmo. Los saduceos, cuya existencia giraba precisamente alrededor del Templo, prácticamente desaparecieron. El *siclo*, que hasta ese momento había sido recolectado para su mantenimiento fue reemplazado por el *fiscus judaicus* que los judíos debían pagar (y los romanos recaudar) para la construcción del Templo de Júpiter Capitolino en Roma. También los esenios con su secta cerrada terminaron por desaparecer.

Quedaban como representantes de la clase sacerdotal, sólo los fariseos. Con la desaparición del Sanedrín y de la etnarquía, los judíos habían quedado sin dirigencia propia tanto religiosa como administrativa. Rabí Johanah ben Zakai, discípulo de Hillel se convirtió en el jefe espiritual y de enseñanzas con Yavneh como lugar de encuentro. (1)

La escuela de Yavneh no tardó en reaccionar en dos frentes: uno religioso, el otro político. Desde el punto de vista religioso los rabinos, devenidos herederos de los fariseos, habían retomado la elaboración de nuevas normas relativas al culto; una actualización que pensaban necesaria después del cierre de la Torah. Fue el verdadero comienzo del movimiento rabínico que va a culminar con el Talmud. En el plano político, terminado el conflicto, Yavneh se convirtió en el foco de animación y organización de la vida judía. Con un espíritu valorable los rabinos empezaron a rearmar sus estructuras (el Sanedrín) y trataron de rehacer las deterioradas relaciones con el poder romano. En el año 80 EC Johanah ben Zakai tuvo que dejar la dirección de la academia de Yavneh (lo habrían enfrentado por su actitud durante el sitio de Jerusalén). (2)

A comienzos del siglo II los romanos confirieron al presidente del Sanedrín la autoridad de Patriarca. Como representante de la comunidad, el Patriarca devino el intermediario ante las autoridades romanas. Para la elección de los sucesivos patriarcas se mantuvo prácticamente el mismo criterio dinástico que se había seguido hasta entonces. Continuaron repitiéndose alternativamente nombres como los de Shimeon, Gamaliel, Yehudah. (3)

A pesar de que el Patriarcado tenía jurisdicción nominal sólo sobre Palestina, su autoridad cubría prácticamente todas las comunidades judías del Imperio. Esa autoridad terminó por institucionalizarse al punto de que con el tiempo enviaba emisarios a la Diáspora para asesorar sobre innovaciones introducidas en las normas, destitución de dirigentes y recaudo de gravámenes para el mantenimiento de las instituciones. Algunas de las normas eran religiosas o formales, como las del ayuno, las modificaciones de los textos de los libros religiosos, el orden de las oraciones, o la oportunidad de la peregrinación a Jerusalén en el aniversario de la caída del Templo. Otras, antes de la fijación del calendario judío en 358 EC. bajo Hillel II, eran relativas a la determinación de la luna nueva, que establecía el comienzo de los meses y del año, a si correspondía que el año fuera embolístico (del hebreo *ibur* o "preñado") es decir de 13 meses, así como los ajustes del número de días de los meses con relación a las fiestas religiosas que podían o no corresponder con el Shabat (lo que daba lugar a los "años deficientes, normales o completos".

Yavneh, como sucesora de Jerusalén, no se mantuvo mucho tiempo como residencia del Sanedrín y del Patriarcado, que se trasladaron a Bet Searim, luego a Seforis, para finalmente radicarse en Tiberíades en el siglo III.

El Patriarcado va a sobrevivir en Tiberíades hasta comienzos del siglo V. Conjuntamente con el deterioro de la relación con los romanos, el reconocimiento imperial de los atributos del Patriarcado fue incesantemente retaceado. En 415 Teodosio II promulgó un edicto por el que despojaba al Patriarca del rango de "honorable prefecto". Aunque la institución nunca fue formalmente abolida, el último Patriarca, Gamaliel VI ben Yehudah IV, habría muerto alrededor de 429 EC.

Sobre la literatura rabínica

A principios del siglo II el rabinato empezó a volcar por escrito la tradición oral retomada en los siglos posteriores al cierre de la Torah, como expresión de la necesidad de adaptar los ritos y costumbres de la vida diaria a las nuevas realidades. Fue el comienzo de la redacción de la Mishnah ("Repetición"), la primera parte del Talmud, bajo el Rabí Akiba ben Yussuf. En ella habrían participado 148 eruditos. La redacción final, el cierre de la Mishnah, tuvo lugar a inicios del siglo III bajo Yehudah I), llamado también Judah ha-Nasi. A partir del momento en que se terminó de escribir la Mishnah, se sintió la necesidad de nuevas interpretaciones. El proceso continuó con la elaboración de la Guemarah ("Culminación"), segunda parte de la Mishnah, redactada en Tiberíades durante los siglos II, III y IV. La Mishnah y la Guemarah conformaron el Talmud de Jerusalén.

La caída de Jerusalén, la destrucción del Templo y la continuación de la dispersión, implicaron la disminución de la población y la pérdida de peso de la comunidad palestina. Aún si Jerusalén siguió como centro espiritual, la jefatura del judaísmo se fue desplazando hacia Babilonia, más precisamente a Sura y Nehardea (luego a Pumbedita) en su cercanía, con sus academias y una comunidad con una larga tradición y peso demográfico. Las academias llevaron adelante un nuevo proceso de elaboración y de compilación de nuevas normas, lo que dio origen al Talmud de Babilonia. El Talmud de Babilonia se inició durante la época del Rabí Ashi de Sura (371-427); su redacción final fue en el Siglo V EC, en los días del Rabí Yosi de Pumbedita y de Rabina (el último dirigente de Sura). Escrito en arameo, es más completo que el de Jerusalén (además de ser un tercio más voluminoso). El Talmud de Babilonia, (que se usa actualmente) se pudo preservar mucho mejor que el de de Jerusalén. (4)

Con relación a la Torah, la comunidad judía de Egipto se había encontrado en una situación particularmente complicada. En el Siglo III la mayoría de los judíos no hablaba el hebreo y sí el griego. Era una situación insostenible en cuanto la imposibilidad de poder seguir y participar en los actos del culto. Ptolomeo II Filedelfo (282-246) en buenas relaciones con la comunidad judía pidió al Sumo Sacerdote de Jerusalén la colaboración para la traducción de los cinco libros de la Torah del hebreo al griego. Según la Carta de Aristeas (no siempre creíble) fueron enviados a Egipto 72 sabios traductores (seis por cada una de las doce tribus) que trabajaron por separado durante 72 días aunque partieron de diferentes versiones de textos parciales, milagrosamente coincidieron en su trabajo; es la versión de la Biblia que se conoce como la Septuaginata (de 70, en griego),

Para los sabios hebreos era una traducción que despertaba recelos y preocupaciones: sus trascripciones, adiciones y supresiones diferían de los textos en hebreo; "atribuía al Dios judío, un carácter helenístico y reemplazaba expresiones y conceptos semíticos por nociones tomadas de las escuelas filosóficas griegas" (Marcel Simón). Entre otras críticas, un detalle no menor, anunciaba que "una virgen iba a dar a luz" (para los textos hebreos se trataba de una "joven, o doncella"). Aunque hubo después otras versiones, como la *Vulgata* de San Jerónimo, la Iglesia cristiana adoptó también esta versión. A raíz de esta situación, se encomendó una nueva versión griega a Aquila de Ponto, un aristócrata romano inicialmente convertido al cristianismo y luego al judaísmo. De ella han sobrevivido sólo algunos fragmentos. (5)

Respecto a la versión hebrea de la Biblia, la Tannah, quedaba todavía algo por hacer; no existía una versión única, por lo que, con la preocupación de restituir su integridad, se planteaba la necesidad de unificar los diferentes textos y terminar con las incertidumbres, en particular las de la "consonántica" del hebreo, vocalizándolo con acentuaciones y signos para evitar nuevas o múltiples interpretaciones. Se concentraron los esfuerzos orientados en consensuar, en "fijar" el texto: ello dio lugar a la versión "masorética" (el término *massorah* significa en hebreo "atar"). La Massorah comenzó a escribirse alrededor del siglo VI EC y se fue elaborando durante los siglos siguientes. (6)

Además de la Tannah y del Tamud, los sabios judíos siguieron elaborando a lo largo de los siglos, nuevos comentarios, interpretaciones e interpretaciones de las interpretaciones, que contribuyeron a desarrollar el pensamiento analítico y discursivo y el amor al estudio de las individualidades judías, incrementando el interés por las elaboraciones intelectuales. (7)

Se han escrito además otros libros religiosos, algunos aceptados y

otros rechazados por los sabios rabínicos. La Iglesia también ha aceptado otros seis: el de Tobías, el de Judith, el Apocalipsis de Baruch, el
de Enoch, el Eclesiastes de Ben Sira y los Macabeos (I, II, III y IV). (8)

Entre los libros que la Iglesia rechazó están los llamados Evangelios
Apócrifos. (9)

¿Cuál fue el devenir inmediato de las comunidades judías de Cercano Oriente? Después de la Rebelión de Bar Kohba, Jerusalén se había
convertido en sede del primer obispo cristiano. A lo largo de los siglos
siguientes con el confluir de peregrinos cristianos de los lugares más
remotos, se fue consolidando como metrópoli cristiana.

La comunidad judía de Alejandría, otrora poderosa, diezmada
después del Conflicto y del Levantamiento de 115-117, terminó prácticamente por desaparecer. Aún si Tiberíades después del fin del patriarcado siguió siendo un centro importante, durante los siglos VI y
VII el centro de gravedad de las comunidades judías se fue desplazando
y concentrando en la Mesopotamia, donde desde hacía siglos florecía
una población judía importante.

En la región de Siria y de Asia Menor

Veamos ahora lo acontecido con los judíos en Siria y Asia Menor.

Los primeros asentamientos judíos fuera del ámbito de Palestina
sobre los que se tienen referencias extra bíblicas, fueron testimonia-
dos por la Estela de Tel Dam, en la cercanía de Damasco en el siglo
IX aEC. Corresponden al comienzo del desarrollo comercial de Israel
como intermediaria, la llamada "conexión fenicia." durante la dinastía
Ómri. (10)

Con la caída de Samaria en 722 se inició el cerrojo del Imperio
Neo-Asirio al norte y el de las Dinastías Tardías Egipcias al sur. Co-
mienza un período de dominación neo-asiria que continúa con la
irrupción de Babilonia (la destrucción del Primer Templo y el Exilio)
y luego con la dominación persa. Un período caracterizado por el encierro geográfico de Judá/Judea (Israel había desaparecido como tal)
en el que su desarrollo económico comercial fue la carta de cambio de
la recaudación de tributos por parte de Neo-Asiria. Una situación que
creó el germen de la búsqueda de una salida, lo que luego fue la Diáspora. La desordenada huida a Egipto denunciada por Jeremías, fue un
primer paso, el asentamiento en Babilonia de los exilados fue otro. En
el período de dominación persa, Judah, que devino Judea, nombre
helenizado del nombre arameo Yehud, devino parte de la provincia de
Siria o Celesiria, la Quinta Satrapía. Esa circunstancia significó para

E.J.Dunayevich

los judíos, el comienzo una emigración, "La raza judía empezó a ser especialmente numerosa en Siria", escribe Flavio Josefo.

Con la llegada y la expansión helenística y la política de inter-cambios comerciales y de desplazamientos poblacionales la Diáspora Oriental adquirió un gran empuje; Antioquia, devino el centro de ma-yor concentración judía después de Jerusalén y de Alejandría. Con relación a la política poblacional de Antioco III, Flavio Josefo se refiere a uno de los desplazamientos, el de 2000 familias judías, a fines del siglo IV aEC desde la Mesopotamia a Phrygia y Lydia en Asia Menor. Cuando en las últimas décadas del siglo II aEC los romanos hicieron pie en Asia Menor, los judíos seguían siendo económicamente exito-sos. Un éxito puesto en evidencia cuando Mithridates capturó Cos y se apropió de un tesoro de las comunidades judías que incluía 800 talentos. Otro hecho representativo de la prosperidad judía en Asia Menor, la apropiación por el gobernador Flaccus de los fondos desti-nados al Templo, colectados entre las comunidades judías de Apamea, Laodicea y Pérgamo, por lo que Flaccus fue enjuiciado en Roma con Cicerón como abogado.

No hay duda que en los últimos siglos del I Milenio aEC y en los primeros de de la EC, las comunidades judías diseminadas en Cercano y Medio Oriente, en Asia (Asia Menor, Anatolia, Mesopotamia, Partia y Media) y en el Norte de África (Egipto y Cirenaica), constituían co-munidades prósperas.

Las fuentes cristianas son también indicativas de las preocupacio-nes que los judíos ocasionaron a la feligresía en las ciudades de Asia Menor y de Anatolia. "Los judíos concitaron a mujeres pías y honestas y a los principales de la ciudades" (Los Hechos 13.50). "Los judíos in-citaron y corrompieron los ánimos de los gentiles" (Los Hechos 14.2). La existencia de los llamados "temerosos de Dios" (god-fearers) en las inscripciones del Templo de Aphrodisias del siglo III EC, es también una muestra de la dispersión en el Asia Menor (J. G. M. Barclay). (11)

El reconocimiento por los diádocos (los "sucesores", los herederos de Alejandro) al derecho de los judíos de mantener sus costumbres ancestrales, fue la confirmación de esa situación.

En el último siglo aEC, Roma pasó a ser un nuevo polo de atrac-ción en el Mediterráneo, se abría una nueva etapa en el desarrollo de la dispersión, la Diaspora empezaba a abrirse camino en Occidente.

Los decretos de Augusto que ratificaban las disposiciones de la Carta Magna de Julio Cesar favorables a los judíos eran una expresión de que la privilegia judaica en Roma seguía vigente. (12)

En los capítulos anteriores nos hemos referido al enfrentamiento

124

en Europa Occidental, del cristianismo con el judaísmo, en la primera mitad del I Milenio. Era una política antijudía en general no violenta.

En Cercano Oriente, a fines del siglo IV de la EC, se desencadenó una furia general antijudía propiciada por los agitadores de la Iglesia. Las refriegas, amotinamientos y quemas de sinagogas fueron numerosos e importantes.

Las comunidades judías de ambas regiones tenían algunas características comunes. Estaban cohesionadas por la religión, por sus leyes y costumbres. En Occidente eran una minoría y en Oriente, aunque también minoritarias, eran numerosas e importantes; en ambas regiones la actividad comercial de los judíos era innegable. (13)

Cabe preguntarse si con esas características habría habido razones para que existieran diferencias en el antijudaísmo de ambas regiones: el no violento de Occidente y el agresivo de Oriente.

Para M. Simon, la agresividad se debería a la existencia de una poderosa comunidad judía en Cercano y Medio Oriente. Según James Parkes, la violencia se explicaría por el fanatismo de sectores de la Iglesia preocupados por las buenas relaciones entre las comunidades cristianas y las judías.

En Occidente además de ser francamente minoritarios, los judíos habían comenzado a instalarse hacía pocos siglos, entre I aEC y I EC. Desde el inicio la preocupación fundamental de Iglesia fue la diferenciación y lo que consideraba una actitud permanente de los judíos: el proselitismo. Una situación que con la extra-territorialidad acentuaba el antijudaísmo. La confrontación era religiosa y el nivel de algunos sectores de las comunidades inducía al respeto y llevaba a una relación y al diálogo. Con el fracaso del dialogo y con la afirmación del Cristianismo, la actitud de la Iglesia revirtió hacia la intolerancia.

¿Qué ocurría, en Oriente? Aunque también minoritarios, los judíos constituían comunidades masivamente instaladas con varios siglos de antigüedad, fuertemente arraigadas, sin la extraterritorialidad de los de Europa Occidental. Además el medio en el que estaban insertos era particularmente diferente. En Occidente hasta los siglos IX y X el comercio era ajeno a la estructura y al núcleo gobernante y prácticamente a la población. En Oriente el comercio era generalizado, era parte esencial de la actividad de la sociedad en la que los judíos estaban integrados. Dada la intensidad de la actividad económica, no había prácticamente ni competencia, ni dependencia económica y la misma masividad y convivencia, no daban pie a la posibilidad de desplazarlos. El surgimiento de tempranas actitudes y situaciones de violencia tenía también orígenes religiosos, es decir eran actitudes antijudías, pero con componentes diferentes; los judíos formaban parte de la población

E.J.Dunayevich

nativa y eran activos participantes del comercio, un elemento motor en esas sociedades.

Cuando el cristianismo empezó a desarrollarse en ningún momento se planteó, como en Occidente la posibilidad de incorporar a los judíos a la Iglesia a través del diálogo y de la persuasión; esa posibilidad fue radicalmente descartada La eliminación de los judíos era contraria al funcionamiento de la estructura socio-económica de la sociedad. Hubiera sido como si en un pueblo con el ferrocarril como principal conexión con el exterior, (y la estación el centro de encuentros y distracciones) se anulara el servicio de trenes: sería la muerte del pueblo, equivalente al eventual descalabro socioeconómico que hubiera provocado la eliminación de los judíos.

Intuitivamente conscientes de esa imposibilidad, los hombres mayores y menores de la Iglesia, creyeron que la violencia era la manera de enfrentar las comunidades judías.

El clima de violencia religiosa en Cercano Oriente aconteció particularmente en las regiones de predominio cristiano (Palestina, Siria y Asia Menor) en los períodos pre bizantino y bizantino; alternando con períodos de armonía, en las regiones bajo la égida del mazdeísmo y del islamismo. Bajo los partos en cambio el trato que primó con los judíos fue en general armónico y de no violencia.

La desmesurada ofuscación de Juan Crisóstomo, a fines del siglo IV, demonizador de los judíos de Antioquia, es paradigmática. Mientras que en Occidente aunque el nivel de agresividad del Cristianismo, había empezado a aumentar desde Constantino, en el siglo IV, el quiebre de las relaciones se manifestó recién a partir de Justiniano, a mitad del Siglo VIII, más de cuatro siglos después.

En la región iraní-mesopotámica

La actividad comercial judía en la región comenzó a desarrollarse durante la dinastía Ómride a partir del Exilio Babilonia, con una parte importante de la comunidad que optó por el no retorno a Jerusalén. Es indudable que las prédicas de Jeremías (XXIX, 5-6 y 10): "construid casas e instalaos, plantad árboles y comed sus frutos, casaos y tened hijos", no parecieran haber sido dirigidas a un pueblo que veía en el Exilio una estadía provisoria. Babilonia, con la impronta del Exilio fue un lugar de asentamiento trascendente, base para el desarrollo de las comunidades judías de Medio Oriente y germen del inicio de la dispersión en el período persa aqueménide.

La etapa de dominación persa habría sido de una emigración 'hormiga'. Una dispersión mínima que de lejos no alcanzó las dimensiones

126

de la Diáspora bajo el helenismo. ¿Cuál fue la situación de las comunidades judías a partir de 559 aEC, con la llegada de los persas a la región iraní-mesopotámica?

La Mesopotamia y al Este, la meseta iraní, fueron durante más de mil años territorios de disputa, de asiento y de dominación de sucesivos pueblos: asirios, caldeos, medos, persas aqueménides, helenos (macedonios y seléucidas), partos con la alternancia romana, persas sasánidas con la alternancia bizantina hasta la irrupción musulmana. (14)

Para las comunidades judías en Medio Oriente fue un período de florecimiento que abarcó más de ocho siglos y medio (desde 247 aEC. hasta 637 EC.) desde los persas aqueménides, los partos, los persas sasánidas hasta la irrupción de los musulmanes.

Sometidas a las autoridades de los sucesivos imperios, pudieron alcanzar un desarrollo económico acotado, afianzado por una autonomía religiosa y administrativa. Un desarrollo que hasta la llegada de los helenos en 330 aEC implicó un encierro tanto en lo geográfico como en lo económico.

Con Babilonia como centro de dominación de Medio Oriente, los persas aqueménides pusieron sus miras en el Cercano Oriente. En buenas relaciones con los judíos del Retorno, Judea era el lugar indicado para sus propósitos. Ciro autorizó la reconstrucción del Templo y envió a Esdras y a Nehemías como organizadores de la recaudación de impuestos en el marco del distrito de Yehud de la Quinta Satrapía. El Retorno y la construcción del Segundo Templo fue el hito de la "refundación" del pueblo judío. Fue en ese período cuando la Torah habría sido definitivamente compaginada.

Bajo la dominación aqueménide, y el renacimiento de Jerusalén, Babilonia, con la impronta de los exilados fue, como dijimos, la base de la dispersión judía. La dispersión no fue sólo hacia el Norte; según la Biblia también hacia Egipto, cuando los persas lo ocuparon en 525-401. A partir de Alejandro Magno (330 aEC.) con la expansión helenística y el desarrollo económico-comercial y militar, comenzó la gran dispersión, la Diáspora. Con la muerte de Alejandro en 320 aEC la región oriental de su imperio quedó en manos de Seleuco. (15)

En 247 aEC. los partos, una tribu escita originaria de la estepa caspiana, se independizaron de los seléucidas como Imperio Arsácida Parto con Ctesiphonte como capital. Enfrentando alternativamente a seléucidas, romanos y persas sasánidas, el dominio parto llegó a incluir Armenia, parte de Siria, Mesopotamia, Media y Elam. Un período de más de cuatro siglos y medio (hasta los sasánidas) durante el cual mantuvieron un buen trato con los judíos. El sello de reciprocidades entre partos y judíos continuó durante el período asmoneo y aún cuando la Rebelión del 66-70 EC, durante la cual los judíos pensaban poder contar con su apoyo.

En esa época se formó dentro del Imperio Parto, el Reino de Adiabene, reino judío, como consecuencia de la conversión de su rey Izates y de su madre Helena. Aunque Izates murió en el 55 EC no hay certezas que sus seguidores hayan participado en la Rebelión contra Roma. La Rebelión contra Trajano en 115 habría marcado el fin del reino judío.

El Imperio Parto llegó a su máxima expansión a finales del siglo I aEC. con Mitrídates I (171-138 aEC) uno de sus grandes reyes, pero no pudo mantener su dominio por mucho tiempo: Roma se convirtió en su rival por la hegemonía del este del Mediterráneo.(16)

Durante el período de Trajano a Septimio Severo (98-211EC.) partos y romanos luego de numerosos enfrentamientos configuraron una línea de demarcación sorprendentemente estable con el Éufrates como frontera, que frenó la expansión de unos y otros. (17)

A comienzos del siglo III EC, reaparecieron los persas ahora de la dinastía sasánida, en rebelión contra los partos. En 227 EC los persas coronaron a Ardashir, que retomó el título de "Rey de reyes". Se dio inicio a otro período, ahora de cuatro siglos, de gobierno persa enfrentado a romanos, bizantinos y kházaros, hasta la llegada de los árabes en el siglo VII. (18)

La región acrecentó su rol como lugar de paso y de provisión de mercaderías y de bienes suntuarios tanto con China como con el Imperio romano. Los mercaderes chinos llegaban a Irán para vender seda en bruto y comprar alfombras y joyas. Las buenas carreteras y puentes, las postas y puestos de control facilitaban el paso de caravanas de mercancías que unían Ctesiphonte con las provincias. Se construían puertos en el Golfo Pérsico; los barcos persas llegaban a todos los confines, desplazando a los romanos de las lucrativas rutas comerciales oceánicas con la India. (19)

En esos intercambios que conectaban Persia con Bizancio y Roma participaban armenios, sirios y judíos. ¿Cuál fue el trato que los partos y persas tuvieron con las comunidades judías durante ese período?

En ese período, la religión mazdeísta o zoroastrisca tenía un gran predominio; con una connotación monoteísta, para algunos estudiosos tanto el judaísmo como el cristianismo y el islamismo tomaron elementos del mazdeísmo. Se ha hablado de influencias recíprocas; parte de la época corresponde al cierre de la Torah. Es posible que esas circunstancias expliquen la relativa tolerancia y pluralidad que en algunos momentos rigió en Medio Oriente y marquen la diferencia con Cercano Oriente (en particular Asia Menor), donde imperaba el cristianismo con agresividad. De todas maneras, lo mismo que bajo el Islam, la tolerancia no fue absoluta. Hubo gobernantes (sultanes o califas) de rayano fanatismo, con una intolerancia opuesta a la tolerancia del paganismo romano y similar a la del Antisemitismo Cristiano. (20)

Durante el imperio parto, con su estructura fraccionada, aún si el mazdeísmo siguió vigente, proliferaron herejías como el zurvanismo y el mandeísmo, ligadas al credo mazdeista. Con esa diversidad de credos, los partos eran tolerantes, abiertos a la cultura helenística y mantuvieron la misma actitud con los judíos. (21)

Con la llegada de los persas sasánidas (227 EC) habría habido un cambio en la relación con los judíos. Con un estado centralizado que defendía o expandía sus fronteras y un enriquecimiento comercial importante, tuvo lugar una renovación religiosa. A comienzos del reinado de Ardashir o de su hijo Shâpûr I, apareció un sacerdote llamado Tansar (a veces aparece con el nombre de Kartîr), que promovió la difusión del zoroastrismo y la persecución a los herejes, incluso de judíos y cristianos (tanto nicenos como nestorianos), así como a los budistas e hinduistas (Richard Frye). (22)

El período sasánida se extendió más de cuatro siglos (227 a 637 EC) y los períodos de intolerancia alternaron con otros de buen trato. (23)

Los persas, enfrentados con los bizantinos, persiguieron a los cristianos católicos nicenos, aliados de los bizantinos. Las relaciones de los persas con los nestorianos fueron en cambio diferentes. Condenados como herejes en el Concilio III de Efeso, gozaron por parte de los persas de una protección análoga a los judíos. El hecho es que en el período sasánida si hubo persecuciones fueron menores y las relaciones con las minorías comunitarias judías y nestorianas fueron de relativa tolerancia. (24)

Fue una época en la que las comunidades judías disfrutaron de una relativa libertad religiosa, una época en la que se fortaleció la autoridad del exilarca y en la que los judíos gozaron de privilegios que se habrían negado a otras comunidades. Las comunidades judías iraní-mesopotámicas se desenvolvían en una región de un intenso tráfico de intercambio. El comercio era una actividad generalizada en la región y compartida con las otras etnias (sirios, partos, persas, árabes y turcos).

En esa atmósfera de prosperidad y de semitolerancia, las comunidades judías de la meseta irano-mesopotámica se siguieron consolidando, al punto de que alrededor del siglo III EC ciudades como Susa, Nehardea, Pumbedita y Mahoza habrían sido mayoritariamente judías. Como lo señala S. Safrai, "en algunas ciudades, particularmente a lo largo del Tigris, muchos judíos se especializaban en el comercio y muchos negociantes judíos comerciaban con el Lejano Oriente y con Occidente, con estaciones de tránsito como Babilonia, Bagdad, Isafahan, (llamada la segunda Bagdad a causa de su comercio) y Korasán". (25)

De acuerdo a algunas afirmaciones del Talmud, la ocupación principal de los judíos en el período sasánida habría sido la producción de dátiles y de frutas, la pesca y la cría de aves. Vale comentar que aún si esas actividades correspondieran a las que que mayoritariamente los judíos habrían desempeñado, difícilmente les habrían conferido el peso y relevancia que el comercio y los negocios les posibilitaron.

En el seno del imperio persa la población se hallaba estratificada en castas cerradas (clero, guerreros, funcionarios y pueblo). En cuanto a los judíos, si estructuralmente no constituían castas, tenían una estructura religiosa aristocratizante, estratificada por los niveles económicos.

Los judíos babilonios en particular se sentían orgullosos de lo que consideraban la pureza de su progenie en cuanto la remontaban al Exilio. Hasta hubo religiosos para quienes el Exilio no fue un castigo divino, sino un signo de la benevolencia de YHVH al haberles hecho retornar a la comarca de donde Abrahán era originario.

La comunidad judía disfrutaba de una semi-autonomía con una estructura dual: una política-administrativa y otra religiosa. La primera era ejercida por el exilarca (jefe de la comunidad) a la que representaba ante los sucesivos gobernantes. Aún si la información concreta de la existencia de exilarcas se registra recién a partir del siglo II aEC., según la tradición el exilarcado dataría de la época del Exilio; los exilarcas se decían descendientes del rey Joaquín de Judá, exiliado a la caída del Primer Templo; esto les conferiría un título aún mayor: la pertenencia a la casa de David.

El exilarca dentro de las jerarquías gobernantes (parta, persa o árabe) era un alto funcionario con representación y relaciones con las autoridades y amplios poderes en la comunidad. Estaba rodeado de una corte con fasto oriental con toda la pompa y ceremonial. Su jerarquía acordaba con la de una comunidad económicamente próspera. (26)

Las otras autoridades jerárquicas de la comunidad eran las academias (yeshivot); sus funciones eran fundamentalmente religiosas y judiciales; resolvían controversias sobre leyes alimentarias o sobre cuestiones educativas y judiciales: constituían una verdadera corte judicial. Las academias eran instituciones aristocráticas, organizadas en círculos concéntricos formados por miembros plenos y por colaboradores; sus integrantes pertenecían a familias tradicionales, con grandes recursos y prestigio; estaban relacionadas con el poder como "banqueros de la corte" (H. Tadmor). A comienzos del siglo III EC, las academias de

Sura y Nehardea eran los centros religiosos y de estudio más importantes. En 259 EC. Nehardea fue saqueada; su academia reemplazada por la de Pumbedita. De ahí en más, el judaísmo babilónico se dividió entre el de Sura y el de Pumbedita, en una ajustada competencia por la supremacía.

Inicialmente las *yeshivot* estaban dirigidas por los *savoarim* (razonadores) que completaron la redacción del Talmud de Babilonia. A partir del siglo VI (en pleno período persa) comenzó el período de los gaones (*gaonim*) que sucedió al de los *savoarim*. El Gaón, también llamado Gran Sanedrín presidía el Sanedrin, un cuerpo integrado por setenta miembros distribuidos en siete filas de diez personas cada una. Los gaones tuvieron un rol prominente en la transmisión y la enseñanza de la Torah y del Talmud. El gaonato tuvo una duración de 450 años. (27)

Tanto el exilarca como las *yeshivot* tenían en principio una jurisdicción limitada al ámbito de la Mesopotamia; su prestigio era amplio, su autoridad en general respetada, su opinión a veces requerida por las comunidades de otras regiones (como la de Córdoba en España,) que tenían al frente sus propios dirigentes (los *neguid*). Hacia fines del siglo IX, las dos academias mesopotámicas se trasladaron a Bagdad; posteriormente se unificaron y continuaron su existencia hasta fines del siglo XI. Un elemento que caracterizó al judaísmo iraní-mesopotámico era el prestigio cultural de sus academias religiosas, fuentes de difusión y de enseñanza, incluso en el ámbito de Europa Occidental y Central.

En la península arábiga

Por su proximidad con Palestina, la península arábiga fue probablemente un lugar de asentamiento de los primeros judíos en su expansión geográfica y lugar de tránsito de la Ruta del Incienso entre Occidente y la India a través del paso obligado por Judea. No es de extrañarse que en el sudoeste de la península se hayan formado tribus con una fuerte impronta judía: los sabeos, los himayaritas, los yemenitas. Independientemente del posible intercambio con la legendaria Reina de Saba los sabeos eran una tribu con un sincretismo seudo monoteísta: rendían culto a los astros, especialmente al Sol y a la Luna, y afirmaban adorar a un solo Dios. Los himayaritas con su rey Himyar en los alrededores del 200 EC practicaban el judaísmo fuertemente helenizado; habrían alcanzado su mayor prosperidad alrededor del siglo VI EC; en el que se enfrentaron y fueron derrotados por los etíopes que tenían el apoyo de los bizantinos de Justiniano. Dhu Nuwas As'ar su último rey se habría mantenido fiel a la religión judía. Los judíos yemenitas, la tercera de las tribus nombradas, subsistieron con sus costumbres hasta los tiempos actuales. (28)

En la mitad del I Milenio EC se formaron nuevas tribus judías (o reforzaron algunas existentes): la Qaynuqa, la al-Nadir y la Qurayza. Las primeras, a veces identificadas con el nombre de kohanim, (fonéticamente consonante) con un judaísmo, bastante semejante al de la tradición bíblica.

Se ha discutido si esos judíos árabes eran inmigrantes provenientes de Palestina o habitantes aborígenes convertidos al judaísmo. En el linde de los dos grandes imperios, el bizantino y el persa, en un desierto como el de Arabia, sembrado de oasis, convivían con otras tribus beduinas no judías que adoraban ídolos, que llevaban también una existencia nómada y patriarcal y practicaban la circuncisión.

En la región de la ciudad de Yatrib, que tomó nombre de al-Medinah, que en arameo significa "ciudad" los judíos eran numerosos. No es pues sorprendente que Mahoma se haya inspirado en ese judaísmo para elaborar la nueva creencia y que sus prédicas en el comienzo hayan prendido en Medinah.

Es posible que algunos de los seguidores judíos hayan cambiado de actitud cuando Mahoma se auto tituló "Profeta de Allah". Salvo los relatos del Corán, se tiene pocas referencias sobre los enfrentamientos que se produjeron entre los primeros musulmanes y las tribus judías. A consecuencia de esos enfrentamientos, las tribus judías fueron derrotadas y tuvieron que huir.

El origen común de árabes y judíos ha sido tomado de la Biblia a través de una elaboración coránica. Ismael, hermano de Isaac, era el primogénito de Abrahán con su concubina Agar. Ante el desprecio de Sara, Agar huyó al desierto en donde el ángel de Yahveh le anunció: "multiplicaré tanto tu linaje que no será contado por causa de su muchedumbre" (Gen.XVI, 6-10). No habría sido la de Ismael la única línea de parentesco de los árabes con Abrahán; en otro capítulo de Genesis (XXVI-3) Abrahán tomó a Ketura por mujer, "la cual parió" a Midiam (los midianitas); sus descendientes, Sheba y Dedan, serían árabes.

La otra conexión hebreo-musulmana, aparece a través de las dos hijas de Lot, sobrino de Abrahán, que emborracharon a su padre con quien concibieron a Moab (los moabitas) y a Amon (los amonitas). La teología islámica elaboró otras situaciones, como que Abrahán e Ismael construyeron juntos el Templo de la Meca (Sura II, 121).

Los judíos en Bizancio

Los judíos de Bizancio (a partir de 330 EC la ciudad tomó el nombre de Constantinopla) atravesaron una larga historia de más de

mil años hasta 1453, cuando la caída de la ciudad por los otomanos.
(29)

La llegada de los judíos a Asia Menor se habría realizado por la
vía del Corredor Cananeo, partir de Omri en el marco inicial de los
acuerdos entre y Sidon-Tyro e Israel, la conexión fenicia. Bizancio era
la ciudad de paso entre Europa, Asia y África y los judíos tenían la llave
del Corredor Cananeo. El hecho es que en el comienzo del cristianismo, los judíos estaban implantados en la región.

Como se ha señalado la política del cristianismo con relación a los
judíos no siguió los mismos lineamientos en el Este que en Oeste.

En 388 tuvo lugar la quema de una sinagoga en Callinicum (Mesopotamia), que Teodosio I no pudo hacer reconstruir ante las amenazas
de Ambrosio, obispo de Milán, ni tampoco evitar que en 415 los judíos
fueran expulsados de Alejandría.

Juan Crisóstomo, nacido en Antioquía, continuó con sus violentas
diatribas antijudías en Constantinopla, donde había sido nombrado
obispo. Sus ocho homilías de 387 E.C., Contra los Judíos (Adversus
Judaeos) constituyen una expresión máxima del antijudaísmo post-ni-
cence.

A partir de Justiniano I, con el Código y la Novella 146, las actitudes
en Bizancio fueron cada vez más discriminatorias y mucho más violentas que en Occidente. La Iglesia y los emperadores que lo siguieron van
a redoblar sus luchas religiosas antijudías tratando de hacer desaparecer el judaísmo. En la segunda mitad del siglo VI y primera del VII,
los levantamientos antijudíos se multiplicaron; en 608 el emperador
Phocus ordenaba las conversiones forzosas.

Cuando los enfrentamientos entre Heraclio (610-641) y Corroes II,
rey sasánida persa, los judíos hicieron causa común con el último. En
614 los persas llegaron a Palestina, asesinaron a sesenta mil cristianos
e hicieron prisioneros unos treinta y cinco mil. En retribución de su
apoyo confiaron a los judíos la ciudad de Jerusalén con un gobierno
semi independiente bajo Nehemya ben Jusiel ben Efraim. Una década
después los persas hicieron la paz con los bizantinos que retornaron a
Palestina y a Jerusalén. El retorno de los bizantinos significó una nueva
arremetida contra los judíos: la prohibición de la práctica del judaísmo
y las conversiones forzosas. En 692 Justiniano II prohibía que judíos y
cristianos se bañaran juntos en los baños públicos.

En la discusión sobre la herejía iconoclasta, los judíos fueron gra-
tuitamente involucrados. El problema iconoclasta arrancó con las discusiones en torno al culto que se rendía a las imágenes. En Occidente,
donde las imágenes no eran tan frecuentes, el culto se ajustaba a un

limitado respeto de las figuras y reliquias, de manera que el problema no llegó a plantearse. Pero en Bizancio la afición por las imágenes derivó en su multiplicación desorbitada, y lo que en el oeste se suponía un elemento decorativo suplementario terminó por convertirse en objeto de veneración en sí mismo, una verdadera idolatría. El emperador bizantino León III, el Isaura (717-740) reaccionó: prohibió las imágenes en las Iglesias, salvo las de Cristo. Fue el inicio del movimiento iconoclasta: la destrucción de las imágenes en las iglesias. La reacción papal no tardó en llegar con una elaboración ideológica que permitiera esquivar el escollo. Las imágenes podían ser aceptadas como representación y 'visualización' de los santos. Para justificar su ambigüedad, la iglesia argumentó que la oposición a la adoración de imágenes que la herejía pretendía tenía un espíritu judaizante. El bizantino León III, en ese momento, estaba aliado con los kházaros que, como veremos, se habían adherido al judaísmo, y había concertado el matrimonio de su hijo Constantino V con la princesa kházara Tzitzakion (Flor). Fue un nuevo pretexto para emprender una campaña de odio y persecuciones contra los judíos. La herejía iconoclasta continuó más de un siglo hasta el emperador Teófilo en 843.

En 873, el emperador Basilio I reemprendió nuevas violencias antijudías; prohibió la práctica del judaísmo y estableció la conversión forzosa. En 930 Romano I Lacapeno fomentó el bautismo forzado de judíos. Durante las persecuciones, muchos judíos buscaron refugio en el dominio kházaro. Estas persecuciones se extendieron durante la primera parte del II Milenio, los dos siglos del período de las Cruzadas. En la Cuarta Cruzada, cuando Bizancio cayó en manos de los cruzados y se formó el Imperio Latino de Oriente, con Balduino de Flandes como Basileus Romano, el saqueo de la ciudad incluyó el incendio y pillaje del barrio judío de Pera.

La referencia a las reiteradas actitudes antijudías de Bizancio no significa que el cristianismo no haya tenido otras dificultades para afirmarse en Cercano Oriente. Por de pronto una competencia de primacías entre Roma y Constantinopla entre el Papa, Obispo de Roma, y el Patriarca, Arzobispo de Constantinopla. Diferencias estas y otras de orden doctrinario que terminaron en Cismas, los dos primeros provisorios: el de Acacio (454-518), el de Focio (858-867), ambos Patriarcas de Constantinopla, y el tercero y definitivo, el llamado Cisma de Oriente que consagró la división entre la Iglesia Católica y la Ortodoxa.

Además de esta gran ruptura, Oriente fue también la cuna de otras numerosas diferencias doctrinarias, devenidas herejías. (30)

Algunas dieron origen a iglesias cismáticas de amplio arraigo, como la arriana en numerosos pueblos germánicos (Arrio, 320) la nestoriana en Medio Oriente (Nestorio, 430) y la monofisista o copta en Egipto. Las persecuciones que estas herejías sufrieron las predispusieron, conjuntamente con los judíos a una acogida favorable cuando la llegada de los musulmanes.

En cuanto a la importancia económica de las comunidades judías de Bizancio, Benjamín de Tudela, en su viaje a Cercano Oriente a mediados del siglo XII, constató la amplia participación de los judíos en las industrias de la seda, el tejido, el teñido, la confección de ropa y la curtiembre. Estaban distribuidos en ciudades a lo largo del imperio bizantino agrupados en barrios como el de Pera, al norte del llamado "cuerno de oro" de Constantinopla, y en la proximidad de la Iglesia de Santa Sofía. Después del fin del Imperio Latino de Oriente, las autoridades bizantinas otorgaron a los judíos, al igual que a los venecianos, una zona de la ciudad con privilegios comerciales.

La participación de los judíos no estuvo limitada a la región insular bizantina, su actividad se extendió a la región balcánica de Tracia, la península griega (Epiro y Salónica), las Islas del Egeo (Rhodes, Patras, Chipre), algunas de ellas gobernadas por los venecianos, los genoveses y los Caballeros de la Orden de Malta. Los judíos estaban pues fuertemente instalados en Cercano Oriente y en particular en Bizancio: la Diáspora se había afirmado.La caída de Constantinopla en 1453 y la ocupación otomana marcó un nuevo período en la Historia Universal y también en la de los judíos en Cercano Oriente.

Cuando el Imperio Otomano irrumpió entre los escombros del anteriormente fastuoso y codiciado Imperio Bizantino, las comunidades judías empezaron a desenvolverse sin las trabas y limitaciones que el cristianismo les había impuesto. Medio siglo después, expulsadas de España y de Portugal, encontrarán en Cercano Oriente, las condiciones que posibilitarían su reinserción social, económica y cultural a través del judaísmo sefaradí.

IX. LOS KHÁZAROS, LA TRIBU IGNORADA

Leyenda o historia

La existencia de los kházaros fue considerada como uno de los enigmas de la Historia.

La "leyenda" giraba alrededor de la existencia de un pueblo de origen turco en la región sudoriental europea que habría constituido un poderoso imperio, adoptado el judaísmo como religión y dado origen a los judíos *askenazim* de Europa Oriental.

El cuestionamiento se complementaba con otras tantas preguntas ¿constituyeron "verdaderamente" un imperio? ¿Adoptaron "efectivamente" la religión judía? ¿Cuándo y cómo desaparecieron? Detrás de estos interrogantes para algunos el probablemente más molesto, era la eventual ascendencia turca de los kházaros, lo que significaría que los *askenazim* no tendrían raíces ancestrales judías en Palestina, ergo, ningún derecho territorial en Israel.

El hecho es que, a diferencia de sus vecinos del Sur y de Oeste (bizantinos y persas) con una sólida tradición histórica y cultural, los kházaros han dejado muy pocos elementos que testifiquen su paso por la historia, por lo que el conocimiento que se tiene de ellos es particularmente pobre y su destino final durante un tiempo permaneció en una incierta oscuridad.

En relación con la credibilidad de su existencia, surgieron situaciones poco afortunadas. Los primeros documentos que dieron cuenta de su existencia y la de su judaísmo fueron la correspondencia intercambiada entre 954 y 961 EC entre Hasdai ben Isaac ben Ezra ibn Shaprut (Abu Yussuf, para los cronistas árabes) y el kahán Joseph (*kahán* era el título con el que se identificaban las autoridades máximas kházaras).

Hasdai ibn Shaprut era Ministro de Asuntos Exteriores y de Finanzas, médico y consejero judío de Abd-al-Rahman III (929-961) de la dinastía omeya, fundador del califato de Córdoba en la península ibérica.

En la misiva, que Hasdai dirigió al rey kházaro, de quien tenía co-

137

nocimiento a través de diplomáticos bizantinos y de mercaderes de
Persia, formulaba preguntas sobre las características del reino kházaro,
en particular sobre de cuál o de cuáles de las doce tribus judaíta-israe-
litas provenían.

Si no resulta extraño que el multifacético funcionario inquiriera
a sus hermanos judíos sobre su proveniencia, la respuesta del kahán
Joseph, en algunos aspectos, no resultaba demasiado convincente: uno
de sus antepasados, el kahan Bulán, "gran sabio y gran conquistador",
después de expulsar de sus tierras a hechiceros e idólatras habría reci-
bido la visita de un ángel que le exhortó a honrar al 'Dios Único' a
cambio de su bendición y de la promesa de la multiplicación de sus
descendientes. Estos hechos que habrían ocurrido con una antelación
de unos doscientos años, tenían una curiosa similitud con algunas situaciones bíblicas. Otro aspecto singular de la narración del kahán
Joseph era el procedimiento que el kahán Bulán habría utilizado para
optar por el judaísmo entre las otras religiones monoteístas de la región, la musulmana y la cristiana (el cisma ortodoxo todavía no se
había producido). Para tomar la decisión el kahán habría interrogado
a los representantes de los respectivos credos recurriendo a una serie
de estratagemas discursivas que no parecían muy creíbles. En cuanto
a la genealogía del pueblo kházaro, el kahán Joseph respondió que los
kházaros no descendían de ninguna de las Doce Tribus; tenían sí, un
parentesco con Sem: descendían Togorma nieto de Jafet, uno de los
tres hijos de Noé (los otros dos: Chaim y Sem). Desde el punto de vista
bíblico los kázaros no serían semitas. (1)

¿Qué se podía decir sobre la veracidad de la existencia de la correspondencia y sobre su contenido? Recién en 1577 (casi 400 años
después de haber sido supuestamente emitida), Isaac Abraham Akrish,
en un folleto publicado en Constantinopla, transcribió una supuesta
versión de la carta y de la respuesta del rey de los kházaros con una
explicación bastante dudosa sobre su origen. Johannes Buxtorf, un calvinista erudito hebraísta y exégeta bíblico, manifestó su escepticismo
sobre su autenticidad. La existencia del reino kházaro resultaba nuevamente cuestionada.

En el siglo XIX la 'cuestión kházara' tomó nuevos rumbos. Un espe-
cialista austro-húngaro en estudios orientales, el Barón Hugo von Kuts-
chere (1847-1910), desarrolló la teoría de que los kházaros, de origen
turco, habían sido el principal núcleo inicial de los judíos de Europa
del Este. Esa teoría, apoyada entre otros, por Arthur Koestler (el conocido escritor húngaro), cercenaba los argumentos tradicionalmente
invocados por los *askenazim*, en cuanto a sus orígenes y derechos sobre
Palestina.

IX. Los Kházaros, la tribu ignorada.

En el otro extremo del tablero, años más tarde, en 1937, M. I. Artamonov, un historiador soviético, desarrolló en la Academia de Ciencias de la URSS la teoría de que los kházaros habían impulsado el desarrollo de Kiev (la capital de Ucrania). Esta afirmación no era del agrado del aparato soviético: la valorización de los kházaros no podía ser sino una 'maliciosa' invención de los historiadores burgueses interesados en minimizar el desarrollo autóctono eslavo nacional del pueblo ruso (Pravda 12/1951 P. Ivanov, citado por B. Weinryb). El tema de los kházaros había entrado en un terreno molesto y hasta "riesgoso". Tanto para algunos pensadores judíos, como para los sumisos historiadores soviéticos; ambas teorías implicaban conclusiones que no eran del agrado de las jerarquías superiores. La investigación no merecía continuar, ni ser profundizada: "correspondía" que los kházaros fueran ignorados.

Levantando el telón

Fuentes heterogéneas de diferentes orígenes, no siempre imparciales, con informaciones atomizadas, permitieron ir reconstruyendo el 'enigma' de los kházaros y poner de relieve su relativa importancia. En 1963 Douglas M. Dunlop, profesor de la Universidad de Columbia, las analizó y contribuyó a despejar parte de las incógnitas que lo rodeaban.

Las primeras referencias históricas sobre la existencia de los kházaros se remontan a 620 *circa* cuando el historiógrafo griego Theophylactus Simocalta, biógrafo del emperador bizantino Mauricius afirmó que los kházaros provenían de las regiones transurales del Asia Central y que a mediados del siglo VI se habrían establecido al norte del Cáucaso, en la región del Don y del Volga inferiores. Esta información concordaba con la de los historiadores sirios Michael Syrus y Bar Hebraeus del siglo XIII que los ubicaban en la misma región entre el siglo VI y el VIII señalando que los kházaros conformaban una tribu en sus comienzos dependiente del Imperio de los Turcos Occidentales". (2)

Otra información provenía de un embajador, Priscus, enviado en 448 por el emperador bizantino Teodosio II para entrevistarse con Atila. En su viaje Priscus había encontrado una violenta tribu de guerreros a quienes identifica como *agaziri*, *akatzirs* o *ak-khazars* que integraban las bandas de los hunos; los nombres tenían la misma raíz que las de los kházaros. Podrían haber pertenecido al grupo de los hunos para luego incorporarse a los Turcos Occidentales al dividirse los hunos. (3)

Con el derrocamiento de los turcos occidentales en la primera mitad del siglo VII, los kházaros habrían empezado a tomar vuelo propio. Dada esa conexión no resulta extraña la adopción khazara de un sistema político similar al de los turcos occidentales, una monarquía dual que designaba a sus reyes también con el nombre de "kahanes". (4)

En relación con el origen de la palabra "kházaro", se le ha atribuido una raíz turca *gaz*, relacionada con la idea de "errantes" o "nómades". Según D. M. Dunlop tendría la misma raíz que la palabra rusa *kosak* o que la húngara *huzar*, ambas con el significado de caballería irregular.

Con respecto a su aspecto físico es poco lo que se sabe, dada la diversidad con la que las distintas fuentes los describen: tez blanca pálida, cetrina u oscura; ojos rasgados, celestes u oscuros; cabellos oscuros o predominantemente rojizos; estatura elevada o cuerpo macizo; rostro alargado o achatado como los mongoles. En cuanto a su aspecto general, las opiniones van desde la de salvajes repugnantes, a la de una impresionante belleza (D. M. Dunlop).

En el triángulo geopolítico

A partir de la información procesada por D. M. Dunlop, los kházaros, independizados de los turcos occidentales llegaron a dominar a fines del I Milenio un conglomerado de tribus en un extenso territorio sobre la costa norte del Mar Negro y del Caspio, al que se ha dado en llamar "imperio".

El territorio que habrían controlado cubría una amplia zona en el confín de la estepa sudeste europea a lo largo de las llanuras del Mar Negro y de la depresión del Caspio. Recostado sobre la costa norte del Mar Negro, posiblemente a partir del río Dniester, unía la costa del mar Caspio (la desembocadura del Volga), bordeaba las montañas del Cáucaso y se habría extendido hasta el Mar Aral. La delimitación septentrional de su dominación habría alcanzado una difusa línea este-oeste que pasaba por la región de Kiev (Ucrania) que los separaba de las tribus eslavas . (5)

Habrían llegado a dominar una región de una importancia equivalente a la de los otros dos centros políticos de Medio y Cercano Oriente, el emirato persa, luego Califato Árabe y el Imperio Bizantino, con los que conformaron un triángulo geopolítico. Ubicados en el vértice norte del triángulo, los kházaros podrían ser identificados como "el Reino del Norte". Esa configuración geométrica es congruente con un triángulo religioso definido por el judaísmo, por el que optaron alrededor de 740, por el cristianismo bizantinos (cismáticos a partir de 1054) y por el islamismo árabe-persa, que en 631-656, desplazó al zoroastristamo persa.

Históricamente y desde el punto de vista económico, por sus alianzas y enfrentamientos, los kházaros fueron un elemento importante del triángulo. Tuvieron lugar algunos acuerdos matrimoniales para afianzar las relaciones con los bizantinos: el emperador Heraclio V dio al Kahan como esposa a una de sus hijas, y el emperador Constantino V (740-775) de la dinastía Isaura, se casó con la princesa kházara Flor (*Tzitzakion*); el hijo de ambos, León IV, fue llamado el Kházaro. (6)

Con relación a la importancia del kahanato, según el "*Libro de Ceremonias*" del emperador Constantino VII el Porfirogéneta (912-959), éste sellaba las cartas que dirigía al rey de los kházaros con sellos que tenían tres monedas de oro, mientras que las dirigidas al Papa y al emperador de Occidente comportaban solamente dos.

Los kházaros constituían una entidad conformada por un núcleo central rodeado por las tribus que sometían en sus incursiones, que incorporaban en la recaudación de tributos y en los sucesivos saqueos de las tribus circundantes (Trascaucasia, Georgia, Armenia). (7)

Esa conformación no se modificó sustancialmente con el proceso de sedentarización. Ni la adopción del judaísmo, ni su posición geográfica privilegiada como lugar de paso obligado del tránsito comercial de la región los transformaron en un "verdadero" imperio. El hecho es que a comienzos del siglo VII habrían logrado una estructuración más estable organizada sobre las mismas bases.

Veamos el contexto y la época en la que los kházaros tuvieron relevancia.

Desde comienzos del siglo VI el Imperio persa sasánida había llegado a cubrir prácticamente el amplio territorio de Persia, Armenia, Siria, parte de Arabia, Yemen y Egipto. La desaparición de Teodosio I significó la división del Imperio Romano en el de Occidente (Roma) y en el de Oriente (Bizancio). Bizancio comenzó a orientar su política hacia Oriente. Los kházaros junto a los sasánidas y los bizantinos conformaban eahora l triángulo geopolítico .

A comienzos del siglo VII los sasánidas comenzaron el sitio de Constantinopla. En respuesta, los bizantinos forjaron alianza con los kházaros. Así Heraclio, con el apoyo inicial de los kházaros, pudo rechazar a Khosrau II, el persa. De acuerdo a los registros históricos, la guerra entre persas y bizantinos continuó sin la participación kházara.

En 628, con el asesinato de Khosrau II, el Imperio Sasánida entró en un verdadero caos (guerras civiles y levantamientos). Era también el despertar de los árabes. En el período (632-651/654) tras sucesivos enfrentamientos con los árabes, los persas terminaron por ser derrotados y sus reyes desplazados. (8)

Continuando con su política de expansión, los árabes se propusieron conquistar las llanuras sudorientales de Europa que la naciente

Khazaria dominaba. Los kházaros controlaban el comercio con Europa Oriental, Asia Central y Medio Oriente a través de los pasos y desfiladeros del Cáucaso, la llamada Puerta de la Puertas. Era una actitud simétrica con la que los árabes protagonizaron en 715 en Europa Occidental al atravesar los Pirineos penetrando en Galia. En ese sentido los kházaros habrían sido el equivalente en el Oriente europeo de lo que los francos de Carlos Martel fueron en el Occidente.

El hecho es que durante más de un siglo (642-750), continuaron los enfrentamientos con los árabes, herederos de los persas. Con la ocupación por los árabes de ciudades khazaras, alternando con la invasión de regiones transcaucásicas que estos dominaban, la guerra árabe-kházara habría terminado en 750 en correspondencia con la desaparición del califa omeya Marwan II (743-750), desplazado por la dinastía abasida.

La conversión

La situación de país cosmopolita y abierto explica que desde el punto de vista religioso coexistieran, en un clima de tolerancia el judaísmo, el islamismo, el cristianismo y una variada gama de chamanismos.

Según el cronista árabe al-Masudi, en la capital kházara había un consejo religioso integrado por siete jueces: dos judíos, dos musulmanes, dos cristianos y uno que representaba a los credos chamanes. Cada uno juzgaba a sus creyentes según sus libros y leyes. Al-Masudi menciona que en la capital había una mezquita principal con su respectivo minarete y muchas mezquitas con escuelas donde los niños aprendían el Corán.

Los kházaros habrían adoptado la religión judía aproximadamente en el año 740 sin que esa decisión implicara prohibir la práctica de las otras religiones.

¿Cómo y por qué fue adoptada la religión judía?

Volvamos a la correspondencia entre el ministro Hasdai ben Isaac y el kahán Joseph de Khazaria. Existen dos versiones de esa correspondencia. De la investigación de las mismas, iniciada por Paul Eric Kahle, un investigador alemán que abandonó Alemania bajo el nazismo y continuada por Douglas M. Dunlop y por diferentes estudiosos, surgió que las dos cartas eran auténticas y que la conversión habría tenido lugar, efectivamente, alrededor de 740. (9)

Dejemos de lado las historias de ángeles y las de la superioridad dialéctica de los rabinos que habrían participado en la conversión; lo más probable es que se haya tratado de una decisión política. Los kházaros -el tercer vértice del triángulo histórico de Medio Oriente- se encontraban frente a una disyuntiva: entre la presión política y religiosa de los cristianos bizantinos y la de los musulmanes del califato omeya de Damasco. Los kházaros tenían un problema de identidad o mejor de no-identidad: diferenciarse o declinar, y aún desaparecer al ser absorbidos por uno u otro de sus vecinos. Abrazar la religión judía significaba elevarse por encima del primitivo chamanismo, afirmar su independencia y evitar la injerencia del califa o del emperador.

En el caso de la conversión kházara, la existencia de un objetivo político resulta en principio inobjetable: los soberanos kházaros (o la clase gobernante) habrían entendido el interés de adoptar una religión que les confiriera una identidad, que los preservara de las influencias peligrosamente absorbentes de sus vecinos cristianos bizantinos o musulmanes persa-árabes. La elección del judaísmo no fue consecuencia del convencimiento de una hipotética superioridad, ni producto de un absurdo análisis de valores o de cualidades. Es posible, que en la elección, se haya descartado el chamanismo que proliferaba, centrífugo y heterogéneo, y que haya jugado la homogeneidad del monoteísmo de las tres religiones codificadas con sus respectivos libros sagrados.

Un hecho para señalar: la adopción del judaísmo no implicó la de la rigidez de las leyes del culto (la imposición de la circuncisión). Se mantuvo el espíritu de tolerancia: se permitió que la masa del pueblo conservara su chamanismo y continuara adorando a sus ídolos.

Cabe entonces preguntarse si la elección del judaísmo pudo responder sólo a razones políticas; si el judaísmo pudo ser adoptado "en el vacío" con un pueblo que casi lo ignoraba. El hecho es que la región estaba en la confluencia de las vías donde convergía y circulaba el tráfico del Cercano y Lejano Oriente y del sudeste europeo. En ese conglomerado kházaro habría existido un sector judío que por su situación social y económica justificaba la elección.

La Enciclopedia Judía es concordante: "En la Edad Media Temprana, los comerciantes judíos atravesaban las tierras eslavas en camino a la India y China transportando esclavos, textiles, especias y armas; esa circunstancia habría influido para que en el momento de escoger una religión, los kahanes hayan elegido la religión judía que les confiriera una identidad, un signo de diferenciación, que les asegurara su independencia étnica". Conversiones producto de intereses políticos no fueron infrecuentes a lo largo de la Historia. (10)

El comercio que transitaba arrastraba consigo la idiosincrasia y la religión de sus protagonistas en una alta proporción vinculados al judaísmo. Por otra parte, en la segunda mitad del I Milenio EC, con su reiterada violencia hacia los judíos, los emperadores bizantinos habrían potenciado un movimiento emigratorio hacia Khazaria, país de tolerancia, abierto al comercio. En ese contexto, la 'parábola' de la

143

conversión adquiere otro significado. Es perfectamente probable que ese sector de judíos devenido ponderalmente importante haya incidido en la elección. La conversión en el año 740 correspondería al comienzo del reinado de Constantino V, padre de León IV el kházaro.

¿Cuánto pudo el judaísmo haber penetrado (en extensión y en profundidad) en el ámbito del dominio kházaro?

Las crónicas y testimonios resaltan reiteradamente la coexistencia de judíos, musulmanes y paganos antes de la conversión. Los musulmanes constituían una comunidad importante con sus mezquitas y minaretes, sus escuelas, con sus miembros integrantes de los ejércitos kházaros.

Dada la conformación estructural alrededor del núcleo dominante, integrada por elementos de las tribus dominadas, lo más probable es que no todos los kházaros hayan adoptado el judaísmo y menos en la extensa población tribal que el kahanato dominaba; que la conversión se haya limitado a los sectores de la corte imperial, 'al núcleo' a los 'verdaderos' kházaros, y a la probable incorporación formal de algunos judíos llegados de afuera, con una posición económica que le habría conferido cierta importancia.

La posibilidad de que todos se hayan convertido al judaismo es más que conjetural. En ese sentido, cuando Ibn Fadlan habla de "los kházaros y su rey, todos judíos", se debe interpretar como una generalización, hoy muy común, como cuando se habla de los árabes musulmanes (en Egipto, los hay coptos y en el Líbano, cristianos, entre otros) o de los africanos animistas (cuando muchos son musulmanes). Esta posibilidad es compatible con el análisis que más adelante hacemos sobre la "inexplicable desaparición de todo un imperio", el judío.

El escenario kházaro

¿Si los kházaros conformaron un conglomerado que por sus características no puede ser considerado un imperio, cuál fue su estructura política y las bases de su poderío y de su riqueza?

Ibn Fadlan en las crónicas, de sus viajes en la región, en 930 proporciona una primera información sobre el particular. Aunque sin un contacto directo con los kházaros (su conocimiento fue sólo indirecto), sus crónicas son confiables en cuanto los elementos que suministran han sido confirmados por otros historiadores con fuentes diferentes.

De acuerdo a Ibn Fadlan, los kházaros tenían una forma de gobierno de tipo dual, a la que nos hemos referido: una autoridad principal religiosa, el Gran Príncipe o Gran Kahán, al que tanto el pueblo, como los reyes dependientes debían rigurosa obediencia y una segunda autoridad, una especie de Vizir, el Bek, a cargo del poder civil, de la administración y de la justicia. El Gran Kahán poseía numerosas mujeres; generalmente hijas de los jefes de las tribus sometidas. Vivía en Itil, la capital, en un palacio construido con muros de ladrillo sobre una isla en la desembocadura del Volga. Allí residirían probablemente el Bek, los otros miembros de la corte y los servidores. El común de la población habría vivido fuera de la égida central, en modestas tiendas circulares como la generalidad de los pueblos de la región.

¿Cuáles fueron las fuentes de riqueza y el tipo de ingresos del kahanato? La producción local habría consistido fundamentalmente en la de árboles frutales, viñedos y cola de pescado, además de ovejas, mijo y arroz. Se ha mencionado también, aunque hasta ahora nunca fueron localizadas, explotaciones de minas de oro y plata. Excavaciones más recientes han revelado la existencia de ánforas y productos de vidrio de elaboración artesanal. (11)

Según Ibn Fadlan y otros cronistas, los tributos que pagaban los pueblos sometidos y los botines de los saqueos eran fuentes importantes de ingreso. Pero la principal base de recursos del tesoro era el comercio exterior. El país era el lugar de paso de importantes caravanas que provenían de o se dirigían a Asia Central, o atravesaban el Cáucaso y penetraban en Georgia y Armenia, rumbo a Persia o a Bizancio, o utilizaban las rutas fluviales que descendían o remontaban el Volga, afluente del Caspio (el "Mar de los Kházaros"), el Don o el Dnieper, tributarios del Mar Negro. Esas caravanas transportaban tejidos, frutos secos, miel, cera, especias, cueros y pieles preciosas, y también esclavos. Itil era un centro de transferencia y depósito de mercaderías. El peaje que esos productos pagaban complementaba la percepción de tributos de los pueblos sometidos. (Dunlop).

Las costumbres, la organización social y política

Veamos ahora las condiciones en las que se desarrolló la sociedad kházara, sus formas de vida y costumbres, la organización social.

La tribu kházara no constituía un grupo étnico uniforme. En los kházaros, como en numerosas tribus turcas existía una división en dos clanes: uno el de los llamados "blancos" y otro el de los llamados "negros" (lo que no implicaba necesariamente que correspondiera a una diferencia del tinte de la piel). Entre los kházaros, de acuerdo a Ibn Istakhri, habría habido los kházaros negros (kara-kházaros) y los blancos (ak-kházaros), que en este caso estaría relacionada con una diferencia de tez; los primeros tendrían la faz cetrina o muy oscura, mientras los segundos, con una tez más clara y "una impresionante belleza", habrían constituido el clan dominante, los "verdaderos kházaros", los que en su mayoría habrían devenidos judíos. En cuanto las tribus que dominaban eran particularmente primitivas.

Además de las crónicas árabes de Iban Fadlan (930), están las de Ibn Hawkal (977), así como las de Ibn Balkhiri (920), Istakhiri (932) y al-Masudi (943/47), cuya información sobre las supuestas costumbres de los kházaros en algunos casos corresponderían a las tribus bajo su dominio. (12)

Estas circunstancias explicarían la diversidad de opiniones sobre el aspecto físico que se ha atribuido a los kházaros.

Los pueblos periféricos tributarios (búlgaros del Volga, ghuzzy, bachkirs, burtas, magiares y alanos), que abrazaban el chamanismo en distintas formas, eran prácticamente nómadas, faltos de las más rudimentarias herramientas y elementos de supervivencia. Vivían bajo tiendas de fieltro (entre los búlgaros incluso el rey), en condiciones de higiene que espantaban a los propios viajeros, estupefactos ante la polución (la mezcla de orina, defecación, sangre y semen). Comían hasta piojos, tenían rituales como el culto fálico de los bachkirs; impúdicas costumbres que aunque correspondieran a otro tipo de cultura, no dejaban de chocar a los cronistas viajeros.

Otro hecho significativo: los kházaros habrían practicado sacrificios humanos: la muerte era un ritual de los reyes al término de su reinado. De acuerdo a Ibn Fadlan, se procedía al regicidio cuando el período de reinado sobrepasaba un cierto número de años o cuando las fuerzas vitales del rey se debilitaban (S. J. Fraser). Hasta habrían ofrecido en sacrificio a los que sobresalían por su sabiduría, inteligencia o capacidad; una particular protección social contra el poder individual excesivo, una curiosa forma de defensa del igualitarismo. Esa situación habría implicado que las inhumaciones reales fueran acompañadas de matanzas de parientes y/o de servidores (Ibn Istakhri). Es posible que los cronistas árabes, con la información que recogían, hubieran confundido situaciones y generalizado esas costumbres, incluyendo a los kházaros. Es por otra parte posible que en sus contactos con pueblos más civilizados, los kházaros hayan superado el primitivismo de las tribus elementales que dominaban.

Volviendo a las características estructurales del imperio, en el mosaico étnico de la minoría gobernante y de la mayoría gobernada, dado su origen turco, las fuerzas de guerra habrían conformado un núcleo inicial de caballería que a medida que sometían a otras tribus, además de obligarlas al pago de tributos, las movilizaban y enrolaban con el incentivo de la distribución de los botines de los próximos saqueos. (13)

Una crónica armenia citada por Dunlop se refiere en cambio a una movilización general lanzada por un soberano kházaro dirigida a "todos los pueblos y tribus habitantes de montes y llanuras".

Se empieza así encontrar respuesta a las referencias de algunos historiadores como Kevin A. Brook, y V. V. Grigoriev, que mencionan la existencia de un poderoso imperio kházaro, con un ejército permanente. Según las crónicas árabes, el ejército real estaba compuesto en realidad, por mercenarios bien remunerados. La crónica de al-Masudi se refiere a "un ejército regular con siete mil hombres que cabalgaban con el rey; arqueros con corazas, cascos y cotas de malla". Esta etapa de desarrollo habría tenido lugar recién en los siglos VIII o IX cuando el carácter cosmopolita abierto del país encontró en los musulmanes, probablemente más confiables, la base de las legiones extranjeras. Los musulmanes eran "kházaros" en cuanto formaban parte del "imperio", pero no habrían sido 'verdaderos' kházaros, en cuanto no habían adoptado la religión judía.

Dado el panorama descripto, ahora se puede entender porqué el supuesto poderoso 'imperio', desde el punto de vista de la organización administrativa, cuando desapareció no dejó, una impronta documental significativa: su estructura no pudo ser muy compleja y debió extinguirse sin dejar mayores rastros.

Ni la ubicación, ni los restos de Itil, la capital, han podido ser encontrados. Douglas la designa con el nombre de Atil (que ha sido relacionado con el de Atila). Itil, con los edificios reales y públicos de ladrillo, estaba rodeada de murallas del mismo material. Los ladrillos que generalmente usaban no eran cocidos, por lo que se habrían ido degradando con el tiempo. La técnica del ladrillo cocido, de mayor durabilidad, fue introducida, como veremos, en la etapa final.

Los kházaros, además de Itil, habrían tenido otras ciudades que no han sido identificadas. Estas ciudades serían en realidad aglomeraciones de tiendas de pieles, luego cabañas de madera y finalmente casas redondasde arcilla. La región carecía de piedras y los hornos para ladrillos recién fueron fabricados, según relatos del emperador Constantino VII, el Porfirogeneta, cuando con la ayuda de los bizantinos se levantó la fortaleza de Sarkil. (14)

Resultaría sorprendente que los kházaros no hubieran llegado a tener un sistema monetario propio, dadas sus actividades comerciales. Descubrimientos arqueológicos más recientes han revelado que tenían su propia moneda, los *yamaqs*, monedas de plata copiadas del *dirham* árabe; se las ha encontrado en Escandinavia. Como hemos señalado, culturalmente su creatividad era reducida; se limitaba a la imitación artesanal u ornamental del modo persa o bizantino. Su lengua, del grupo uralo-altaico, supuestamente sobrevivió en el dialecto "chuvasco" (de la ex República soviética autónoma de Chuvaciev). Respecto a la escritura, no se ha encontrado ninguna inscripción que mostrara algún rudimento de escritura propia, salvo algunos caracteres rúnicos encontrados en inscripciones (Dunlop). En cuanto a la hebrea que los exilados de Bizancio pudieron haber traído consigo, sólo se han encontrado estelas con letras aisladas pero ninguna que hayan sido realmente incorporadas en la escritura. (15)

El camino de la destrucción

La vigencia e importancia kházara, en el Oriente Europeo se extendió aproximadamente cuatro siglos, desde el siglo VII al siglo X. Veamos en qué momento se sitúa su declinación y su desaparición final.

Los kházaros corresponden al último coletazo de las primeras invasiones bárbaras de las que Europa fue escenario (en las que los hunos habían formado parte). Fueron el preludio de las segundas invasiones en Europa, la de los árabes y la de los vikingos. Los magiares y otros pueblos anticiparon una tercera oleada, la de los mongoles en el siglo XIII. Cabe señalar que agrupar de esa manera estas invasiones tiene sólo un sentido simplificador y didáctico, dado que su escalonamiento en el tiempo fue relativo.

Las invasiones árabes se iniciaron aproximadamente en 630 a poco comenzar la Era Musulmana, la Hégira, en 622. Los magiares provenientes del Asia Central, después de sucesivos desplazamientos, se instalaron en las planicies húngaras a fines del siglo IX. Desplegaron un amplio movimiento de saqueos que con efectos devastadores penetraron en Italia, Alemania y Francia. En 955 derrotados decisivamente por Otto I de Sajonia retornaron a las planicies húngaras donde terminaron por asentarse. La asonada magiar había durado un poco más de medio siglo.

Los vikingos (wiks, hombres del golfo), provenientes de la región escandinava, se desplazaron a fines del siglo VIII en dos alas: la occidental (los noruegos y los daneses) y la oriental (los suecos). Los primeros conjugaron acciones navales de saqueo y colonización en el Atlántico Norte: devinieron los "normandos" (northmen). (16)

El ala oriental de los vikingos -los suecos- desplegó sus acciones en el este europeo; primero en la parte septentrional. Su incursionar largo y persistente va a ser determinante en el devenir de los kházaros.

Llamados varegos (Mar Varego era el nombre que los árabes daban al Mar Báltico) o rhus, luego "rusos" (posiblemente de las palabras suecas rodder, remeros, o quizás rot, rojo), instalaron sus primeras bases sobre las costas del Báltico (siglos VIII y IX). (17)

Los varegos comenzaron como piratas fluviales, salteadores de caminos y mercaderes a mandobles de espada y a golpes de hacha. Se lanzaron en expediciones hacia el sur; primero remontando y luego descendiendo por los grandes ríos esteparios rusos (Duina, Dnieper, Don, Volga). Independientemente de las probablemente poco objetivas crónicas árabes (que los tildaban de sucios, desvergonzados, salvajes, crueles, bebedores de sangre), eran indistintamente violentos guerreros y astutos y hábiles comerciantes: saqueaban y al mismo tiempo intercambiaban pieles, armas y ámbar por oro y esclavos. Desarrollaron el comercio con todas sus reglas y recursos: acuerdos e incumplimientos, búsqueda de ventajas y subterfugios.

Durante el siglo IX, continuaron su avance hacia el sur, conquistando y colonizando. Uno de los objetivos rhus era llegar al Mar Negro y al Mar Caspio. Sus barcos descendían por el Dnieper, el Don y el Volga; pero la desembocadura de los ríos les estaba vedada por el control que los kházaros ejercían.

En ese despliegue hicieron pie en la zona de influencia y de dominio kházaro. En 830, los kházaros pidieron apoyo al emperador bizantino para construir la fortaleza de Sarkil ("Castillo Blanco") y poner freno a los varegos. Ello no les impidió (a los varegos), que en 859 consiguieran doblegar a los kházaros, obligándolos a repartir las zonas de influencia (captura de esclavos y cobro de tributos): la del norte para los varegos, la del sur para los kházaros.

El acuerdo con los kházaros no los detuvo; siguieron avanzando hacia el Sur y hacia el Este, sometiendo militarmente a nuevos vasallos tributarios, construyendo bases de apoyo estables, extendiendo sus actividades comerciales, concertando tratados con los bizantinos. Los tratados alternaban con enfrentamientos: entre 838 y 971 hubo aproximadamente siete tratados con sus correspondientes incumplimientos.

Por algún tiempo, los kházaros lograron poner freno al avance rhus, concertando alianzas con los bizantinos como defensores de sus retaguardias, y con los magiares que, trasladados al oeste del Don, defendieron su flanco occidental. Con la posesión de Sarkil, plaza fuerte en el curso medio del Volga, puente de transferencia entre el Volga y el Don, los kházaros, consiguieron mantener el control de la desembocadura del Volga sobre el Mar Caspio y el acceso de la flotilla rhus al Mar Negro. Pero la situación no se pudo sostener. Alrededor de 860, los magiares fueron desplazados por los pechenegos (nuevos llegados del Asia Central), que a su vez fueron expulsados o por los kházaros o por los kumenos (otra tribu del Asia Central). El hecho es que los rhus pudieron seguir avanzando hacia el Sur y en 862 consiguieron posesionarse de Kiev, ciudad clave sobre el Dnieper. La caída de Kiev significó la pérdida por los kházaros del dominio de la región: los barcos rhus pudieron descender libremente el Dnieper y acceder al Mar Negro.

En esa ocasión, la propia Constantinopla estuvo a punto de caer atrapada por el ataque simultáneo de los rhus y una flota de vikingos occidentales, los normandos, llegados a través del Mediterráneo; una sorprendente y casi increíble concertación estratégica. A partir de entonces, Kiev (en el Sur) eclipsará a Novgorov (en el Norte) y se convertirá en la capital rhus. Los rhus devenían "rusos" y Kiev, principado y primer Estado ruso.

Según un relato de al-Masudi, en 912-913 una flotilla de quinientos navíos rhus penetró en el Caspio, que ante la probable impotencia o pasividad kházara, produjo una razzia y baños de sangre entre los musulmanes.

Fue el quiebre de las relaciones entre kházaros y musulmanes. Según Ibn Fadlan en 922 se produjo una reacción en cadena:, la destrucción de una sinagoga por los musulmanes y la consiguiente respuesta kházara, el derrumbe de mezquitas. Una situación curiosa: el kahán Joseph en su carta a Hasdai (en aproximadamente 960) señalaba: "cuido la desembocadura del Volga y no permito que los rhus invadan la tierra de los árabes". Estaba a pocos años del mencionado descalabro de 922 en la boca del Volga y la de próxima caída de Sarkil en 965, un hito que va a marcar el inicio del colapso del 'imperio'.

La fortaleza de Sarkil habría sido destruida por el príncipe ruso Svyatoslav; los rusos podían ahora tener el libre acceso de sus naves al Mar Negro y a través del "puente" de transferencia del Don al Volga y al Mar Caspio.

Con la caída de Sarkil o acaso con la de Itil, los kházaros habrían dejado de ser un centro de importancia en la región. (18)

En la segunda mitad del siglo X, los acuerdos kházaro-bizantinos fueron sustituidos por los convenios ruso-bizantinos, que aseguraban el acceso al Bósforo de la flota rusa. Convertidos al cristianismo, siglos más tarde, los rusos, en el siglo XIV devendrían una potencia en el sureste europeo. (19)

Estas dos situaciones, la destrucción de Sarkil y la constitución de Rusia como potencia dominante del sudoeste asiático, delimitan un período (siglo X-siglo XIV) durante el cual, los kázaros dejaron de existir como 'imperio'. Aunque la cuestión de la caída de Sarkil y la de Itil no ha tenido todavía una respuesta históricamente cierta, el análisis de lo ocurrido en la región a partir del fin del siglo X nos va permitir conocer con mayor aproximación cuándo los khazaros dejaron de ser una tribu dominante.

La desintegración

Para Koestler la destrucción de Sarkil en 965, "si bien marca el fin del 'imperio' Kházaro, no marca el fin de la nación kházara". Dice Koestler: "Si la dominación kházara sobre las lejanas tribus eslavas había terminado, el propio dominio kházaro entre el Cáucaso, el Volga y el Don había permanecido intacto". Independientemente de la incertidumbre en cuanto a si fue Itil o Sarkil la ciudad destruida por los rhus, para Koestler "después de la catástrofe de 965, la ciudad devastada (en proporciones desconocidas) fue reconstruida y aunque debilitado, el estado kházaro salió de esta prueba. Muchos de los 'exilados' habrían vuelto a sus lugares de origen: *no puede quedar ninguna duda que, aunque con un territorio más reducido, [Khazaria] sobrevivió al menos doscientos años,* es decir hasta mediados del siglo XIII" (las cursivas son nuestras).

¿Sobre qué elementos se apoya Koestler para sostener la supervivencia del estado kházaro? Una de sus fuentes sería Ibn Hawkal, que aunque habla de la destrucción completa de Khazaria, escribe que años más tarde seguía siendo el centro por el que transitaba el comercio rhus. Las otras referencias de Koestler corresponden a situaciones menores o a fuentes poco fiables. (20)

Koestler agrega otras "leyendas y folklore" (sus propias palabras) que completan el cuadro; sin mayores consideraciones, concluye: "sea como fuere, la presencia de los kházaros hasta la invasión de los mongoles en 1245 es un hecho innegable". (21)

Cabría preguntarse por qué la insistencia en querer hacer 'sobrevivir' el 'imperio kházaro' hasta el siglo XIII. El hecho es que, si se lograra demostrar la verosimilitud de que en el siglo XIII Khazaria aún existía, o por lo menos todavía sustentaba una relativa importancia, se podría pretender que los kházaros fueron desplazados por los mongoles en 1245 y que los judíos de Europa Oriental provendrían sustancialmente de los kházaros. Teoría opuesta a la tradicionalmente aceptada que considera que los judíos que llegaron a Europa Oriental a mediados del siglo XIV provenian fundamentalmente de Europa Central y lejanamente de Palestina. Si los kházaros hubieran desaparecido en el siglo X o XI, habría un vacío de casi dos siglos que la teoría magiar no podría explicar.

Veamos cómo y cuándo habría desaparecido el conglomerado bajo la égida kházara.

Veamos primero las afirmaciones de Toynbee, que los historiadores "magiaristas" consideran confirmatorias de sus teorías. Dice Toynbee que después de la caída de Sarkil "el dominio kházaro entre el Cáucaso y el Volga permaneció intacto", y que, "habiéndoles impedido (los khazaros a los rusos) el acceso al Caspio, no se volvió a hablar de ellos [de los rusos] en lo referente a un intento de forzar ese acceso". Se desprendería así, apoyándose en la casi indiscutida autoridad de Toynbee, que hasta el siglo XIII las llanuras del mar Negro, y la depresión del Caspio no habrían sido ocupadas por los rusos, sino por los kházaros. Reiteramos, el siglo XIII o más precisamente el año 1245 corresponde a la invasión de los mongoles, los eventuales destructores el 'imperio' kházaro. Es precisamente en eso en lo que se apoya Koestler para convalidar la teoría del "origen turco" de loa askenazim.

El hecho es que, en este rompecabezas, hay unas fichas que faltan o que estamos olvidando. Es posible que Toynbee tenga razón y que efectivamente los rusos no hayan ocupado las llanuras negro-caspianas hasta el siglo XIII o XIV. Pero en este juego de posiciones, durante el período que nos ocupa, estaban en escena e intervinieron, también otros actores.

Nos hemos referido anteriormente a los pechenegos (también llamados *patzinaks*), que en la segunda mitad del siglo IX habían desplazado a los magiares hacia las llanuras húngaras, ocupando la región al oeste del Don. Ahora bien, en el siglo XI la situación fue mucho más compleja. En este juego (una especie de "gou" asiático) aparecieron otros actores, los kumanos (también llamados *polovitzy, kun,* o *pitchaks*), provenientes también de Asia Central, que desplazaron a su vez a los pechenegos. De manera que si antes nos faltaban actores, ahora nos sobran.

Los hechos se habrían encadenado de la siguiente manera: los rusos entre el siglo X y XI habrían ocupado las llanuras Norte del mar Negro y del Caspio, región hasta entonces bajo el dominio kházaro. Ello no significó que hubieran podido sostenerse. En el siglo posterior no habrían podido resistir a los conquistadores asiáticos (pechenegos o kumanos), belicosos nómadas de las estepas, con sus tácticas de guerrilla y sus caballerías arrasadoras y los rusos se habrían tenido que retirar de los llanos meridionales hacia los bosques del norte. No olvidemos que originariamente los rhus eran guerreros náuticos (marinos y fluviales).

Hay otra situación que homologa esta hipótesis. Un factor que había afianzado la presencia de los rusos en las estepas meridionales era su alianza con los bizantinos. En 1071, los bizantinos fueron derrotados en la batalla de Manzikert por otras fuerzas turcas recientemente llegadas al tablero asiático (los *seldjuk* o selyúcidas). A partir de ese momento, los bizantinos no estuvieron en condiciones de brindar apoyo a sus aliados rusos, por lo que estos no habrían tenido otra opción que la de retirarse frente al avance kumano.

Hay, por otra parte, una serie de situaciones y acontecimientos que confirman la desaparición del poder kházaro entre fines del siglo XI y la segunda mitad del siglo siguiente. Por de pronto, antes de que el rey ruso Vladimir se convirtiera al cristianismo, una misión judía habría intentado ganarlo al judaísmo. La conversión de los rusos fue en 988; ello significaría que por lo menos hasta esa fecha el dominio kházaro estaba todavía vigente.

El año 1016 es un año de la probable la caída del 'imperio' kházaro, Según Dunlop, de acuerdo a un documento de Jorge Cedremu -un cronista bizantino del siglo XII- Khazaria fue demolida en 1016, en una campaña bizantina-rusa. (22)

La Crónica Rusa nos aporta otro elemento: en 1106 los kumanos devastaron Zaretesek al oeste de Kiev, región ocupada por los rusos. Ello implicaría que para esa fecha los kházaros habían perdido toda fuerza en la región. Más aún, uno de los generales encargados de la defensa rusa contra los invasores era llamado Ivan el Kházaro, probablemente un antiguo miembro del desmembrado ejército kházaro.

Otro elemento más: la crónica de Petachia, viajero judío de Ratisbona (1170-1185), señala que en su travesía por el corazón del país kházaro no encontró trazas de judaísmo. De los hechos mencionados, lo que es dable concluir es que a pesar de las imprecisiones, en el período (1016-1185), en el sudeste europeo, la región donde habían sido la tribu dominante, los kházaros, dejaron de tener la importancia que como tal, habían tenido, a lo sumo subsistían como grupos aislados.

Son esas las conclusiones a las que llega Weinryb: para quien la destrucción de los kházaros tuvo lugar efectivamente antes de la llegada de los Mongoles de Gengys Khan. El período de la desaparición de los Kházaros como tribu dominante fue un período de confusión en el cual la región fue escenario de luchas entre bizantinos, pechenegos y kumanos.

¿Quiénes fueron los 'responsables' de la destrucción del 'imperio' kházaro? Sobre ese particular las opiniones son contradictorias. Para el cronista árabe Ibn Miskawayah fueron los turcos; los pechenegos o muy probablemente los kumanos; para Barthold, habrían sido los "rhus. Para Bury, en cambio, los kumanos y kházaros hicieron la guerra a los pechenegos en el siglo XI, para luego enfrentarse entre sí.

Una situación que podríamos representar como la de un juego asiático de carambolas, en el que los mongoles desplazaron a los kumanos, estos a los pechenegos, que a su vez habían desplazado a los magiares y búlgaros: una partida en donde también participaban los colores bizantinos y rusos. El hecho es que cuando los mongoles llegaron y se hicieron dueños de las estepas caspio-negrinas, los kházaros, como 'imperio', ya no estaban.

La tribu perdida

Es posible y aún probable que los kházaros, si bien no tuvieron un nivel sociocultural elevado, por su posición privilegiada como centro de tránsito y por su proximidad con los bizantinos hayan logrado superar, en alguna medida, cierto nivel de primitivismo. De ahí la formación de centros urbanos, como Itil, la última capital, y las otras capitales posibles. Pero esos centros eran urbanística y constructivamente muy precarios y han dejado pocas huellas. (23)

En las excavaciones durante la apertura del canal Volga-Don y la construcción de la presa de Tsymlyansk, cuyo embalse inundó la región, los arqueólogos soviéticos encontraron trozos de mármol probablemente utilizado en la construcción de la fortaleza de Sarkil, posiblemente provenientes de columnas de origen bizantino. Tampoco se ha encontrado algún tipo de tumbas reales o inscripciones.

Recapitulemos las características del "imperio" kházaro. Una identidad judía reducida al núcleo central y a los círculos cercanos al poder, una diversidad religiosa, un estado no estructurado, en un extenso territorio sin fronteras naturales estables y definidas, sin un autoabastecimiento suficiente, una organización militar de mercenarios extranjeros, un estado dual con una jurisdicción religiosa y otra civil, sin la autoridad de un poder unificado.

Con tales características, no es para nada extraño que en el momento de los enfrentamientos contra fuerzas nuevas y agresivas, su situación haya sido de extrema vulnerabilidad, que su derrumbe haya sido rápido y total, y que de su poderío no hayan quedado ni ciudades, ni ruinas, ni prácticamente testimonios.

Nos hemos referido a la utilización de sellos con monedas de oro en la correspondencia oficial. Podríamos afirmar ahora que el imperio kházaro era un sello, que sin demasiada exageración se podría denominar, figurativamente, de goma.

El estallido del imperio kházaro significó la dispersión de las tribus sometidas: su desaparición o absorción. Cuando en el siglo XIII, en pleno ex territorio kházaro, llegaron los mongoles de Genghis Khan, los kházaros ya no existían A lo sumo, los mongoles habrían terminado de absorber o de dispersar lo que de los kházaros quedaba.

¿Qué pasó con la tribu kházara propiamente dicha y en particular con los judíos kházaros?

La dispersión de los kházaros, de los kházaros judíos, no fue una Segunda Diáspora. Del sector de los kházaros identificados con la religión judía algunos pudieron haberse reorientado a Bizancio (de donde algunos provenían) o a alguno de los numerosos emiratos surgidos del fraccionamiento del Califato Abásida a partir de la llegada de los selyúcidas, precisamente en el siglo XI. Otros pudieron haber sido la base de la comunidad de Judíos montañeses del Cáucaso que subsistió durante muchos siglos, o pudieron haberse integrado con la antigua comunidad karaíta de Crimea y de Kertch (Tamatarka). (24)

También es posible que pudieran haber emigrado hacia el Oeste y Noroeste (Hungría, Besarabia, Ucrania, Polonia, y aún Lituania) incorporándose a los asentamientos de las comunidades judías.

Independientemente de lo anterior, están las dificultades para explicar el origen alemán del idish, la lengua de los judíos euro-orientales. Los vocablos eslavos y turcos del idish pueden haber tenido diferentes orígenes entre ellos, kházaro. Pero de ahí a aceptar la hipótesis del origen kházaro del idish a partir de las teorías lingüísticas de Wexler, no resulta muy plausible. La lingüística es una de las herramientas de la Historia, pero desde ya no la única. Debe apoyarse, en otras ciencias del conocimiento, como la antropología, la arqueología, además del soporte documental e histórico. No parece ser el caso de Wexler con su teoría de la relexificación del viejo alemán a partir del sorbio o lusacio, un dialecto eslavo del sudeste germano (Sajonia-Brandeburgo).

Es lógico suponer que cuando los vínculos tribales se distendieron y la autoridad centralizadora kházara desapareció, algunos sectores, al comenzar a dispersarse, hayan perdido, sus ligazones yahvistas. Esa situación nos recuerda, con sus diferencias, a la que existió unos dieciocho siglos antes, en 722 aEC, cuando la destrucción del Reino de Israel por Sargón. En esa oportunidad los elementos deportados, las "Diez Tribus Perdidas", con una identidad étnica y religiosa aún precaria, se fueron dispersando y terminaron por mezclarse con los pueblos de las regiones donde fueron confinados, adquiriendo sus costumbres, integrándose y desapareciendo como israelitas. Aún con la posibilidad que hayan constituido núcleos que doscientos años después, se incorporaron a los exilados babilónicos.

En definitiva, kházaros, después de la destrucción del 'imperio' serían los sucedáneos en Europa Oriental de sus antecesoras en la Historia, las Diez Tribus Perdidas. Se podría decir que podrían haber constituido otra (ignorada) Tribu Perdida.

X. EN LOS DOMINIOS MUSULMANES

El mecanismo del triunfo

¿Cuál fue la participación y cómo la inserción de los judíos en los dominios musulmanes y su intervención efectiva en lo político, económico y cultural?

En el ámbito de una cuestionable e imperfecta hermandad judeo-musulmana, los judíos tuvieron una participación constructiva e injerencias puntuales importantes, a veces con aportes en el ámbito cultural y científico.

Cabría considerar primero el mecanismo de la expansión de los árabes, o más precisamente del Islam.

Decir que fue la religión, el motor de esos desplazamientos es parcialmente válido; indudablemente las fuerzas árabes, cuando irrumpieron en las regiones que invadieron, cautivadas por el atractivo de sus riquezas, fueron también impulsadas por la búsqueda de un mayor bienestar. Según el historiador árabe al-Baladhuri, (citado por W.J.Fischel), Abu-Bakr, el primer califa "convocó a la 'guerra santa' a los pueblos de la costa del Mar Rojo (al-Hijaz), a los de la zona central de la península árabe (al-Najd) y a los del Sur (Yemen), excitándolos con las perspectivas del botín que cogerían a los griegos". Valga decir que Abu Bakr era un rico comerciante.

Cuando comenzaron a afirmarse en los asentamientos, los árabes se encontraron con el problema de ejercer y de mantener su dominio sobre los territorios que ocupaban. Irrumpían en un ámbito hasta entonces principalmente dominado por los dos grandes imperios de la época, el bizantino y el persa. Los bizantinos habían practicado una política de intolerancia sobre los cristianos monofisitas y nestorianos y sobre los numerosos judíos de la región; circunstancia que no pudo sino generar un clima favorable cuando la llegada de los árabes.

Los invasores conformaban un conjunto que incluía elementos fundamentalmente nómadas, de un bajo nivel de desarrollo social, poco habituados a la labranza y a los manejos administrativos y fiscales. El núcleo inicial de la expansión contaba, es cierto, con sectores que afi-

157

nes a la actividad comercial, satisfacían los requerimientos administrativos que la nueva situación imponía, pero no eran suficientemente
numerosos. (1)

Los califas entendieron la importancia de no desarticular el sistema
económico de las regiones que dominaban: la población nativa debía
continuar con sus actividades, de esa manera podría pagar los tributos que asegurarían el mantenimiento del nuevo estado. Era necesario
conseguir un sector que asegurara esa colaboración.

Los cristianos y judíos de las primeras regiones que ocuparon, además de actividades comerciales tenían oficios artesanales o semi-artesa-
nales (tintoreros, teñidores, tejedores, curtidores, carniceros, barberos,
perfumeros y droguistas) y en los estratos medios, los respetados médicos con sus saberes, los recolectores de impuestos y los no menos
necesarios conocedores de cuestiones administrativas que iban a poder
tener acceso a funciones importantes y a altos cargos en los estratos
gubernamentales. Una circunstancia que los hacía aún más confiables:
respetaban la Biblia, eran pueblos del Libro.

Para llevar adelante sus propósitos los árabes establecieron la institución de la *dhimma*, que permitía a cristianos y judíos continuar con
sus creencias y sus actividades contra el pago de un impuesto especial,
la *jizya*. El tributo no era más oneroso que las tasas que habían tenido
que pagar bajo bizantinos y persas. En esas condiciones no había razón
para que los 'infieles' no estuvieran dispuestos a colaborar.

La *dhimma* no quedó limitada a los judíos y a los cristianos, fue
ampliada en algunos casos a los sabeos, a los maniqueos, a los zoroas-
tristas, que pudieron así seguir en Siria e Irak, con sus antiguas culturas
y lenguas: el arameo y el siríaco, lo mismo que el iraní en Persia, y el
copto de los monofisistas en Egipto.

Aunque la *dhimma*, en principio, estipulaba que los practicantes
de las religiones "protegidas" no podrían ejercer cargos públicos, las
autoridades musulmanas, interesados en resolver los problemas administrativos y fiscales, en numerosos casos optaron por ignorar las
restricciones.

La búsqueda de apoyos locales que la expansión generaba no fue
exclusiva de los árabes, numerosos grupos minoritarios invasores recurrieron a mecanismos similares: Alejandro Magno con un núcleo
reducido de macedonios y griegos, los ptolomeos en Egipto.

Nominalmente los califatos y reinos musulmanes eran concebidos
como comunidades religiosas donde no tenían lugar los no creyentes. Sin embargo, la institución de la *dhimma* fue fundamental para
asegurar la existencia y el desarrollo de los judíos en los territorios

de dominio musulmán. A diferencia de la *privilegia judaica*, que debía ser ratificada y podía ser restringida, la *dhimma* era un derecho y una obligación. A través de la capitación (tributo) de la *jizya*, los gobiernos aseguraban sus ingresos, mientras otorgaban a los individuos de las creencias protegidas, a la seguridad personal y la oportunidad de ganar su subsistencia. Las creencias protegidas tenían autoridades autónomas centralizadas que atendían sus propios problemas. Por otra parte aunque hubo casos puntuales de matanzas, no sufrieron las persecuciones sistemáticas de los territorios bajo la dominación católica y en general no tuvieron que enfrentarse con la alternativa "conversión o muerte".

La evolución del proceso de conversiones

La conversión al islamismo no fue en el inicio particularmente estimulada: podía implicar una merma en los ingresos del Estado.

Las primeras conversiones correspondieron probablemente a los cristianos árabes de Palestina y Siria y a los monofisistas nabateos.

En la medida en la que los asentamientos modificaban el nivel socioeconómico, con el aumento de las conversiones, los conversos (los *mawali*) empezaron a reclamar un lugar en el sistema socioeconómico. Los dhimmis eran menos necesarios al sistema por lo que comenzaron a dictarse leyes discriminatorias. Un verdadero círculo vicioso: las discriminaciones estimulaban las conversiones; los neófitos redoblaban su celo y su intolerancia promoviendo persecuciones hacia sus antiguos congéneres. Se creaba un clima de inestabilidad en el que el trato que recibían judíos y cristianos oscilaba según las actitudes de los califas, de los subcalifas o de los gobernantes de los subreinos.

Omar I (634-644), segundo califa de la dinastía Omeya, implementó nuevas bases políticas relativas a los no musulmanes. Abd al-Malik (685-705), quinto califa, dispuso que los registros oficiales fueran escritos en árabe en vez de en griego; en el llamado Pacto de Omar o estatuto de los dhimmis, Omar II (717-720), octavo califa, impuso otras restricciones a los no creyentes. (2)

Con la llegada de la dinastía abásida se pasó a una nueva etapa. De acuerdo a J. Parkes, sólo los estratos superiores favorecían una verdadera atmósfera de tolerancia, mientras que entre los sectores populares (en la calle, en el mercado) comenzaron a aparecer la intolerancia y el fanatismo. A esta situación contribuyeron la arrogancia y la ostentación de los *dhimmis*, cuya riqueza aparecía, para los más pobres, como emanada de la protección oficial. Por algún tiempo los no musulmanes siguieron gozando de la protección de los califas y manteniendo el control de los asuntos comunales (J. Parkes). (3)

Según Pierre Hitti "los cristianos y judíos desempeñaban con frecuencia cargos profesionales, financieros y jurídicos; la envidia que la situación provocaba se traducía en disposiciones oficiales en su contra aunque su cumplimiento no habría sido frecuente".

A partir de al-Mutawakkil (847-861), décimo califa abásida, se establecieron nuevas leyes ominosas aplicadas a los no creyentes: la obligación de poner en las puertas de sus casas imágenes de demonios, de nivelar los sepulcros a ras de tierra, de llevar vestidos exteriores amarillos y de identificar a sus esclavos con retazos de los mismos colores, de montar jumentos con sillas señaladas con dos granadas y disposiciones como la inhabilitación de deponer como testigos contra musulmanes. (4)

En un clima donde alternaban la tolerancia y el fanatismo, la religión tuvo un impresionante desarrollo con las escuelas coránicas al lado de las mezquitas. El avance de la religión fue acompañado por una importante extensión territorial. En aproximadamente tres siglos el Islam llegó a cubrir desde el norte africano hasta el sud y parcialmente sudeste asiático. (5)

En ese contexto, los musulmanes no dejaron de incorporar la cultura de las civilizaciones de los pueblos que invadían: la sirio-aramea, la persa y la griega.

A las pocas décadas de la muerte del Profeta (632) se desencadenó una lucha por su sucesión y por la interpretación del Corán, ello dio origen a las dos principales sectas islámicas: la *sunita* y la *shiíta*. No fue esta la única fragmentación que se produjo. Dada esa situacion, la magnitud de la expansión y del triunfo inicial casi fulgurante, es entendible que el propósito de organizar un estado teocrático, militar y centralizado no haya podido materializarse.

El imperio dejó de ser por su extensión y diversidad étnica, una comunidad árabe, sino una comunidad de pueblos islámicos. Además de los persas, incorporó otros pueblos no árabes: como los bereberes, los eslavos y los turcos. En pocos siglos, el califato abasida, que sucedió al omeya, se fragmentó conformando diferentes e inestables reinos. (6)

En ese contexto el islamismo, con los árabes como núcleo básico, con los pueblos que incorporaron, rescataron y desarrollaron la cultura que los llevó al lugar que hoy ocupan en el mundo.

El desarrollo del pre-mercantilismo

El triunfo del islamismo trajo aparejado el desarrollo de la actividad comercial, lo que S.D.Goitein ha llamado "la primera revolución burguesa de la historia". Los árabes tuvieron un papel protagónico en el renacimiento del comercio internacional que sucedió al letargo de la Edad Oscura en el I Milenio.

El importante desarrollo comercial dio lugar al nacimiento de una clase aristocrática de mercaderes que pululaban en las grandes ciudades de ese inmenso imperio fragmentado (Bagdad, El Cairo y Alejandría). A diferencia de los romanos, los árabes despreciaban la agricultura, pero no el comercio, que consideraban honorable y hasta agradable a Dios. ¿No había sido acaso una actividad del Profeta?

Si la conexión con el comercio y la dispersión del pueblo judío se puede relacionar con su ubicación en el Corredor Cananeo, la expansión del pueblo árabe y su ulterior desarrollo estuvieron inicialmente también conectados con la posición geográfica de su región de origen: la península árabe. Abrazada por la Media Luna Fértil y sus dos prolongaciones marítimas hacia el Océano Índico: el Mar Rojo y el Golfo Pérsico, la península árabe era el lugar de paso de las rutas a Extremo Oriente, la encrucijada entre Europa, África y Asia.

La expansión islámica tuvo a Medina como epicentro de las conexiones. Por allí pasaban las caravanas de camellos de la Ruta de las Especies a lo largo del Hejaz desde Yemen o desde Axum en África (cruzando el estrecho de Adén) hacia la Petra de los nabateos o atravesando la Arabia Pétrea hasta Omán en el Estrecho del Golfo, o hacia al-Basrah en la desembocadura de los ríos mesopotámicos y luego por Samarcanda y el Turquestán por la Ruta de la Seda al Asia Central, o por Irán hacia India y la China.

Las rutas terrestres no fueron las únicas vías de la expansión comercial: la península árabe era una especie de isla desértica rodeada por golfos, mares y océanos; la navegación marítima había hecho grandes progresos con la utilización del monzón y los árabes fueron suficientemente dúctiles para aprender a navegar y sobradamente inteligentes para adquirir de los chinos e indios, los conocimientos de la astronomía y el uso de la brújula, y del reloj. En el siglo IX la China y la India sobrepasaban en muchos aspectos a la civilización europea y los árabes incorporaron los impresionantes progresos chinos e indios: la invención del cero, y su utilización posicional en a la escritura numérica. Oriente era el punto de llegada y de retorno de las comunicaciones árabes y persas.

Los mercaderes árabes habrían llegado a China en los días del segundo califa abásida, al-Mansur (754-775). Con Cantón (Guangzhou) como centro principal, en el siglo VIII EC, los intercambios no sólo eran comerciales, también diplomáticos. (7)

El principal comercio de los árabes con Oriente, además del de la seda, era el de las especies. Llevaban además dátiles, azúcar, algodón, tejidos de lana, instrumentos de acero y vidrio; y provenientes de África, marfil, ébano y esclavos. Era poco frecuente que las caravanas hicieran trayectos directos: Bukhara era una ciudad de relevo. Al-Basrah (el puerto de Bagdad sobre el Golfo), junto con Alejandría (el puerto de El Cairo), se convirtieron en grandes centros de trasbordo.

El comercio hacia Europa siguió por dos carriles diferentes. Por un lado, la penetración en Europa Oriental y del Norte por el sudoriente europeo a través de Khazaria, región de encuentro e intercambio entre comerciantes musulmanes y varegos.

Por otro lado, ruta comercial a Europa siguió las costas mediterráneas de África del Norte, por Egipto (en 636), Kairuán (en 670), Cartago (en 698) y España (en 711).

Pero el verdadero desarrollo empezó cuando los fatimidas ocuparon Egipto. Fueron dos siglos de prosperidad comercial y cultural (969-1170), período en gran parte cubierto por los documentos de la Geniza de El Cairo, que acreditan la activa participación comercial de los judíos. (8)

El mundo occidental entraba en el desarrollo mercantil y Egipto de alguna manera le antecedió. Egipto, con una indiscutida relación con Cercano, Medio y Lejano Oriente, era un centro de conexión con Cirenaica, Tunisia, Sicilia, Argelia y España.

La gran expansión musulmana de ocho siglos, desde el nacimiento del islamismo hasta la caída de Constantinopla en 1453 (que incluyen los dos siglos que duraron las Cruzadas), fue un período en el que proliferaron alianzas y virajes copernicanos: el de los fatimidas, que ante el avance de los selyúcidas buscaron el apoyo de los cruzados y fueron traicionados por éstos; el de los ayubidas que desplazaron a los fatimidas, y requirieron ayuda a los selyúcidas contra los cristianos; el de los selyúcidas que enviaron a los kurdos, y a su vez desplazaron a los fatimidas; el de los bizantinos cismáticos que pidieron apoyo a los romanos católicos que finalmente los invadieron, el del acuerdo por la venta de niños cristianos por los cristianos a los musulmanes. En medio de ese concierto de estridencias, los judíos desarrollaron una silenciosa y productiva actividad.

En la corte de los califas

¿Cuáles eran las actividades de los judíos en los diferentes países bajo la dominación de los musulmanes?

"Los judíos llegaron a constituir comunidades conformadas por artesanos y tenderos, también se desempeñaban como comerciantes locales, como grandes y ricos comerciantes y como financieros interna-

X. En los dominios musulmanes.

cionales (L. Poliakov, *De Mahoma a los marranos*). Refiriéndose a esos grandes y ricos financieros, Poliakov se refiere a "los *naggid* o verdaderos príncipes judíos: cónsules-representantes de los comerciantes ante las autoridades a cargo de velar por sus intereses comerciales".

L. Poliakov no escapa a la mayoría de los historiadores tradicionalistas cuando dice: "en vísperas de las conquistas árabes, los judíos se dedicaban por entero a la agricultura [tanto es así] que la literatura talmúdica se elaboró en función de un pueblo de labradores". Esas afirmaciones, no impiden a L. Poliakov, señalar que son "numerosos los textos talmúdicos" relativos a actividades comerciales, que "por razones que no quedan muy claras, [sic] habrían significado una verdadera transformación económica, que habría alcanzado también a los armenios [por lo cual] al cabo de esta etapa evolutiva los judíos se consagraron al comercio".

El hecho es que la *dhimma* posibilitó que algunos judíos y cristianos se colocaran en posiciones intermedias en el funcionamiento de la administración, lo que en algunos casos les abría el acceso a las cortes. Fueron casos aislados, es cierto, pero numerosos: bajo los califas abásidas, al-Mu'tadid, al-Muqtafi y al-Muqtadir entre 892 y 932, como visires, al frente del departamento de guerra, o como asesores expertos. Tuvieron también cargos importantes bajo los fatímidas en Egipto durante al-Aziz (975-996), bajo los omeyas en el califato de Córdoba y en el ámbito del kahanato mongol. (9)

En los parágrafos siguientes nos referiremos a algunos casos específicos.

Bajo los abasidas

Después de menos de un siglo de dominación omeya la llegada de la dinastía abásida significó un cambio importante en la dinámica del islamismo. Con el traslado de la capital de Damasco a Bagdad, la incorporación de vastos sectores no árabes, fundamentalmente persas y el incremento de los conversos (los *mawali*), la expansión se orientó hacia el desarrollo comercial.

El imperio abásida empezó a registrar avances importantes a partir del fundador de la dinastía, el califa Abul Abbas al-Saffah (750-754) y de sus primeros sucesores, al-Mansur (754-775) y Harun al-Rashid (786-809).

En sus contactos con los adelantos e innovaciones técnico-científico-culturales de Oriente y los intercambios comerciales, el Islam devino un puente entre el mundo de Extremo Oriente y el de Europa. Bagdad (a 80 km al Norte de la antigua Babilonia) se convirtió en el centro de una febril actividad que irradiaba tanto a las provincias interiores, con ciudades como Tustar e Isfahan (llamada "la segunda Bagdad"), como en las regiones periféricas de Siria, Yemen y Egipto.

En ese contexto no es casual que la institucionalización inicial de la dhimma haya evolucionado más radicalmente, de manera que judíos y cristianos hayan llegado a tener una mayor participación en la administración y en la corte. (10)

Walter J. Fischel y León Poliakov nos aportan interesantes referencias sobre las actividades de judíos y cristianos en ese período.(11)

A comienzos del gobierno del califa al-Muqtadir (908-932), se promulgó un edicto por el que se admitía a judíos y cristianos en el ejercicio de sólo dos funciones estatales: la de médicos y la de banqueros.

Según W. J. Fischel de lo que probablemente se trataba era de legalizar una situación que de hecho existía y de la que no se podía prescindir. En esa etapa aparecen los judíos Joseph ben Phineas y Aaron ben Amram originarios de Ahwäz, ciudad en la confluencia mesopotámica. Ahwäz había sido uno de los principales puntos de apoyo en la transferencia de los mercaderes radanitas que unían la India con Europa Occidental.

Los inicios de Phineas y Amram fueron probablemente comerciales. En su ascenso, cubrieron un abanico de actividades bancarias o semi-bancarias como administradores de bienes, depositarios de tesoros de los poderosos, financistas de empréstitos reales y de negocios privados, hasta llegar a ser banqueros- asesores de la corte del califa.

El término *jahbadh* con el que su actividad era designada implicaba el de "expertos financieros", "verificadores-cambistas". Eran actividades que habían devenido fundamentales con el incremento del desarrollo comercial monetario y la utilización de distintos tipos de moneda (el dinar de oro y el dirham de plata).

No eran actividades exclusivas de Phineas y Amram, había numerosos judíos y árabes que también las ejercían, sólo que en su caso estaban avaladas por el prestigio de su reputación de confiabilidad, honestidad y habilidad de la que gozaba la comunidad judía.

Phineas y Amram se sitúan prácticamente en el eje geográfico-temporal de los 450 años del período gaonita (589-1040) alrededor de los centros académicos de Sura y de Pumbedita, cuya importancia religiosa y cultural se irradiaba también en Francia y España.

Durante los 25 años del califato de al-Muqtadir, mientras el califa reemplazaba a alrededor de quince visires, Phineas y Amram siguieron siendo "banqueros de la corte".

Bajo los fatímidas

Los fatímidas, una tribu berbere de Retama, África del Norte, ocuparon Tunisia en 909; pertenecían a la rama shiíta. (12)

En 920 luchando contra los bizantinos consolidaron en Sicilia y en el sur de Italia, los territorios que habían heredado de sus predecesores, los *aghlábidas*, constituyendo su propio califato.

En 969 al-Mu'izz, el tercer califa fatímida logró ocupar el Valle del Nilo. Cerca del antiguo centro administrativo de al Fustat, fundó al Qahira (El Cairo) ("la fuerte, la victoriosa") y estableció allí su capital.

La llegada de los fatímidas a Egipto fue acompañada por una ola inmigratoria de árabes, persas y turcos y de numerosos judíos y cristianos provenientes de Palestina Siria, Irak e Irán. Los fatímidas, constituidos inicialmente por grupos tribales minoritarios, incorporaron rápidamente en la estructura social y económica, a través de la *dhimma* a cristianos y judíos.

Durante los fatímides un caso relevante fue el del judío persa, Ya'qub (Jacobo) Ibn Killis (930-991), un personaje de una extraordinaria capacidad, de una increíble habilidad y de una desacostumbrada honestidad. (13)

Convertido en el más influyente de los que rodeaban al califa al-Mu'izz, encabezó la administración financiera del reino y condujo una reforma que ordenó el caótico sistema monetario que reinaba en ese período. Bajo al-Azizz (975-996), hijo y sucesor de al-Mu'izz, Ibn Killis fue nombrado Ministro de Hacienda y Finanzas, además de asesor en cuestiones relacionadas con estrategia y política extranjeras.

Pese a su conversión, durante su administración, Ibn Killis no retaceó incorporar tanto a judíos como a cristianos en las actividades bajo su dependencia. En 983-4 cayó en desgracia producto una de las frecuentes intrigas de la corte. Destituido, confiscadas sus propiedades, puesto en prisión, fue luego liberado y rehabilitado. Moriría en 991.

La colaboración de los judíos continuó durante el califato de al Hakim, de az-Zähir , hasta 1094. Durante ese período aparecen otros dos personajes judíos, los hermanos, Abü Sa'd ibn Sahl y Abü Nasr ibn Sahl, de Tustar, ciudad del sur de Persia donde los judíos tenían una activa participación. Llegaron Al-Furst en 1020, todavía capital de Egipto, (luego absorbida por el Cairo) que continuaba siendo centro fatímida de hegemonía económica. (14)

Durante los primeros años de az-Zahir, los hermanos ibn Sahl conformaron una especie de sociedad: la Banü Sahl y devinieron proveedores de la corte.

E.J.Dunayevich

Reconocidos por su honestidad, integridad y ética en los negocios, la historia de los hermanos ibn Sahl y de su empresa es fascinante. Abü Nasr se dedicaba fundamentalmente a las transacciones monetarias y a las actividades bancarias y Abü Sa'd a las relacionadas con la provisión de artículos de lujo, joyería y piedras preciosas; un requerimiento primario de las altas clases fascinadas por las gemas y los objetos preciosos. Extendieron sus relaciones comerciales con los más diversos países de Cercano Oriente (Nubia, Sudan, Palestina, Irak, Arabia del Sur, Adén), de Lejano Oriente (Ceilán, la India) y con los de la cuenca del Mediterráneo. Después de la muerte del califa az-Zahir en 1036, los hermanos ibn Sah se mantuvieron en la cumbre todavía diez años más. Una serie de intrigas terminó con su caída en desgracia, su muerte y el derrumbe total de la empresa Banú Sahl. A su muerte, el hijo de Abü Sa'id, Abü Ali Hasan siguió teniendo cierta influencia en el ámbito de la corte, al punto de ser designado por el nuevo califa al-Mustansir para el cargo de visir; probablemente después de su conversión al Islam.

La participación de judíos y de otros no musulmanes no se limitó a ese período y al ámbito de Egipto. Documentos de la Genizá del Cairo registran numerosos nombres de judíos y coptos en cargos civiles y militares. (15)

Los fatímidas continuaron expandiéndose rápidamente, ampliando su dominio sobre Palestina, Siria, el Heyaz (la costa del mar Rojo de la península árabiga), con las dos ciudades santas, Meca y Medina, y el Yemen al sur. Paralelamente, a través del mar Rojo y el Océano Índico, desarrollaron una agresiva actividad marítima que se concretó en un activo intercambio con la India y Extremo Oriente, en detrimento del Golfo Pérsico controlado por los otros gobiernos musulmanes no afines.

El importante intercambio de bienes y mercaderías de los fatímidas con Bizancio (que los árabes identifican como los *rüm*, "romanos"), ha quedado registrado en numerosos documentos de la Geniza. A partir de la segunda mitad del siglo X, Egipto se convirtió en un importante centro comercial de consumo y de redistribución comparable al antiguo esplendor helenístico. (16)

Simultáneamente, en el último siglo del I Milenio, Europa cristiana había entrado en la etapa de incremento del intercambio. En ese contexto emergieron Génova y Pisa, que con la construcción de grandes barcos, intensificaron las comunicaciones con Egipto.

El contexto no era el mismo que el de omeyas y abásidas. Habían transcurrido 300 años de dominación musulmana (con dominación directa o bajo gobiernos semi-autónomos como el de los tulúnidas o el de los ikhshididas); la población había sido fuertemente islamizada

166

y la atmósfera de relativo liberalismo de los comienzos abrió vía a frecuentes situaciones de intolerancia y de competitividad.

A ello se uniría la circunstancia de que en el grupo gobernante se incorporaron elementos de las más diversas extracciones étnicas y sociales (turcos, eslavos y sudaneses, incluso antiguos esclavos). Estos elementos que inicialmente formaban parte de la estructura complementaria de dominación como mercenarios y guardias personales, llegaron a ser importantes factores de poder. (los mamelucos en el siglo XIII).

En el listado de los califas de la dinastía fatímida los hubo competentes e incompetentes, algunos accedieron al poder cuando eran sólo adolescentes o aún niños; algunos fueron víctimas de numerosas intrigas, ejecuciones y asesinatos. (17)

No faltaron los casos en los que califas carentes de cualidades tuvieron la sabiduría de rodearse de elementos capaces (musulmanes o judíos) que se avenían a sus apetencias y exigencias de lujo.

Entre los hombres prominentes que llegaron a la cúspide del poder figura Malik al-Afdal (1095-1121), musulmán, visir de los califas al-Mustali y al-Amil, reconocido por sus cualidades y equidad para negociar en la Primera Cruzada en nombre de los fatímidas.

Bajo los omeyas en España

En 711 los moros habían comenzado a instalarse en España, pero en 750 Abd al-Rahman I, sobreviviente de los omeyas eliminados por los abásidas en Cercano Oriente, cruzó el Estrecho de Gibraltar con un puñado de seguidores y los desplazó. En 756 constituyó en Córdoba un emirato emancipado políticamente de Bagdad. En 929, Abd al-Rahman III fundaba un nuevo califato con Córdoba como capital, devenida gran centro económico y cultural. Con la llegada de los moros a España se dio nuevamente el clásico esquema de un grupo invasor minoritario, necesitado de un sector igualmente ajeno a la población mayoritaria del país ocupado. La dhimma abrió la posibilidad de colaboración administrativa y económica de los judíos y su acercamiento al poder.

Mencionaremos algunos nombres que puntualmente ilustran esa situación. Uno de ellos, Hasdai ibn Isaac ibn Shaprut (910-975) (para los cronistas árabes Abu Yussuf), a quien nos hemos referido en relación al intercambio de correspondencia con el kahán kházaro Joseph, punto de inicio del debate sobre la existencia e importancia de los kházaros. Hasdai ibn Shaprut, de una familia judía rica de Córdoba, se hizo hombre de confianza del califa Abd al-Rahman III. Sus relaciones con el califa se concretaron por sus conocimientos de medicina y también en la esfera diplomática, en la que participó como intermediario en disputas entre los reinos cristianos de la península y como enviado ante el emperador germánico Otto I. (18)

Abu Ubrahim ben Yosef Halevi ibn Nagrela (Semuel Ha-Naguid) es otro de los personajes judíos de la época. Nació en 993, también del seno de una rica familia judía de Córdoba. Con una educación a la vez judía y árabe, llegó a ser el hombre de confianza y ministro omnipotente de los reyes taifas de Granada, que le confiaron el mando de sus tropas. Destacado además, por sus conocimientos y por las polémicas religiosas, pudo sobrevivir a las intrigas que se suscitaron. (19)

Otro personaje fue Hasdai Abu Fadi, gran aficionado a la filosofía, autor de poemas, ministro judío de otro rey taifa, al-Muktadir de Zaragoza. Al final de su vida se convirtió al islamismo.

Bajo los mongoles

En 1225, dos años antes de su muerte, Genghis Kahn había dividido su imperio en cuatro kahanatos, que adjudicó a cuatro de sus numerosos hijos. Cuando se iniciaron las invasiones mongoles Hulagu, nieto de Genghis Kahn, confió a su hermano Mongku Kahn la misión de extender los dominios mongoles hacia el Oeste. En 1258 con la captura de Bagdad, el califa Al-Musta'sim era asesinado (fue el último de la dinastía abásida de la Mesopotamia). Los mongoles continuaron su avance, venciendo a los selyúcidas y capturando Siria. En 1260 su intento de llegar a Egipto fue detenido por los mamelucos, que habían reemplazado a los ayúbidas (que en 1171 habían reemplazado a los fatímidas).

Frenados en su avance, los mongoles hicieron pie en la Mesopotamia y dieron inicio al kahanato con dominio sobre Irak, Persia y Azerbaiján. Con Tabriz como capital, al norte de Bagdad (en la frontera con Armenia), el kahanato va a perdurar un siglo hasta ser desplazado por los otomanos en 1357.

Los mongoles del kahanato eran étnicamente diferentes de los árabes, de los persas y de los selyúcidas. Desde el punto de vista religioso sostenían un paganismo chamánico con algunos elementos budistas. En 1295 adoptaron la religión del Islam en la versión sunita.

¿Cómo se dio la inserción de los judíos en ese contexto?

Los mongoles emprendían sus invasiones sobre la base de un núcleo central incorporando pueblos o tribus con el incentivo de los próximos saqueos.

Cuando se instalaron en Medio Oriente debieron buscar un sistema de organización administrativa que resolviera sus falencias.

Había otra circunstancia que iba a incidir en su orientación: su ideología religiosa. Influenciados por el budismo, en el que regía un principio de tolerancia, no hacían en principio diferencias con otras creencias. Los cristianos nestorianos y los judíos, que eran numerosos y participaban en el tejido comercial, iban a poder ejercer sus actividades sin restricciones, en oposición a los musulmanes, devenidos enemigos de los nuevos ocupantes. (20)

En ese contexto se explica el particular ascenso de Sa`d ad-Daula, un judío de Abhar de la provincia persa de Jibal. Sa'd ad Daula era médico, pertenecía a una familia judía relativamente antigua de Medio Oriente. (21)

Poco se sabe sobre la vida de Sa'd ad Daula antes de su llegada a Bagdad en 1284. El hecho sorprendente es que su carrera se desarrolló durante los siete años que transcurrieron entre esa fecha y su muerte en Tabriz en 1291. Aunque son numerosas las fuentes árabes (no las judías) que se refieren a este extraordinario personaje, ninguna ha proporcionado respuestas sobre cómo adquirió sus conocimientos médicos y las prácticas administrativas, a ser experto financiero, al punto de que en pocos años era reconocido en la administración por su capacidad y conocimientos.

El hecho es que en el breve período de cuatro años a pesar de los recelos y envidias en su contra en 1288, devino médico personal, consejero en cuestiones financieras y administrativas del sultán Arghun, Su carrera va a durar sólo tres años. Además de su conocimiento del turco y del mongol, del árabe y del persa concentraba una serie de cualidades: capacidad, honestidad, un sabio desenvolvimiento en el manejo de la administración de la justicia y en el trato, lo que generaba una alta confiabilidad.

Nombrado Primer Ministro y visir, con la supervisión del sistema de impuestos y el control de los ingresos, como jefe de la administración removió a todos aquellos que no contaban con su confianza. Nombró como gobernadores, secretarios y para cargos importantes o menores, a familiares, y prioritariamente a otros judíos. Su política se tradujo en una atmósfera de tranquilidad y de bienestar, en el ámbito de las comunidades judías, seguramente no experimentada desde hacía mucho tiempo. Los numerosos testimonios de origen musulmán y cristiano lo evidencian, entre otros, el del historiador cristiano Bar Hebraeus (*Chronicom Syriacum*). Según Howothy en *History of Mongols* hasta hubo quienes tuvieron la fantasía de estar asistiendo a la llegada del esperado Mesías al ver la "raza" tratada como igual por príncipes y sultanes, "una situación tanto tiempo postergada". Valga señalar la inexistencia de documentos de origen judío contemporáneos sobre el particular.

Sa'd al-Daula había concentrado mucho prestigio y generado muchos enemigos. Los musulmanes habían sido desplazados del poder, el trono del califa lo ocupaba un sultán mongol, lo apoyaba un visir judío, rodeado de funcionarios judíos Resultaba que la mayoría musulmana estaba gobernada por una minoría mongol que se apoyaba en una minoría judía. Era una situación que no podía durar.

Se inició una serie de intrigas que terminaron con la muerte de Sa'd ad-Daula. Fue la señal para un ataque general contra los judíos en el ámbito del kahanato. (22)

La etapa siguiente fue la conversión de los kahanes al islamismo. Con el retorno al islamismo y la dhimma restablecida, los judíos podían ser todavía útiles a la clase gobernante. (23)

Luego siguieron otros sultanes que acompañaron la declinación del kahanato, que se fue disgregando en kahanatos menores hasta el final de la dinastía mongol en Medio Oriente aproximadamente en 1357.

De las relaciones con el islamismo

Hemos tratado de ubicar la situación de los judíos y en particular el rol que jugaron bajo la dominación musulmana poniendo el acento sobre personajes puntuales bajo diferentes dinastías.

¿Qué se puede decir de la influencia del judaísmo en la gestación de la religión islámica, sus conexiones y contribución en el desarrollo, la expansión y la cultura?

En Arabia del siglo VII una de las comunidades judías más importantes era la mencionada tribu kohanin cuyo asiento principal era Yatrub (luego al-Medinah). Mahoma tuvo probablemente el primer contacto con la Biblia a través de esa tribu y a partir de ahí habría comenzado a desarrollar su doctrina religiosa. Es probable que haya sido influenciado también por algunas sectas judeo-cristianas como la de los ebionitas y la de los elkesaitas.

El judaísmo y el cristianismo eran también religiones del Libro, y como tales para la nueva religión fueron en principio respetadas. Pero los judíos y los cristianos "se habían desviado de los profetas y no entendieron sus enseñanzas" (así como los judíos "tampoco habían entendido las verdades del Evangelio"). Devinieron infieles; los versículos del Corán precisarían el trato que se les debía dar. Aunque la interpretación difiere, de una fraternidad inicial, se pasó a una separación y para algunos, a un enfrentamiento radical.

Cabe preguntarse cuál de las dos religiones (la cristiana o la judía) ha tenido mayor peso relativo en el basamento del islamismo.

En el Corán aparece la impronta de la religión judía de manera marcada. Son repetidas las menciones de los rabi como hombres del saber, que leían y enseñaban la Torah; eran calificados de *wa'ahbar*, que se podría traducir como "hermanos" o "compañeros". Son también numerosas las referencias al Shabat como día de descanso y a los regímenes alimentarios judíos.

Según S. D. Goitein, Mahoma tomó conocimiento de Cristo, como el Mesías (en árabe al-Masih), sólo después de haber emprendido sus prédicas cuando emigró a Medina. Moisés es mencionado más de cien veces en el Corán; Jesús, sólo cuatro. Es probable que la primera ruptura con el judaísmo se haya producido cuando los judíos no quisieron seguir a Mahoma, autoproclamado nuevo profeta. Para S. D. Goitein, la ruptura se acentuó cuando la aristocracia mercantil de la Meca, deseosa de agregar a su ascendencia política y social su supremacía comercial, intentó destruir la competencia judía. Con ese propósito se estableció el pago de un impuesto del cinco por ciento del valor de las mercaderías para los comerciantes no musulmanes, contra el uno y medio para los musulmanes.

La gran expansión musulmana fue acompañada por un gran desarrollo comercial. Así como el Egipto fatímida constituyó un polo de atracción de los judíos de Cercano Oriente, la España del Califato, con un dinámico desarrollo comercial, devino otro tanto para la judería de África del Norte. Aún si considerados como individuos de segunda categoría, no siempre tolerados, no es de extrañar que en una situación general de apertura y de intercambio económico, se generara una atmósfera de convivencia.

Fueron situaciones bajo el dominio y el poder islámico en las que, en un contexto económico social favorable, los judíos llegaron a tener un papel que llevó a algunos a elevarse a las cercanías del poder, situaciones en las que algunos califas les entregaron prácticamente las riendas del gobierno. Que esos pocos llegaran a tener ese tipo de relación con algunos gobernantes no significa que tuvieran el poder y menos la fuerza del poder (como el caso de los mamelucos). Cuando los juegos coyunturales les fueron desfavorables fueron desplazados, con consecuencias brutales y muchas veces sangrientas.

Las situaciones de convivencia generaron corrientes asimilacionistas y de conversión, pero también corrientes de desarrollo, de florecimiento intelectual y espíritu de creatividad.

Cuando los árabes iniciaron la penetración en Asia, el helenismo tenía diez siglos de existencia. Había traído consigo el pensamiento, el conocimiento y la filosofía clásica, la griega, y por supuesto el idioma griego. El griego no tardó en desplazar al arameo, por lo menos en los sectores medios y altos de Palestina.

Es importante señalar que los árabes no despreciaron la cultura de los países conquistados y supieron captarla. De manera que, como los países conquistados, o con relaciones comerciales, tenían su cultura propia (además de la griega clásica, la sirio-mesopotámica, la persa, la hindú), las autoridades islámicas apoyaron la incorporación de esas culturas. Los árabes tuvieron acceso a un vasto caudal de conocimientos no árabes. La lengua árabe se transformó en una herramienta fundamental para la captación y trasmisión de esos tesoros de la cultura. (A.S. Halkin).

¿Cuál fue la actitud de las comunidades judías en los dominios musulmanes?

Los judíos probablemente como individuos de una de las creencias protegidas, habían sido recibidos con aceptación en el incipiente mundo del islamismo. Los sectores medios y superiores traían la dedicación al estudio (el Talmud), el conocimiento del griego (en Asia bajo los seleúcidas y en África del Norte, bajo los ptolomeos). De manera que así como, en los países en los que se asentaron, los judíos habían incorporado y siguieron incorporando el idioma nativo de las maneras más diversas, en los países conquistados por los árabes, los judíos adoptaron el árabe como lengua vernácula. Fue un cambio radical, en esos países, en el siglo X, el arameo fue prácticamente abandonado.

Esas adopciones eran totales o parciales. En España el ladino fue compartido con las lenguas locales. El uso del árabe fue tan general que a él se recurría no sólo en la comunicación corriente, si no como vehículo de la expresión escrita. Escritores y pensadores como Ibn Ianá y Judá Halevi se autocriticaron por utilizarlo en sus trabajos. El propio Maimónides se lamentó por no haber escrito sus obras en hebreo (A.S. Halkin).

No es pues sorprendente la importante participación judía en España, en las traducciones del griego y del persa al hebreo, al árabe y al latín y en la Italia sarracena (la de Sicilia y Sur de la península), la existencia de un puente que facilitó el conocimiento de los antiguos saberes clásicos y el tránsito de los de Oriente a Occidente. De todos modos nos parece de interés señalar, desprovistos de subjetividades que, en lo que se refiere a los aportes directos de los judíos a la cultura y en general al conocimiento en el ámbito islámico, que los mismos no fueron continuos sino espasmódicos, como fue la historia judía. Las contribuciones más valorables correspondieron a los períodos de florecimiento y de expansión en los países y las sociedades en las que vivieron.

XI. EN EL PASAJE DEL I AL II MILENIO EC

Reubicando los objetivos

En el pasaje del I al II Milenio EC se dieron situaciones que signaron el devenir de los judíos en los siglos siguientes. El cristianismo consolidado en Occidente registró, con el apoyo carolingio, la confirmación territorial de los Estados Pontificios y entendió que había llegado la hora de ejercer el liderazgo de su poder. La Reforma Gregoriana expresaba la validez universal del credo: no había lugar para las herejías largamente combatidas. Vale señalar que esta reforma patrocinada por el papa Gregorio VII (1073-1085), no debe ser confundida con la homónima del calendario del siglo XVI, patrocinada por Gregorio XIII. En cuanto a los judíos, que a lo largo del milenio transcurrido habían persistido en no aceptar la llegada del "mesías" y las "verdades" del Evangelio, dieron pie al cristianismo para modificar su actitud hacia el judaísmo con una ideología y un accionar fuertemente agresivo, el del Antisemitismo.

Era una época en la que los reinos europeos occidentales surgidos del desmembramiento del Imperio Romano de Occidente (el de Francia carolingia, luego capeta, el de Inglaterra anglo-normanda, el de España visigoda católica y el de Germania sajona-sálica) empezaban a transitar del feudalismo de la Alta Edad Media al de la Baja Edad Media.

Con la expansión mercantil el mundo occidental abría las puertas de Cercano Oriente que, rodeado de una aureola de riquezas, había parcialmente caído bajo el poder de la Media Luna Islámica que amenazaba el Cristianismo bizantino. Bajo el manto de la fe y con el propósito de concretar sus ambiciones territoriales, la Iglesia comenzó a esbozar la idea de las Cruzadas.

Con la producción de valores de cambio y el desarrollo del intercambio, comenzó el nacimiento de la burguesía cristiana y su inserción en el comercio. El comercio era una actividad con la que los judíos habían estado estrechamente vinculados a lo largo del Milenio. Se generó una situación de competencia que derivó en el desplazamiento parcial de los judíos del comercio y su involucramiento cada vez mayor en el préstamo. La conjunción de esos elementos con la exacerbación del sentimiento religioso del espíritu de las Cruzadas fueron los pilares del Antisemitismo Cristiano. Esa situación no tardará en traducirse en las primeras masacres judías.

El proceso se encadenará en etapas sucesivas con las expulsiones iniciales de Inglaterra y Francia a los países de Europa Central y de esos países a los del este Europeo y al Asia Menor.

El cristianismo con más de diez siglos de existencia había logrado echar raíces en todos los estratos sociales desde las clases inferiores a las clases altas y a los componentes del poder.

El papado, como representante máximo de la Iglesia Cristiana, había logrado un poder absoluto sólo en los Estados Pontificios. En los otros estados debía compartirlo con las autoridades laicas, reyes o emperadores que aunque nominalmente aceptaban su dependencia, eran amos efectivos en sus dominios. Con la Reforma Gregoriana en el conflicto de las investiduras, el papado retiro a los reyes y emperadores el derecho de designar los obispos en sus respectivas diócesis. La humillación de Canosa en 1077 consagró el poder de la Iglesia: emperadores y reyes, tuvieron que compartir con el papa un poder retaceado.

La Reforma Gregoriana se había planteado un objetivo mayor, la inserción de su supremacía en el mundo secular. Aún más, la iniciativa del papa Gregorio VII implicó una apertura hacia los sectores populares buscando incorporarlos masivamente al ámbito de la Iglesia. La arquitectura a partir de mediados del siglo XII fue una de las expresiones de ese espíritu. La arquitectura monástica cerrada era desplazada por la mal llamada arquitectura gótica con su inmensidad, luminosidad y colorido y sus esculturas (manifestaciones de la contradicción entre la belleza celestial y los monstruos abominables del inframundo terrestre); las grandes catedrales góticas con sus formas expansivas, radiantes (con capillas laterales, ábsides, absidiolos y arbotantes), ascendentes (con torres, flechas y pináculos), abiertas y luminosas (con sus grandes ventanales y vitrales multicolores), sus frentes, portales, gárgolas y capiteles (con esculturas y relieves alegóricos).

El pueblo incorporado al cristianismo, va a encontrar en el fanatismo de los estratos religiosos intermedios, de los monjes mendicantes y de los caballeros feudales desplazados y ambiciosos, el encuadre de activismo que la Iglesia buscaba.

¿Cómo incidieron sobre la Iglesia los dos cambios estructurales del mundo: el de la revolución feudal y el de la revolución comercial?

La revolución feudal fue el pasaje de la economía señorial, con una clase servil sometida en la forma de trabajos (*las corvées*) a una sociedad feudo-vasallática, donde el pago era una de las formas de dependencia.

En esta nueva estructura los señores feudales, a través del llamado *"poder del ban"* (poder indiscriminado de disponer o de prohibir) , adquirían un derecho de autoridad sin límites sobre sus siervos a todos los niveles económicos y judiciales.

Con el hundimiento de la autoridad real (con los condes y señores usurpadores del poder), se acentuó la división social, entre el mundo de los sometidos y los detentadores del poder. Con la profundización del abismo social se generalizo el uso del dinero. Las relaciones de intercambio se fueron monetizando. Las más variadas situaciones (desde pasar por un puente, pastar cabras, moler el grano o cocer el pan, pasando por los servicios de trabajo) implicaron la exigencia de un pago en dinero (taza o peaje). El abandono del trueque y del pago en especies y el significativo reemplazo de la institución del "don" (regalos señoriales) o intercambio de donaciones, transformada en prestaciones dinerarias (tributos, imposiciones), fueron otro paso hacia la valorización del dinero. El dinero devino la expresion de las relaciones de dependencia entre los distintos estratos sociales.

El dinero se convirtió en símbolo del patrimonio de los poderosos y "la bolsa de dinero" en un objetivo de vida de los pobres, los miserables, la masa de desarraigados, los desplazados sin trabajo o, según las circunstancias, paradigma de la avaricia, la lujuria y causa de todos los males. Quienes la tenían eran los ricos; quienes traficaban con ella, usureros. A pesar de que el cristianismo se había prácticamente impuesto en Occidente, los últimos siglos del I Milenio y los primeros del siguiente comenzaron a mostrar ciertos nubarrones. La avasalladora expansión musulmana, frenada en Poitiers y en lento retroceso en la España de la Reconquista, en Cercano Oriente aparecía peligrosamente amenazante. Se sumaban los conflictos ideológicos de la Santa Sede con la Iglesia bizantina, que iban a desembocar en el Cisma de Oriente.

Sobre la "ideología del pueblo deicida"

En el contexto de la revolución comercial comenzó el desplazamiento de los judíos de las actividades mercantiles hacia el préstamo. La ideología discriminatoria de "pueblo deicida" que en la bisagra del Milenio se había puesto en marcha, va encontrar la atmósfera propicia para llevar adelante las violencias, persecuciones, masacres y posteriores expulsiones.

En gran parte del I Milenio la Iglesia había agotado sus esfuerzos diferenciadores y polémicas ideológicas con el propósito de incorporar a los judíos. Las numerosas estatuas, vitrales, pinturas y grabados en las Iglesias con figuras enfrentando desafiantes una mujer con los ojos vendados y la espada o la lanza abatidas, representando el judaísmo, eran expresión de ese enfrentamiento. Aceptar la existencia del pueblo judío era reconocer el fracaso de los esfuerzos, la inutilidad de un milenio de energías malgastadas. Los judíos, con su perseverancia significaban un eterno escollo para consagrar las 'verdades' de la religión universal. Abandonando su actitud abierta y dialoguista, el fariseísmo terminó por encerrarse en el talmudismo.

Se planteaban diferentes opciones: el exterminio o las conversiones forzosas, eran dos de ellas. El exterminio (o con la eufémica designación contemporánea, una "solución final") era una posibilidad que los altos magistrados no podían prohijar por lo menos abiertamente: los principios cristianos de piedad y tolerancia se lo impedían. Era por otra parte, contraria a la funcionalidad del lugar social y económico que los judíos ocupaban, todavía desempeñaban un rol importante en el comercio y en el préstamo, una actividad cada vez más necesaria; las autoridades gubernamentales y eclesiásticas no lo ignoraban. Las conversiones forzosas, la segunda vía, no eran una garantía: los intentos visigodos en España y los bizantinos en el Cercano Oriente, habían demostrado su ineficacia.

La Iglesia creyó encontrar un tercer camino que soslayaba el oprobio de admitir que sus intentos no habían tenido éxito: puesto que los judíos no podían ser eliminados, había que aceptar su existencia, considerándolos testigos y aún más, culpables del "horrendo crimen de la Crucifixión". Serían tolerados, humillados y sufrientes hasta la inevitable llegada del Juicio Final: "pueblo testigo, culpable y deicida". Siete siglos antes, San Agustín (354-430 EC) en *Ciudad de Dios* fue uno de los primeros en arrojar la acusación de la culpabilidad colectiva judía de la muerte de Cristo. (1)

Con la doctrina del "pueblo deicida", la Iglesia iba a encontrar una solución para resolver el 'rompecabezas' ideológico judío pendiente.

Los principios del Antisemitismo Cristiano adquirieron status canónigo con Inocencio III en 1205; "los judíos están condenados a la servidumbre perpetua como castigo por la crucifixión": todos los judíos eran culpables, esa era la base ideológica del Antisemitismo Cristiano.

¿Cómo ensambló el Antisemitismo Cristiano, con la violencia contra los judíos que se desencadenó en la primera mitad del II Milenio? Fue un proceso en el que Pierre Damien (1007-1072), cardenal-obispo de Ostia, pareciera ser una figura importante. Algunos historiadores lo han considerado como una de las más elocuentes plumas que condensaban los escritos antijudíos de los siglos anteriores y anticipaban el

antisemitismo de los siglos venideros. Pierre Damien era contemporá-
neo de Humberto de Silva Cándida y de Hildebrando Aldobranderski
quienes, junto con el Papa Gregorio VII participaron en la Reforma
que lleva su nombre. Era un estudioso de la Biblia. Sus trabajos iniciales para nada traducían una preocupación sobre la cuestión judía
y menos un interés por modificar las relaciones judeo-cristianas, tal
como se estaban planteando. (2)

Pierre Damien quedó involucrado en la controversia sobre el
judaísmo, ante los requerimientos del obispo de Egipto, que debía
argumentar en una polémica ideológica judeo-cristiana. El profesor
David Berger de la New York Yeshiva Unversity en su trabajo sobre
los textos fundamentales de Pierre Damien ha proporcionado los
elementos que permiten conocer la posición ideológica de P. Damien.
(3)

El trato general que los judíos reciben en los escritos de P. Damien,
a veces violento y agresivo, con adjetivaciones como las de "perfidia",
"intenciones depravadas", son una reiteración del discurso agitativo
'conversionista' habitual de algunos de sus antecesores, como Juan Crisóstomo junto a quien P. Damien suele ser colocado.

¿Cuál fue la orientación dominante del discurso daminiano? Creía
que los judíos eran "rescatables". Contrariamente a sus escritos del
período eremítico, como el *Antilogus*, sugiere plantear las discusiones
en un tono en el que "se debe cuidar de no exasperar al oponente con
insultos y rudezas. Se debe aquietar su mente, para que con palabras
apropiadas los corazones rígidos y duros, por obstinados que sean, puedan renunciar a sus creencias". En un lenguaje más duro, en numerosos pasajes, Damien enrostra a los judíos el "salvaje furor" contra el
Señor y les advierte que la malicia de su veneno conspira en su contra.

En otro plano P. Damien se apoya en algunos párrafos del Antiguo
Testamento que de acuerdo a su criterio eran probatorios de las verdades Evangélicas. La negativa de los judíos en aceptarlo, eran prueba de
su "ceguera". En cuanto al tema relacionado con la base ideológica del
Antisemitismo Cristiano, que los judíos hayan sido testigos del advenimiento de Jesús, no significaba que fueran culpables de su muerte y
menos deicidas; no habían podido ver lo que los otros habían obser-
vado; su actitud era a lo sumo culposa. La metodología que P. Damien
utilizaba no era en realidad la de un ideólogo del Antisemitismo Cristiano: el carácter persuasivo y optimista de sus argumentos era opuesto
al virulento antisemitismo en desarrollo.

Fue precisamente la confianza de P. Damien en la conversión de
los judíos, lo que transformó su discurso en un resonante exhorto a
abandonar su "error": "pueda el Dios de vuestros padres levantar el

E.J.Dunayevich

viejo velo de ignorancia de vuestro corazón [...] e iluminar así con una nueva luz la oscuridad de vuestra ignorancia".

Otro de los interrogantes que se plantean alrededor de P. Damien, cuya vida transcurrió, recodémoslo, en proximidad de las Cruzadas, era si su pensamiento correspondía a la atmósfera de las masacres judías de 1096. Para P. Damien los judíos tenían una misión que cumplir; eran los guardianes del Antiguo Testamento y el Antiguo Testamento era un testimonio de las verdades del cristianismo; la persistencia y dispersión de los judíos confirmaban la existencia de Cristo. Para P. Damien, los judíos no debían ser eliminados.

En cuanto a la crucifixión de Cristo, P. Damien tenía una visión distinta de la tradicional. En el *Dialogus* plantea que los judíos tenían un lugar diferente en el exilio eterno en el que la muerte del Hijo de Dios los había colocado. Si los judíos habían cometido crímenes que los llevaron a ser condenados a un exilio de cuarenta años en el desierto, resultaba coherente que el horrible crimen de la crucifixión los sancionara dispersos, con un exilio de mil años (una eternidad en el pensamiento de P. Damien), del que sólo saldrían gracias a la conversión.

Todas estas consideraciones confirmarían que el supuesto Antisemitismo de Pierre Damien era la expresión del cierre del polémico y dialoguista período de antijudaísmo del I Milenio.

Contradicciones en el cristianismo del II Milenio

Más allá del conflicto de las investiduras y de la lucha contra la simonía (la compra de cargos eclesiásticos), contra el celibato de los sacerdotes, la Reforma Gregoriana planteó el retorno a la pureza de los primeros apóstoles.

En ese sentido se iba a generar una situación contradictoria. La Reforma Gregoriana había proclamado la vuelta a los fundamentos iniciales del cristianismo, a la pobreza y la oposición a la magnificencia y al lujo. El hecho es que la Iglesia había devenido propietaria de enormes extensiones de tierra y de incalculables riquezas y había terminado por acomodar su jerarquía a esa situación. Al reivindicar el derecho de intervenir en todas las áreas de la vida y del pensamiento, al no plantear ninguna modificación concreta a ese respecto terminó por caer en una rigurosa contradicción.

A medida que avanzaba el Milenio, el doble mensaje comenzó a aparecer. Surgieron los predicadores de la pobreza con vestimentas humildes, a veces descalzos y andrajosos, que despotricaban contra la avaricia y el libertinaje de los dignatarios enjaezados con lujosas pieles. Roberto de Arbdeissel, que predicó en Bretaña y Anjou en la última

178

década del siglo XII, fundó una de las primeras órdenes de predicadores 'vagabundos', la Orden de Fontevraud, que la Iglesia no pudo
condenar porque no encontró ningún elemento que pudiera equipa-
rarlo a una herejía. Hubieron también otros que siguieron sus pasos:
Bernardo de Tiron, Enrique de Lausanne, Pedro de Bruys, que devenidos verdaderos agitadores de las multitudes fanatizadas, la iglesia no
encontró la manera de detener.

Ante esa situación contradictoria (pobreza y riqueza) y la imposibilidad de eliminar esos movimientos que, en aprendiz de hechicera
había dado origen, la Iglesia entendió la necesidad de institucionalizar
esa corriente que consagraría la esquizofrenia del ideal cristiano: la acumulación de riquezas y la existencia de los mendicantes. En 1205/10 el
Papado terminó por aceptar la formación de las órdenes mendicantes:
franciscanas, dominicanas, carmelitas y agustinas.

Pero si la Iglesia se involucraba en el mundo, resultaba natural
que los principios del cristianismo prevalecieran sobre los de las otras
creencias y el judaísmo era una de ellas.

El hecho es que en medio de ese conflicto por el poder terrenal, los
judíos habían establecido estrechas relaciones con las clases gobernantes eran 'siervos al servicio' de los gobernantes, a quienes 'pertenecían'
y reportaban beneficios. En esa coyuntura, escapaban al dominio de la
Iglesia que bien hubiera preferido que los siervos de los señores fueran
"sus" siervos. Una expresión de ello fue la declaración de Inocencio III
de 1205: "Dios no está disgustado y encuentra más bien aceptable que
exista la dispersión judía y que estén al servicio de los príncipes y reyes
cristianos". Estaba claro, agregaríamos, dado que no estaban a nuestro
servicio, su existencia era "más bien aceptable y hasta deseable porque
necesaria".

A fines del I Milenio la revolución comercial estaba recién en sus
comienzos. Su funcionalidad fue fundamental para el desarrollo de las
Cruzadas; una transformación económica y social cuya incidencia en la
vida y el destino de los judíos aparecerá recién en los siglos subsiguien-
tes en la forma de una descontrolada violencia.

La primera expedición relacionada con las Cruzadas, la Cruzada
de los Pobres en 1096, llevaba entre sus componentes una masa de
desclasados que enfervorizados por el fanatismo religioso, fueron los
principales actores de las primeras matanzas de judíos.

La revolución comercial

El pasaje del mundo cerrado de las economías de consumo de la
Alta Edad Media al de las economías de intercambio, del tránsito del

feudalismo al capitalismo, se desarrolló en un proceso de varios siglos, con mayor o menor rapidez según las regiones. Vale tener presente que los comienzos de las economías productoras de valores de cambio se registraron a mediados del siglo IX, y que el feudalismo recién en el siglo XIV entró en crisis aguda. Mientras que: "Los primeros indicios de producción capitalista se presentan en algunas ciudades del Mediterráneo durante los siglos XIV y XV, aunque las economías mercantiles en pleno y la era capitalista sólo datan en realidad del siglo XVI" (C. Marx en *El capital*).

Antes del año 1000 Europa era, en comparación con el Imperio Bizantino y el Califato Islámico, un continente subdesarrollado, con una economía en retroceso hacia las economías naturales (un término que mantenemos aunque en desuso), en las que el dinero prácticamente circulaba en forma limitada, en el reducido comercio internacional; una economía que empezó a remontar en la segunda mitad del siglo IX y a comienzos del siglo X.

El reino carolingio, había perdido su unidad política y se había alejado de la órbita del Mediterráneo, orientándose hacia el Norte (Bélgica y los Países Bajos) y al Este allende el Rhin. Las segundas invasiones (escandinavas, eurasiáticas y sarracenas) contribuyeron a ello. Los vikingos penetraban por la ruta abierta de los ríos y saqueaban salvajemente ciudades como París, Bourges y Orleans; los magiares asolaban el sur de Alemania y el norte de Italia; y los árabes, que habían compartido con los bizantinos el dominio del Mediterráneo, ocupaban Sicilia, y parcialmente el sur de Italia.

La revolución comercial en Europa occidental comenzó a principios del siglo X al término de las segundas invasiones. Fue un proceso en el que la aplicación de los progresos tecnológicos incrementó la producción rural, la del artesanado preindustrial, el resurgimiento de la ciudad y el nacimiento y proliferación de los burgos.

Entre los inventos tecnológicos, algunos conocidos con anterioridad, estaban el arado asimétrico de rueda y vertedera, el mejoramiento de las tecnologías del hierro (no sólo para usos lúdicos o militares sino también para herramientas y máquinas utilitarias), el molino de agua y el de viento y sus aplicaciones (prensas, moledoras, elevadores), los sistemas de levas, los telares, nuevos sistemas de tracción animal y en el espacio marítimo nuevos tipos de navío (estructuras y arboladuras).

En el contexto del desarrollo rural, la mayor roturación de las tierras (la rotación trienal, bienal, el barbecho) y el aumento de las superficies cultivadas dieron lugar a una mayor producción agrícola, acompañada por un importante crecimiento demográfico. Se creó un excedente de la producción artesanal que se tradujo en el acrecentamiento del consumo. El artesano comenzó a producir no sólo para el señor y para las necesidades de subsistencia, empezó a producir para el intercambio.

Las ciudades empezaron a cobrar auge y a tener un papel más destacado que en los siglos precedentes. El aumento de las transacciones determinó la habilitación de nuevos centros de intercambio, de nuevos mercados. Un proceso que a finales del siglo XI continuaba en forma persistente.

En las ciudades, desde Diocleciano, los artesanos estaban organizados en gremios o *collegia*, que el Estado controlaba con fines fiscales. Los artesanos empezaron a tener mayor autonomía, a liberarse de la dependencia primero estatal, luego señorial, a reclamar mayores derechos: fue el nacimiento de la burguesía. En las puertas de las ciudades empezaron a instalarse elementos rurales atraídos por el desarrollo del comercio; nacieron los falsos burgos (*faubourgs* o *suburbia*). Se crearon emplazamientos para el abastecimiento diario de las aldeas rurales circundantes, los *forum* o plazas. En Inglaterra, Flandes, Normandía, Champaña, en las regiones del Mosa y del bajo Rhin, se desarrolló una actividad productora industrial, principalmente de fabricación de paños. En el siglo XIII se configuró una vasta red de intercambio con mercados y ferias que con las de Champaña y de Saint Denis rotaban prácticamente a lo largo de todo el año. El ir y venir de contingentes mercantiles por caminos y vías fluviales (el Po, el Ródano con sus afluentes, el Mosela y el Mosa, el Rhin, sus afluentes y los canales flamencos y el Danubio y su cuenca) fueron esenciales para el desarrollo. Complementaba esa red, la vía Rhin-Danubio, que ligaba el Oeste con el Este europeo.

En esa coyuntura, se crearon grandes centros de producción: ciudades y puertos comerciales en Italia del Norte y Centro, en Galia, en los Países Bajos y en Alemania del Norte. Conjuntamente, Europa devino centro de demandas de bienes suntuarios como especies, joyas y sedas procedentes del Lejano y de Medio Oriente. Se creó una corriente de intercambio con las producciones locales: los tejidos de lana de alta calidad del norte de Europa (Flandes, Brabante, Lieja) y del norte y centro de Italia (Lombardía y Toscana), los vinos de Isla de Francia, de Gascoña, de Borgoña y de las márgenes del Rhin, las maderas y pieles del Báltico, los pescados de Islandia, el hierro y el acero de Suecia, el estaño de las Islas Británicas y la sal de los pantanos de las bahías bretonas y de las lagunas venecianas.

El incremento del intercambio internacional, fue acompañado por un cambio en la actividad marítima. En esta actividad que hasta el siglo X había sido dominio de las flotas musulmanas y bizantinas aparecieron nuevos actores en Europa: la flota de Venecia y de otros puertos italianos Génova y Pisa. Que, con una participación cada vez mayor, fueron extendiendo sus redes hacia Oriente deviniendo los grandes intermediarios que fusionaron ambos mundos: el de Occidente y el bizantino-musulmán de Oriente.

¿En ese proceso de desarrollo, productivo y comercial, cuáles fueron los cambios en la estructura del comercio?

El comercio local de la Alta Edad Media, el de los comerciantes temporarios, de los mercaderes al menudeo, de los mercaderes erráticos, empezó a ser reemplazado por un nuevo tipo de comercio, el del mercader especializado, el mercader sedentario. Acompañando la declinación de las ferias de trueque de la Alta Edad Media, el comerciante empezó a desarrollar su actividad a través de una red de relaciones en las que el contacto personal era reemplazado por las comunicaciones y las relaciones impersonales, que devenían frecuentemente de intercambios triangulares. Del trueque de las economías cerradas se empezó a pasar al pago de mercaderías con dinero. El siglo XIV fue el del retorno a la acuñación y al uso de la moneda: los denarios de Génova, los florines de Florencia, los escudos o luises de Francia, los ducados de Venecia. (4)

Las operaciones adquirieron gran envergadura; aparecieron los *mercator* y *negociator*, mercaderes especializados independientes, personajes cuyo poder económico los llevó a desempeñar un papel principal en la política y hasta en el arte. Los compromisos se concretaban a través de instrumentos más complejos: con operaciones a término (de crédito) y operaciones de cambio. Además del incremento del volumen de actividad, el problema del cambio se complicaba por la existencia de dos patrones metálicos paralelos (el oro y la plata).

Los comerciantes debían disponer de capitales. Si no disponían de capitales propios, requerían capitales asociados. La asociación del comerciante con el financista implicó su salida del aislamiento y la extensión del préstamo en los negocios. En Italia, en Génova las asociaciones se concretaron en contratos de *commenda* de las llamadas *societas maris o terrea* (si se trataba de comercio marítimo o terrestre) y en Venecia, en las llamadas *collegiata* (si eran marítimas) o *compagnia* (si eran terrestres). La repartición de las ganancias dependía del riesgo de las operaciones (si eran por mar o por tierra, o si eran de alto riesgo).

El comercio y la actividad comercial de los cristianos

En las economías naturales o de producción de bienes de uso o de consumo, el capital comercial no desempeñaba ningún papel productivo en la mecánica de la producción. Explotaba la diferencia entre los costos de producción de los diversos países; actuando como intermediario, se apropiaba de una parte del sobreproducto, del sobrante en economías donde sus poseedores principales, los dueños de esclavos, de la tierra, los señores feudales (el estado, en el caso del despotismo oriental), representaban el disfrute de la riqueza.

¿Qué pasaba con el comerciante? No invertía dinero en la producción, no compraba materiales, no financiaba con su capital, no intervenía en un proceso en el que era ajeno y cuyas condiciones no creaba.

En los países europeos de base fundamentalmente agrícola, el comercio no era valorado. El comercio era extranjero a la producción y el comerciante, en general extranjero, lo era doblemente: como tal y por ser ajeno a la producción. Se generaba una situación contradictoria. Al servir de vehículo en el intercambio comercial cumplía un rol útil y necesario, pero asociado a una actividad históricamente minusvalorada; era en definitiva al mismo tiempo apreciado y despreciado.

La actitud de la Iglesia contraria al comercio había sido la misma que había tenido con los juglares, posaderos, prostitutas, carniceros y médicos. La agricultura, en cambio, era la más valorada de las actividades; era una actitud en correspondencia con la mentalidad de la sociedad romana, de la que la Iglesia se sentía heredera. Para Graciano, "el mercader no puede complacer a Dios sino difícilmente"; según el papa León IX era "difícil no pecar cuando se hace profesión de comprar y vender"; según Tomás de Aquino (1225-1274), el comercio tenía cierto carácter vergonzoso: "el comercio es censurable en justa ley porque en sí mismo satisface la apetencia del lucro, cuyos límites son infinitos". Recordemos uno de los pecados capitales: la avaricia (la codicia). Cuando los mercaderes de Nápoles, Amalfi o Venecia, empezaron a comerciar con los musulmanes, el Papado se levantó iracundo.

Con el incremento de la producción y del intercambio, los burgos empezaron a desarrollarse; fue el nacimiento de la burguesía cristiana. Los nuevos comerciantes empezaron a competir y a buscar todos los medios para desplazar a los comerciantes judíos, que hasta ese momento habían controlado el esporádico circuito del comercio, en particular el del incierto comercio internacional. También los sirios lo compartían desde los lejanos tiempos de la Media Luna Fértil y transitaban con los judíos ahora por Europa. Lo que es fácilmente explicable es que como cristianos estuvieran exentos del maltrato que los judíos recibían. (5)

Con la participación de los cristianos en la revolución comercial, la Iglesia comenzó a registrar un significativo cambio de actitud hacia el comercio. En las treguas por "la paz de Dios", la seguridad de los mercaderes no dejó de ser mencionada (Concilio de Letrán III).

El vuelco fue inocultable cuando en las Cruzadas se hizo necesaria la participación de la "raza" veneciana, con su flota de comerciantes. La Iglesia empezó a registrar que el comercio no era sólo "ganar comprando y vendiendo"; el mercader al desplazarse a buscar las mercaderías en países lejanos, corría también riesgos. El propio Tomás de Aquino tuvo que cambiar de opinión: "el comercio es de utilidad pública cuando se ejerce con el fin de que no falten las cosas necesarias a la existencia".

En el siglo XVI, el descubrimiento de América y la apertura de la ruta de las Indias fueron favorables para el desarrollo de poderosas compañías cuyos líderes devinieron barones del comercio y del préstamo, verdaderos aventureros que prestaban dinero contra el pago de intereses, evadiendo o simplemente ignorando la prohibición de la usura por parte de la Iglesia (como los Templarios y los lombardos en épocas anteriores). Los empresarios de esas compañías fueron no sólo judíos, muchas veces cristianos (los Imhof, los Hochstädter) o como los Fugger (a quienes se les atribuye, sin certeza, origen judío), o los Welser, que se convirtieron al protestantismo. A ese sector, el conjunto de la población los conocía como los "cristianos judíos".

Dice L. Poliakov: "Aparece en el patriciado urbano una nueva clase de comerciantes, los comerciantes cristianos que poco a poco socavan la continuidad de los comerciantes judíos. No se trataba de una rivalidad interconfesional, sino de un proceso ligado con la transformación general de la sociedad medieval. Los nuevos competidores, los mercaderes italianos y hanseáticos podían contar con la protección de sus ciudades de origen y hacer dictar a su favor una legislación protectora".

En defensa de sus intereses corporativos, los gremios de mercaderes obtenían disposiciones que establecían el monopolio de las actividades respectivas. El sistema de las *conjuratia* de artesanos y mercaderes, con el apoyo eclesiástico, apuntalaba a esos propósitos: las llamadas *ecclesia mercatorum* prohibían a los extranjeros dedicarse a la actividad comercial.

Los judíos en el área del Mediterráneo habían tenido participación como intermediarios en la actividad de las flotas italianas. Los mercaderes venecianos comenzaron a incorporar en su circuito los bienes de producción local. Con la unificación de las actividades mercantiles y de transporte en manos "nativas" (cristianas) el acceso de los mercaderes judíos a las rutas marítimas de Oriente resultó seriamente afectado. Los cristianos comenzaron también a competir con los judíos en el azaroso comercio por tierra a larga distancia, en el que los judíos tenían largo arraigo e importantes conexiones.

Los judíos habían dejado de ser exclusivos en el sistema económico; eran desplazados parcialmente de la actividad comercial. La convivencia fue cada vez menos armoniosa; comenzaron las agresiones que anunciaban las expulsiones de los siglos venideros. A partir de esos desplazamientos, cuya magnitud y aceleración dependía de las regiones, los judíos fueron participando cada vez más en otra actividad que, en tanto comerciantes, no les había sido ajena: el préstamo. La situación no podía sino desembocar en un enfrentamiento.

Las Cruzadas: idealismo y especulación

Consecuencia directa del despertar de la revolución comercial, las Cruzadas mostraron el increíble juego de intereses y de falsedades de sus actores principales.

Con la transformación de la actividad artesanal e industrial de principios del siglo X, los vínculos de intercambio entre Europa y Oriente se habían empezado a incrementar. Los buques de Europa salían de Francia (Marsella y Aviñón) y de Italia (Génova, Pisa, Amalfi, Bari y Venecia) cargados de telas, paños, frutas, pieles y metales y volvían de los puertos de Levante (Constantinopla, Antioquia y Alejandría) con cargamentos de especies de la India, esencias aromáticas de Arabia y otras mercancías codiciadas.

Para Europa, en ese despertar comercial, Bizancio con su suntuosidad y sus palacios y Oriente en general, con sus riquezas, representaban una quimera: la recuperación del Santo Sepulcro iba a ser el pretexto.

Además de la promesa de absolución de los pecados, la Iglesia motivaba a los participantes, con la promesa del acceso a esos "bienes terrenales". Así lo proclamó el Papa Urbano II en su discurso por el rescate del Santo Sepulcro "como otro Paraíso", con Jerusalén, la "Tierra de la Miel y la Leche".

Las Cruzadas iban a involucrar a prácticamente todo el Mundo Occidental y al Imperio Bizantino, con Constantinopla, su cabecera europea en los Balcanes y su base en Asia Menor, Siria y Tierra Santa.

En esa empresa, la Iglesia iba a poner a prueba el intento de Gregorio VII del ejercicio de poder terrenal sobre el mundo cristiano. El propósito de convertir a los reyes, príncipes y señores feudales en sus vasallos, fue de los primeros pasos. Los devotos señores feudales europeos iban a participar ahora en el proyecto de recuperar Constantinopla que se escapaba del dominio papal.

En 1054, el conflicto entre la Iglesia Latina de Occidente y la Iglesia Griega de Oriente terminó en una ruptura.

El Imperio Bizantino estaba implicado en un complejo problema político que Urbano II no iba a dejar de aprovechar. Desde mediados del siglo XI el Imperio de Oriente se encontraba persistentemente hostigado por nuevas invasiones: las tribus nómadas turcas de los pechenegos, que habían caído sobre los dominios balcánicos del Imperio y las más peligrosas, la de los selyúcidas.

Estos últimos, después de apoderarse de la región sur del mar Caspio, del Irán central y occidental, habían ocupado Bagdad, capital del otrora poderoso califato abasida; habían invadido Armenia y penetrado en las ricas provincias de Capadocia y Frigia en Asia Menor. A esa situación se agregaba en el plano interno el desorden por cuestiones dinásticas que se tradujo en el reemplazo del monarca Romano IV Diógenes por Miguel VII Ducas. Era la oportunidad que Gregorio VII esperaba para recuperar la primacía sobre el Imperio oriental. Luego de un intento fallido de doblegar a la Iglesia ortodoxa, en 1074 puso en marcha el "salvataje" de los hermanos griegos en peligro de ser sometidos por los "infieles". (6)

Con esos propósitos, el Papa concertó el apoyo de los normandos, que penetraron en las posesiones bizantinas en Albania (el Epiro). Ante esa agresión, Alejo I Comneno, nuevo emperador bizantino, buscó el apoyo de Enrique IV, el emperador germano en conflicto con el Papa. Enrique IV con sus ejércitos invadió Italia por el Norte, amenazando por la retaguardia al normando Roberto Guiscard. La situación obligó a los normandos a levantar su campaña; el Papa tuvo que postergar su proyecto de invadir Constantinopla. (7)

No iba a transcurrir mucho tiempo, porque con la arremetida selyúcida, Bizancio había llegado a una situación límite. Alejo I Comneno, el nuevo emperador, dirigió un llamado a la Iglesia, a los reyes y príncipes de Occidente solicitándoles ayuda militar. Era el momento que el Papa esperaba. La unificación confesional era un tema menor, al igual que la recuperación del Santo Sepulcro. La participación de los normandos había dejado en claro cuáles eran los propósitos de Roma. La Iglesia seguía promoviendo el rescate del Santo Sepulcro bajo la bandera de la Cruz, pero para los príncipes, señores feudales y caballeros segundones, el objetivo era Bizancio, fuente de riquezas y de lujo y la conquista de tierras, para convertirlas en sus feudos.

Cruzadas y matanzas

En noviembre de 1095 el Papa Urbano II desde la ciudad francesa de Clermont, ante miles de caballeros y de clérigos y una gran multitud, llamó a los fieles a tomar las armas contra "la tribu de los turcos". La exhortación estuvo plagada de acusaciones a los numerosos supuestos agravios que los selyúcidas habían causado a los hermanos orientales.

Liberar el Santo Sepulcro era la consigna, con el agregado de promesas de la absolución de pecados y de la obtención de bienes terrenales. El Papa habría dicho: "El que aquí está dolido y pobre, estará allí alegre y rico"; su discurso habría sido reiteradamente interrumpido por "¡Quiéralo Dios, quiéralo Dios!". (8)

En una atmósfera cargada de ánimos religiosos, Francia tomó la delantera. Aparecieron predicadores fanáticos, frailes y beatos que llamaban a luchar por la fe y la recuperación del Sepulcro. Entre ellos el fogoso monje Pedro el Ermitaño de Amiens que predicó en Picardía, en la Isla de Francia y en el Valle del Loire y otros que actuaron en Lorena y en las ciudades renanas alemanas. Las prédicas prendieron masivamente en los campesinos y en hombres y mujeres de todos los estratos. Se engendró un desenfrenado movimiento al que se sumaron numerosos caballeros segundones arruinados por las guerras o desheredados por los regímenes de mayorazgo. Algunos habían probado suerte en España. Estaban también los "Sin Tierra", los despojados de bienes, como Walter el Desnudo, o aventureros-bandidos como Foulcher de Orleáns y el conde Emicho de Leiningen, notable por su codicia y rapacería. Una 'elite' de agitadores que se puso a la cabeza de una muchedumbre desorganizada, sin ninguna sincronización, armada con garrotes, mazas, guadañas, con apenas algunas provisiones (algunos más pudientes habrían vendido sus bienes para lanzarse en la 'empresa').

A comienzos de abril de 1096, con varios meses de anticipación a la fecha fijada, los primeros enardecidos iniciaron el 'peregrinaje' desde Francia septentrional y central. Era el inicio de la "pre-cruzada", la llamada Cruzada Campesina, o Cruzada de los Pobres (que no se cuenta entre las ocho Cruzadas). El gran ejército feudal de la Primera Cruzada se pondría en marcha recién meses más tarde.

A medida que avanzaban se unían nuevos contingentes, especialmente alemanes y nórdicos. En el camino a Oriente, atravesarían los territorios alemanes, húngaros y búlgaros y la Tracia bizantina.

Pronto comenzaron los saqueos y matanzas; fueron generales aunque no indiscriminadas. El benedictino Gilberto de Nogent narró en forma bastante fidedigna esa alocada procesión. En medio del desenfreno surgió una llamémosle 'inesperada' consigna: "Iremos a combatir a los enemigos de Dios en Oriente, pero tenemos delante nuestro una raza, ninguna más enemiga de Dios que esta; no tenerlo en cuenta, es tomar la cuestión al revés".

El hecho es que a medida que ese 'ejército' avanzaba, si así se lo pudiera llamar, comenzaron las matanzas, los pillajes sistemáticos y el arrebato de provisiones, fundamentalmente contra los judíos. Además de la agitación religiosa y el fervor místico, el antisemitismo era una de las fuerzas motrices de ese movimiento. Podemos decir que en esa atmósfera convulsionada, además del hambre y la miseria, estaban presentes el odio y el fanatismo contra los judíos. En los lugares por los que la multitud atravesaba, los judíos eran una minoría y es posible que entre ellos hubiera algunos que se destacaban por su nivel económico.

En Hungría saquearon poblados y mataron a sus habitantes judíos y no judíos (cuatro mil en la ciudad de Zemlin); cerca de Belgrado, con Walter el Desnudo a la cabeza, se apoderaron de caballos, vacas y ovejas; el camino que Emicho de Leiningen atravesó con sus ejércitos quedó jalonado por violaciones y robos. En todas partes pululaban los ladrones y criminales con el apoyo de los segundones desclasados.

Las primeras matanzas tuvieron lugar en Rouen. Richard de Poitiers y otros cronistas señalan que las hubo prácticamente en toda Galia, donde sólo se habrían salvado los que se dejaron convertir. Pero las más numerosas fueron en la cuenca del Rhin, con mayor concentración de judíos, principalmente en Speyer, Worms, Maguncia (Mainz o Mayenze), Colonia, Treveris (Trier o Trèves), Estrasburgo y Verdun; también las hubo en Ratisbona y en Praga.

En Speyer, la masacre general fue evitada gracias a la intervención del obispo Johann vom Kraichgau. En Worms hubo una intervención del obispo Adalberto, aunque insuficiente para impedir la masacre. En Mayenza, la devastación habría llegado a mil cien asesinados. El cronista cristiano Alberto de Aix narra escenas increíbles de madres que mataban a sus propios hijos "antes que dejarlos sucumbir bajos los golpes de los incircuncisos".

La intervención de condes y obispos o arzobispos tratando de evitar las masacres fue frecuente (aunque algunos tuvieron que ceder ante las amenazas): el nombrado Johann vom Kraichgau de Speyer, Adalberto de Worms, Ruthard de Mainz, Herman de Colonia, el conde de Mörs. Las muertes de Colonia fueron menores gracias a la intervención del arzobispo. En Trèves, el rabino Michaeas declaró que era mejor convertirse que temblar día y noche por la propia vida. En Ratisbona, en cambio, los judíos bautizados por la fuerza se tiraron al Danubio. Hubo otras masacres en Metz y en Bamberg. La última masacre fue en Praga pese a los esfuerzos del obispo Cosmas.

Cuando la muchedumbre llegó a Constantinopla, los saqueos continuaron: los objetivos eran ahora las iglesias y los palacios. Alejo I pudo desviarlos hacia el sur del Bósforo. Las acciones fueron alentadas por los ambiciosos capitanejos que intentaban tomar las ciudades defendidas por los selyúcidas. Como era de suponer los selyúcidas reaccionaron provocando enormes masacres. A fines de octubre de 1096 sus ejércitos habían terminado de aniquilar esta desenfrenada y absurda expedición que cobró decenas de miles de vidas. Fue el fin de la Cruzada Campesina, o de los Pobres. El gran ejército feudal de la Primera Cruzada llegaría meses más tarde.

Este tramo de las Cruzadas y, de una manera general, el período de las Cruzadas, se dio en el contexto de una sociedad en la que el campesinado constituía las nueve décimas de la población. Estaba confinado en la servidumbre, acuciado por las exigencias señoriales cada vez mayores, unidas a los estragos de los años de sequía (1087-1095) y de peste (1094). Eran tiempos de miseria y de hambre endémicas, en los que el campesinado aceptaba con docilidad el orden de la sociedad feudal que la Iglesia y los señores prohijaban.

De manera que cuando la Iglesia agitó la bandera de la lucha contra musulmanes y judíos, no es de extrañarse que, con su religiosidad exacerbada, las multitudes fanatizadas hayan empezado por intentar descargar su insatisfacción y dar rienda a su desesperación, saqueando y masacrando a los primeros infieles que encontraban a su paso.

Los saqueos entraban en la "logística" de la multitud hambrienta y el hecho de que los judíos hayan tenido una participación importante en la actividad comercial de la Alta Edad Media no es una circunstancia para ignorar. La imagen negativa del judío comerciante o rico no podía ser ajena tanto al pueblo que se debatía en la miseria como a los sectores medios e inferiores del clero, con sus frustraciones y ambiciones sociales y económicas insatisfechas. Los judíos "debían" ser atacados y "podían" ser saqueados.

La política de conversiones forzosas estuvo indudablemente también presente. El propio Pedro el Ermitaño, según testimonio de Salomón bar Simeon (citado por L. Poliakov), en Trèves habría aceptado la no conversión a cambio de la contribución en víveres y dinero. Emicho de Leningen habría propuesto un "rescate" a la alternativa de bautismo o muerte. Después de la Cruzada de los Campesinos durante la Primera Cruzada (1097-99), hubo también matanzas en Jerusalén, aunque menores. Durante las cruzadas siguientes se repitieron episodios de masacres aunque de menor envergadura. (9)

En cuanto a la actitud de los sectores dirigentes de la iglesia, nos hemos referido a algunos obispos y arzobispos que les acordaron protección física y que en frecuentes oportunidades intentaron interceder a su favor. Sin duda la Iglesia y los altos dignatarios se manejaban también en la órbita secular de los intereses gubernamentales o administrativos.

Durante la segunda y tercera cruzada la situación de los judíos pareció volver a la que había sido con anterioridad. Con el desarrollo del intercambio, la situación económica de los campesinos comenzó a ser menos acuciante y la quimera de la "tierra de promisión" menos atrayente. Los judíos seguían constituyendo comunidades prósperas. La actitud de los emperadores y aún de algunos arzobispos y obispos, como los de Praga y Colonia, evidencian que todavía cumplían un rol económico y social útil.

Las Cruzadas se dieron en el trasfondo de un feudalismo que había empezado a derivar por el camino del incremento del intercambio. Pero la expansión de la economía mercantil estaba recién en sus comienzos. Era el nacimiento de la competencia de la burguesía cristiana que cerraba las puertas de las ciudades a los comerciantes judíos y acantonándolos cada vez más en el préstamo. El proceso tuvo un largo recorrido, gradual y progresivo, a lo largo de los siglos siguientes.

Las matanzas dejaron secuelas en el espíritu de las comunidades judías. Hasta ese momento, salvo las persecuciones en Cercano Oriente y en España durante los visigodos católicos en el siglo VII, las discriminaciones y las restricciones en las actividades y en la libertad de movimiento no habían afectado mayormente su desenvolvimiento en la vida diaria. Esa nueva situación dio lugar a que se acentuara la religiosidad judía orientada por la esperanza de la llegada del Mesías, un espíritu de pietismo favorecedor del nacimiento del jasidismo. (10)

En el espíritu de la mayoría de los historiadores judíos las Cruzadas aparecen como la marca emblemática del Antisemitismo Cristiano. Sin minimizarlas, las situaciones terribles que ocurrieron deben ser contextualizadas en el lugar que históricamente corresponde. Se pueden considerar un estallido anunciador, una señal que marcó el comienzo del cambio por el que Occidente empezó a transitar. En siglos posteriores, en un contexto con contradicciones más agudas, comenzaron las persecuciones, las masacres y las expulsiones generalizadas de una envergadura absolutamente incomparable.

XII. EN LA EDAD DEL DIABLO

En el otro plano de la bisagra

En los primeros siglos del II Milenio, el desarrollo de la economía de intercambio y la exacerbación del Antisemitismo Cristiano van a agudizar el deterioro de las relaciones de las comunidades judías con la sociedad.

En este plano se ubica la Edad del Diablo, que define ese período durante el cual los judíos son frecuentemente identificados con el Diablo, con la usura y acusados de crímenes monstruosos. (1)

Escribe L. Poliakov: "Tratemos de transportarnos en la imaginación a la plaza mayor de una ciudad, por ejemplo de Baviera, donde numerosos espectadores se agolpan frente el tablado sobre el que se va a representar uno de los misterios alemanes más populares: el *Alsfelder Passionspiel*. El primer día los diablos, una veintena, con nombres (además del de Lucifer y Satanás) de truculenta resonancia germánica medieval, traman la perdición de Jesús y deciden encargar a los judíos la ejecución del crimen innombrable. Después de innumerables tratativas, los judíos, con nombres igualmente grotescos, negocian con Judas sobre el pago de los "treinta dineros" con intentos de engaños recíprocos: una parodia de usureros. El drama dura varios días. La fase culminante va a ser la de la crucifixión: las escenas de flagelación, los verdugos, el despojo de la vestimenta, los clavos, el martilleo, los gritos de dolor, las cuerdas en tensión para aumentar el sufrimiento, el líquido sanguinolento escurriendo por el cuerpo y los judíos jubilosos saltando y girando alrededor del Crucificado escarnecido". Estos dramas alemanes no eran los únicos: los hubo también franceses, que no les iban en saga.

Hubo numerosas referencias que relacionaban a los judíos con el Diablo. El 'arte de curar', lo que después fue la medicina, frecuente entre los judíos, se consideraba que estaba relacionada con la hechicería. Recurrir a un médico judío era "poner en peligro la vida", porque a veces, en lugar de curar "envenenaba al enfermo". El Concilio de Béziers prohibió a los cristianos, bajo la pena de excomunión, reque-

191

rir su ayuda; lo confirmó el Concilio de Albi y una disposición de la Universidad de París. Se sostenía que, de acuerdo a la ética judía, sobre diez pacientes asesinaban uno; le versión española era más aterradora: reducían la cifra a cinco.

La idea de "pueblo testigo y deicida", la identificación de los judíos con el Diablo, fue una creación de la Iglesia para apartar a los cristianos del judaísmo. Era una de sus herramientas. Va a ser complementada por otras, como la económica, la prohibición de la usura, con la que apuntalaban la monstruosa batería del Antisemitismo Cristiano. Veamos otros de los instrumentos que conformaban el armamento ideológico del Antisemitismo Cristiano.

Las armas del Antisemitismo Cristiano

Las acusaciones de crímenes rituales (el asesinato de niños cristianos para incorporar su sangre en el pan ácimo) y la profanación de la hostia, fueron unas de ellas. Los crímenes rituales, pergeñados en los niveles inferiores sacerdotales o de monjes predicadores cuyas conciencias perturbadas proyectaban sobre los judíos sus frustraciones y represiones, fueron tomados de las prácticas ancestrales de sacrificios humanos, comunes entre los pueblos en sus etapas primeras. Para L. Poliakov: "la antigua fábula podría haber sido traída a Europa por los cruzados en su regreso de Oriente. Fue utilizada en ocasiones por deudores insolventes hacia sus acreedores".

El crimen ritual de Norwick en 1144, fue aparentemente el más antiguo de la época medieval. En un bosque cerca de Norwick fue descubierto el cuerpo de un joven muerto; corrió el rumor que había sido víctima de un "crimen ritual" para la celebración de Pesah. Se iniciaron persecuciones y asesinatos de los judíos de la región. Después de motines, saqueos y muertes, las averiguaciones sobre el supuesto crimen evidenciaron que uno de los líderes del amotinamiento era un 'caballero' acuciado por deudas con un judío. (2)

Las innumerables acusaciones de crímenes rituales y de profanación de la hostia no siempre fueron apoyadas por las autoridades seculares o eclesiásticas. (3)

En el caso de Würzburg en 1147 durante la Segunda Cruzada, se trató del cuerpo de un cristiano adulto, que convertido en mártir dio origen a una movilización popular que terminó con la vida de una veintena de judíos. Parte de los judíos encontraron refugio en el castillo fortaleza del lugar. Ephraim de Bonn, cronista de la época, denunció otras acusaciones: en Colonia en 1180 y en Speyer en 1196. En el caso de Speyer, las autoridades imperiales, alertadas sobre la falsedad de las acusaciones, dictaminaron severos castigos a los responsables, fundamentalmente integrantes de la burguesía de la ciudad; una circunstancia para nada casual.

En 1236 en Germania las acusaciones de crímenes rituales ocasionaron tal conmoción que el emperador Federico II nombró una comisión integrada por judíos conversos, ampliada con 'especialistas y conocedores del tema', con la colaboración de "todos los reyes de Occidente para que extendieran la búsqueda en sus respectivos dominios". El veredicto fue formal: "ni en el Antiguo Testamento ni en los escritos judíos llamados Talmud se pudieron encontrar elementos de los que se pudiera concluir que los judíos eran individuos ávidos de sangre humana". Las conclusiones de la comisión fueron confirmadas en 1247 por la Bula de Oro de Inocencio IV, por la cual se excluía a los judíos "definitiva y absolutamente de todas las atroces acusaciones". (4)

La obligación del uso de signos identificatorios fue dispuesta por el Concilio de Letrán IV en 1215; no habría tenido inicialmente un carácter infamante, no era una innovación de la Iglesia, los musulmanes la habían instituido siglos antes. Supuestamente tenía un carácter distintivo. El decreto papal (que sólo planteó el principio general de uso de vestimentas "diferenciadoras") trataba de evitar la "enormidad de cometer el error" de confundir cristianos con judíos o musulmanes. La disposición fue retomada en épocas posteriores, en otros países, adoptando signos con la más variada diversidad de formas y colores.

En Francia entre 1215 y 1379 diferentes concilios religiosos y ordenanzas reales establecieron la obligación del uso de una escarapela redonda amarilla (un color aparentemente relacionado con la maldad y la envidia); en algún momento se dispuso el uso del color rojo y blanco; en Germania, durante los siglos XIII, XIV y XV, los judíos fueron obligados a utilizar un sombrero curvo cónico amarillo y rojo; en Polonia el sombrero cónico debía ser verde; en Inglaterra llevaban dos bandas en el pecho, que se suponía imitaban las Tablas de la Ley; en Italia, España y Sicilia se prescribió el uso de distintivos redondos. La obligatoriedad del uso de la oblea en los Estados Pontificios se mantuvo hasta la llegada de las tropas napoleónicas. (5)

Además de estas disposiciones discriminatorias, se estableció la prohibición de edificar nuevas sinagogas. Otras imposiciones (en Inglaterra por Eduardo I) la obligación de escuchar los sermones (sin replicar ni reírse), la de privar a los padres de sus hijos para educarlos en el cristianismo.

Fueron numerosos los casos de quema del Talmud y, con el horror por las tendencias racionalistas, la prohibición de la enseñanza de la "Phísica" y la "Metaphísica" de Aristóteles. Esas disposiciones tuvieron su equivalente con la quema de los libros de Maimónides prohijada por los rabinos.

El paso siguiente en el sentido de la diferenciación fue el encierro en los ghettos. Tuvieron un origen y una evolución que vale la pena mencionar. Inicialmente los mismos judíos buscaban agruparse en barrios por cuestiones de convivencia y de comodidad para la práctica de sus costumbres religiosas y usanzas. Cuando comenzaron las violencias, se agregaron las cuestiones de seguridad. Los primeros ghettos donde los judíos fueron obligados a vivir se establecieron en Francfort en 1462. Los de Venecia, que le dieron el nombre, son posteriores.

De la actividad comercial al préstamo

El préstamo había sido una actividad estrechamente ligada a las economías naturales, las economías de consumo.

En las economías naturales de la Edad Antigua, economías de producción de valores de uso, los préstamos eran para el consumo, la "usura" (el prestamo para el uso) no implicaba ni debía implicar el pago de intereses; era una cuestión ética ¿Obtener beneficios sobre acciónes humanitarias? ¿para comer? ¿para vestirse? Aristóteles sostenía que sacar provecho del dinero era una actividad contra natura. Era un precepto acorde con las sociedades de consumo basadas en la agricultura. En el Antiguo Testamento, la condena del cobro de interés sobre el préstamo surgía del principio humanitario de no obtener beneficios al satisfacer las necesidades (de consumo) de los congéneres en situación de emergencia. Resultaba pues lógico que la prohibición del cobro de interés haya sido adoptada no sólo por el judaísmo, sino también por el cristianismo, ambas religiones emergentes de ese tipo de sociedades.

Con el desarrollo de la sociedad, aún en las economías naturales, el préstamo que las actividades comerciales o suntuarias requerían, no podía no implicar un beneficio, es decir, el cobro de un interés por el prestador. El préstamo se generalizó en la forma de préstamo con interés y el término usura, ahora con el significado de prestar por dinero, (usurar) se aplicó indistintamente para todo tipo de préstamo, incluso para el consumo, asociado con el cobro de intereses. (6)

En la antigüedad y en la Edad Media, el préstamo era una institución necesaria. A él recurrían, tanto reyes, como príncipes, como los ambiciosos de poder, como los señores feudales por apetencias de lujo o por exigencias guerreras. La gente común también recurría al préstamo cuando los ingresos ordinarios no les permitían satisfacer sus necesidades habituales.

Los campesinos, acuciados por las exigencias de pago de impuestos, por pestes, o por las irregularidades climáticas, eran también reiterados demandantes. En las economías cerradas como las de la Edad Media la necesidad del préstamo había devenido general.

Con la reducción del intercambio y el incremento del trueque, se registró una disminución del uso de la moneda. Siendo la moneda un elemento necesario en la actividad de los comerciantes, eran ellos los que naturalmente disponían de dinero y era lógico que a ellos se recurriera cuando las circunstancias lo requiriesen.

En la sociedad feudal, con el capitalismo en su forma primitiva, el capital comercial y el prestatario se complementaban. El comerciante devenía subsidiariamente prestamista. Comerciante y prestamista eran inicialmente una misma persona y el préstamo tenía un carácter individual. En las economías mercantiles el capital comercial y el capital bancario, un apéndice del capital para la producción, dejaron de tener el carácter unipersonal (aunque el prestador fuera una sola persona). La Iglesia, retomando la tradición del Antiguo Testamento, incorporó nominalmente la oposición a la "usura" en cuanto práctica del préstamo con interés. Consideraba que el delito existía tanto "contra los hombres" como "contra Dios".

Retomemos el proceso del intercambio y el desplazamiento de los judíos del comercio al préstamo.

Con el nacimiento de la burguesía comercial, preferentemente cristiana, como desprendimiento de la burguesía manufacturera, la burguesía "nativa" entró en competencia con quienes principalmente ejercían el comercio, los comerciantes judíos. La estructura de castas de la sociedad feudal seguía vigente. Así como se oponía a que el burgués entrara en la nobleza, las corporaciones artesanales no aceptaban el ingreso de los hijos de los individuos de otros gremios. Las nuevas asociaciones gremiales de comerciantes cristianos pretextaron las diferencias religiosas para trabar la competencia comercial judía.

Ello implicó que los comerciantes cristianos con políticas monopolizadoras comenzaran a desplazar a los judíos del comercio. Al ser parcialmente eliminados del comercio, los judíos se fueron volcando al préstamo con el que estaban conectados.

Un proceso que, acompañando el avance de las economías de mercado, fue en ascenso desde el siglo X al XIV.

Cuando la burguesía cristiana comenzó a participar en el comercio, la Iglesia empezó a registrar un cambio de actitud con relación al mismo y a entender que no tenía el carácter pecaminoso que le había atribuido. Pero una cosa era el comercio y otra el préstamo con interés. La Iglesia mantuvo la prohibición del préstamo con interés hasta mediados del siglo XV; los que lo ejercían eran "pecadores". El Tercer Concilio de Letrán en 1179 llegó hasta establecer la prohibición de sepultar según las normas religiosas a los cristianos que hubieran seguido tan 'odiosa' práctica. No eran prescripciones a las que los judíos fueran pasibles.

La prohibición del préstamo con interés era en realidad contraria a la coherencia del funcionamiento de las economías mercantiles. Así lo entendieron algunos pensadores protestantes de la sociedad burguesa siglos más tarde, como también algunos talmudistas, intérpretes realistas del mundo donde las colectividades judías se desenvolvían.

Con el desarrollo del intercambio y el incremento de la participación de los cristianos en el comercio, el incentivo del lucro terminó por involucrarlos. La Iglesia no pudo evitar caer en la trampa de su codicia. Los cristianos -a veces las instituciones eclesiásticas mismas- prestaban dinero a interés, lo hacían inicialmente por *interpósita* persona, recurriendo a veces a los mismos judíos. Se produjo un cambio en la regulación financiera que permitió a los cristianos superar esa situación, la utilización del crédito les permitió eludir la prohibición del interés: se lo incluía en el monto del crédito.

Los judíos habían sido grandes proveedores y prestamistas de los poderes reales, señoriales y eclesiásticos. Lo habían sido en la Alta Edad Media, con vínculos y conexiones internacionales que no podían ser fácilmente desarticulados. Los reyes germánicos Oton I, Oton II y Enrique II tenían relaciones comerciales con los judíos de Magdeburgo y de Merseburgo; no por nada el obispo de Speyer y el mismo Enrique II los protegieron, defendieron y les confirieron status de privilegios. (7)

En la época de las economías mercantiles, los judíos que habían sido proveedores de altos recursos de las clases altas (reyes y señores), devinieron prestamistas (banqueros) de las mismas clases altas, ignorando la prohibición del préstamo a interés que la Iglesia y la Torah habían establecido quince siglos antes.

Las actitudes de las diversas clases sociales "variaban con los intereses de cada una", dice Ben Sasson. A la clase gobernante que debía ocuparse del orden público le resultaba fundamental la función económica y social ejercida por los judíos; los protegían en la medida en que servían a sus intereses. Hubo países y momentos en los que los gobernantes tenían que soportar la presión de la Iglesia, o debían contrabalancear la de los aristócratas feudales, que muchas veces intentaban escapar a los compromisos contraídos con los prestamistas.

Enrique IV de la dinastía Sálica que contrariando las protestas del Papa había permitido que los judíos abjuraran de las conversiones forzosas, mostró que sus simpatías no eran desinteresadas; en su

XII. En la Edad del diablo.

entredicho con el arzobispo Ruthard lo acusó de haberse apropiado indebidamente de los bienes de los judíos de quienes él se consideraba el legítimo heredero.

En general los préstamos acotados por plazos fiscales o por los períodos anuales o bianuales de las cosechas eran a cuenta de las futuras recaudaciones. En algunos casos los prestamistas devenían verdaderos funcionarios fiscales: quedaban a cargo de las recaudaciones y el beneficio era sobre el plus que podían lograr. En otros casos la realeza y la aristocracia devenían verdaderos socios: percibían un porcentaje sobre el interés del préstamo. Los prestamistas devenían parte del sistema fiscal, eran funcionarios al servicio del reino o del feudo; fue el sistema del *Acta Sanctorum* de Inglaterra.

Estos sistemas estuvieron vigentes en diversos países de Europa occidental y sucesivamente en Europa Central y Oriental. Se establecieron pactos entre los señores: los prestamistas eran parte de los bienes territoriales; los señores se comprometían a no apropiarse de los respectivos prestamistas: los judíos ("sus judíos"). En Francia en 1206 Felipe Augusto, con la aprobación de los príncipes "dueños de judíos", nombró funcionarios especiales para que controlaran y sellaran los documentos que registraban las deudas que se habían contraído con los judíos , semejante al *Acta Sanctorum*). (8)

Esa transformación no tuvo la misma incidencia en el comercio medio y pequeño que en el sector del gran comercio. Mientras los grandes comerciantes ampliaban sus actividades de proveedores estatales a la de banqueros (prestamistas del poder), los pequeños comerciantes y los comerciantes medios, marginados de los cargos públicos, desplazados por la competencia cristiana se fueron orientando al préstamo menor. Esa situación modificó las relaciones de ese sector de judíos con el vasto mundo de campesinos acuciados por las malas cosechas, con los artesanos y con los numerosos sectores de medios y bajos recursos.

Esos sectores conformaban una gran parte de la sociedad que seguía dependiendo del préstamo para el consumo: la función del préstamo era la de cubrir las necesidades básicas de subsistencia. La base de las garantías no podía ser otra que el depósito de joyas, de objetos menores o prendas de uso común: eran precisamente, préstamos 'prendarios'. Eran operaciones en las que los montos eran menores y los riesgos mayores (los prestatarios desaparecían más frecuentemente). En una época donde el dinero era escaso, era lógico que el interés que devengaban fuera comparativamente alto con relación a los préstamos bancarios. Era común que a su vencimiento (los plazos eran en general de un año, un mes y un día), el prestatario no pudiera pagarlos.

El incumplimiento de los compromisos implicaba que los prestamistas se quedaran con la prenda; o la revendían y devenían buhoneros, vendedores de segunda mano, o en cuanto ese no era su oficio, recurrían a los que se dedicaban a la reventa. De esa manera no resultaba infrecuente que se relacionaran con reducidores de objetos robados, entrando en un circuito de connivencia con el latrocinio. En ocasiones las prendas, frecuentemente en mal estado, eran reparadas y acondicionadas. El "remendón" y el "ropavejero" adquirían una habilidad que frecuentemente los llevaba a ocultar la proveniencia real de la prenda que vendían.

Si la actividad del préstamo era tradicionalmente minusvalorada, al involucrarse en la manipulación de objetos usados o de origen dudoso, el sector de judíos prestamistas, comenzó a ser señalado por supuestos defectos descalificadores: además de una avidez por el dinero, su conexión con el robo, sus afinidades con las estafas y las trampas. Una situación que alimentó la atmósfera antisemita.

La combinación de estas imágenes: banqueros cercanos al poder y prestamistas menores, aparentes partícipes de un sistema social y económico de miseria y desigualdad, dio como resultado que judío ya no fuera sinónimo de comerciante, sino de explotador y usurero.

No es necesario reiterar que la idea aplicada a la actividad comercial, en cuanto a que no todos los judíos eran comerciantes, es igualmente válida con relación al préstamo y la usura: solamente una minoría de judíos se dedicaba a esas actividades.

Las situaciones de acuerdo a los países

La situación de los judíos varió según la estructura territorial, las condiciones políticas y económicas de los países y la conformación de las mismas comunidades judías.

En los países en los que el poder real se fue centralizando se dio una concentración económica en el seno de las comunidades judías y una relación de dependencia recíproca entre el poder y los prestamistas. Un círculo vicioso de mayores exigencias, de mayor dependencia por parte de los primeros con relación a los últimos y recíprocamente Una espiral que terminó con las expulsiones. Esa situación se dio en Inglaterra, en Francia y en alguna medida en España.

En los países donde el proceso de concentración no tuvo la misma centralidad, la fragmentación territorial y política implicó una mayor movilidad por parte de los sectores afines al préstamo o al comercio y una menor dependencia recíproca con los gobernantes; situación que permitía una mayor movilidad y posibilitaba la elección de los "protectores" según las conveniencias. Ese fue el caso en la península

XII. En la Edad del diablo.

itálica y en los países de Europa Central (Alemania, Austria, Bohemia y Moravia, Hungría) que aunque con un común denominador no fueron iguales. En la península itálica las expulsiones fueron parciales y menores y la intolerancia llevó a los ghettos.

En Europa Central, en el Sacro Imperio el fraccionamiento feudal dio lugar a que las expulsiones fueran escalonadas, acordes con las circunstancias locales. Si los judíos eran eliminados del ámbito de un feudo, o de una ciudad, podían desplazarse a otro, o negociar la no expulsión o mejorar condiciones para el retorno. La emigración a los países de Europa Oriental fue la opción a los desplazamientos dentro de los territorios del Sacro Imperio.

Esas situaciones tuvieron lugar en un marco de violencia en un período en el que el avance del mercado puso más en evidencia el carácter arcaico de la apariencia expoliadora de la usura.

XIII. EN EL MOSAICO DE LA PENÍNSULA ITÁLICA

En la etapa de desarrollo

Veamos el proceso por el que atravesaron las comunidades judías en la península itálica, desde la segunda mitad del I Milenio hasta el siglo XVI.

Cuando Carlomagno orientó su política de expansión hacia la península itálica encontró a los Estados Papales (el plural que se asignaban correspondía supuestamente a un signo de superioridad terrenal) acosados por los lombardos, por los bizantinos y por las propias revueltas palaciegas. El apoyo de Carlomagno fue determinante para su fortalecimiento. En contraparte, en el año 800 el Papa León III lo coronaba como Emperador Romano "magno y pacífico", un título que en Occidente desde Rómulo Augusto nadie había osado llevar.

Pero la dinámica del fraccionamiento del feudalismo, no ajustaba con la concentración del poder. Con la muerte de Carlomagno, seguida por la de Ludovico Pío, su hijo, el desmembramiento imperial continuó a un ritmo acelerado. Cuando en 875 Luis II el Joven, bisnieto de Carlomagno, muere y con él, el último carolingio de la rama italiana, la península era un caleidoscopio de parcelamientos. Además de los Estados Papales, proliferaban reinos y una serie de repúblicas cuasi soberanas. (1)

Eran pequeños estados, algunos de los cuales llegaron a tener un desarrollo económico y comercial relativamente independiente. A todo ello hay que agregar la intervención y las ocupaciones temporarias simultáneas o sucesivas de otras de las ramas carolingias: la francesa de Carlos el Calvo, la germánica de Carlos el Gordo; también la de la dinastía sajona, la de los húngaros, y la de los normandos, además de los numerosos reclamos de municipios que reivindicaban su independencia.

Las comunidades judías prácticamente ajenas a esa convulsionada y desestructurada sociedad, se desarrollaron aisladamente, con una relativa solvencia, sin que ello se tradujera en la existencia de individuos o de sectores de riqueza particularmente relevante. Aunque no eran

E.J.Dunayevich

comunidades semejantes a las que, como veremos, se crearon en las Islas Británicas, aparecieron sí, algunos personajes económicamente importantes cuya vinculación con el poder no llegó a anudarse como para dar lugar a situaciones de trascendencia.

La península itálica constituía un lugar de tránsito de productos de origen asiático y africano, que a partir de sus puertos eran distribuidos a lo largo del territorio y allende los Alpes, en el oeste y el norte europeo. Con la caída del Imperio de Occidente, los judíos, que habían mantenido estrechas y confiables relaciones con los congéneres de otros países, que conocían sus realidades y sus lenguas, tuvieron las mejores posibilidades para retomar las deterioradas actividades comerciales internacionales. Como Cecil Roth señala: "los judíos se involucraron no sólo en la importación y en la exportación, sino también en la elaboración de bienes de consumo hasta entonces no producidos localmente".

Las crónicas de Benjamín de Tudela (1130-1172), en viaje a Cercano Oriente, constituyen un valioso documento sobre la existencia en la península de las dispersas comunidades judías (representaban aproximadamente sólo el 0,5% de la población total). Aunque probablemente no totalmente objetivo, Tudela estuvo en contacto con los sectores más altos de las comunidades judías, en buenas relaciones con el poder en sus relatos no registra situaciones de discriminación ni de violencia. Recordemos que su viaje transcurrió durante la Segunda Cruzada y en el entreacto entre esta y la Tercera, un período en el que se registraron hechos discriminatorios aislados que anticipan las situaciones sombrías de las expulsiones de los siglos posteriores.

El cuadro al que Tudela se refiere corresponde a comunidades cuyo desarrollo había comenzado unos siglos antes. Fue el caso de la comunidad de Génova, floreciente desde el siglo VI y la de Pisa, donde los judíos tenían una participación activa y las autoridades una buena disposición hacia ellos. En Venecia, a pesar de las restricciones que los duques (los *dogi*) les imponían, los mercaderes judíos constituían una comunidad económicamente importante, firmemente afianzada en la longilínea isla Giudecca (*degli giudei*) que conformaba la 'laguna' veneciana. (2)

Siguiendo el recorrido de Tudela rumbo al sur, además de Pisa en Toscana, estaba Siena y sobre todo Lucca, un lugar de tránsito importante (documentos del siglo IX registran la existencia de intermediarios judíos con aparentes buenas relaciones con el resto de la sociedad). (3)

En Roma, que de acuerdo a Tudela concentraba una población de por lo menos 200 familias (según C. Roth aproximadamente el 2% de la población total), los judíos gozaban del respeto general. En 1130, con la muerte del papa Honorio II, Anacleto II fue elegido su sucesor. De una considerable fortuna, Anacleto II era nieto de un judío convertido al cristianismo un siglo antes. Acusado de judaizar, fue reemplazado por Inocencio II; Anacleto devino antipapa, con un limitado círculo de obediencia y respetado hasta su muerte.

Sobre las relaciones de los judíos con el poder papal, documentos de 1225 de la época del Papa Gregorio I el Grande mencionan el otorgamiento de tasas aduaneras en Ancona (el puerto de los Estados Papales en el Adriático), extendidas también al reino de Sicilia; un privilegio que levantó la protesta de los mercaderes no judíos.

Las comunidades judías de la extremidad de la 'bota', asentadas desde el siglo V, constituían después de la de Roma, las mayores y más importantes de la península: habían alcanzado una prosperidad notoria, a pesar de las disposiciones y actitudes contrarias durante la supremacía bizantina post-justiniana (siglo VI). (4)

Además de las actividades estrictamente comerciales, dada su competencia en el manejo del dinero, los judíos cubrían una variedad de otros rubros relacionados, como agentes de percepción fiscal y de administración financiera.

Aunque escasos, los registros del siglo X documentan la existencia de judíos propietarios de tierras en las proximidades de Ancona y en el siglo XI en Lucca, Treviso, Módena, Taranto (bajo administración bizantina). Se trataba fundamentalmente de explotaciones de olivares y de viñedos en las que, al igual que en España, en Galia y en Europa Central, manufacturaban el vino de acuerdo a las normas rituales.

En la región central se registran actividades artesanales y manufactureras principalmente en la industria cerámica, en la curtiembre, en el tejido y en el teñido; y en la región del sur, en la manufactura de la lana, la seda y también y sobre todo en el tejido y el teñido. En el caso de la seda y del brocado de la lana, incorporaron una tecnología que les permitió competir con los más refinados productores de Venecia. En la rama del teñido, gracias a técnicas posiblemente traídas de Grecia o de Cercano Oriente, identificadas como *tincta judaeorum*, tenían casi el monopolio. La prosperidad de esas manufacturas dio lugar a una situación que podríamos considerar increíble para la época. En 1231, Federico II de la Dinastía Hohenstaufen, devenido rey de Sicilia (que incluía el sur de Italia), estableció el monopolio estatal de elaboración y teñido de la seda, un verdadero complejo manufacturero, en el que los judíos eran agentes y supervisores en exclusividad. Con sus dominios extendidos a los feudos de Capua, Nápoles y los Abruzos, los establecimientos fueron estructurados de acuerdo a una 'singular' disposición: los judíos (solamente los judíos) eran incorporados a todos los niveles (técnicos o comerciales), desde los estratos más altos a los más bajos. Una 'discriminación' acorde con los cánones de la Iglesia, que prohibía que los cristianos fueran colocados bajo la dependencia de no creyentes. La importancia y generalización de la participación de los judíos en esas actividades fue tal que el término "judío" devino sinónimo de "tintorero" y de "tejedor", para nada peyorativos ni con implicancias de "lucro". El beneficio económico de la corona estaba fijado en un tercio del precio de venta, dejando en manos de los agentes judíos los eventuales beneficios diferenciales. (5)

Que los judíos tuvieran actividades productivas y comerciales no implicaba que no cubrieran otras de distinta índole. En el ámbito del renacimiento por el que el mundo había empezado a transitar, los judíos trascendieron también en la esfera de la medicina. Era un campo en el que frecuentemente son mencionados: en Salerno, cercana a Nápoles, a fines del siglo IX funcionaba una renombrada escuela de medicina (J. Parkes).

El prestigio de las comunidades judías dio lugar a que se produjeran disputas ideológicas análogas a las que tuvieron lugar en Galia, una manifestación del empeño de la Iglesia en su enfrentamiento ideológico con el judaísmo. Así, en 766 se organizó un torneo en Pavía, la primitiva capital lombarda: una clásica polémica interreligiosa, en presencia de altas autoridades eclesiásticas y rabínicas en la que participaron un estudioso cristiano (Pedro de Pisa) y un judío (Lullus o Julios); un evento de importancia, al punto que el propio Carlomagno fue informado. Sobre ese particular C. Roth hace la siguiente reflexión: "si la participación judía en el desarrollo y en la transmisión de la cultura era tan importante, es evidente que la población judía de la región no sólo tenía un nivel cultural alto, sino también era numerosa e influyente". Una generalización que por nuestra parte, nos permitiríamos relativizar: ello no significaba que el nivel general fuera alto, sino que un sector de la comunidad era influyente y tenía un nivel económico y cultural importante.

El florecimiento de las comunidades judías se expresó también en el desarrollo de centros de estudio y de transmisión de enseñanza, entre otros, los centros rabínicos de Bari y Otranto (en Apulia). Estos centros aparecen en los siglos finales del I Milenio y comienzos del II Milenio; luego se desplazaron hacia el Norte. (6)

Gracias a sus conocimientos de lenguas, a partir de la expansión musulmana participaron en traducciones, especialmente del árabe al latín vía hebreo (los textos de Averroes) o en traducciones directas del griego. (7)

Atraídos por el nivel de conocimiento de los judíos, los invasores normandos y germanos del Sacro Imperio supieron aprovechar esa situación.

Rogelio II el normando y sus sucesores estaban rodeados por una corte cosmopolita de sabios, muchos de ellos judíos; los mismos Federico II Hohenstaufen y Manfredo, su hijo, estudiaban el hebreo. (8)

Ese tipo de situaciones continuó aún bajo la Casa de Anjou, devotos fanáticos de la Iglesia; Carlos I, rey de Nápoles y de Sicilia, tenía a su alrededor traductores judíos como Faraj de Grigenti y a otros judíos como consejeros y asesores en cuestiones médicas. Roberto I, rey de Nápoles, continuó con la tradición dinástica (supuestamente habría estudiado la Biblia en hebreo bajo la guía de un estudioso). (9)

El cuadro que hemos descrito corresponde a una etapa de desarrollo que muestra la diversidad, y la inserción de las comunidades judías en la península itálica a fines del I Milenio y comienzos del II Milenio. Registra la importancia y el arraigo de las comunidades judías en la península, que de alguna manera explica la tolerancia y aceptación general que gozaron (que poco tiene que ver con la supuesta bonhomía italiana). Este período dejó una impronta que va a trascender en los siglos posteriores a pesar de las innegables discriminación y marginación que, como veremos, importantes sectores de la iglesia tuvieron como eje.

Discriminaciones y marginalización

Los comienzos del II Milenio registraron un quiebre. La Reforma Gregoriana fue punto de arranque de un largo camino por el que durante los cinco siglos siguientes atravesaron las comunidades judías de Europa Occidental y Central. Un período donde en la península itálica, confluyeron actitudes discriminatorias religiosas marcadas por el fanatismo de los diferentes estamentos de la Iglesia y factores económicos. Un período en el que coexistieron situaciones contradictorias donde el florecimiento de bancos de préstamo alternaron con las campañas de intolerancia, y los Bancos de Empeño (Montepíos) con persecuciones y nuevas discriminaciones: situaciones que culminaron con los encierros en los ghettos. (10)

En efecto, durante los casi dos siglos que duraron las ocho Cruzadas (1097-1270), Roma tuvo que lidiar por sus intereses y ambiciones territoriales y simultanea o alternativamente por los requerimientos ideológicos, que no siempre coincidían.

Una situación tipificada por C. Roth en cuanto se refiere a que "empieza a discernirse una tendencia a discriminaciones debidas parcialmente a prejuicios religiosos y a la competencia comercial". Una esquematización que se encuadra en el marco de los dos fenómenos señalados anteriormente: la afirmación de la ideología del Antisemitismo Cristiano y la expansión de las economías mercantiles, que dan nacimiento a la competencia con las comunidades judías y al cambio en el eje de sus actividades.

Si la Reforma Gregoriana fue el acta de 'bautismo' del Antisemitismo Cristiano, los siglos que siguieron fueron los de la 'confirmación'. El pueblo judío había dejado de ser una de las tantas tribus que bajo la égida romana habían sido acogidas y toleradas por la grandiosidad imperial, en tanto se insertaba en los territorios de los distintos reinos germánicos en vía de formación. Los Estados Papales iban ahora tratar de concretar su grandeza en la aventura expansionista de la Cruzadas, con el apoyo ideológico totalizador del antisemitismo y la marginación de los judíos de la competencia comercial.

El desplazamiento de los judíos de las actividades comerciales empezó a darse a partir del siglo X, cuando las grandes repúblicas marítimas italianas, tanto Venecia como Génova y en menor grado Pisa, comenzaron a expandirse hacia Oriente. En Venecia se prohibió que las embarcaciones cargaran mercaderías del circuito comercial de los judíos y hasta se consiguió que en el Helesponto no se les aplicara la reducción de tasas a las mercaderías que transportaban y se restringiera su tránsito en las rutas del Sacro Imperio.

Correlativamente comenzaron los disturbios y persecuciones locales: la expulsión de Verona, las expulsiones parciales en Inmola y en Ravena, los ataques a los judíos de Roma acusados de haber provocado los terremotos de 1020, las denuncias en Lucca de crímenes rituales, la expulsión de Bolonia en 1171.

Este proceso estaba marcado por la actitud de los Papas que, con la preocupación de unir el dominio espiritual con el territorial, trataban de extender su poder, o por lo menos su influencia sobre la región meridional de la península. (11)

La muerte de Federico II en 1250 fue la ocasión para que Clemente IV coronara a Carlos de Anjou como rey de los dominios del sur de Italia y de Sicilia, con lo que ponía fin a las pretensiones de los Hohenstaufen en la región.

A partir de esa instancia se inició, bajo la órbita de la Iglesia y de la Casa de Anjou, una campaña llevada adelante por los frailes dominicanos con prédicas violentas, bautismos forzados, amenazas a los apóstatas que retornaban al judaísmo, acusaciones de crímenes rituales y de crucifijos ultrajados, además de numerosas sinagogas transformadas en iglesias. Una atmósfera que originó el debilitamiento y prácticamente la desaparición de las comunidades judías del sur peninsular.

Los bancos de crédito

Esa situación significó que en el cierre del siglo XIII las comunidades judías se fueran desplazando hacia el centro y el norte de la península, con un importante cambio en la orientación de sus actividades.

En el contexto de la economía mercantil, con el desarrollo de la producción manufacturera y el incremento del consumo, la imprescindibilidad del crédito devino cada vez más marcada. Como lo señalamos, el préstamo había sido un instrumento básico, tanto para los sectores de mayores recursos como para los sectores más pobres. Con su generalización y particularmente la producción de bienes para el cambio, no resultaba posible sin la aplicación de intereses. Ignorar esas situaciones era un contrasentido, era privar a los más pobres la posibilidad de recurrir al préstamo; era ignorar las necesidades del común de la gente que la iglesia pretendía favorecer. Por otra parte cabe señalar que antes del siglo XIII el préstamo no era una actividad en la que los judíos tuvieran una participación particular. (12)

En el siglo XIII y en los dos siglos siguientes se abrió un período de un extraordinario desarrollo del préstamo. Y ahí estaban los judíos quienes, a medida que eran desplazados del comercio, se orientaban hacia esa actividad. La Iglesia seguía prohibiéndolo: aquellos que lo infligieran, serían objeto de castigos y penitencias. No eran esta contingencia que podía preocuparles. Ante esa realidad, la Iglesia puso en juego toda su hipocresía: oficialmente prohibido, el préstamo iba a ser ignorado. Los mercaderes, príncipes y hasta miembros del clero incorporaron su práctica a través de ficciones y mecanismos que hacían aparecer que las operaciones financieras no involucraban el pago de intereses.

Contrariando la opinión de la Iglesia, las ciudades comenzaron a invitar a grupos de judíos con dinero a abrir bancos de préstamo a través de un proceso de regulación con documentos llamados de *condotta*. Los *condotti* contenían cláusulas que estipulaban condiciones sobre el cuidado, mantenimiento y devolución de las prendas (hasta se les obligaba a tener gatos para evitar los deterioros que los roedores ocasionaban). Los bancos de préstamo constituían en realidad verdaderas instituciones de utilidad pública. Numerosas declaraciones -en Bolonia, en Florencia, en Padua- testimonian la necesidad de su existencia. (13)

Fue recién en el siglo XV, ante una realidad incontrolable, cuando los papas Eugenio IV (1431-47) y Nicolás V (1437-55) acordaron la permisividad de las operaciones de préstamo con interés. La anuencia fue acordada en tanto los préstamos "fueran fruto de un acuerdo expreso de las autoridades con los prestamistas infieles". (14)

Los judíos de la comunidad de Roma fueron presumiblemente los pioneros en la actividad del préstamo; probablemente por su competencia en el manejo de la fluida corriente de ingresos papales provenientes de los países cristianos y por su conocimiento en las operaciones de cambio con los numerosos peregrinos que acudían a la Ciudad Eterna. Según C. Roth no caben dudas de que por su proximidad con el Papado, el préstamo fue una de las bases de la fortuna de la familia judía convertida Pierleoni (a la que perteneció el antipapa Anacleto) y la explicación de que el Rabino Natan ben Yehiel (nieto de una gran talmudista) integrante de otra de las grandes familias judías, la de Min ha Anau, haya sido administrador del papa Alejandro III. No fueron las únicas, algunas participaron en transacciones de alta finanza: la de Da Pisa (de la ciudad homónima) y la d'Angelo Mordecai de Roma. (15)

Sus actividades se extendieron al financiamiento de las más diversas ramas de la producción, como las telas, ropas, tejidos y teñido, o las relacionadas con la orfebrería y platería. El florecimiento económico continuó durante los siglos XIV y XV, una verdadera edad de oro: en la región del Centro (el Lacio y la Umbría), en los Estados Papales y más al Norte, en la Toscana y en la Emilia. (16)

Ferrara, que durante el viaje de Tudela no albergaba una comunidad judía importante, en el siglo XIII acordó un estatus de protección a los judíos "por la utilidad que prestaban a la ciudad". (17)

En Trieste, vecina de la intolerante Venecia, la regulación de los estatutos cívicos de los judíos alcanzó una liberalidad que los colocó en una posición de virtual igualdad con los otros habitantes. Unas de las evidencias de su relevancia eran las reiteradas veces que delegaciones judías fueron recibidas por autoridades de la época, como Enrique VII de Luxemburgo emperador del Sacro Imperio y Luis IV Wittelsbach el Bávaro. (18)

La situación señalada colocó a la Iglesia en posiciones contradictorias. A la imposibilidad de eliminar los bancos de préstamo contrapuso una proliferación de disposiciones discriminatorios y de intolerancia. Durante este período (siglo XIII y mediados del XV) evolucionó entre la circunstancia de no poder prescindir de los judíos y la afirmación del fundamentalismo antisemita; con Papas con actitudes favorables y desfavorables y otros con posiciones de franca intolerancia. (19)

Con el incremento de agitaciones antijudías en 1416, en Bolonia las comunidades judías del Norte convocaron un Comité de Vigilancia integrado por representantes de Roma, Toscana, Ferrara y Padua, que en delegación ante el papa Martín V obtuvo, con costosos regalos, que aboliera las opresivas leyes promulgadas por el antipapa Benedicto XII de Avignon. No deja de ser destacable que ese Comité sugirió que los miembros de las comunidades judías redujeran las apariencias demasiado ostentosas para no dar pie a reacciones populares.

En los pequeños estados oligárquicos del Norte, el comercio cristiano lograba a veces que la aristocracia gobernante aceptara la prescindibilidad de los bancos de préstamo y hasta la expulsión de los judíos. Se provocaba a veces un vacío que los mismos cristianos se apresuraban en llenar. En no pocas oportunidades las tasas de interés de los nuevos prestamistas obligaban a que se "invitara" a los judíos a retornar . (20)

En Venecia, las exclusiones se iniciaron a fines del siglo XIII con reiteradas cancelaciones y reinstalaciones que recién terminaron a comienzos del siglo XVI. No es sorprendente que esas situaciones de intolerancia hayan sucedido en Venecia donde los judíos eran considerados peligrosos rivales en el comercio. Una situación análoga ocurrió en Florencia y la región bajo su influencia donde, a partir de 1404, los judíos fueron sucesivamente prohibidos y readmitidos. Eran situaciones producto de los juegos de poder en los que los gobernantes fluctuaban entre los más ligados al fanatismo religioso y los que veían el interés en mantener los bancos de préstamo.

Con el avance del Milenio (final del siglo XII y siglo XIII) la Iglesia se había ido involucrando cada vez más en la ideología del "pueblo testigo", mientras Clemente III (1187-1191) se elevaba contra los bautismos forzados. Un caso paradigmático fue el de Inocencio III (1198-1216), quien, con una aparente tolerancia, fue sin disimulos un ideólogo de la discriminación: mientras la Bula *Constitutio pro judaeis* de 1199 establecía que "de acuerdo a la clemencia que impone la piedad cristiana, nadie debe obligar a los judíos a aceptar el cristianismo y nadie debe matarlos, ni herirlos, ni molestarlos con palos o piedras, ni dañar sus bienes, ni profanar sus fiestas", en la Bula de 1201 establecía que para que el bautismo no fuera válido no era suficiente que hubiera sido obtenido por la fuerza o la amenaza, era necesario que el "elegido" manifestara su oposición en una expresa declaración en el momento mismo del acto. Al ser ungido con el ungüento sagrado, había participado del cuerpo del Señor y concretado el compromiso sagrado: el sacramento del bautismo no podía ser roto. Un argumento de una coherencia que escapa a todo razonamiento. (21)

Esa va a ser la cruenta base doctrinal durante la Inquisición: las persecuciones a los "pecadores irrevocables". Fue en este período en el que se registraron abusos de una crueldad insospechable, como el llamado "juego del caballo", instituido en Roma (en Piazza Navona y en el Monte Testaccio), en Sicilia y en otras ciudades, en el que los judíos montados como caballos eran sometidos a brutales latigazos.

En el siglo XIV y la primera mitad del XV hubo un período de

E.J.Dunayevich

relativa tolerancia papal: fue el período de los papas de Avignon (1305-1378) y del Cisma (1378-1417). El papado entendía que debía conducir la Iglesia por los senderos que la realidad imponía, contemporizando con el florecimiento de los bancos de préstamo. Los papas de Avignon fueron en general favorables a los judíos, aunque no dejaron de aprobar disposiciones contrarias (uso de oblea, proceso contra brujas). (22)

Bonifacio IX (1389-1404), el último papa de Roma antes de la reunificación, sostuvo que los judíos debían gozar del mismo privilegio y dignidad que los otros ciudadanos. En 1417, finalizado el Cisma de Avignon, asumió Martín V; los antipapas Juan XXIII de Pisa y Benedicto XIII de Avignon, fueron desposeídos. (23)

Es particularmente relevante durante este período (siglos XIV-XV), la diferencia de la situación de los judíos de Italia en relación con el resto de Europa. Mientras en Italia, dentro de las contradictorias actitudes y disposiciones los judíos todavía gozaban de una relativa libertad, en Inglaterra había tenido lugar una expulsión rigurosa, en Francia los escenarios de expulsiones eran sucesivos, en Alemania las violencias iban in crescendo y en España los intermitentes ataques culminaron con las conversiones forzosas de de 1391-1415.

Los monjes de la intolerancia

La relativa tolerancia y calma de Italia del siglo XIV y XV, va a preludiar la tormenta de intolerancia, con actitudes contradictorias papales, y el protagonismo de fanatismo de los cuadros intermedios de las órdenes mendicantes.

Un período con hechos paradigmáticos, como la Reforma y la Contrarreforma, el inicio del Renacimiento y la definida intolerancia de papas como Paulo IV, Pío V y Clemente VIII. En 1569, tuvo lugar la expulsión de los judíos de los Estados Papales, excluidos los de Roma y Ancona, de los que sin duda el papado no podía prescindir.

Junto con la persistencia de la actividad comercial judía, la expansión del crédito y la proliferación de los bancos de préstamo habían conducido a una situación intolerable: la considerable prosperidad de la judería, que la burguesía cristiana no podía aceptar. (24)

En los poblados que frecuentemente tenían iglesias atendidas por párrocos ignorantes, los judíos se destacaban con sus comunidades prósperas con individuos de relativo buen nivel de conocimiento.

En ese contexto se empezó a gestar un nuevo proceso de intolerancia prohijado por las órdenes mendicantes, principalmente de los franciscanos y de los dominicanos.

XIII. En el mosaico de la península itálica.

Si bien las primeras órdenes fueron aprobadas a comienzos del siglo XIII, fue a lo largo del siglo XIV y comienzos del XV, cuando adquieren trascendencia. Predicando a favor de los pobres y desamparados, comenzaron ataques contra los judíos con acusaciones insólitas y lenguaje desmedido. Se lanzaban invectivas desde el púlpito, resucitando las viejas consignas contra todo tipo de intercambio y de contacto entre judíos y cristianos, y por supuesto, contra la práctica de la usura. Un proceso en el que el papado participaba intermitentemente, sin demasiado compromiso. (25)

En 1417, encabezando esta cruzada aparecen nombres como los de Bernardino de Siena y Giovanni da Capistrano, seguidores de Vicente Ferrer de Sevilla, el siniestro agitador de las conversiones forzadas en España. Giovanni da Capistrano fue el campeón en la lucha no sólo contra los judíos, también contra otros herejes, en particular los de la desviación husita. (26)

Después del Concilio de Constanza, en Bolonia y en Siena se puso en ejecución la obligatoriedad del uso de obleas. En Ancona (las Marcas), Perugia (Umbría) y Vercelli y Novara (Piamonte) se aplicaron disposiciones por las que se segregaba a los judíos en barrios separados. La práctica de la segregación anticipaba la de los ghettos: expresión del 'peligro de degradación' que implicaba el contacto con los judíos, equiparados a otros parias sociales. A partir de 1419 hubo expulsiones en numerosas ciudades, algunas canceladas antes de ser aplicadas. Eran expulsiones puntuales, en general no simultáneas, que daban margen a que los judíos buscaran ubicación en otras ciudades. (27)

La efervescencia del movimiento condicionó las actitudes del papado que no pudo resistir la presión de los observantes. Contradiciendo actitudes favorables anteriores, la aceptación del préstamo con interés, Martín V anuló edictos que prohibían las prédicas contra los judíos, que se interfiriera en sus relaciones con sus vecinos, que se infringieran sus derechos religiosos y que se los excluyera de actividades como la participación en las universidades. Eugenio IV y Nicolás V, le sucedieron, con disposiciones inicialmente antidiscriminatorias; paradigmáticamente terminaron por ceder al empuje de los Capistrano.

Los montepíos

La política de los bancos de préstamo había tenido consecuencias no esperadas: las comunidades judía eran más florecientes. Las prédicas a favor de la pobreza y las invectivas franciscanas tampoco habían sido efectivas. Ante la funcionalidad de los bancos de préstamo, en particular con relación a la gente de bajos recursos su ineficacia era indudable.

A mediados del siglo XV se vislumbró otra alternativa. Si no se podía prescindir de los bancos de préstamo, se pensó en reemplazarlos por instituciones públicas despojadas de propósito de lucro, sostenidas por el estado y por los hermanos cristianos. Así surgió la idea de los Fondos de Piedad, Montes de Piedad, o simplemente montepíos. Se resolvía el problema sin recurrir a los judíos. Se pensó que los montepíos provocarían el cierre de los bancos de préstamo y que los judíos devenidos superfluos podrían ser expulsados.

En 1462 en Perugia se abrió el primer montepío. Al final del siglo, impulsados principalmente por los franciscanos, en Las Marcas y en Umbría se habían instalado más de una treintena. Pero la sustentabilidad de los montepíos no resultó ser tan simple. Al no cargar intereses, no podían mantenerse por mucho tiempo con el capital proveniente de la benevolencia señorial o de la Iglesia. Si cobraban intereses, aún si sólo se cargaran intereses que permitieran cubrir los gastos, se estaría violando las leyes canónicas, tanto más odiosamente, cuanto funcionaban bajo los auspicios religiosos.

A comienzos del siglo XVI, el papa León X creyó encontrar una solución: autorizó a los montepíos a cargar intereses.

La medida no resultó viable. Los montepíos no llegaban a contar con gente que pudiera implementar exitosamente su funcionamiento, que tuviera competencia para evaluar los objetos que se prendaban. Al cabo de pocos años eran numerosos los que clausuraban.

Mientras tanto los bancos de préstamo no desaparecían: operaban cuando el capital escaseaba, cuando las operaciones eran de escala mayor o simplemente se orientaban a actividades que conjugaban lo financiero con lo comercial. (28)

La nueva situación acentuó en la población gentil la sensación de que los prestamistas con quienes habían vivido en buena relación durante años ya no les proporcionaban socorro para su subsistencia, sino que eran la causa de sus miserias, el origen de sus males y la confirmación de las imputaciones e infamias antijudías que los predicadores venían sosteniendo. Los frailes agitadores retomaron las calumnias de los sucesores de Capistrano, monjes con nombres tristemente célebres como el del franciscano Bernardino de Feltre y el del dominicano Girolamo Savonarola de Florencia. (29)

Una situación paradigmática fue la que protagonizó Bernardino de Feltre en 1475 en Trento cerca de Venecia cuyas acusaciones de crímenes rituales obligaron la intervención del papa Sixto VI. (30)

La agitación continuó con un éxito desigual. En algunos casos con el cierre de los bancos y la expulsión de los judíos. Una situación que no siempre se pudo mantener: los bancos de crédito eran frecuentemente reabiertos, luego de un acuerdo para el funcionamiento sustentable de los montepíos.

A comienzos del siglo XVI los montepíos subsistían penosamente. Había un hecho innegable: no eran la solución económica para el problema de los pobres y la Iglesia no había encontrado respuesta al problema judío. Se seguía debatiendo entre el fanatismo de los sectores medios y la necesidad de soluciones realistas. Para el papado, las comunidades judías todavía contaban. Veamos cómo evolucionó la situación a partir de la segunda mitad del siglo XVI.

En el siglo XVI

La expansión económica del siglo XVI y la eclosión cultural del Renacimiento peninsular fueron acompañadas, si bien en un grado menor, por el progreso de los capitalistas judíos. Los bancos judíos no eran incompatibles con el tipo de vida que había comenzado a florecer con el Renacimiento; su existencia era económicamente posible y los bancos de préstamo devinieron instituciones de crédito de la economía de mercado. Ello significó que tanto el Papado como los príncipes y reyes requirieran con frecuencia de sus servicios y que, correlativamente, actuaran con inusitada benignidad a su favor. (31)

No es sorprendente que la acumulación de la riqueza de los estratos superiores de la sociedad fuera acompañada con el lujo y los placeres, la corrupción y la valorización de las artes y del conocimiento. Empezaron a sobresalir, también entre los judíos, nombres como el de Asher Meshulam del Banco de Padua, Immanuel Norsa del de Ferrara, el de la familia Da Pisa de Toscana, el de Salomone di Bonaventura de Ancona.

Hasta el siglo XV las migraciones transalpinas habían sido menores. El ingreso de judíos provenientes de las expulsiones de Inglaterra y Francia había sido continuo y relativamente ordenado. En el marco de la prosperidad general, esos ingresos no habían generado mayores choques específicos con los judíos locales aún si se trataba de elementos con poder económico como los Sarfatti de Francia, los Ascarelli, los Ambron, los Corcos de España. Después de la eclosión antisemita de 1391 en España, algunas ciudades como Ancona, Ferrara y Florencia atrajeron a los marranos, libres ahora de poder profesar la religión judía y de participar sin limitaciones en la actividad bancaria.

A partir de 1478 con la Inquisición en España, el cuadro empezó a complicarse a consecuencia de la llegada masiva de los marranos.

Las expulsiones de España y de Sicilia en 1492 y de Portugal en 1497 terminaron por completar el panorama: un verdadero desborde de inmigrantes judíos. (32)

A esta situación y al fracaso de los montepíos se va a agregar el insuflo de los *tramontani* (los cahorsinos), cuyos bancos de crédito en competencia con las instituciones judías fueron protegidos por los grandes señores y los papas. Los bancos judíos empezaban a no ser social y económicamente imprescindibles.

La Contrarreforma y los ghettos

A comienzos del siglo XVI, en medio de la ola de inmigrantes, con los fanáticos monjes agitadores y la competencia comercial, el clima de ebullición de las épocas anteriores renació exacerbado.

Tanto Ferrara como Florencia, territorios que hasta entonces la Iglesia no había podido controlar plenamente, tuvieron que doblegarse ante las exigencias de la Iglesia. (33)

Pero fue en Venecia, en 1516, territorio de tradicional y permanente agitación antijudía, donde la Iglesia iba a intentar nuevas "soluciones". Hasta ese momento las calles o barrios donde los judíos vivían (*giuderia, giudecca, o vie o contrade degli ebrei*), eran elegidos por ellos mismos por razones de seguridad y de facilidad para la práctica de sus costumbres. Para tener mayor control de sus actividades y para evitar el contacto con los cristianos se estableció que su lugar de residencia, fuera de residencia obligada. Los lugares elegidos fueron dos antiguas fundiciones (*ghetti* en dialecto veneciano): el Ghetto Nuovo y el Ghetto Vecchio, en los que prácticamente se los reducía al status de prisioneros. Aunque no fueron los primeros (el de Frankfort sobre el Maine en 1462 fue anterior), el nombre de "ghettos" se va a generalizar.

A esa situación se agregó un hecho nuevo. En 1517 Martín Lutero lanzó las Tesis de la Reforma. Como reacción, el papa Pablo III (1534-49), configuró las bases de la Contrarreforma en el Concilio de Trento (1545-63), con el andamiaje de la Compañía de Jesús (1534), del Tribunal Supremo del Santo Oficio de la Santa Inquisición (1541). Era también una respuesta, un llamado de atención sobre el peligro de la aparición de nuevas herejías y la persistencia del judaísmo que con una trayectoria de quince siglos, seguía ocupando un lugar. La Contrarreforma fue la piedra de toque que determinó un endurecimiento de las actitudes del Papado y nuevos rumbos en su enfrentamiento con los judíos. Se reavivó el fuego sobre el carácter blasfematorio de los libros religiosos judíos, en particular el Talmud que fue quemado con otros libros religiosos. (34)

XIII. En el mosaico de la península itálica.

La Inquisición, instituida en siglos anteriores (durante la cruzada contra los albiguenses), tuvo a su cargo la confección del *Index (Index librorium prohibitorum et expurgatoru)*. Innumerables libros judíos, gran parte tomados al azar, fueron arrojados a las llamas; no sólo en las regiones bajo el dominio de los Estados Papales, sino también en territorios de los duques de Ferrara, Mantua, Urbino y Florencia, en general bien dispuestos hacia los judíos.

Evidentemente los judíos eran un fermento "que ponía en peligro" la cristiandad. Imbuido de ese espíritu, en mayo de 1555 el Cardenal Caraffa, uno de los inspiradores de la Contrarreforma, accedía al trono papal como Pablo IV. Pergeñó nuevas arremetidas: los judíos debían ser estrictamente segregados de los gentiles, como lo había prescrito el Concilio de Letrán III tres siglos y medio atrás.

Pocos meses después de su asunción, Pablo IV emitió la famosa *Bula Cum nimis absurdum*, que luego de largos considerandos y de las sucesivas cláusulas discriminatorias, retomando la anterior legislación medieval, anunciaba la necesidad de materializar físicamente la separación de los judíos de los cristianos, prohibia la convivencia y hasta el contacto, en aras de mantener la pureza de la fe. **(35)**

Si las anteriores disposiciones habían tenido en general una aplicación prácticamente temporaria y limitada, la nueva legislación tuvo efectos permanentes y de vigencia generalizada. Hasta entonces el papado había llegado a tener actitudes contrarias a los excesos supuestamente cometidos por los judíos, de ahora en más, aun apareciendo como opuesto a la violencia, iba a ser el sostenedor de la nueva política, y la Iglesia no vacilaría en aplicarla con el máximo rigor.

Podríamos preguntarnos si en el panorama de la economía mercantil con el cristianismo triunfante, los judíos habían dejado de desempeñar el rol de ser social y económicamente útiles y necesarios. Aunque orientados hacia las grandes finanzas y al gran comercio, o acantonados en el préstamo y en el pequeño comercio, iban a seguir teniendo actividades funcionales a la sociedad; iban a persistir, aunque controlados por la Iglesia, a la espera de la concreción del precepto evangélico del "Fin de los Tiempos".

Con una tónica similar procedieron Pío V y Gregorio XIII, Clemente VIII y la mayoría de los papas del siglo XVII. **(36)**

Tres días después de la emisión de la Bula, el barrio judío de Roma en la margen izquierda del Tiber era asignado como lugar de residencia obligatoria de los judíos. Se dispuso la construcción de un muro que lo circundara, provisto de los correspondientes portones que se cerrarían al atardecer y se abrirían a la mañana. En dos meses, el "ghetto" de Roma había sido materializado.

Los ghettos fueron inicialmente sólo conformados en los Estados Papales que incluían Campaña, Romania, Las Marcas y parte de Umbría. Cubrían una extensión mayor que algunos de los estados de la península, En el Reino de las dos Sicilias, los judíos prácticamente ya no existían (la expulsión de España, de la que el Reino era parte, era ahí también vigente).

El ghetto de Roma fue el más importante e inhumano de los que se establecieron en la península itálica y en el resto de Europa, con excepción del que siglos después, el nazismo pergeñó en Varsovia. Subsistió como la mayoría de los otros durante dos siglos y medio, hasta la Revolución Francesa.

En ningún otro lugar los judíos vivieron en peores condiciones. Ubicado en una zona baja y fétida, frecuentemente inundada por las crecidas del río, duramente asolado por plagas (una en 1656 diezmó un veinte por ciento de la población). Estuvo bajo el control del Santo Oficio, regido por un código represivo ratificado casi sin diferencias por los sucesivos papas.

La compulsión de residencia determinó su superpoblación, no sólo por crecimiento demográfico, sino en la medida en que los judíos de los poblados circundantes no eran suficientemente numerosos como para poder conformar otro. La limitación territorial (que los muros perimetrales definían) implicó el recurso del audaz agregado de pisos sobre las ya rudimentarias e inseguras construcciones. Los derrumbes eran frecuentes, en muchos casos por sobrecargas en ocasión de celebraciones (fiestas, bautismos o casamientos) terminaban en velatorios. A esa situación se agregaban los frecuentes incendios (las construcciones eran en su mayoría de madera) y la dificultad de su extinción por la estrechez y tortuosidad de las calles y la interconexión de las casas sin acceso directo al espacio público. Otras de las calamidades que afectaban a los ghettos eran los terremotos: en 1671 el de Mantua fue destruido en un cincuenta por ciento. (37)

El medio de vida de los habitantes del ghetto era totalmente limitado. Las actividades más corrientes eran las de cardadores de lana, acondicionadores de colchones, fabricantes de papel, destiladores de bebidas, vendedores de tabaco. Salvo algunas excepciones, no estaba permitido tener actividades manufactureras organizadas, ni locales fuera del recinto; ni qué hablar de tener cristianos en relación de dependencia. Comercialmente las ventas se reducían al menudeo, a la compra-venta de artículos de segunda mano y a la buhonería (venta de puerta en puerta). Otras actividades: la de reacondicionadores de trastos viejos, la de remendones de ropas y de calzados, que los convirtieron en maestros en el arte de las reparaciones y en el manejo de agujas, punzones y martilletes, con una perfección y una reputación inigualable en el acabado. Con habilidad análoga practicaban el bordado y los trabajos de encaje. En otro nivel, como emergentes de las casas de empeño, figuraban los orfebres, plateros y joyeros. Tampoco se les autorizaba el ejercicio de la medicina (aunque intermitentemente fuera autorizada). Las condiciones de salubridad eran deplorables; ni siquiera comparables a la precaria y primitiva organización sanitaria de la época. Al hacinamiento se unía la miseria; de ahí que el estallido de las plagas, cualesquiera fueran sus orígenes, fuera particularmente virulento; otro argumento para atribuírselas a los judíos.

También la gastronomía, con sus particularidades azkenazim y sefardim, sirvió de pretexto para las discriminaciones. Los olores que mezclaban los aceites fritados (donde lo sefardí hacía el aporte) y las especies (en cuyo tráfico unos y otros tenían una importante participación) envolvían los ghettos en una atmósfera penetrante característica. Una situación que, acentuada por los niveles sanitarios, contribuía a que en el ambiente discriminatorio de la época se atribuyera a los judíos otra supuesta característica derogativa más: la del *odore giudaico*.

La extensión de los ghettos fue lenta y continua. En 1556 se instituyó uno en Bolonia, la anteriormente orgullosa segunda comunidad judía de los Estados Papales, con once sinagogas, una corporación de tejedores de seda y numerosos bancos de préstamo. Le siguieron otras ciudades dependientes papales. Tomada la decisión de establecerlos, en el plazo de seis meses, los judíos debían desprenderse de sus bienes raíces -tanto de las casas de las ciudades, como las de la campiña- de sus viñedos, olivares y huertas. Era frecuente que cayeran en manos de esquilmadores y tránsfugas. No pocas familias prósperas propietarias eran reducidas a la pobreza. Algunos conseguían transferir sus bienes al extranjero, otros encontrar refugio en dominios más tolerantes (los de los duques de Urbino y de Ferrara), o finalmente huir al extranjero. Un gran número se allanó a la conversión.

El caso de Ancona es una muestra de las contradicciones en las que la Iglesia se envolvió para implementar su política. Ancona sobre el Adriático, era el puerto marítimo y la conexión mercantil del papado con el Levante. Muchos marranos portugueses habían conseguido instalarse con la promesa de Pablo III de no ser perseguidos por su apostasía. Se abrió un período de gran expansión del comercio con Oriente. Hasta se inauguró una sinagoga de rito sefardí al lado de otra de rito italiano. Con el acceso al trono papal de Pablo IV, se reiniciaron las persecuciones. El hecho era que los marranos, que habían mostrado ser abiertamente herejes, por las reglas de la fe, no podían ser rebautizados: comenzaron los juicios, los autos de fe, algunos perjuros fueron condenados a la galera, otros prefirieron el suicidio. Algunos se escaparon a Pesaro, el puerto del duque de Urbino que, con el apoyo del Sultán de Turquía y de algunos marranos poderosos de Levante (Doña Gracia Mendes, "la grande dame"), intentaron boicotear a Ancona y reemplazarla por Pesaro. Luego de una breve prosperidad, a partir de 1631, cuando Urbino y los territorios del ducado pasaron a la órbita papal, Pesaro entró en decadencia. Clemente VIII intento restablecer el comercio con Turquía y el Levante pero sin éxito: con la expulsión de los judíos de Roma, el Papado había terminado por destruir las conexiones comerciales con Oriente (38).

La tradicionalmente segregacionista Serenísima República de Venecia fue cabal ejemplo de las contradicciones a las que llevaba la política papal. Después de la victoria sobre los turcos en la Batalla de Lepanto en 1571, el Senado veneciano dispuso la expulsión de los judíos; una manera de afianzar sus relaciones con el Papado. La expulsión debía ser efectiva en el plazo de dos años. Venecia era en ese momento la sede de los bancos de préstamo más importante de Europa; operaban con tasas del orden del 5% con lo que los montepíos habían terminado por desaparecer. Los judíos habían llegado a jugar un rol importante en el comercio al por mayor con el Poniente (España y Portugal) y el Levante (Turquía). Los judíos turcos, por otra parte, tenían buenas relaciones con el gobierno de su país. Eran razones suficientes para que la Serenísima República recompusiera sus relaciones con el Imperio de la Sublime Puerta. El Senado veneciano decidió anular el decreto de expulsión de los judíos. Esta situación provocó un importante flujo inmigratorio. La población judía pasó de unos 1.000 a fines del siglo a 4.870 a mediados del siguiente; probablemente la más importante en Italia. Hubo una gran expansión del comercio judío con el Oeste y con el Este; ello implicó que se abriera un tercer ghetto, el Ghetto Nuovissimo. Perseguidos o florecientes, los judíos seguían siendo víctimas del antisemitismo.

Florencia fue también una de las ciudades que transitó por las fluctuaciones del fundamentalismo eclesiástico. Había sido refugio de los judíos mientras los Medici, proverbialmente sus protectores y amigos, estuvieron en el poder. La familia Da Pisa había abierto varios bancos de préstamo en su territorio. Cosme I (m. 1574) hasta intentó desarrollar un intercambio comercial con Turquía donde los judíos gozaban de privilegios. La presión de la Iglesia determinó un cambio con relación a los judíos de los diversos centros bajo dominio florentino: en 1570 fueron concentrados en un distrito del centro de la ciudad cerca del Mercato Veccchio; con una población mayoritariamente judía, *il quartiero dei giudei*, pronto fue transformado en ghetto. Un poco más de un año después en la ciudad de Siena se dispuso una situación similar.

218

En Florencia, en 1593, después de veinte años de declinación vino la prosperidad con el retorno de Fernando I (hijo de Cosme I). Luego de convertir a Livorno, pequeño puerto de pescadores cercano a Pisa, en puerto franco, Fernando I promulgó un edicto de promoción dirigido "a los hombres del Este y del Oeste, españoles, portugueses, griegos, italianos, hebreos, turcos y moros, sin restricciones relativas a sus familias ni a sus vidas". Era esta una carta de no disimulada tolerancia dirigida a los marranos españoles y portugueses que tan prósperos servicios habían brindado en otros puertos y ciudades de la península. Fue el punto de arranque de la prosperidad del puerto de Livorno. En el límite de los territorios pontificios, en la proximidad de Pisa -a la que pronto desplazó en importancia- Livorno, conectada con Florencia a través de un canal de derivación del Arno, devino centro de acogida de los judíos expulsados de la península ibérica, así como de otros de las más diversas procedencias. En menos de un siglo Livorno se convirtió en un gran puerto comercial, de embarque y de transferencia del Mediterráneo, con una de las más grandes comunidades judías después de la marrana de Amsterdam, sin las limitaciones discriminatorias papales (el ghetto nunca fue introducido).

Treinta años después de la Bula de Pablo IV, las dificultades para poner en práctica sus principios eran notorias. Sixto V, uno de sus sucesores, profundamente piadoso y al mismo tiempo tolerante, urgido en ordenar las finanzas públicas, permitió por la Bula Piedad Cristiana (*Chrstiana Pietas*), que los judíos regresaran a los Estados de la Iglesia y que, pago de respectivas tasas mediante, pudieran practicar la detestada usura. Sixto V legalizó 55 bancos de préstamos para los pobres en Roma, a una tasa del 18%. Autorizó a los judíos a tener empleados cristianos (tenía un marrano como asesor administrativo), a mantener relaciones familiares con el resto de la población, a ejercer la medicina.

Eran sólo actitudes transitorias. Uno de sus sucesores, Clemente VIII, retornó a la política de intolerancia de Pablo IV con la Bula "Ciegos y obcecados" (*Caeca et obdurata*). Sin embargo no podía ignorar la función económica y social de los bancos de préstamo de los judíos: no sólo los confirmó sino que incrementó en Roma su número, además de otorgarles nuevas licencias en otras ciudades como Bolonia y Perugia.Con limitaciones, avances y retrocesos, la implementación de los ghettos continuó en la mayoría de las ciudades de la península, aún hasta pocas décadas antes del fin del siglo XVIII. Hubo que esperar a la Revolución Francesa para que se terminaran definitivamente.

La evolución de las relaciones de las comunidades judías en la Península Itálica tiene analogías y diferencias con las de las otras comunidades de Europa. En Italia, convivieron el poder y la intolerancia de la

Iglesia con el fraccionamiento político y la existencia de comunidades judías dispersas, económicamente de relativa importancia. Ese contexto dio lugar a que pudieran maniobrar con relativa fluidez con los requerimientos de los poderes territoriales y que pudieran acomodarse a las reglas discriminatorias que en alguna medida se asemejaran a las de Europa Central igualmente fraccionada. Reglas que no tuvieron ni la generalidad ni la centralidad de países como Francia y las Islas Británicas.

XIV. CENTRALIDAD DE PODER Y DE RIQUEZAS

Centralidad y dependencia

En los países en los que el poder real se fue centralizando y afianzando, el proceso de concentración dio lugar a una política de expansión de la clase gobernante. Ello significó el aumento de las expensas suntuarias, las extravagancias, los lujos exóticos, las celebraciones, los torneos y manifestaciones ostentosas. ¿A quién recurrir sino a los prestamistas?

Esa situación dio lugar a una concentración económica de los sectores ligados al préstamo a través de asociaciones de los individuos de recursos. Se creó una relación de dependencia recíproca entre estos sectores y el poder real. A la par que los primeros perdían la movilidad y la posibilidad de elegir sus protectores, estos aumentaban sus exigencias; se generaba una espiral expansiva y ajustada (valga la aparente contradicción).

La relación entre las autoridades y los prestamistas implicaba evidentemente una coincidencia de intereses: la actividad debía ser rentable para ambas partes. Cuando los préstamos se hacían a cuenta de las próximas campañas o guerras, los resultados de la operación eran a todo o nada; si las operaciones eran exitosas los beneficios eran cuantiosos.

Los préstamos comenzaron a ser a cuenta de futuras recaudaciones, los prestamistas se convirtieron en recaudadores de impuestos y devinieron agentes del fisco; una figura indudablemente odiosa, tanto más en los momentos de crisis. El malestar general contra los prestamistas se incrementaba cuando los monarcas o señores, en su codicia, elevaban los impuestos. Ello obligaba a los tributarios, a recurrir a nuevos préstamos. El odio era tanto mayor, cuanto mayor era la tasa de interés que los monarcas autorizaban.

El proceso se hacía doblemente asfixiante cuando los soberanos, en un desenfrenado descontrol, recurrían a empréstitos forzados, verdaderamente confiscatorios, que terminaban por agotar las posibilidades de recuperación de los prestamistas definitivamente esquilmados.

Este fenómeno se dio en Inglaterra a partir de la conquista normanda y en Francia con la concentración que siguió al fraccionamiento
post-carolingio.

En las Islas Británicas

El comienzo

En ese contexto, las Islas Británicas constituyen un caso particular.
Fueron el último país de Europa Occidental donde los judíos se establecieron y el primero de donde fueron expulsados en forma definitiva.
Los judíos tuvieron un impresionante crecimiento económico con una
centralidad de riquezas y una expansión tan fulgurante como breve:
fueron expulsados apenas dos siglos después de su llegada.

Se ha pretendido que los primeros judíos que llegaron a las Islas Británicas habrían acompañado a los fenicios en sus correrías en Cornwall
en los siglos VIII y VII aEC, pero no hay evidencias de ello. Lo que es
posible es que las legiones romanas hayan sido seguidas por mercaderes
judíos durante los casi cinco siglos de ocupación del territorio de los
britanos (así llamaban los romanos a los celtas de las islas).

Recién en el período anglosajón, el de Egebert-Harold II (802-1066),
hay elementos aislados que testimonian que los judíos constituían pequeñas comunidades. El hecho fehaciente es que con Guillermo I el
Conquistador, el Normando o el Bastardo, que reinó entre 1066 y
1087, llegaron numerosos contingentes judíos. (1)

Es probable que al organizar su expedición, Guillermo I con sus
normandos (*vickingos* del oeste), sabiendo que iba a conquistar un país
donde serían minoritarios y carentes de experiencia administrativa,
haya comprendido el interés de incorporar el sector de la comunidad
judía del norte de Francia (de donde partieron en su expedición). Era
la estrategia usual de los invasores que en grupo reducido ocupaban
territorios cuya población numéricamente los superaba.(2)

El período de bonanza

Aunque se tiene pocas referencias de lo acontecido, en el inicio
de la invasión es probable que ante el vacío y la falta de competencia
local, los sectores judíos que acompañaron al invasor, con una notable
homogeneidad, afianzaran relaciones con la dinastía normanda y con
la aristocracia anglosajona, por lo que, en un período sorprendentemente reducido crecieron en riquezas y en importancia financiera.

Establecidos en las principales ciudades, a mediados del siglo XII, Enrique I (1100-1135), el tercer sucesor de Guillermo I, otorgó a los judíos una "Carta de Protección", un documento de derechos y privilegios que les garantizaba la libertad de movimiento, los protegía de malos tratos, les aseguraba el libre recurso a la justicia real, a juicios justos, el permiso para retener tierras tomadas en caución de préstamos y los relevaba del pago de peajes comunes.

Aunque el texto de dicho documento se ha perdido, el hecho es que los sucesivos gobernantes, aún después de más de un siglo lo tomaban como referencia cuando confirmaban a las comunidades judías los derechos otorgados "por los abuelos de nuestros padres". La comunidad judía había logrado ser reconocida como una entidad "responsable sólo ante el rey" (C. Roth). Por su capacidad y diligencia era aceptada por la Corona. Nos encontramos ante otra evidencia de *privilegia judaica*.

Las comunidades judías se concentraron en Londres; fundamentalmente en lo que se llamó la "calle de los judíos", en proximidad del barrio de St. Paul. A la cabeza aparecieron personajes como Rabi Joseph o *Rubi Yotse* (en inglés), originario de Rouen, de una considerable capacidad financiera y reputación intelectual. Los judíos no sólo financiaban la corona, también a terceros; la monarquía percibía una parte de los intereses de esos préstamos.

Con el desarrollo económico, con la escasez monetaria y la insuficiencia de cuadros administrativos, Enrique II Plantagenet (1154-1189), cuarto sucesor de Guillermo I, entendió que podía sacar mayor provecho de la situación cambiando el mecanismo de los préstamos; los préstamos comenzaron a hacerse como adelantos de Tesorería a cuenta de futuros emprendimientos u operaciones comerciales como compra de granos, garantizados por futuros ingresos impositivos. El cobro quedaba a cargo de los propios judíos, devenidos agentes de recaudación, funcionarios del Tesoro. Eran lo que Poliakov llama "hombres o vasallos del rey".

Relacionados con las altas clases, los judíos llegaron a prestar también a las abadías y a los ministros y a ser depositarios de sus haberes. Llegaron a formar verdaderos bancos, llamados *consortia*. En algunos casos las garantías eran ornamentos del culto (vasijas y platos) y hasta reliquias de santos. La relación era tal que hasta guardaban documentos de sus negocios con los tesoros de la catedral. (3)

A mediados del siglo XII los bancos de préstamo más importantes se habían establecido en las principales ciudades (dentro de un arco que no se extendía más al oeste de Exeter ni más al norte de York.

Las crónicas de la época mencionan que los judíos más encumbrados vivían en suntuosas mansiones de piedra, verdaderas fortalezas.

¿Cómo fueron evolucionando las relaciones de los judíos con los distintos estamentos de la sociedad? Durante más de la mitad de los dos siglos de su permanencia en las Islas Británicas (la expulsión tuvo lugar en 1290), fueron reiteradas las manifestaciones de protección por parte del poder real y de las altas clases, así como las expresiones de satisfacción y de agradecimiento hacia las autoridades por parte de los judíos. Las crónicas de la época han recogido expresiones dirigidas al rey tales como: "Somos vuestros permanentes, continuos y necesarios súbditos; seremos siempre fieles a Vos y altamente útiles a Vuestro Reino, que gobernáis con magnanimidad y bondad". Era sin lugar a dudas, hasta ese momento, una convivencia armoniosa.

Los funcionarios administrativos (aguaciles o sheriff) y los hombres de la iglesia no eran ajenos al buen trato. Cuando comenzaron las persecuciones fueron numerosos los casos en los que sus residencias, las iglesias o los monasterios sirvieron de refugio a los perseguidos y también de salvaguarda de las mujeres, de los niños... y de los valores.

Comienzo del deterioro

Mientras la comunidad judía continuaba fortaleciéndose, comenzaron las Cruzadas. Las masacres de Rouen en 1096 y en la cuenca del Rhin fueron un preludio: la ideología fundamentalista necesitaría todavía algunas décadas para cruzar el canal de la Mancha.

En 1130 tuvo lugar un incidente anticipatorio. Un médico judío fue acusado de la muerte de un paciente; la comunidad en conjunto fue condenada a pagar una multa. La ocasión 'coincidió' con el vencimiento de una deuda que el Tesoro había contraído con la comunidad judía.

Fue el preanuncio de acusaciones por crímenes rituales como el supuesto crimen de Norwick en 1144, al que nos hemos referido en el capítulo XII. Se iniciaron persecuciones y asesinatos a los judíos de la región. En 1168 en Gloucester, en 1181 y 1183 en Bristol y en 1191 en Winchester hubo acusaciones de crímenes rituales similares o de otras formas monstruosas (profanación de hostias, sacrificios y sangría de niños) como las que proliferaron en otros países.

El deterioro de la situación siguió en forma cada vez más alarmante; a fines del XII las contribuciones extraordinarias pasaron a ser prácticamente regulares, a mediados del siglo XIII devinieron verdaderamente confiscatorias. (4)

Las exacciones incidían también sobre el pueblo que debía pagar impuestos cada vez mayores. Un círculo vicioso en cuanto los judíos como "agentes fiscales" eran considerados responsables de su miseria. Las exigencias fiscales fueron complementadas por alternativas de conversión, que cuando fracasaban, terminaban en persecuciones y torturas. Las masacres del continente y el espíritu de las Cruzadas habían empezado a corroer la imperturbabilidad inglesa. Se acumulaban la miseria económica, el deterioro social y el fanatismo religioso que potenciaban la tensión y el odio.

Un episodio aparentemente circunstancial fue la piedra de toque para un estallido antisemita. En 1189, en plena festividad por la coronación de Ricardo I Corazón de León, heredero de Enrique II, una delegación judía quiso acceder al Westminster Hall para presentar fastuosos regalos al rey. Entre los forcejeos de los que querían entregar sus ofrendas y la brutalidad de los guardias, no desprovistos de animosidad, se generó una batahola. En el desgobierno, la multitud agolpada en las puertas del palacio descargó su furia contra la delegación, golpeando y pisoteando hasta la muerte a los que no podían escapar.

Fue el punto de arranque de una serie de amotinamientos, masacres, incendios y destrucciones que durante aproximadamente tres años asolaron el país. Los judíos buscaban refugio donde podían: en sus robustas casas de piedra (cuando las tenían), en monasterios (cuando les posibilitaban el acceso) y hasta en la Torre de Londres; las autoridades prácticamente no tomaban medidas para detener o evitar la barbarie. Para los insurgentes, las acciones de las Cruzadas debían ser iniciadas en Inglaterra contra los judíos, "que no tenían derecho a gozar de sus mal habidas riquezas". (5)

Independientemente de los gestos y disposiciones inoperantes, comenzó la preocupación específica de la corona. Los saqueos afectaban seriamente los recursos del Tesoro; había que salvaguardar las fuentes de ingreso; había que "proteger" a los judíos.

Se implementó un nuevo sistema. Se hizo un relevamiento de la fortuna y bienes de los prestamistas y de los créditos a su favor. Las operaciones actuales y futuras debían devengar un porcentaje en beneficio de las finanzas reales. Los registros serían controlados por una junta (de judíos, de cristianos y de oficiales bancarios); los documentos de préstamo serían guardados en cofres especiales bajo triple llave y sellos. Los financistas judíos debían prestar juramento de registrar sus transacciones y debían renunciar a todo tipo de subterfugios y evasiones. La institución conformaba una "Tesorería de los Judíos", un *Exchequer of the Jews*, la *Scaccarium Judaeorum*. La institución fue complementada con un *Presbyter Judaeorum*, un funcionario experto coordinador de las relaciones de los judíos con la Corte. Los *Presbyter* se sucedieron durante casi un siglo (hasta una década antes de la expulsión), entre ellos figuraba Jotsce ben Isaac, nieto de *Rubi Yotse.*

Este mecanismo de regulación de las relaciones fiscales fue mantenido por los sucesores de Ricardo I. Se podía pensar que con ello se terminaban las exacciones arbitrarias, pero no fue así. En los cien años que siguieron, los mecanismos de ingresos extraordinarios continuaron al arbitrio de la voluntad de los reyes, excedidos por sus necesidades de lujo o por sus ambiciones guerreras.

Se reiteraron las "cartas de protección con frases como las de Juan Sin Tierra a su "bien amado" (*dilectus et familiares noster*) Jacob de Londres. Mientras se eximía a deudores de pagar sus deudas o se cedía con cualquier justificación a los requerimientos de los propietarios de las tierras que habían caído en manos de los acreedores, se renovaban las "podas". En algún caso para el costo de la guerra en Francia, el casamiento de la hermana del rey o la próxima expedición contra los sarracenos. Ello no impidió que en 1215, una rebelión de Señores (los barones) ahora contra la Corona, arremetiera brutalmente contra los judíos por considerarlos "agentes del rey".

En 1216 comenzó un período de tregua de unos veinte años (C. Roth lo llama de "las vacas lecheras"). Era necesario restaurar el orden, restablecer la estabilidad y reconstruir el sistema financiero. Se instituyó la llamada Carta Magna de Bristol en la que los oficiales locales eran intimados a no molestar a los judíos, ni permitir que personas no autorizadas interfirieran en sus actividades.

Cabría preguntarse cómo los judíos lograban obtener el cúmulo de riquezas que inducían a los reyes a la exorbitancia de las sumas exigidas. Eran en esa época tasas con intereses habituales que hoy serían consideradas exorbitantes. En 1233 la tasa máxima de interés establecida por la corona era de dos peniques semanales por libra: 45% anuales; eran similares a las que Julio Cesar había tenido que pagar en sus campañas políticas.

La figura de las "vacas lecheras", no deja de ser válida. La corona succionaba en tanto y en cuanto podía extraer su nutriente, la realidad era que la actividad usuraria era funcional al sistema. "Los judíos eran como una esponja que succionaba el capital líquido del país, que exprimía su contenido en el Tesoro, mientras que el rey, por encima de todos, con sublime desprecio, era el archi-usurero del reino" (C. Roth). Esta política, mientras las exigencias reales se trasmitían a los niveles inferiores, fue conduciendo progresivamente al empobrecimiento de la tesorería judía.

Era una sociedad plagada de contradicciones que mechaba la intolerancia con gestos contemporizadores: los judíos seguían siendo necesarios al sistema. Mientras el III Concilio de Letrán (1179) había establecido la prohibición de la usura, en las Islas Británicas, la orden de los franciscanos obtuvo permiso del cobro de tributos a la judería. Las autoridades civiles reaccionaban con afirmaciones del tipo: "los obispos no tienen que entrometerse con nuestros judíos".

En 1227, a partir de la mayoría de edad de Enrique III, se dio un nuevo paso hacia la etapa final. Ante la necesidad de satisfacer sus extravagancias, sus inclinaciones artísticas, su pasión por nuevas construcciones y la obcecación de continuar con ruinosas guerras, el rey retomó los impuestos opresivos y las disposiciones extorsivas con métodos cada vez más crueles: encarcelamientos de mujeres y niños en la Torre de Londres, acusaciones de asesinatos y de crímenes rituales.

En 1233 los barones, contrarios al absolutismo real y a los judíos con quienes estaban endeudados, consiguieron la expulsión parcial salvo en lugares donde se les acordara expresamente la licencia para continuar con el préstamo. Se inició un éxodo judío parcial. Se estableció una nueva disposición, los judíos no podían tomar tierras en garantía por los préstamos que otorgaban. Su aplicación efectiva hubiera significado la desaparición del préstamo y el derrumbe del sistema de recaudación real. Los mismos barones entendieron que el camino que pretendían llevaba a la ruina de la economía y tuvieron que aceptar la anulación de la disposición.

La etapa final

Cuando en 1272 Enrique III murió, la comunidad judía estaba en ruinas; los judíos habían llegado a una merma de su capital sin precedentes y no estaban en condiciones de soportar nuevas exacciones.

La situación había sin embargo cambiado. El desarrollo económico había dado lugar a una burguesía incipiente y organizada con corporaciones de artesanos y de comerciantes que controlaban la manufactura y el comercio. El desarrollo no era solamente comercial y local. Inglaterra entraba en la marea de la economía de mercado europea ligada a nuevas clases económicas.

En esa coyuntura van a ocupar un lugar nuevos sectores financieros. Ya en 1223 las actividades usureras de los banqueros florentinos habían comenzado a hacer pie en el reino. A ellos se sumaron los cahorsinos y los lombardos que habían entrado en el circuito del comercio del dinero. Con su aparición la Corona terminaría por despejar sus dudas en cuanto al peligro del vacío que la expulsión de los judíos podía provocar. Los cristianos contaban con el patronazgo de altos sectores de la iglesia embarcada en la lucha contra los "infieles" entre los que figuraban por supuesto también los judíos. No era una cuestión de habilidad o de "oficio", ahora el rey podría prescindir de los servicios de los judíos en calidad de prestamistas, (L.Poliakov y P. Elman *"The Economic Causes of the Expulsión of Jews"*).

A su regreso de las Cruzadas, Eduardo I Zancas Largas, hijo leal de la Iglesia, estimulado por Gregorio X que en el concilio de Lyon había instado a los cristianos a hacer el esfuerzo de terminar con el pecado de la usura, decidió tomar la situación en manos: en 1275, por el *Statum de Judaísmo* estableció que los judíos debían terminar con todas las operaciones financieras.

El Parlamento que había empezado a funcionar en el siglo XIII y expresaba, de alguna manera, a través de condes y barones los intereses de los burgueses, estableció el Estatuto de Acción de Burnell (*chancellor* del Tesoro) que otorgaba la protección a los comerciantes nativos o extranjeros, entre ellos los de la Liga Hanseática y excluía a los judíos. El desplazamiento de los judíos del comercio por la burguesía mercantil cristiana comenzaba a ser un hecho.

El 18 de julio de 1290 el rey decretó la expulsión. En el calendario judío correspondía al 9 de Ab, aniversario de la destrucción del Segundo Templo. Los judíos debían dejar el país antes del día de Todos los Santos.

Fue la primera expulsión definitiva de judíos de un país de Europa. El hecho es que en 1182 en Francia, Felipe Augusto la había decretado, aunque cuatro años después los invitaba a reintegrarse. La expulsión de Inglaterra fue en cambio sin retorno, los judíos tuvieron cuatro meses para enajenar o abandonar sus bienes y negocios. Dieciséis mil quinientos judíos abandonaron el país, la mayor parte con destino a Francia. Fueron readmitidos, aunque no oficialmente, cuatrocientos años después, en 1660, la época del protectorado de Oliver Cromwell.

En Francia

En el Mediodía.

En el Mediodía de Francia, que incluía la Septimania (el Rousillon y el Languedoc), la Provence y los territorios papales de Venaissin y Avignon, las actividades comerciales y el préstamo se tradujeron sólo en sectores reducidos de las comunidades judías, con una limitada concentración de riquezas. En condiciones de relativa dispersión, sus relaciones con el poder -un poder soberano, ni excesivo, ni concentrado- no generaron situaciones de dependencia muy ajustadas.

Esas características marcaron una diferencia con relación a Inglate-

rra y al resto de Francia, que tuvieron un claro centralismo político. (6)
En el siglo XII, después de los primeros Capetos, se inició el sometimiento de los vasallos rebeldes y una lenta concentración del poder. Felipe II Augusto (1180-1223) aseguró el dominio de los territorios al norte del Loire. En los territorios del sur, el Condado de Toulouse, que incluía el Languedoc, mantenía una relación vasallática con la corona francesa.

El Mediodía francés había sido la sede de comunidades judías importantes desde la época de los visigodos (reino de Wamba en 672-680). Las comunidades judías habían desarrollado un alto nivel cultural. En Toulouse sobresalieron en las controversias teológicas judeo-cristianas y las disputas internas sobre los cuestionados textos de Maimónides. En Narbona, cuyos habitantes judíos decían pertenecer a una aristocracia de raíces davídicas floreció una importante *yeshiva*.

La incorporación del Condado de Toulouse al Reino de Francia, tuvo lugar recién en 1271. Con ello los judíos del Languedoc se fueron exilando progresivamente a la región vecina: el Condado de Provence, sobre el Mediterráneo entre los Alpes y el Ródano; con una población de doscientas familias judías en Arles y trescientas en Marsella no se encontraba en una zona particularmente rica, pero la reactivación de los intercambios con el Levante, con el puerto de Marsella como apoyo y con el Ródano en la ruta comercial al norte de Europa, creó condiciones favorables para el desarrollo de las comunidades judías.

Las actividades y oficios en la región eran las más variadas: desde los niveles menos calificados (los que arreglaban colchones, limpiaban fosas, distribuían el correo o eran mozos de cordel), pasando por los albañiles, los artesanos (sastres, zapateros), los pequeños fabricantes de jabones, los teñidores. En el comercio a escala figuraba la ganadería, la lana, además de las pieles y cueros, y la venta de telas; en la rama de los alimentos, los granos, las almendras, los aceites y especias. En el comercio en pequeña escala aparecían los pequeños vendedores, los vendedores ambulantes, los corredores, los rematadores.

A pesar de las legislaciones conciliares, los *magistri* judíos de las artes médicas, los *phisici* (practicantes) y los *surgici* (cirujanos) eran requeridos por todos los niveles sociales, desde la gente común hasta los monjes, los eclesiásticos de alto rango y en la jerarquía superior, los nobles y los soberanos. Ello no impidió que ejercieran simultáneamente el comercio y que practicaran el préstamo. Una relación, aparentemente insólita (quizás no tanto en los tiempos actuales): médico- comerciante-prestamista.

En relación con las actividades rurales, algunos judíos poseían parcelas muy extensas. La explotación de viñedos era una de las actividadasdes rurales más comunes: no requería mano de obra esclava.

Junto con el comercio, el préstamo era una actividad paralela de los judíos de Provence (estamos en los siglos XIII, XIV y XV). Eran en su mayoría préstamos para el consumo y de montos menores. Los préstamos para negocios o para la producción eran menos frecuentes. Consistían en general adelantos de dinero a cuenta de las próximas cosechas o vendimias, o como créditos para la compra de telas; los prestatarios eran pequeños comerciantes, campesinos, nobles y también gente de la iglesia. Los judíos no tenían el monopolio dado que se han identificado numerosos prestamistas cristianos.

Además de numerosos pequeños prestamistas, había grandes prestamistas, en general comerciantes, con centros y representantes en diversas ciudades. (7)

Las alcaldías eran frecuentes tomadoras de crédito. Al convertirse en proveedores de fondos comunales, los prestamistas devenían muy comúnmente perceptores fiscales.

La situación de fluidez, de no centralización política, unida a la desconcentración económica, condicionó el trato de tolerancia a los judíos a condición que se sometieran a las mismas obligaciones que el resto de los ciudadanos. No se aceptaban acusaciones anónimas; podían ser encarcelados sólo si eran acusados por un testigo digno de fe; las acusaciones debían ser refrendadas por una caución, o el denunciante debía ir a prisión hasta que la veracidad de la acusación fuera demostrada (un "garantismo" más que insólito). Era una situación de ausencia de discriminaciones y de persecuciones; una atmósfera a la que, en medio de una Europa cargada de antisemitismo, podríamos aplicar el término cervantino de "ínsula" de paz.

Desde el punto de vista político hasta el siglo XV las comunidades judías de la región se desarrollaban en el marco de poderes relativamente descentralizados. Los judíos vivían en barrios o sectores específicos establecidos en principio para facilitarles la práctica de sus costumbres, lo que no significaba la separación y el encierro de los ghettos. Los barrios era lo que llamaban "calle judía" (*carriera judaica* en provenzal), espacios no amurallados donde los judíos convivían con los cristianos. Los judíos eran locatarios o propietarios de sus viviendas y podían tener actividades en otros barrios.

En 1247 Provence entró bajo la órbita de la Casa de Anjou (en ese entonces reyes de Nápoles). Con la Casa de Anjou (influenciada por la Iglesia), la convivencia empezó a modificarse. Fue un proceso en el que las condiciones de igualdad de las que los judíos se beneficiaban comenzaron a deteriorarse. Fue el comienzo de un período de desórdenes que trasuntaban un no disimulado antisemitismo; comenzaron los desmanes. La autoridad real emitió cartas que confirmaban la protección y condenaban el asalto a las juderías. Las medidas no parecen haber sido muy eficaces. En 1403 se creó el cargo de *conservator judeorum* para velar la aplicación de los privilegios, a semejanza de otros lugares de Europa.

La situación de deterioro pudo ser frenada en alguna medida en 1434 con la asunción del rey René de la Casa de Anjou, conocido históricamente como el "buen rey René", una figura que ha trascendido como el gobernante "más favorable y mejor amigo" de los judíos. Con una imagen de príncipe bucólico-pastoral, amante de la naturaleza y de las artes, con una vida dispendiosa, con sus colecciones, con sus viajes y fastuosidades, no fue ajeno a la tradición de tolerancia arraigada en el sur de Francia, y a diferencia de otros dignatarios supo resistir a las acometidas antijudías que durante su reinado se habían desatado en Europa. La comunidad judía provenzal era todavía próspera y sin lugar a dudas útil a sus fines: el "buen rey" René la protegía y favorecía.

Cuando asumió, el status de protección de los judíos fue confirmado, con ello el derecho a ejercer la medicina y el comercio (era una respuesta a la competencia de los comerciantes burgueses que ya estaban presentes), que los judíos, no sean molestados en sus relaciones con los cristianos con quienes podían mantener negocios sin restricciones. En los pueblos donde la comunidad judía era reducida, se llegó al punto de obligar al carnicero, aunque cristiano, a proveer carne de animales sacrificados de acuerdo a los ritos de la Ley (a tarifas preestablecidas). Los judíos estaban dispensados de asistir a las prédicas cristianas, se les aseguraba la paz en las sinagogas y en sus cementerios, se los confirmaba como recaudadores de peajes. El rey René no pudo sin embargo escapar a la presión de la Iglesia, ni evitar la obligatoriedad del uso de la oblea discriminatoria, aunque pudo introducir algunas modificaciones: reducirlas al tamaño de una moneda, que fueran colocadas en la cintura, y que en vez de color rojo vivo pudieran tener un color cualquiera en tanto fuera diferente al de la vestimenta. El rey René tuvo también que lidiar con acusaciones de asesinatos rituales, pero consiguió desbaratar el intento. Se encontró también con conversiones forzosas ante las cuales dispuso que las víctimas fueran restituidas a los suyos y los culpables perseguidos ante la justicia. En los frecuentes incidentes que se producían en las manifestaciones de Semana Santa, recomendó a sus oficiales que controlaran a los exaltados.

Seguía siendo un cristiano respetuoso y creyente y así como condenaba los desmanes y las conversiones forzosas, favorecía las conversiones voluntarias. En esos casos, si se trataba de varones menores de catorce años o de niñas menores de doce; los bautismos sólo se aceptaban si los catecúmenos habían sido previamente interrogados en sus hogares en presencia de sus padres o de sus parientes más cercanos. (8)

En 1480, el rey René moría sin hijos. Lo heredó su sobrino, que moriría un año después, legando el condado a Luis XI, rey de Francia, que prometió respetar los privilegios de los judíos de la Provence. Luis XI moriría poco después, le sucedió Carlos VII. La situación de deterioro en casi toda Europa Occidental y Central se extendió también a la Provence, que ahora formaba parte del Reino de Francia. En 1494 Carlos VIII intimó a los judíos de la Provence a partir o a adoptar el cristianismo; en 1501 Luis XII su sucesor, confirmó perentoriamente el decreto.

Los caminos del éxodo prácticamente se habían cerrado: los de España en 1492, los del Rousillon y Cerdeña en 1493, los de Portugal en 1496-97; Italia pronto sería el país de los ghettos. Europa Occidental había quedado prácticamente vacía de judíos; en Europa Central se había iniciado el éxodo interno y las expulsiones a Europa Oriental. Una parte importante de la comunidad provenzal optó por las conversiones; formaron parte de los numerosos "neófitos" de esa época.

Los que no eligieron la conversión, no les quedaba otra salida que la de acantonarse en los Condados de Venaissin y Avignon, posesiones papales desde 1274 y 1348 respectivamente. En esos territorios había reinado el espíritu de tolerancia del Mediodía francés y los judíos que allí residían eran los únicos individuos no católicos autorizados a vivir y a practicar su culto. Considerados "ciudadanos", eran llamados "los judíos del Papa".

El ingreso de las comunidades de la Provence a los condados papales (Les Comtats) coincidió con la expulsión de los judíos de la vecina región del Delfinado (que también había entrado en el dominio del rey de Francia) y con las expulsiones provenientes de España y Portugal. El sustancial incremento del número de judíos en los condados papales significó el deterioro de la situación social y económica. Quedaron circunscriptos a barrios reservados, reducidos a cuatro messilot ("ciudades" en hebreo); una, la de Carpentras, conserva actualmente la sinagoga, la más antigua de Francia. Los barrios reservados devinieron ghettos. Empobrecidos y hacinados, los judíos podían seguir practicando su culto y hasta tener sus sinagogas; sólo que la antigua y tradicional tolerancia provenzal modificó las reglas de convivencia: los judíos estaban obligados a asistir a las prédicas cristianas y sus libros sagrados eran sometidos a la censura. El principio "del pueblo testigo" había sido adoptado; no quedaban alternativas, o los judíos quebraban su obstinación y aceptaban la conversión o tenían que esperar en el encierro la llegada inevitable del Fin de los Tiempos y la ineluctable "conversión final". Los judíos siguieron viviendo en los territorios de los *Comtats* hasta la Revolución Francesa.

Las expulsiones en Francia

El proceso de expulsión en Francia duró más de dos siglos. Acaeció conjuntamente con la afirmación del poder central en detrimento de las fuerzas señoriales, de las tradiciones vasalláticas y de los derechos feudales.

Cuando Hugo Capeto (987-996) asumió, su dominio sólo alcanzaba la Isla de Francia y una pequeña región de la Touraine alrededor de Orleans. Su poder no alcanzaba para competir con los duques de Normandía y de Anjou. La disminución del poder real bajo los últimos carolingios y los primeros capetos conformó una situación en la que los judíos estuvieron inicialmente sometidos en sus relaciones con los señores de las diferentes regiones.

Mientras que en la coyuntura del Imperio Carolingio, donde la autoridad superior prevalecía, los judíos considerados como parte *ad cameram nostram* eran sustraídos del poder de los señores, el fraccionamiento feudal creciente de los dominios entre el Rhin y el Loire configuró su dependencia de los poderes regionales, sin que ello implicara una servidumbre feudal. En ausencia de una autoridad central dominante, su estatus variaba de un señor a otro. La debilidad de los señores viabilizaba una movilidad por la posibilidad de conseguir mejores condiciones e imposiciones. Hasta una parte importante del siglo X, los judíos, en su condición "no servil", cuando eran objeto de expulsiones, gozaban del beneficio de poder optar por otro señor. (9)

El proceso de fortalecimiento y centralización de la monarquía comenzó bajo Felipe II Augusto (1180-1223), séptimo de la dinastía Capeto. Durante su reinado logró recuperar gran parte de las posesiones francesas de los reyes de Inglaterra: Berry, Auvernia, Normandía, Anjou, Maine, Touraine y Poitou. Durante sus sucesores (siglo XIII y XIV) el poder central se afirmó en detrimento de las fuerzas señoriales extendiendo sus dominios a los territorios de los Anjou, incorporando el Condado de Tolosa (el Languedoc), con lo que lograron alcanzar el Mediterráneo. Bajo Felipe IV el Hermoso (1180-1314) los dominios reales se ampliaron a Flandres, la Champagne y el Lyonnais.

En sus luchas por el sometimiento de los vasallos señoriales, los soberanos incrementaron sus necesidades financieras. Cuando Felipe II Augusto expulsó a los judíos en 1182, su propósito era hacerse de sus bienes para cubrir las arcas del Tesoro exhausto. El hecho es que en sus especulaciones no había considerado que la expulsión generaría un vacío en los ingresos fiscales. Cuando años más tarde, en 1198, anuló la expulsión, se encontró con que los expulsados se habían acogido a la protección de otros señores feudales. En 1218, el mismo Felipe Augusto modificó la situación relacional entre la autoridad real y los judíos; estableció un registro de préstamos, sobre cuyos intereses tendría una participación (análogamente al *Scaccarium Judaeorum* de Inglaterra) y fijó una tasa legal de crédito de 43,3% anual: el rey se había convertido en socio de los judíos prestamistas.

Durante más de treinta años, Felipe II Augusto y sus sucesores firmaron con los poderes señoriales innumerables convenios relativos a la "posesión" y al retorno de los "prófugos". Eran compromisos de no "sustracción" o de "devolución" de los prestamistas. Los judíos se habían convertido en verdaderos siervos ligados a los dominios de los señores, sin libertad de movimiento. La libertad de desplazamiento estaba restringida a los dominios reales y señoriales.

Luis IX (1226-1270) continuó con disposiciones verdaderamente depredadoras (utilizadas en parte para las campañas de las Cruzadas): desde la anulación del tercio de las deudas hasta la simple y llana anulación de los préstamos contraídos con los judíos. Estas disposiciones no pudieron ser mantenidas, anulaban la posibilidad del comercio del dinero que era una necesidad de la época. El período de Luis IX estuvo signado también por un incremento de persecuciones religiosas. Además de numerosas acusaciones de muertes rituales y calumnias de profanación de hostias, a requerimiento de Luis IX se concertó una polémica sobre los supuestos contenidos ofensivos de los manuscritos talmúdicos. Sin la menor imparcialidad, el evento terminó con la ejecución de un auto de fe en 1244/46, con la quema de textos talmúdicos (alrededor de veinticuatro carretas de manuscritos considerados ofensivos al cristianismo).

En 1302 en París se reunió la asamblea de los Estados Generales, que incluía por primera vez los burgueses. Cuatro años después los judíos eran nuevamente expulsados. Lo hemos visto en Inglaterra, ahora en Francia, el triunfo del parlamentarismo (el ascenso de la burguesía) era la otra pata del Antisemitismo Cristiano. Coincidió con la impostergable necesidad de Felipe IV, el Hermoso, de proveer a sus arcas exhaustas. Felipe IV creyó que también podía recurrir a los tesoros de los Templarios a los que también expulsó. (10)

Cuando el estallido de la Peste Negra en 1349, los judíos fueron acusados como responsables y más de dos mil fueron masacrados. (11)

En 1358 sobrevino el levantamiento de Etienne Marcel, portavoz de la burguesía parisina: se produjeron numerosas masacres de judíos. (12)

En el mismo año el Valois, Juan II el Bueno (1350-1364) fue hecho prisionero por los ingleses: había que reunir las sumas necesarias para el rescate. El delfín, futuro Carlos V el Sabio (1364-1380), hizo un llamado a los judíos para que retornaran. (13)

Se puso en marcha nuevamente el mecanismo para el cobro de las deudas reales convirtiendo a los judíos en agentes fiscales. Era lo que faltaba para que estallaran levantamientos, saqueos y masacres en su contra. El poder real trató de protegerlos y acordó excepciones (como el de poder litigar directamente con los deudores cristianos).

Finalmente, en 1394, entre la presión de los sectores burgueses y la exasperación popular, el rey Carlos VI el Bien Amado (o el Débil), decretaba la expulsión definitiva.

En resumen, en Inglaterra y en Francia, la concentración de poder tanto económico como territorial y la de la riqueza, en sectores reducidos de las comunidades judías crearon una dependencia recíproca generadora de situaciones cada vez más tensas que, con el afianzamiento de la burguesía cristiana, encontraron como escape la violencia de las expulsiones.

Valga subrayar una vez más que las expulsiones en Inglaterra y Francia, tienen cierta semejanza con el contexto de la península ibérica y una marcada diferencia con la situación de los judíos en la península itálica y en la región de Europa Central, donde el fraccionamiento feudal creó otro tipo de relaciones.

XV. ENTRE MOROS Y MEDIANOCHE

La historia de los judíos en la península ibérica tiene una característica particular: situaciones con períodos de fraccionamiento en reinos y un período final de poder centralizado. Una historia que podríamos graficar con una geometría de trazos quebrados, que representaría situaciones de armonía seguidas de otras de violencia, persecuciones y discriminaciones. En esa alternancia los judíos pasaron de los visigodos arrianos de la convivencia, a los visigodos católicos de la intolerancia, de éstos a los musulmanes, que de la coexistencia y la prosperidad pasaron a las persecuciones por los fanáticos almorávides y sobretodo los almohades, para pasar luego de la relativa armonía en el período de la Reconquista Media de Alfonso X el Sabio, a la Medianoche del oscurantismo con las conversiones forzosas, la Inquisición y la Expulsión de 1492.

El derrumbe del reino visigodo

La desintegración de la dinastía visigoda llegó a un punto sin retorno cuando el clan de la familia Witiza, a comienzos del siglo VIII, pidió ayuda a Musa ibn Nusair, gobernador de Ifriquiya (Tunes), para combatir a Roderico, otro visigodo pretendiente al trono.

Respondiendo a ese requerimiento, Musa ibn Nusair envió al general bereber Tāriq ibn Ziyād al-Layti, que en 711 atravesaba con sus fuerzas el estrecho de Gibraltar, históricamente las Columnas de Hércules. El desembarco se efectuó al pie del Peñón, a partir de entonces llamado de Djebel al-Tariq (montaña de al Tari) o Gibraltar.

En una confusión de alianzas y traiciones entre los propios visigodos, al Tariq, pese a su inferioridad numérica (7 mil hombres contra 40 mil), triunfó sobre Roderico (o Rodrigo) en Guadalete. Continuando con el emprendimiento al Tarik llegó a Toledo. Al año siguiente el propio Musa ibn Nusair desembarcaba con un refuerzo de 18 mil hombres.

Instalados en la gobernación de *Spania*, el nombre con el que los moros identificaban la región, con Sevilla como capital, los musulmanes continuaron la conquista avanzando hacia el Norte, sin encontrar mayor resistencia. En pocos años dominaban prácticamente toda la península; quedaba fuera del dominio musulmán un bolsón de visigodos en la región montañosa del Norte (Asturias) bajo el mando de Pelayo, oficial de Rodrigo. En 722 Pelayo derrotó a los musulmanes en la batalla de Covadonga; fue el comienzo de la Reconquista.

Este traspié no impidió que los musulmanes siguieran su avance cruzando los Pirineos, ocupando el reducto visigodo de Septimania (con Narbona como ciudad principal) y casi sin oposición, continuaran adelante en territorio galo. En 732, en Poitiers, eran derrotados por las tropas francas de Carlos Martel; la derrota puso freno al avance musulmán en Europa. (1)

Llegaron los sarracenos

Cuando los moros entraron en Toledo abandonada por los visigodos, fueron recibidos con los brazos abiertos por los judíos, reiteradamente perseguidos y discriminados desde la conversión de Recaredo. A medida que los moros tomaban nuevas ciudades dejaban a los judíos en custodia y seguían adelante con la invasión.

En el año 755 Abd al Rahman I, sobreviviente de los omeyas desplazados por los abasidas en Cercano Oriente, desembarcó en España con el apoyo de tribus bereberes y de tropas sirias. Venciendo al gobierno musulmán, se apoderó de Córdoba (Qurtuba) y fundó el Emirato Independiente de Córdoba, emancipado políticamente de Bagdad.

En 929, Abd al Rahman III (Abderramán), uno de sus descendientes, fundó el Califato de Córdoba. El período de los Abd al Rahman, incluido el de Alhakén II, (961-976) hijo de Abderramán, fue una época de apogeo con una gran eclosión económico-cultural.

Los nuevos invasores inicialmente conformaban un ejército de un par de miles de hombres rudos e ignorantes, fundamentalmente de origen nómada, de los que, además de guerrear y de saquear, poco más se podía esperar. Constituían un heterogéneo conglomerado de etnias (árabes, bereberes, sirias, yemeníes), la mayor parte recién llegadas al islamismo, con mínimos conocimientos del Corán, individuos difícilmente gobernables: proclives a desobediencias y a amotinamientos. Vale señalar que en su diversidad, probablemente incluyeran a judíos.

El sector gobernante debía resolver cuestiones administrativas, de seguridad y de control territorial. Para consolidar su dominio era necesario mantener el orden sobre la población cristiana (ibero-romano-visigoda), controlar las fronteras y cobrar tasas aduaneras.

Para las cuestiones de seguridad no debió ser difícil encontrar los elementos apropiados entre los árabes. Para las regiones fronterizas y conflictivas se debía contar con legiones homogéneas y leales; para ello se adoptó un sistema análogo al que los helenos habían utilizado en el ámbito de la expansión en Oriente, el de las katoikías sirias y las kleroukías egipcias, por el que se entregaban tierras a cambio de la defensa y el control de las regiones respectivas. Así se procedió con los yemeníes, con los bereberes y con los sirios y árabes. (2)

Para la administración, la gestión de las contribuciones (impuestos territoriales, diezmos, arrendamientos, peajes) y la producción, se requerían personas capacitadas y de confianza. Era además necesario tener cuidado de no desarticular la estructura económica del país manteniendo las actividades productivas y comerciales para obtener recursos tributarios. Los musulmanes tenían la institución que cubría esos requisitos: la *dhimma*. Era la herramienta con la que los no creyentes, mediante el pago de una tasa especial podían continuar con su religión, ritos y costumbres, sin dejar de ocuparse de sus actividades productivas o comerciales y cumplir con los compromisos tributarios. La *dhimma* fue aplicada tanto a cristianos, como a judíos. En ese marco los judíos, con su experiencia de varios siglos en la península, estaban en condiciones de cubrir los requerimientos del invasor; pudieron seguir participando en las actividades relacionadas con la agricultura, el comercio y las administrativas. Durante el período visigodo los judíos no habían sido numerosos; estaban distribuidos especialmente en las ciudades principales como Córdoba, Granada y Toledo. Con la ocupación, alimentada por la afluencia de África del Norte, la población judía fue en aumento. Granada y Tarragona llegaron a ser calificadas como ciudades judías. Sevilla, Jaén y Almería tuvieron una situación similar. Lucena, en la provincia de Córdoba, llegó a ser llamada la "Perla del Sepharad". (3)

En el Centro, Toledo fue el principal centro judío y en el Norte, Barcelona, capital de los condados catalanes y Zaragoza sobre el Ebro.(4)

En el siglo X la Reconquista continuaba: habían transcurrido alrededor de dos siglos y medio desde la invasión. (5)

Aunque los cristianos habían llegado a consolidar los reinos del Norte, Abderramán pudo frenar sus avances, al punto de someterlos al pago de tributos y hasta intervenir y arbitrar en sus querellas internas.

La política del califato fue igualmente exitosa en el plano exterior. En lo comercial enfrentó a los fatimíes que controlaban las rutas del África del Norte (el Magreb), y en las relaciones diplomáticas llegó al intercambio de embajadores con el Bizancio de Constantino VII y con el Sacro Imperio Romano Germánico.

En el dominio interior Abderramán continuó la política constructiva iniciada por sus antecesores. La Mezquita de Córdoba había sido comenzada por Abd al Rahman I, continuada por sus sucesores. Alrededor de Córdoba se desarrolló un gran centro económico y cultural; Abd al Rahman I fundó una biblioteca con cuatrocientos mil ejemplares. Su gobierno culminó con la construcción de una ciudad palatina: Medina Azahara. (6)

El clima de convivencia de la época fue sorprendente; Maimónides, en el *Reponsums*, refiere la existencia de una mina de plata propiedad común de judíos y de musulmanes; los ingresos de los viernes, correspondían a los judíos, los de los sábados, a los musulmanes. (7)

Algunos de los pensadores judíos de ese período estuvieron compenetrados de la filosofía griega, con una importante influencia racionalista, que los llevó a un apartamiento del pensamiento judío tradicional. (8)

La ocupación de cargos administrativos fue la vía intermedia de participación de los judíos a los niveles cercanos al poder y a la corte. Hemos mencionado anteriormente a Hasdai ibn Isaac ibn Shaprut, hombre de confianza de Abderramán, cuya correspondencia con el kahán de los kházaros fue el inicio del conocimiento de su polémica existencia.

Los Reinos Taifas. Los almorávides y los almohades

El califato mantuvo su esplendor y prestigio durante las cuatro décadas posteriores a la muerte de Abderramán. En ese período, en 976, Al Mansur (Almanzor), Mayordomo de Palacio durante la minoridad de Hisham II, nieto de Abderramán, con una personalidad carismática y un gran talento militar, dirigió una sucesión de campañas en tierras cristianas (un total de 56) sin conocer la derrota; una de ellas coronada con la destrucción de Santiago de Compostela.

A la muerte de Almanzor en 1002, se abrió una lucha por el poder con una larga guerra civil que terminó por agotar al califato. En menos de treinta años nueve califas se sucedieron en el trono. Andalucía (*Al-Andalus*) devino el campo de batalla de diferentes etnias musulmanas, que en no pocas oportunidades requirieron el apoyo de los reinos cristianos. En 1031 el califato terminó fragmentado en numerosos pequeños reinos o "banderías" que bajo la regencia de clanes árabes, bereberes o muladíes (cristianos convertidos), se proclamaban independientes. Fueron los llamados Primeros Reinos Taifas, A pesar de la fragmentación, durante un tiempo, el nivel de actividades se mantuvo relativamente estable. Las cortes de los Reinos Taifas se convirtieron en centros de actividad y de influencia judía. Fue el caso de los Taifas de Granada, de Zaragoza y de Sevilla, donde los bereberes, incapaces de conducir los asuntos del estado entendieron la conveniencia de la participación judía. Un período en el que fueron numerosos los representantes judíos (y no judíos) en el campo de la medicina y de la cirugía (estudios sobre la vejiga, el esófago, el corazón, los ojos), tanto en plano teórico como en el orden práctico. Otros de los campos del saber y de la ciencia que se destacaron en ese período, fueron la astronomía y la matemática. (9)

La fragmentación taifa favoreció la expansión de los territorios cristianos que culminó en 1085 con la conquista de Toledo por Alfonso VI, rey de León y de Castilla.

Ante el peligro que se cernía sobre la existencia de Al-Andalus, los andalusíes requirieron en 1086, el auxilio de los *almorávides,* cuyo imperio en África se extendía desde la costa Mediterránea del Magreb hasta el Sahara Occidental: los actuales Marruecos, Mauritania y Malí. Respondiendo al llamado, los almorávides cruzaron el estrecho y vencieron a Alfonso VI en Zalaca, cerca de Badajoz.

Eran bereberes nómadas islamizados con una interpretación rigorista de la religión. A su llegada a España se encontraron con un país próspero y desarrollado donde los preceptos del Islam no regían con demasiada firmeza; debilitado por las reyertas entre los Reinos Taifas y una relativa tolerancia hacia judíos y cristianos; los almorávides en pocos años (1086-1145), se convirtieron en sus dueños. (10)

Pese a sus intenciones de recuperación religiosa y al éxito de sus conquistas, los rudos guerreros, acostumbrados a la austeridad del desierto, no pudieron resistir a la molicie de las costumbres y a los placeres de la vida en la península. En ese contexto, no pudieron concretar la expulsión de los judíos. Les hubiera significado un desajuste demasiado grande en el funcionamiento de la sociedad.

De acuerdo a Ytzhak Baer, la irrupción almorávide significó un freno en la vida de las comunidades judías. Aún si algunos sectores pudieron continuar sus actividades y una convivencia y desarrollo intelectual judeo-árabe, las discriminaciones fueron suficientes como para inducir a sectores judíos a buscar nuevos horizontes. (11)

El dominio almorávide pudo mantenerse apenas algo más de medio siglo. Faltos de apoyo por parte de los propios moros residentes, incapaces de retomar Toledo, de detener el avance de los reinos cristianos, debilitados en su retaguardia magrebina, tuvieron que dejar lugar a las nuevas tribus musulmanas que habían surgido en el África del Norte: los almohades.

Los almohades, con una raíz shiíta, desembarcaron en la Península Ibérica en 1145. Venían con las mismas ideas de los almorávides:, detener el avance cristiano y revigorizar la pureza islámica.

Aunque en poco más de treinta años lograron afianzar su dominio en la mitad sur de la Península, no lograron la unificación política, en cuanto reformularon nuevos reinos taifas (los llamados Segundos Reinos). Siguieron sus enfrentamientos con los cristianos y aunque en 1195 derrotaron a las tropas castellanas en la batalla de Alarcos, su triunfo fue relativo: los reinos cristianos de Portugal, de León, de Castilla, de Navarra y de Aragón y los Condados Catalanes, que habían logrado consolidarse los vencían en 1212 en la batalla de Las Naves de Tolosa. Fue el comienzo del fin de la dominación almohade, que iba a mantenerse todavía unos cincuenta años, hasta 1269. La España musulmana se fue reduciendo hasta quedar acantonada en el pequeño reino taifa nazari de Granada, hasta enero de 1492.

En cuanto al retorno al rigorismo musulmán, su concreción fue relativa y parcial. El hostigamiento y las persecuciones a los judíos, significó un verdadero nuevo éxodo. Los destinos más cercanos y atrayentes para los judíos eran los reinos cristianos del norte que, con su consolidación, promovían una política inmigratoria ante la necesidad de poblar los territorios.

En la Reconquista Temprana

Replanteemos ahora la historia de ocho siglos (711-1492) en la óptica de la Reconquista. Podríamos dividirla en tres períodos: el de la Reconquista Temprana hasta mediados del siglo XII, con la llegada de los almohades en 1145, el de la Reconquista Media durante los dos siglos siguientes (1145-1350) y el de la Reconquista Tardía, desde mediados del siglo XIV hasta la Expulsión en 1492. Una división formal, sólo tendencial, en cuanto las situaciones se entrelazan.

Los reinos cristianos durante la Reconquista Temprana habían inicialmente continuado con el fundamentalismo del catolicismo visigodo. La Iglesia había tratado de afirmar su poder terrenal con la Reforma Gregoriana y el espíritu de las Cruzadas. La Reconquista Temprana fue su escenario preparatorio. Fueron numerosos los caballeros transpirenaicos que hicieron sus primeras armas.

Si se iba a luchar por la recuperación del Santo Sepulcro era lógico que, en el territorio de la península la ideología del 'pueblo deicida' encontrara terreno fértil. En ese contexto, las discriminaciones antijudías de la época visigoda católica pre-islámica se confundían con el antisemitismo naciente. (12)

Después de aproximadamente 300 años, hasta la primera mitad del siglo XI, con el debilitamiento del califato y el nacimiento de los prime-

242

ros Reinos Taifas, los reinos cristianos se habían afianzado. El avance de la Reconquista había dado lugar a que el poder señorial centrara su accionar en las actividades militares y guerreras. (13)

Esa situación va a dar lugar a un contexto contradictorio. Con la incorporación de gran parte de la población campesina masculina a las actividades militares, la guerra había provocado un desolador cuadro de ruina y abandono. A ello se agregaba la expansión territorial que planteaba la necesidad de encarar problemas económicos y administrativos.

El desarrollo mercantil todavía no había empezado a fortalecerse y la burguesía cristiana estaba lejos de poder cumplir el rol que en esa época desempeñaba en los otros países europeos. Era una instancia en la que, pese al afianzamiento militar, el contexto social y económico de los reinos cristianos había quedado falto de recursos humanos.

Los judíos, que con la llegada de los almorávides en 1086 habían empezado a emigrar a los reinos cristianos reconquistados, podían cubrir el amplio abanico de actividades administrativas, artesanales y rurales, además de las comerciales. La dinámica de la expansión no daba espacio para el fanatismo antijudío (y menos al antisemitismo): la conveniencia primó sobre la intolerancia y las condiciones de las comunidades judías empezaron a mejorar.

En el condado de Barcelona las relaciones fueron encuadradas en una semi-servidumbre en forma de cartas de privilegio tomadas de las cartas de privilegio carolingias. Por su parte Aragón, Navarra y Castilla adoptaron igualmente disposiciones favorables al desarrollo de actividades de los judíos. (14)

En la Reconquista Media

En 1085 Alfonso VI de León y Castilla tomó Toledo, en 1212 tuvo lugar la Batalla de Navas de Tolosa y en 1145 desembarcaron los almohades. Es en ese tramo (1085-1145), en el que ubicamos el comienzo de la Reconquista Media, que comenzó la emigración judía a los Reinos cristianos con la llegada de los almorávides y que se hizo masiva con la llegada de los almohades.

Con la incorporación de importantes sectores de las comunidades judías, los reyes cristianos iban a poder poner en marcha las economías regionales. La habitualidad en los manejos comerciales los posicionaba como eficaces auxiliares de la administración, en particular para cargos como el de recaudadores de impuestos. La corona financiaba los emprendimientos contrayendo deudas con los judíos, a su vez encargados de los cobros.

Además, después de tantos años de convivencia con los árabes, los judíos hablaban y escribían su idioma y estaban familiarizados con sus características, sus costumbres y su cultura, lo que los colocaba favorablemente para una variedad de cargos. Los judíos eran creíbles y confiables: sostenían la palabra dada ante los hombres, de la misma manera que su compromiso ante su Dios; no eran sospechados de eventuales ambiciones políticas. No era el caso de los musulmanes que permanecían leales al Islam ni el de los caballeros cristianos siempre dispuestos a enrolarse en las luchas señoriales. Aunque el nombramiento de los judíos en cargos públicos era contrario a las normas canónicas, (no tener bajo su dependencia a cristianos) la realidad colocaba a los reyes en la necesidad de ignorarlas. Cuando en 1085 Alfonso VI de Castilla y León ocupó Toledo, confió a los judíos importantes responsabilidades en la administración. (15)

La aparición de cristianos capacitados para ejercer tales tareas y funciones recién empezó a darse tanto en Castilla como en Aragón con el comienzo del desarrollo mercantil en la península a fines del siglo XIII, una circunstancia que no habría sido ajena al reinicio de la intolerancia.

La participación financiera de los judíos a partir del período de la Reconquista Media fue apreciable. El capital judío sirvió en gran parte para financiar la conquista de Mallorca en 1230 por Jaime I de Aragón el Conquistador y la de Valencia en 1238. Joseph ibn Salomón ibn Shoshan adelantó el dinero a Alfonso VIII de Castilla para la expedición que terminó con la trascendente victoria de Navas de Tolosa. El mecanismo de compensación -la recaudación de impuestos a cambio de los préstamos- fue el origen de muchas de las fortunas judías. (16)

El tema de la usura relacionado con las discriminaciones y las expulsiones que tanta repercusión tuvo en otros países, no parece haber tenido particular resonancia en la España del siglo XIII. (17)

Aunque el préstamo era en general denostado, los soberanos y autoridades, como veremos, solían intervenir en defensa de los judíos, devenidos sus protegidos. Las disposiciones legales que en ese período colocaban a los judíos en posiciones de mayor equidad con relación a los cristianos, no fueron infrecuentes. (18)

El arzobispo de Toledo (primado de la Iglesia española) dictaminó la igualdad de judíos y cristianos en Alcalá de Henares. La misma política fue adoptada cuando la toma de Zaragoza. En 1148, huertos, olivares y viñedos abandonados por los moros fueron entregados a los judíos. Los judíos siguieron ocupando un barrio de Toledo. El apoyo a los judíos fue una política casi general de los monarcas de ese período.

En ese cuadro, los judíos ejercían una gran variedad de actividades,

podían vivir de acuerdo a sus costumbres y tradiciones, sin mayores sobresaltos, sin mayores discriminaciones. Integrados también culturalmente se podría pensar que su existencia transcurría en una sociedad
de armonía y convivencia. Era una España en la que se podría suponer
válida la denominación de "España de las Tres Religiones". (19)

Una designación que a nuestro entender, solo corresponde parcialmente, y tanto menos en la Reconquista Tardía, los oscuros ciento
cincuenta años finales, con las conversiones forzosas, la Inquisición y
la Expulsión.

En este tramo de la historia, (el de la Reconquista Media) se registró, sin lugar a dudas, una relativa convivencia. El período de aproximadamente un siglo y medio que incluyó el reinado de Alfonso X el
Sabio de Castilla (1252-1285) podría ser considerado como una "época
de oro" (comparativamente equiparable a la de los Abd al-Rahman),
una época en la que los judíos desempeñaron un papel de primer orden al traducir textos (muchos de ellos clásicos) del árabe al latín y a las
lenguas romances; una época en la que Toledo, la capital del reino de
Castilla y León, descollaba con el esplendor de sus sinagogas, la Gran
Sinagoga (hoy "Santa María la Blanca"), la Sinagoga de Samuel ha-Levi,
(sucesivamente la Sinagoga el Tránsito, luego Museo Sefardí), además
de la Casa del Greco (hoy reconstruida), la escuela de Traductores, que
recogió el caudal científico y filosófico de la biblioteca de Córdoba y
abrió las puertas al mundo occidental. (20)

Una convivencia que, aún en ese período, no fue ni general, ni
permanente. En 1091, Alfonso VI de Castilla y de León, ante la presión de la nobleza, promulgó una serie de disposiciones que restringían
la igualdad de derechos de los judíos ante tribunales; Alfonso VII de
Castilla y de León (1126-1157) canceló las indemnizaciones devengadas
por el asesinato de judíos. En las Siete Partidas de Alfonso X de Castilla
y de León en el Título 24 de la Séptima, las 11 leyes referentes a los
judíos son particularmente significativas. Son una muestra que en ese
período la discriminación estaba vigente. La llamada convivencia, era
una manera de expresar el reconocimiento a la valiosa participación de
la comunidad judía desde el punto de vista cultural y económico, en
el ámbito de una sociedad donde primaba una absoluta dominación
religiosa. (21)

El hecho es que, en nuestra opinión, hablar de las "Tres Religiones"
haría suponer la existencia de una España donde las tres creencias habrían tenido las mismas posibilidad, en el sentido de una igualdad de
oportunidades. Podríamos sí, hablar de un período de "Tres Culturas",
en el que convivieron y se desarrollaron, imbricadas con sus culturas,
tres comunidades: la española, la árabe y la judía. Una sociedad en la

que proliferaban mudéjares y mozárabes, muladíes y moriscos junto con los judíos sefardíes (con su ladino, sus comidas y costumbres); un período en el que el español (idioma romance) incorporó una impresionante cantidad de palabras de origen árabe, que le dieron una impronta para nada insustancial.

De lo que sí se puede hablar es de una España Medieval en la que, tomando el período más amplio de nueve siglos (589-1492) que incluye el de los visigodos conversos al catolicismo, el de los musulmanes fanáticos almohades, los judíos vivieron alternativamente, en espacios geográficos y temporales, bajo dos religiones, la cristiana y la musulmana, participando y colaborando con valiosos aportes. Situaciones que, salvo excepciones, implicaban la "no-igualdad" ante la autoridad dominante. Un período de convivencias y tolerancias relativas en el que tanto a judíos como a mudéjares, moriscos, muladíes y mozárabes, "se les permitió vivir y practicar la religión porque en la vida económica no se podía prescindir de ellos" (J. Pérez); un período donde alternaron tramos de violencia (tanto cristiana como musulmana), que en los siglos XIV y XV cierra con el sectarismo de la intolerancia: el del horror de la Inquisición y de la Expulsión. (22)

¿Cómo estaban conformadas las comunidades judías de España en los siglos XIII-XIV ? Se estima que en esa época, con una población de doscientos ochenta mil individuos eran las más numerosas de Europa: con una importante concentración en las ciudades como Burgos y Toledo en Castilla, Sevilla y Córdoba en Andalucía, Zaragoza, Huesca y Calatayud en Aragón, Barcelona, Tarragona, Lérida y Gerona en Cataluña, y Palma en Mallorca.

En esa época las comunidades judías, las llamadas *aljamas*, constituían entidades político-religiosas relativamente autónomas que se regían según sus propias normas; con sus magistrados que regulaban las cuestiones internas, jurídicas y religiosas, similares a las *kehilot* de Europa Central y Oriental. Los cargos superiores eran hereditarios, los ejercían los integrantes de las familias más ricas, entre otros los de *pecheros*, encargados de negociar el *pecho* con las autoridades, el impuesto individual que la aljama pagaba en conjunto y los *pecheros* regulaban internamente.

El afianzamiento de los reinos cristianos dio lugar al surgimiento en las comunidades judías de un sector económicamente próspero. Ese sector se concentraba fundamentalmente en los barrios céntricos (en hebreo los *kahal*, término del que deriva el vocablo castellano "calle"); en Barcelona cerca de la catedral, en Burgos en torno al castillo, en Toledo no lejos del centro. Era una ubicación que aunque correspondiera a un sector minoritario con una posición socio-económica por lo menos destacada, en los momentos de crisis convirtió a los judíos en un blanco fácil de demonización.

Independientemente de la existencia de estos sectores los judíos, en la vida cotidiana, no se diferenciaban sustancialmente de los gentiles, ni por sus formas de vida, ni por sus vestimentas, ni por señales distintivas.

La intolerancia de la Reconquista Tardía

A fines del siglo XIII, comienzos del XIV, las relaciones de convivencia comenzaron a cambiar. A medida que los pequeños estados musulmanes se debilitaban y los reinos cristianos se afianzaban, con el desarrollo de la economía de mercado, los cristianos comenzaron a incrementar las posibilidades de formar parte de la administración; con ello se podría prescindir de la participación judía. El espíritu de convivencia judeocristiana que había regido durante gran parte de la Reconquista Media comenzaría a ser abandonado.

En 1215, el Concilio de Letrán IV había confirmado la preocupación por el "grave peligro" que representaba la convivencia entre cristianos y judíos. El nacimiento de las órdenes mendicantes (franciscanos y dominicanos) encargadas de alertar sobre la "perfidia" de los judíos y de convertir a judíos y musulmanes, corresponde a ese período. En Aragón, los judíos estaban obligados a escuchar los sermones. Ajenos a las inquietudes de los monarcas por asegurar la gobernabilidad de sus reinos en expansión, los sectores medios y bajos de la Iglesia comenzaron sus predicamentos de intolerancia. En 1312 el Sínodo de Zamora, con la participación de los obispos metropolitanos de Santiago, acordó exigir al monarca la aplicación de las disposiciones papales de imponer una separación material entre judíos y cristianos (anticipaban la innovación de los ghettos). En 1322 el Concilio de Valladolid, presidido por el legado pontificio, estableció la prohibición a los judíos de entrar en las iglesias y a los cristianos de asistir a bodas y entierros de judíos y moros; se acordó también que los cristianos no podían acudir al servicio de médicos y boticarios judíos. Los judíos tendrían de todos modos un invalorable lenitivo: los fieles eran invitados a rezar pro *perfidis judaeis*. La arremetida antisemita era cada vez más fuerte; estamos transitando hacia la Reconquista Tardía.

Si las tres comunidades pudieron estar en algún momento en un relativo pie de igualdad, en el siglo XIV, la religión cristiana entró en la etapa de de la intolerancia.

¿Cuál era la visión que los cristianos tenían de los judíos?

Comenzaban a verlos como una comunidad diferente y como tal sujeta a apreciaciones minusvaloradas por su otredad, que el tradicional rigorismo talmúdico acentuaba. El hecho es que su importancia social y económica empezaba a dejar de tener el peso relativo que durante siglos tuvo.

En Aragón en 1294, el conjunto de la comunidad (que habría llegdo a más del 3% del total de la población) pagaba el 22% del total de impuestos del reino. En el sistema de la *pecha,* los pecheros eran verdaderos agentes fiscales internos. La escala de ingresos se concentraba en extremos muy dispares en la pirámide social. Si por sus actividades los judíos poco se diferenciaban de la población cristiana, los sectores de altos ingresos, residentes en los barrios más valorados de la ciudad, aparecían como los elementos del poder. Fue otro elemento para promover la hostilidad.

A las cuestiones religiosas, sociales y económicas se agregó un importante cambio en la situación política, una chispa que confluirá para desencadenar la violencia.

Hasta el siglo XIII, España había estado sumergida en las luchas de la Reconquista. Hasta el reinado de Alfonso X (1252-1285) la península había pasado por un momento de relativo bienestar y prosperidad, con una autoridad estatal capaz de garantizar la seguridad de los bienes y de las personas. Los judíos habían podido vivir sin mayores problemas con el resto de la sociedad.

A fines del siglo XIII e inicios del XIV, la economía mercantil desarrollada en Europa, comenzó a atravesar los Pirineos (con un retraso de varios siglos). La burguesía cristiana naciente, en competencia con los comerciantes judíos, trataba de lograr su desplazamiento. (23)

A la situación anterior se agregó una secuela de catástrofes: malas cosechas, carestía, y la incontrolada Peste Negra (1348). La crisis generalizada en Europa encontró en España una población debilitada por el hambre y la miseria. La catástrofe económica y demográfica abrió paso a conflictos sociales y políticos de los campesinos ante las exigencias y abusos señoriales y de la aristocracia y la burguesía procurando aumentar sus prerrogativas; mientras la monarquía trataba de acrecentar la renta para hacer frente sus obligaciones políticas. Un conjunto de situaciones que se tradujeron en una inestabilidad política que desencadenó la dramática crisis de la expulsión final.

Pedro I el Cruel de Castilla, hijo de Alfonso XI (1350-1369) con grandes necesidades de dinero, buscó incrementar los ingresos de la corona con una importante reforma fiscal. Samuel ha-Levi (el financista toledano, antes mencionado) fue designado tesorero. Se incorporaron recaudadores y arrendatarios de impuestos entre los cuales muchos eran judíos, lo que incrementó la visión popular de la complicidad

XV. Entre Moros y medianoches.

XV. Entre Moros y medianoches.

judía con la explotación. Se decía que Pedro I no sólo no era hijo legítimo de Alfonso XI (llamado el Impotente), sino que era hijo de un judío, Pedro ("Pero") Gil; sus partidarios eran los 'emperejilados'.

Se inició un período de agitaciones en el que los judíos eran los principales objetivos de encono. La nobleza terrateniente y los sectores medios de la Iglesia iniciaron una revuelta encabezada por Enrique de Trastámara, hijo bastardo de Alfonso X. (24)

El enfrentamiento terminó en 1369 con el triunfo de Trastámara que asumió como Enrique II (1369-1379), inaugurando una nueva dinastía de Castilla y de León.

Las semillas del odio habían quedado sembradas; los judíos, partidarios del rey depuesto, con el estigma de "pueblo deicida" eran "responsables2 de todas las desgracias. La catástrofe seguía avanzando.

En las últimas décadas del siglo XIV se desencadenó una furiosa campaña antisemita encabezada por el arcediano de Écija, Ferrand Martínez con la consigna de "bautismo o muerte"; sus desenfrenadas oratorias llegaron a generar la preocupación del rey Juan I (hijo de Enrique II) y la del propio arzobispo de Sevilla, al punto de desautorizar a F. Martinez. (25)

Poco después, en 1390 morirían el arzobispo y el propio Juan I. El trono de Castilla fue heredado por su hijo (de Juan I), Enrique III, (1379-1406) que tenía apenas once años. Ferrand Martínez, sin oposiciones, podía seguir con sus empeños.

En enero de 1391 fue el comienzo del período fatídico. Con Sevilla como centro, Ferrand Martínez, en una campaña conversionista lanzó a sus hombres a quemar sinagogas o a convertirlas en iglesias; centenares de personas de las comunidades judías fueron muertas. La violencia se extendió a los alrededores de Sevilla, de ahí a toda Andalucía, luego a Castilla y finalmente a toda España. Hubo por parte de las autoridades reacciones infructuosas para sofocar la revuelta. (26)

Entre los virulentos agitadores apareció otro personaje nefasto: Vicente Ferrer, incorporado posteriormente en el santoral de la Iglesia: dinámico predicador ligado al futuro Papa Benedicto XIII o Papa Luna; un papa cismático de Avignón, y también al infante Fernando de Antequera, el futuro Fernando I de Aragón (el Católico). (27)

Vicente Ferrer, con amenazas e incitaciones a las masacres complementó la campaña de conversiones 'espontáneas'. Era una oportunidad para que el pueblo Judío "pertinaz en sus errores' pudiera "eludir libremente" la muerte. En esos términos se refiere Amador de los Ríos, a la "invalorable" campaña de Vicente Ferrer. Amador de los Ríos fue un denodado abogado de la "continuidad espiritual de la cristiandad hispánica". (28)

Entre las disposiciones de ese período figuran las llamadas Leyes de Ayllón anunciadoras de los futuros ghettos: proponían el "encierro" de judíos y moros.

En el período 1391-1414 tuvieron lugar continúas e intensas campañas antijudías y conversiones masivas. En 1413-1414 se organizó la famosa Disputa de Tortosa. No se trató de una libre discusión de ideas y doctrinas. En un clima de humillación y de compulsión los organizadores sometieron a los rabinos e ideólogos judíos a una abrumadora presión, presión a la que catorce de ellos no pudieron resistir y aceptaron la conversión.

Enrique III con sólo once años sucedió a su padre Juan I en 1390. Dada su minoridad la monarquía se debatía en la impotencia. A las luchas por el poder de los pretendientes al trono, se agregaban las ambiciones de la nobleza y los conflictos del Cisma de Avignón. Nunca había habido violencias de tal intensidad. Ningún grupo de poder, incluso la monarquía, tenía interés en ocuparse de los judíos.

De los doscientos ochenta mil judíos (el 7% de la población total) que a fines del siglo XIV vivían en España, alrededor de ochenta mil se convirtieron, otros fueron masacrados; el resto o resistieron al bautismo o emigraron. Los que fueron expulsados y los que posteriormente emigraron, constituyeron la Diáspora Sefaradí, una de las dos grandes diásporas del II Milenio.

Los cristianos nuevos

Se había creado una nueva categoría social, la de los conversos, los cristianos nuevos y con ello un nuevo problema. Conformaban un sector concentrado fundamentalmente en los núcleos urbanos, lo que aumentaba aún más la idea de su cuantía. Constituían una nueva e importante minoría, proporcionalmente mayor en los sectores medios y altos.

¿Quiénes eran los conversos? ¿Cuál era su situación en el concierto social?

La mayoría estaba lejos de una verdadera cristianización. La efectiva integración, la adopción efectiva del nuevo credo, recién comenzó a darse a partir del siglo siguiente; fue un proceso de varios siglos.

Sin ningún adoctrinamiento o preparación, la única condición que se les había requerido era la aceptación del bautismo. No eran los sermones que se les había obligado a escuchar los que podrían haber contribuido a que se identificaran con el credo cristiano. Viniendo de una comunidad marcadamente endogámica, el clima social iba a acentuar su aislamiento. Eran rechazados como traidores por sus anteriores correligionarios y los 'cristianos viejos' evitaban también su contacto. Pudo haber habido algunos que se convirtieron por convicción. El caso de Salomón ha Levi, rabí mayor de Burgos, el más famoso de los conversos es contradictorio; se decía pertenecer a la tribu bíblica de Levi y pretendía haber abrazado la nueva fe luego de lecturas de Maimónides. Una afirmación poco creíble dado que si el racionalismo de Maimónides pudo haberlo alejado de la ortodoxia judía, difícilmente habría podido acercarlo a la teología católica. Resulta igualmente llamativo su autoproclamado parentesco con la Virgen María y su rápido ascenso al obispado de Burgos, al que accedió con el nombre de Pablo de Santa María. Pareciera que más bien perteneció a otra categoría de conversos: los que llegaron por conveniencia.

Estaban también los que lo hicieron por temor. Por temor o conveniencia, no es difícil entenderlo: el miedo a perder la vida (las matanzas estaban a la orden del día) a perder los bienes (los saqueos eran permanentes) a perder los medios de subsistencia y la prohibición de ejercer actividades u oficios, fueron indudables factores para inducirlos a aceptar el bautismo. La conversión los relevaba de los problemas que el judaísmo les implicaba (desprecios, discriminaciones, prohibiciones de ejercer cargos), les facilitaba la vida y les permitía desenvolverse sin trabas sociales con mayor acceso a los bienes materiales. Los conversos por conveniencia constituyeron probablemente la gran mayoría.

En ese sector, un porcentaje importante era de clase media y alta: los que tenían bienes materiales, los que más podían perder, incluía también los que ocupaban cargos administrativos. Para todos ellos, la conversión era la salida. (29)

En cambio entre los sectores artesanales, las clases medias bajas y bajas, la conversión no aportaba mayores beneficios; habrían sido los menos propensos a la apostasía. Es ese sector el que aparece en las largas listas de los que posteriormente fueron expulsados; listas que han sido tomadas como argumento para decir que en España los judíos no eran particularmente comerciantes ni ricos. Entre los futuros expulsados estaban además los que no habían sido doblegados, los 'recalcitrantes'.

Hubo entre los conversos, los que lo hicieron a pesar de sentirse ligados a la religión judía. Ni el agua bendita, ni los ritos extraños, ni las imprecaciones habrían sido suficientes para hacerles abandonar sus creencias y/o costumbres. En la inseguridad, en el sufrimiento o angustia, siguieron sintiéndose judíos. Estaban también los no creyentes o escépticos, que se sentían judíos por origen, por tradición, ligados al judaísmo simplemente por lazos afectivos. Tanto unos como otros fueron la base de los futuros criptojudíos.

En definitiva, si cuantitativamente la conversión había sido un éxito en cuanto, supuestamente, la sociedad cristiana se había sacado de encima una parte importante de los judíos, ello no significaba que la 'cuestión judía' hubiera sido resuelta, la nueva categoría, la de los cristianos nuevos había creado un problema cuyas consecuencias dramáticas no iban a tardar en aparecer.

Después de las conversiones masivas, la comunidad judía había quedado seriamente afectada numérica, física y moralmente. Muchas aljamas habían desaparecido y las que no, quedaban con la sensación de desamparo.

La Iglesia y el poder real, con la imagen del éxito logrado, comenzaron a flexibilizar su relación con los judíos. Los judíos pudieron disponer nuevamente de las sinagogas y de los libros y recobrar la autonomía judicial. Hasta llegaron a pensar que se volvía a la convivencia de antaño: había cristianos que volvían a compartir las festividades religiosas. (30)

Pero si los judíos habían pasado a ser un sector aún más minoritario, si habían dejado de ocupar el lugar que hasta entonces tenían, no por eso dejaron de ser protagonistas indirectos del proceso que pronto sobrevendría.

En primer lugar aparecieron diferencias entre judíos y conversos. Para los judíos, los conversos eran apóstatas y por lo tanto traidores. Algunos de los conversos, interesados en integrarse, deseosos de no ser sospechados de infidelidad hacia su nuevo credo, fueron los principales acusadores en la explosión fundamentalista que se desencadenó.

Como hemos señalado, entre los judíos que habían optado por la conversión, había una parte importante de alto nivel económico, o que ocupaban cargos administrativos de alto nivel. Si antes de las conversiones el sector de judíos de altos recursos no era particularmente numerosa en relación con el conjunto de los judíos, en la nueva situación se modificó el peso relativo de los sectores conversos ricos con relación al conjunto de los conversos.

Esos sectores que podían acercarse al poder, ahora sin resquemores, adquirieron una asombrosa resonancia. Ocuparon un lugar social y económico que antes no detentaban pero que se les atribuía. El rechazo que anteriormente se orientaba hacia los judíos, se transfirió ahora hacia los conversos, eran ahora los 'nuevos judíos', con todo lo que ello había implicado: envidia, rencor, odio. Ese era el panorama en el período que siguió a las conversiones masivas entre 1391 y 1414. (31)

Racismo, ideología de 'anticipación'

Retomemos brevemente la historia donde la habíamos dejado. Nos va a ayudar a entender cómo se siguió deteriorando la situación de los judíos (conversos o no).

Cuando Enrique III muere en 1406, su hijo y sucesor, Juan II (1405-1454), tenía apenas un año. Asumieron la regencia, su madre Catalina de Lancaster y su tío Fernando de Antequera, futuro Fernando I el Católico. En 1418, a la mayoría de edad, (tenía trece años) Juan II nombró asesor a Álvaro Luna, sobrino de su homónimo Álvaro Luna, el cismático Papa Luna o antipapa Benedicto XIII. La corona quería hacer frente a la oposición de la nobleza y reforzar el tesoro fiscal. En 1449 Álvaro Luna (el sobrino), con el asesoramiento de Abraham Benaveniste, rabí de la corte, decidió imponer a la ciudad de Toledo una contribución extraordinaria. La medida provocó un alzamiento general. (32)

El levantamiento adquirió la forma de una verdadera rebelión. Los judíos (tanto los no conversos como los conversos) apoyaban el poder estatal, el único garante de su seguridad. La nobleza era decididamente antijudía. Pedro Sarmiento, alcalde mayor de Toledo, se puso a la cabeza del movimiento de la nobleza y se apoderó de los bienes y de los negocios de los cristianos nuevos.

Dueño de la ciudad, Pedro Sarmiento proclamó lo que llamó la *Sentencia o Estatuto de Limpieza de Sangre*; fue el primero de los documentos de ese tipo y que con ese nombre se difundieron en España (y en el mundo). Según P. Sarmiento no había diferencia entre los judíos, los descendientes de judíos y los conversos: el bautismo no cubría los pecados. Ante tremenda acusación, la reacción real y papal no se hizo esperar; hubo numerosas proclamas condenatorias: Pedro Sarmiento fue expulsado de Toledo. (33)

La cuestión era que los conversos ocupaban una posición que molestaba a los sectores fanáticos y a la burguesía naciente. La Iglesia no tenía hasta entonces instrumentos que pudieran ser utilizados contra los conversos en tanto cristianos; ni para castigarlos y menos para expulsarlos; un problema que tampoco el papado podía, por el momento, resolver. El Estatuto de Limpieza de Sangre era el documento que parecía dar respuesta a esa circunstancia. Entre 1486 y 1495 la Orden de San Jerónimo adoptó otro Estatuto de Limpieza de Sangre. Un número creciente de instituciones de la Iglesia hicieron lo mismo. (34)

El hecho era que Pedro Sarmiento había puesto en marcha una ideología racista, la de la pureza de sangre. Pedro Sarmiento se había anticipado en cuatro siglos al racismo "ario" del siglo XIX, al racismo nazi del siglo XX y había abierto un camino en el largo proceso de afirmación de "la cristiana espiritualidad española". (35)

La idea de limpieza de sangre contó con la aprobación real de Carlos V y Felipe II, y fue confirmada en la segunda mitad del siglo XVI por el Papa Pablo IV. La bandera de la limpieza de sangre colaborando en incrementar el odio no va a ser la única que intervendrá en las persecuciones y expulsiones que se estaban poniendo en marcha. (36)

El conflicto entre la nobleza y el rey siguió adelante, agudizándose durante el reinado de Enrique IV (1454-1474) hijo de Juan II. La nobleza agitaba la existencia de los conversos en las cercanías del rey, como prendas para movilizar una mayor participación popular. A las intrigas cortesanas se agregaron cuestiones sucesorias que acentuarán la debilidad del rey. (37)

Dos días después de la muerte de Enrique IV en 1475, Isabel, su media hermana, era proclamada reina de Castilla. Se generó un conflicto por su sucesión entre su hermana Juana la Beltraneja e Isabel. Fue la llamada Guerra de Sucesión Castellana (1475-1479), que terminó con el triunfo de Isabel. En ese enfrentamiento Isabel contó con el apoyo de Andrés de Cabrera, un converso y de Abraham Señoer, rabino mayor, un poderoso recaudador de rentas de Segovia (más tarde también converso). No fueron los únicos judíos y conversos que la apoyaron. No pasaría mucho tiempo para que Isabel se olvidara de esos apoyos.

Nuevos problemas, viejas soluciones

La unidad de España había quedado prácticamente consagrada por la Concordia de Segovia que aseguraba a Fernando de Aragón, el marido de Isabel, la coparticipación del trono. Restaba solamente el reducto moro de Granada, tributario de Castilla, que sobrevivió hasta inicios de 1492.

La corona había fortalecido su prestigio al conseguir doblegar las facciones de la nobleza en intrigas permanentes, alzamientos y guerras civiles. Era una situación política favorable para organizar un Estado centralizado al nivel de las principales monarquías europeas. (38)

Parecería que fuera el momento oportuno para alcanzar la unidad religiosa, objetivo perseguido nueve siglos atrás por los visigodos católicos. Pero allí estaban los judíos y los conversos: dos caras de una moneda que no encajaban con esos propósitos.

Para los judíos, la existencia de un poder real fuerte y respetado era la mejor garantía de estabilidad. Por algo habían contribuido al triunfo de Isabel. En agradecimiento, en 1477 Isabel había firmado una carta en la que ponía la aljama de Trujillo bajo su protección y

XV. Entre Moros y medianoches.

prohibía que los judíos fueran objeto de cualquier tipo de opresión o de humillación. (39)

Los judíos por su parte, en 1484, en una carta a las comunidades hebreas de Roma y de Lombardía, ensalzaban a los Reyes Católicos "por su justicia y caridad". En la toma de posesión de fray Alonso de Burgos, obispo de Palencia, "iban en procesión cantando cosas de su ley", escribe Hernando del Pulgar.

Con esos antecedentes se podría suponer que la relación de los judíos con la Reina estaba lejos de una eventual ruptura.

El hecho es que además de haber quedado reducidos a un poco más del 2% de la población total, habían dejado de constituir una comunidad rica, influyente, con una participación significativa en la recaudación de impuestos y en el control de la hacienda real. No ocupaban en la sociedad hispana la misma posición que antes. Seguían conformando una comunidad autónoma y separada, apuntalada por el espíritu de los que abrazados a su creencia habían resistido a las acometidas conversionistas. Seguían sin gozar de la totalidad de los derechos civiles y continuaban excluidos de los oficios que les confería autoridad sobre los cristianos. Las insidiosas imputaciones de "usureros, regatones y explotadores" con las que los frailes mendicantes habían saturado los oídos de la plebe cristiana seguían probablemente vigentes, aunque aparentemente no de manera notoria.

Los judíos habían dejado de ser útiles y necesarios para cubrir las urgencias de la realeza. Habían sido prácticamente reemplazados por los conversos adinerados: se podía finalmente prescindir de ellos.

Había en cambio una cuestión no resuelta, la religiosa. Los judíos seguían siendo los "grandes enemigos" de la fe. ¿Constituían acaso una amenaza para la sociedad? Veamos en qué consistía tal amenaza.

Los conversos eran una de las aristas de la astilla que penetraba en la herida de la doliente y cristiana España, urgida por el logro de su unidad espiritual. Los judíos eran la otra arista.

Era frecuente que los conversos siguieran practicando costumbres que habían adquirido desde la infancia: formas alimentarias, habitudes higiénicas, rutinas de cambio de ropa (generalmente semanal), atuendos festivos o sabáticos (que correspondían a los hoy 'dominicales'), para nada religiosos. La constatación de que una parte importante de los conversos mantenían esas prácticas planteaba una 'terrible' duda ¿Con prácticas costumbristas judías, eran los conversos auténticos cristianos? ¿O en el fondo (y en secreto) no seguirían siendo acaso judíos?

Dada la forma compulsiva y violenta con la que la fe les había sido impuesta, era difícil pretender que además de abandonar costumbres

incorporadas en la infancia, hubieran adquirido los preceptos católicos. El cuestionamiento no era nada hipotético. En realidad, como hemos señalado, muchos conversos seguían sintiéndose judíos. Algunos,
arrepentidos, volvían a la antigua creencia, y seguían practicando se-
cretamente el judaísmo, otros, sin que se tratara de una real apostasía,
mantenían las tradiciones y las costumbres.

El panorama se complicaba cuando se lo examinaba a la luz de los
principios teológicos del cristianismo. El bautismo era uno de los siete
sacramentos fundamentales; haber sido bautizado (aún por la fuerza)
y seguir practicando costumbres judías, tan ligadas a la religión, para
el dogma cristiano implicaba que se practicaban los ritos judíos. Ello
significaba un incumplimiento que constituía "una grave, una terrible"
herejía. En una sociedad atiborrada de preceptos religiosos, en la que
la religiosidad estaba íntimamente ligada a los valores sociales, era una
circunstancia que en la mentalidad de la Iglesia no se podía tolerar.
Los conversos no podían volverse atrás, si persistían en sus prácticas
judaizantes se convertían en herejes y no quedaba otro camino que
perseguirlos y castigarlos. Era un círculo vicioso: si eran perseguidos
no les quedaba otra opción que practicar el judaísmo en secreto, así
nacieron los "marranos" o criptojudíos. (40)

Además, como decíamos, los conversos (auténticos o no), sin las
limitaciones que antes soportaban como judíos, detentaban la posición que los judíos habían ocupado antes de la conversión: pero ahora
sin frenos. Con este cuadro, los gentiles estaban convencidos de que
los conversos no habían dejado de ser judíos; sólo habían tomado el
bautismo para aprovecharse mejor de la situación. Para el común de
la gente, los conversos eran falsos cristianos, mejor (o peor) eran criptojudíos. (41)

Si las manifestaciones equívocas los hacían sospechosos, había otras
situaciones por las que les resultaban igualmente dudosos. Frecuentemente se reunían con sus familiares o con antiguos amigos judíos no
conversos; particularmente en ocasión de las fiestas. Si las consuetudi-
narias disposiciones antijudías, por el peligro de "contaminación" judaica, habían prohibido los encuentros y la participación de cristianos
en reuniones judías, estas reuniones eran aún más significativas: no
eran contingencias, eran una pertinaz prueba de la existencia de una
peligrosa situación. (42)

En la marejada de fanatismo, por sus comidas y frituras, seguía vigente la invención de que los conversos "hedían a judíos". (43)

Mientras los Estatutos de Limpieza de Sangre esparcían la impronta segregacionista, en 1465, fray Alonso de Oropesa, general de los
dominicos, rompió lanzas "en pro de los conversos": la existencia de

los judíos constituía una tentación permanente para los conversos, los judíos eran los responsables, procuraban atraer a su fe a sus antiguos correligionarios.

Se iban a pergeñar diversas soluciones. En primer lugar, intentar convencer a los conversos de su error. Era necesario una campaña que los instruyera de sus obligaciones y convenciera de la necesidad de romper definitivamente con todos los lazos judaicos. No es difícil imaginar la eficacia de la misma: la catequesis y los sermones no dieron resultado. En 1480 las Cortes de Toledo decidieron la aplicación de las Leyes de Ayllon de 1412, el 'apartamiento' riguroso de los judíos en barrios separados de donde sólo podrían salir durante el día para sus ocupaciones Con un poco más de un cuarto de siglo de anticipación, serían los primeros ghettos anteriores a los que se instauraran en Venecia. Aunque terminante, la puesta en marcha del plan no resultó fácil: había que marcar los límites y construir los muros; en la mayoría de los casos los judíos estaban muy dispersos, en algunos casos la antigua judería ocupaba espacios demasiado amplios; había que reducir su superficie y construir en altura. Las casas que los judíos tenían que ocupar se vendían caras y las que debían abandonar, a precio vil. La implementación, las mudanzas y los traslados duraron hasta las vísperas de la Expulsión. El aislamiento no fue suficiente para frenar la "contaminación". Ni las campañas, ni esas medidas dieron resultado. Los conversos, supuestamente, persistían en el criptojudaísmo.

Iban a ser necesarias otras medidas más radicales: la creación de tribunales para el castigo de los judaizantes, la Inquisición.

Ello no significa que estas medidas que fueran producto de una elaboración ordenada y menos de una mente equilibrada (de acuerdo con nuestra actual estructura racionalista). Lo que tratamos es de poner un cierto ordenamiento y otorgarle cierta coherencia al frenético fundamentalismo de la cristiandad hispana.

La Inquisición

En relación con los conversos, la Iglesia se había metido en un pantano en el que se hundía cada vez más. El bautismo colocaba al bautizado en una situación de la que no podía escapar; infringía los preceptos de la religión, era un apóstata cuyo pecado amenazaba el cuerpo social de la Iglesia y en consecuencia debía ser castigado.

La Inquisición pasó por distintas etapas, de la Inquisición episcopal, responsabilidad de los obispo, a la pontificia, bajo la autoridad papal, a la forma española en 1478. (44)

Los Reyes católicos obtuvieron de Sixto IV la autorización para nombrar los inquisidores; tenían las manos libres para combatir a los conversos judaizantes sin la interferencia de la Iglesia.

A partir de 1480 los procesos inquisitoriales instauraron un régimen de terror, un verdadero sistema de investigación que en términos actuales llamaríamos 'servicios de inteligencia'. Se elaboró un minucioso inventario de prácticas consideradas judaicas (celebraciones y costumbres sabáticas, regímenes de comida, observancias y ayunos festivos, expresiones en el habla). Ante los más sutiles indicios, los sospechados debían ser denunciados; aquellos que no lo hicieran o no colaboraran eran amenazados de excomunión.

Se desarrolló una técnica de espionaje y de información; una red de 'seguridad' cuyo número de integrantes se ha calculado en más de veinte mil (según A. Domínguez de Ortiz, citado por Y. Baer y por L. Poliakov). La menor sospecha, cualquier dicho o hecho que pudiera ser interpretado como ajeno a la fe católica, daba pie a una delación. No se exigía ninguna prueba. Las denuncias podían corresponder a sospechas; ser inducidas por disputas, diferencias, rencores o envidias, o simplemente por situaciones inventadas. A partir de delaciones, como por ejemplo que el sábado no saliera humo de la chimenea del converso, se ponía en marcha el mecanismo inquisitorial. Recordemos que en principio la Inquisición sólo incluía a los conversos herejizantes.

¿Cómo distinguir los conversos judaizantes de los sinceros? ¿Cómo identificar a los que seguían practicando las costumbres alimentarias o higiénicas sólo por haber sido culturalmente incorporadas, y no por convicción religiosa? El Tribunal tenía ante sí a un individuo que debía demostrar su inocencia (la carga de la prueba, invertida). Si clamaba su inocencia, se lo torturaba; debía confesar. Si confesaba, la sola confesión no era suficiente: debía corresponder a las formas y pareceres de los inquisidores. En cuanto a las penas, si reconocían su fe judía o sus errores heréticos podían ser quemados vivos, o ahorcados previamente, evitando el derramamiento de sangre, al que como cristianos no debían ser sometidos. (45)

No todas las penas implicaban la muerte; además de la prisión y de la confiscación de bienes materiales, para los delitos menores había otras penas, por ejemplo los "sambenito": el penitente durante ciertos días o durante toda la vida debía llevar un tosco ropaje (adornado con diversos emblemas o con la cruz de San Andrés) que lo identificaba a los ojos del pueblo por su infamia. Si esos procedimientos resultan incomprensibles en nuestro tiempo, resulta más incomprensible que un historiador como Joseph Pérez al referirse a la Inquisición exprese: "se puede pensar lo que se quiera; [que] era una institución bárbara, que procedía contra los que se negaban a compartir las creencias oficiales, con una severidad extrema, pero la Inquisición no creó un falso problema; no forjó ella misma reos, persiguiendo conversos sinceramente cristianos únicamente para tener un motivo para quemarlos o despojarlos. El criptojudaísmo es hoy un hecho rigurosamente documentado, que los historiadores, aún adictos al judaísmo, admiten sin reserva. No cabe la menor duda, *la metodología inquisitorial está justificada* al perseguir (quemar y despojar) a estos falsos cristianos culpables del pecado de manchar el sacramento del bautismo" [las cursivas son nuestras]. (46)

No nos vamos a extender más sobre las barbaridades del sistema inquisitorial (que por algo legó su nombre a la Historia); sobre la cantidad de muertes, de *autos de fe* (así se llamaba 'el espectáculo' de la quema de seres vivos), las innumerables bajezas de los delatores recompensados con los bienes de las víctimas, los actos de heroísmo de los que en la hoguera proclamaban su creencia y su fe (judía o cristiana), o se retractaban (o no) de las confesiones extraídas por la tortura. La Inquisición, aplicada efectivamente durante varios siglos, introducida en el continente americano, fue abolida formalmente por Napoleón en 1813; readmitida por Fernando VII de España y suprimida definitivamente en 1834.

¿Esa ideología, esa política infernal, tuvo éxito? La respuesta podría ser 'negativa'. Porque si el propósito era lograr la unificación religiosa del reino, hacer desparecer el criptojudaísmo, en el encuadre inicial planteado, el propósito no fue logrado. Los criptojudíos siguieron existiendo; ni siquiera con la puesta en marcha de los estatutos racistas de Limpieza de Sangre que anticiparon en cuatro siglos y medio otra época siniestra. Aún más, habría sido también negativa en cuanto, para lograr la unificación espiritual de España, fue necesario recurrir a otra herramienta más: la expulsión para evitar que aún 'ghettificados' los judíos siguieron "contaminando". Por otra parte, muchos de los conversos huyeron cuando la brutalidad de la Inquisición puso en evidencia que podía más que la identificación con las raíces ancestrales y el apego a la tierra a la que habían sido fieles durante más de diez siglos. Sin embargo, la respuesta podría ser tristemente 'positiva', si consideramos que la unificación religiosa de España se logró después de aproximadamente cuatro siglos, con los judíos y musulmanes expulsados y los conversos asimilados. (47)

La Expulsión

A pesar de la Inquisición, los criptojudíos seguían existiendo, y a pesar de los ghettos los judíos continuaban 'contaminando', manteniendo vivo el espíritu marrano.

En enero de 1492, Granada, el último bastión moro caía definitivamente. Los moros constituían también un escollo, aunque menor, para
la unificación. Los judíos en cambio, aunque nunca habían detentado
el poder, ocupaban un espacio virtual y pese a las largas prédicas seculares, las persecuciones y las conversiones no habían podido hacerlos
desaparecer. (48)

Se llegó a una conclusión: la asimilación de los marramos no sería
posible mientras hubiera presencia judía. Además la Inquisición no tenía injerencia sobre los judíos (su misión era ocuparse de la infidelidad
de los conversos); según las leyes del cristianismo, tampoco se los podía
matar: había que buscar otra manera de desembarazarse. La 'solución'
era la expulsión.

A fines de marzo de 1492, el mismo año de la caída de Granada, se
decretó la expulsión. Los decretos (*Provisiones*) fueron tres; el primero
fue emitido por el Inquisidor General Tomás de Torquemada (descen-
diente de conversos) dirigido al Obispo de Gerona que, con ligeras
variantes, fue retomado por las otras dos *Provisiones* promulgadas diez
días después: una válida para la corona de Castilla y la otra para la de
Aragón. (49)

La Expulsión debía ser efectiva el 30 de Julio de ese año, o sea en
cuatro meses; fue prorrogada diez días más. Establecía que los judíos
"jamás tornen a nuestros reinos, ninguno de ellos [...] tanto los naturales como los extranjeros". Además aplicaba castigos a los que les dieran
asilo o los ocultaran. Debían vender sus bienes raíces en ese plazo. Se
estipulaba la prohibición de llevarse oro, plata y monedas acuñadas,
también armas y caballos; estaba permitido llevar letras de cambio y
mercaderías. (50)

Para facilitar la implementación de la medida se reanudaron campañas con acusaciones de crímenes rituales, de profanación de la hostia,
de crucifixión de niños, con lo que se esperaba caldear a la opinión pública y crear un clima favorable. Complementariamente se reiniciaron
intentos para inducir a los judíos a renunciar a su condición de tales.
Serían estas 'pruebas' (entre otras) de que la Expulsión no perseguía
específicamente fines económicos, sino fundamentalmente religiosos.
(51)

No caben dudas que la Expulsión no fue una medida que surgió de
improviso. Aunque conscientemente no lo haya sido fue, recordémoslo, el resultado de un largo proceso que remonta a más de un siglo (antes del fatídico 1391) de provocaciones y acusaciones. No había sido,
inicialmente, una salida posible: las comunidades judías ocupaban posiciones económicas, sociales y administrativas, la Expulsión hubiera
significado un desajuste económico. El desgaste se agudizó con las per-

XV. Entre Moros y medianoches.

secuciones y conversiones masivas de 1391-1414. Cuando se promulgó la Expulsión, la comunidad judía había sido fuertemente diezmada. La mayoría de los protectores y financistas judíos de la Corona habían optado por la conversión (entre ellos, los que apoyaron y financiaron el viaje de Colón); otros ocupaban cargos de arrendadores o tesoreros en las cortes.

La Expulsión fue posible porque por los cambios político económicos los judíos habían dejado de ser útiles y necesarios al sistema. En el momento de la Expulsión ni siquiera constituían una clase media de relativa importancia; eran en su inmensa mayoría artesanos, buhoneros o pequeños prestamistas, aunque entre los expulsados hubo un grupo minoritario ligado al comercio. La mayoría de los de gran poder económico o se habían convertido o habían emigrado.

Mucho se ha escrito sobre las consecuencias económicas que la Expulsión significó para España. La cifra de los expulsados habría sido un poco menor que 80 mil (algunos para evitarla se decidieron por el bautismo). Que sea esta u otra la cifra, no fue la expulsión la que marcó la decadencia. España no había entrado en un verdadero proceso de desarrollo. La decadencia y el empobrecimiento habían empezado un siglo y medio antes con las guerras y levantamientos intestinos y la incapacidad de los hidalgos hispanos para adaptarse a las actividades productivas que la economía mercantil había posibilitado en el resto de Europa. Los judíos ya no estaban en el lugar que habían ocupado, aunque sí los conversos, que poco podían hacer ante la decadencia general.

En el siglo XVI España integró con el Sacro Imperio Romano-Germánico, el Imperio donde no se ponía el sol. Se ha pretendido que fue el país de la abundancia; pero la abundancia no provino del desarrollo productivo de los territorios de la península ibérica. Fue en parte la conjunción de las economías en desarrollo de los territorios del Sacro Imperio con el oro, la plata y los productos primarios que España y Portugal extrajeron de América.

Se han propuesto numerosas y diferentes teorías para explicar la Expulsión. Se ha pretendido que fue producto de la competencia por parte de la burguesía cristiana naciente, como ocurrió en otras partes de Europa. Hemos hecho referencia a esa situación. La burguesía cristiana pudo haber apoyado las manifestaciones y los movimientos antijudíos que la aristocracia y el clero movilizaban, pero estaban lejos de constituir un sector de peso ante el poder político.

Los intereses sectoriales aristocráticos, que en diferentes oportunidades intervinieron en las luchas dinásticas, no fueron los impulsores de la Expulsión, no tenían el poder para pretenderla.

El período de los Reyes Católicos correspondió a un cambio en las relaciones sociales y políticas de la península. La Reconquista había prácticamente logrado el objetivo de la unificación política y territorial, Los nuevos soberanos estuvieron en condiciones de reforzar la soberanía monárquica; los sectores aristocráticos tuvieron que reducir sus pretensiones y con ello depusieron sus enfrentamientos con la monarquía. La monarquía de Europa entraba en la era del absolutismo, en el período de centralización y de fortalecimiento. Además de los asesores financieros conversos, los reyes estaban rodeados de consejeros eclesiásticos: el fray Hernando de Talavera, confesor de la reina y el cardenal Mendoza, arzobispo de Sevilla. Creyeron que la concreción de la postergada unidad espiritual iba a permitir a España alcanzar una grandeza análoga a la de los otros países de Europa Occidental.

Se ha pretendido que detrás de la Expulsión estaba el interés de los soberanos por los beneficios que la confiscación de los bienes les reportarían. Aunque se les prohibía la libre disposición de sus bienes, los judíos habían dejado de ser una fuerza económica. Ello no impidió que, como los señala Simon Wiesenthal, los reyes "firmaran numerosos despachos[...]sumas de dinero, alhajas y cosas de valor consignadas por los judíos a sus parientes y amigos marranos para [supuestamente] costear los gastos de equipo de la expedición que Colón estaba preparando". Además de otras disposiciones similares, S. Wiesenthal agrega: "A buen seguro la pareja real hizo numerosos negocios [con la expulsión de los judíos]. Quien podrá calcular las ingentes cantidades que el Santo Oficio arrebató a los judíos para llenar las arcas de la Iglesia y del Estado". Por otra parte los que usufructuaron económicamente de la Expulsión fueron los funcionarios, los especuladores e intermediarios, que explotaron las situaciones y también los propietarios y financistas conversos que inesperadamente se encontraron envueltos. (52)

Veamos ahora en las Provisiones, si podemos extraer conclusiones (o confirmar) lo que los soberanos y la Iglesia perseguían con la Expulsión. Los considerandos de las tres Provisiones (salvo parte de las de Aragón) tienen un contenido específicamente religioso. En relación con los judíos, los Preámbulos se refieren a su influencia perniciosa sobre los criptojudíos: su eliminación (la de los judíos) era parte del problema de la unificación religiosa de España. (53)

En las Provisiones de Aragón hay en cambio referencias específicas a los judíos y la usura: "Y sobre todo, añadiendo a su inquieto y perverso vivir, hallamos los dichos judíos por medio de grandísimas e insoportables usuras devorar y absorber las haciendas y sustancias de los cristianos ejerciendo inicuamente y sin piedad la gravedad usuraria".

Resulta inconsebible que el Rey Fernando I al referirse a los perversos usureros haya olvidado a los que contribuyeron en sus guerras aristocráticas para consolidar su monárquica corona para sí y para su afanosa cónyuge. De lo anterior se infiere que las referencias a la "insoportable" actividad y a su presencia "contaminadora", eran parte de la ideología del Antisemitismo Cristiano imperante, cuyo objetivo principal era la unidad religiosa de España.

Un propósito que colateralmente, con un retraso de varios siglos, perseguía fortalecer el absolutismo vigente en los otros reinos de Europa. Allí estaba la burguesía naciente abriéndose paso.

Final de una etapa, comienzo de otra

En cuanto a los hechos mismos de la expulsión, la literatura relativa y las referencias de los historiadores documentan las situaciones desgarradoras que los judíos vivieron después de más de diez siglos de convivencia, de trabajo, de esfuerzos y de perseverancia. En la organización de la salida y en la contratación de los barcos se destacó la figura de Isaac Abravanel, con la colaboración de un funcionario real, Luis de Santángel (¿un converso?) y de un banquero genovés, Francesco Pinelo (posiblemente también converso).

¿Fuera del largo y tortuoso camino de asimilación por el que transitaron algunos conversos, ¿qué pasó con los recalcitrantes, los que fueron expulsados, los que huyeron durante las conversiones forzosas de 1391-1414, o durante la Inquisición y posteriormente los criptojudíos que emigraron?

Constituyeron una masa poblacional probablemente de más de 100 a 120 mil individuos. Eran numerosos e importantes si se tiene en cuenta que en Italia, la población judía era de 50 mil individuos, mientras que en Europa Oriental (Polonia-Lituania) antes de comenzar la ola inmigratoria de Europa Central, los judíos eran apenas 25 a 30 mil individuos.

Esta nueva Diáspora tuvo inicialmente dos direcciones fundamentales. Una, la 'ibérica' hacia Navarra y Portugal y la otra, la 'oriental', hacia África del Norte, el Mediterráneo Oriental y Cercano Oriente, con Italia como punto intermedio.

El sector de la Diáspora ibérica que buscó refugio en Navarra, expulsado en 1515 cuando el reino vasco pasó a depender del de Aragón, engrosó las comunidades que se habían refugiado en el sudoeste de Francia (Bayona). En cuanto los que pasaron a Portugal, luego de ser autorizados por el rey Juan II, en 1497 fueron expulsados por el mismo rey como parte del acuerdo matrimonial de Manuel I, su sucesor, con la infanta Isabel, Princesa de Asturias, hija de Isabel la Católica. La inquisición portuguesa fue establecida en 1536. El criptojudaísmo portugués alimentó durante el siglo XVI una corriente emigratoria que pasó a conformar las importantes comunidades judías de Flandes, de los Países Bajos, de Hamburgo y parcialmente de Inglaterra y de Francia. Estos conversos, en su mayoría, retornaron al judaísmo y aun si de origen español eran considerados como judíos portugueses.

En cuanto a la corriente oriental, a la que se unieron los expulsados de Sicilia y Cerdeña por Fernando de Aragón, su camino inicial fue Italia y África del Norte. En la península itálica reforzaron las antiguas comunidades de Roma, Ferrara, Venecia y la floreciente comunidad de Livorno. En África del Norte, en Fez (actual Marruecos), la acogida no fue la esperada y un sector decidió volver a España donde aceptó la conversión, mientras que otro sector prefirió seguir rumbo a Oriente.

En el Mediterráneo Oriental los judíos hispano-portugueses se establecieron en el sudeste de Europa en la costa balcánica adriática, en Grecia (Salónica) y en las islas del Egeo (Rodas). En Cercano Oriente, entre los países donde los judíos se alojaron, el imperio otomano se destacó por su política abierta y de tolerancia religiosa. (54)

La vertiente portuguesa, extendió sus redes también en América, fundamentalmente en Brasil, en América Central y en el Caribe (los "piratas judíos" de Jamaica, una probable exageración turística). En cuanto a su composición social, si como nos hemos referido, la mayoría de los expulsados pertenecía a los sectores artesanales y a los sectores medios y bajos, los sectores de mayor poder económico, tanto judíos como marranos, encontraron en el exilio la manera de desenvolverse sin trabas en sus actividades comerciales. Fueron el origen a la Diáspora Sefaradí cuyas comunidades con empuje y creatividad prosperaron en prácticamente todos y cada uno de los países donde se establecieron.

XVI. MIGRACIONES Y EXPULSIONES EN EUROPA CENTRAL

Culminación de un proceso

En el Capítulo V nos hemos referido a las comunidades judías durante la expansión carolingia y los primeros siglos del II Milenio. La gran mayoría se había concentrado en los centros urbanos sobre las márgenes del Rhin (Colonia, Bonn, Maguncia, Worms, Speyer), del Mosela (Treveris, Metz), del Danubio (Viena, Regensburgo), del Elba (Magdeburgo), del Saale (Merseburgo) y del Moldava (Praga).

En los siglos XIV y XV, expulsados de las Islas Británicas y de Francia, una parte importante emigró a los territorios del Sacro Imperio; se encontraron con un contexto muy diferente al de esos países.

Tanto en las Islas Británicas como en Francia había habido un proceso de concentración de poder por parte de la monarquía, a la par que una concentración económica por sectores importantes de las comunidades judías, convertidos en prestamistas y abastecedores de las arcas reales. Las expulsiones fueron el producto de las insostenibles exigencias reales y del crecimiento de las nacientes burguesías cristianas en quienes las monarquías encontraron la posibilidad de cubrir el vacío que la prescindencia de las comunidades judías produciría.

En el Sacro Imperio, en el siglo XIV cuando la llegada de las comunidades judías concurrían dos elementos principales que favorecieron altamente su incorporación: la sectorización feudal y la existencia de una economía mercantil sólo incipiente. Por su relación con el comercio y el intercambio internacional, las comunidades judías podían satisfacer las necesidades señoriales y permitir el fortalecimiento de los dominios feudales. No es extraño que para atraerlas se emitieron numerosas órdenes de protección.

A diferencia de la centralización política británica y francesa, la fragmentación feudal implicó una movilidad y dispersión de las comunidades judías, una menor concentración de la riqueza y una menor dependencia recíproca. Con mayores posibilidades de desplazamiento, devenidos proveedores y/o prestamistas podían elegir sus "protectores" a su mejor conveniencia. Los judíos encontraron pues en los territorios del Sacro Imperio las posibilidades de inserción y desarrollo.

En los siglos siguientes, con el desarrollo de la burguesía y la propagación de la ideología del Antisemitismo Cristiano, ese contexto empezó a cambiar.

La reforma gregoriana había llevado al enfrentamiento del papa Gregorio VII con el emperador Enrique IV. Pero si la humillación de Canosa significó un triunfo de la Iglesia, no por ello cesaron sus diferencias con el poder laico. Los judíos, "protegidos" por el emperador, los príncipes y los señores feudales, van a quedar sometidos al fuego cruzado de la Iglesia estigmatizadora y de la burguesía comercial en competencia. A lo anterior se sumaba otro elemento. En los pueblos germánicos estaba arraigado un antiguo sistema de derechos tribales por el que sus miembros nacían con los privilegios y obligaciones de su tribu. Una situación que acentuaba la marginalidad y el rechazo de los inmigrantes extranjeros recientes, sin raíces en los territorios del Sacro Imperio.

El empuje conjugado de la iglesia y de la burguesía va a conformar la atmósfera de intolerancia y de violencia que no tardó en prender con agresividad en los sectores populares en los siglos que siguieron a las Cruzadas.

Antes de ocuparnos del desarrollo de ese proceso, veremos algunos aspectos de las comunidades judías constituida por un floreciente sector ligado al gran comercio y a la finanza y por el sector del comercio menor, el buhonerismo y el pequeño préstamo.

Las comunidades judías hasta el siglo XV

Al inicio de su llegada a los territorios del Sacro Imperio los judíos en su mayoría se instalaban en las ciudades agrupados principalmente en barrios cercanos al recinto de las catedrales, del castillo o de los mercados. Era una concentración voluntaria que facilitaba la práctica de sus costumbres y el ejercicio de sus actividades. Los barrios judíos no eran de su exclusividad, ni el único lugar donde habitaban. Fueron un antecedente de los ghettos, ámbitos de confinamiento obligado en una etapa posterior.

En general vivían en comunidades autónomas con un *Judenmeister* (el rabino principal de la congregación) que como autoridad máxima los representaba ante las autoridades, regulaba los deberes religiosos y a veces las disputas judiciales. Se ocupaban de los enfermos, los débiles, las viudas, los huérfanos y de la protección de los pobres; del mantenimiento de los hospitales, debían tambien velar por el uso de vestimentas con apariencias modestas, el peinado y la barba (que las autoridades a veces exigían). La vida comunitaria giraba alrededor de la sinagoga y de la familia, con la observancia de las fiestas religiosas, particularmente las sabáticas. La comunidad participaba en los acontecimientos privados, tanto festivos como religiosos (casamientos, bautismos y funerales), que se celebraban en el centro de la vida comunitaria, la *Judentanzhaus.*

La *Judentanzhau* era en general la sinagoga, que frecuentemente era también la *shull,* la escuela, el ámbito del estudio y de las discusiones teológicas, rituales y éticas. El rabino y sus discípulos centraban las enseñanzas en el Talmud y en los numerosos libros interpretativos colaterales. "Tratad los libros con reverencia; no los dejéis ni en la cama ni en una banqueta", eran algunos de los consejos del rabino.

Los judíos eran bilingües. Utilizaban el hebreo en el lenguaje escrito, religioso y cultural y el alemán dialectal en los negocios y en su relación coloquial con los cristianos. Los judíos desarrollaron un dialecto judeo-alemán escrito con letras hebreas, que devino el *idish,* en base al alemán antiguo, con aportes del hebreo (1)

Hubo casos en los que se registró la inversa, se incorporaron al alemán palabras o expresiones de origen hebreo. (2)

En su mayoría, los judíos mantenían las costumbres y la religión perpetuando las antiguas tradiciones; a pesar de las persecuciones y la prohibición de ejercer ciertas actividades, permanecían atados a los modos de vida ancestrales. Según Arnold Toynbee "conformaban, en alguna medida, una 'civilización oriental fosilizada".

En el plano artístico, a pesar de la impronta de religiosa en cuanto a la prohibición de la imagen, realizaron ilustraciones en numerosos libros con una rica variedad de formas decorativas en las que se mezclan imágenes de animales, de seres humanos y hasta figuras de ángeles obviando, es cierto, toda imagen divina. Destinadas a ilustrar las *haggadah* (narraciones bíblicas) como las del Éxodo, esa forma de ornamentación habría sido tomada de las iluminaciones francesas, una cultura con la que una parte importante de los judíos de Europa Central estaba relacionada.

Además de económicamente industriosas, las comunidades judías tenían un estrecho contacto con el estudio a través de la religión y por consiguiente con los libros. La ardua tarea de copiarlos en forma manuscrita era permanente. A partir de la xilografía, invento chino que trabajaba sobre una tablilla imágenes en hueco surgió la idea de usar letras en lugar de imágenes y a partir de ahí, la utilización de caracteres intercambiables. Fue el origen de la imprenta. Aunque historiadores holandeses y franceses han atribuido el invento a connacionales suyos, el nombre hoy indiscutido es el del herrero judío de Mainz, Johannes Gensfleisch, (que significaba "carne de ganso"), que cambió por Gutenberg adaptando el de su madre Judenberg ("montaña judía"). En 1449, Gutenberg publicó el *Misal de Constanza*, primer libro tipográfico del mundo. En 1452, dio comienzo a la edición de la *Biblia* también conocida como Biblia de Gutenberg. (3)

Las comunidades judías vivían en una situación de prosperidad favorecida por la protección de emperadores, príncipes y señores que veían en la actividad de los judíos las bases de un desarrollo.

Discriminaciones, competencia, protección

La situación de bienestar comenzó a desaparecer a partir del siglo XIII. Fue el inicio de un período en el que a se van a multiplicar las incertidumbre y las violencias. Se abrió el camino de las discriminaciones. Luego vendrá el de los desplazamientos que a su vez terminaron en las expulsiones en los siglos XIV, XV y XVI.

Después de los establecimientos sobre las lindes del Rhin (en Colonia) en la época del emperador Constantino, a los que nos hemos referido, los primeros asentamientos que conformaron las comunidades judías en los territorios del Sacro Imperio corresponden a la época carolingia, entre los siglos VIII y fines del siglo X, es decir antes de la Primera Cruzada.

Esas comunidades al instalarse en el territorio del Sacro Imperio Romano no tenían las raices ni la solidez de las primeras comunidades judías en la península itálica (de la época asmonea), ni las de los territorios galos (de la época herodiana), ni aún las de la península ibérica en los primeros siglos de la Era Común.

Habían transcurrido apenas seis años desde la carta de protección de los judíos de Enrique IV (ver Capítulo V) cuando comenzaron los desmanes en 1096, durante la Pre-cruzada. A ello nos hemos referido en el Capítulo XI.

La impunidad de esas masacres, dejó en las poblaciones cristianas la impronta de que el ataque a los judíos era posible, aceptable y hasta deseable. Urbano II había absuelto por anticipado los pecados que los cruzados pudieran cometer.

Las discriminaciones fueron en aumento. El Cuarto Concilio de Letrán (1215) estableció la recomendación del uso de un signo distintivo sobre las vestimentas, una propuesta rápidamente adoptada y diversificada en cuanto a formas y colores. La *privilegia judaica*, devenida *privilegia feudal*, había pasado a formar parte del pasado.

Las acusaciones de asesinatos rituales que se generalizaron, no estaban todavía asociadas con la condena de la usura. A esas acusaciones se agregaron las de profanación de hostias (en 1235 en Fulda, la primera en Alemania). Los judíos ya no eran sólo los lejanos y ancestrales responsables de la muerte del Hijo de Dios; eran además emblemáticos "chupadores de sangre cristiana, abominables criminales que profanaban el cuerpo de Cristo y extraían la sangre de inocentes niños para sus rituales monstruosos". En 1241 la multitud de Frankfurt s/Main se lanzó en una verdadera carnicería sobre la comunidad judía de la ciudad (*Judenschlacht*). En 1285 los judíos de Munich fueron víctimas de acusaciones difamatorias: 180 fueron quemados vivos. La ideología antisemita de "pueblo deicida" había prendido sobre todo entre los sectores populares.

Esas situaciones tuvieron lugar en los siglos XII y XIII, en la fracción oriental del ex Imperio Carolingio. Una diferencia con la fracción occidental, que evolucionó hacia la concentración: el sector germánico devino un conglomerado de señoríos feudales (monarcas, príncipes o duques) virtualmente subordinados a un emperador. Sin un poder centralizador, las comunidades judías a pesar de las persecuciones se desenvolvían en una estructura fraccionada cuyos gobernantes protegían y al mismo tiempo usufructuaban de sus beneficios.

En ese contexto, mientras los comerciantes judíos de Speyer, Mainz, Colonia, Worms, Xanten y Metz, se fueron desarrollando y pudieron expandir el modelo mercantil tanto a escala local como a larga distancia, la burguesía comercial cristiana se fue afianzando y entró en competencia. Al malestar tribal ancestral y a las persecuciones religiosas que la Iglesia había puesto en marcha, se agregó una nueva fuente de conflictos. Durante los siglos XII y XIII las corporaciones gremiales fueron restringiendo los canales regulares de actividad de judíos en el comercio, lo que determinó que los judíos se fueran orientando cada vez más hacia el préstamo que la Iglesia prohibía.

Los sectores de la sociedad que recurrían al préstamo eran variados y numerosos; con su generalización, la Iglesia acentuó su proscripción, imponiendo a los transgresores penalidades de contenido religioso. Las penas y castigos, aplicables a los cristianos, no impedían que los judíos pudieran practicarlo.

Con el incremento de la participación de los judíos en el préstamo la Iglesia, acompañada por los sectores comerciales cristianos, intensificó la demonización de la usura.

Esa actitud era contraria a los intereses de príncipes y emperadores necesitados del recurso financiero para sus fastuosidades cortesanas y actividades guerreras. Fue esa la base de las numerosas cartas de protección a favor de los judíos emitidas por los sectores del poder: emperadores, príncipes y duques.

En 1244 el Duque Federico de Austria publicó una de esas cartas. Se trataba de un documento que comportaba un número importante de disposiciones: la reiteración de antiguos edictos relativos a la seguridad de los judíos contra las violencias, a la equidad en los juicios y los correspondientes castigos y pagos a los que las infringieran. (4)

Las normativas estaban relacionadas con la protección del préstamo, las garantías sobre las ejecuciones y la no culpabilidad del prestamista si la prenda era robada.

El emperador Federico II Hohenstaufen (1220-1250), homónimo del anterior, en una de sus declaraciones manifestaba que los judíos de Alemania eran "siervos de nuestro tesoro" (*servi camerae nostrae*), formaban parte de sus propiedades en cuanto les aseguraban un ingreso fiscal a cambio de una relativa protección. (5)

Con el avance de la economía de mercado, los comerciantes judíos medios, más vulnerables por la falta de protección por parte del poder, que poco se beneficiaba con su existencia, fueron también desplazados orientándose ya sea a la venta al por menor, la venta de segunda mano, el buhonerismo (la venta informal de puerta en puerta), o hacia al préstamo de menor cuantía, la usura. El préstamo era común en el campesinado, víctima frecuente de las inclemencias meteorológicas, fuertemente presionado por el pago de diezmos y tributos. Era una época de escasez del dinero con numerosos sectores para quienes, dadas las importantes tasas de interés que se manejaban, la situación se tornaba intolerable, lo que hacía aún más proclive el odio contra los judíos.

Se ponía cada vez más en evidencia el carácter arcaico de la apariencia expoliadora de la usura que iba a la par con la cada vez más agresiva agitación que la Iglesia prohijaba.

Los intentos del poder (a veces del emperador y de otras altas autoridades) y las prédicas de algunos obispos contrarios a que se ejecutaran actos de violencia contra los judíos no tuvieron alcance suficiente para evitar los excesos.

En la primera mitad del siglo XIV, los excesos antisemitas aumentaron en vehemencia y en frecuencia y terminaron por estallar masivamente; un inquietante augurio de los desastres posteriores.

Con el protagonismo de las órdenes mendicantes que unían sus actitudes discriminatorias antisemitas con sus prédicas a favor de los pobres y desamparados del mundo, comenzó un período de desenfrenado fanatismo fundamentalista. A la cabeza de ese movimiento estuvo, entre otros, Giovanni da Capistrano, cuyo accionar hemos visto en Italia.

En 1348-50 se desencadenó la Peste Negra con catastróficas pérdidas de población en Baviera, Franconia y Swabia, la *cuasi* destrucción de ciudades como Augsburgo, Nuremberg, Ulm, Mainz, Worms y, la contracción de la actividad económica. Era la ocasión para acusar a los judíos de provocadores de la peste y de envenenadores de pozos: trescientas comunidades judías fueron aniquiladas. Las acusaciones iban de par con las de usureros y de pueblo deicida.

Por las características del sistema político del Sacro Imperio no existía la unidad de intereses en cuanto a las actitudes con relación a los judíos. Su fraccionamiento era paradigmático. Estaban los Príncipes electores (cuatro laicos y tres eclesiásticos) que designaban al emperador, los príncipes no electores, las ciudades imperiales o imperiales libres. En estas ciudades, (que llegaron un centenar), sus autoridades estaban fundamente ligadas a la burguesía cristiana, que en su ánimo de desplazar a los judíos se oponía a algunos emperadores y príncipes afines a las actividades financiero-comerciales de los judíos. En el campo del propio catolicismo, la situación era también contradictoria. Los sectores gubernamentales superiores preocupados por la estabilidad y el desarrollo estaban a veces, en oposición con los frailes menores, principales agitadores de los sectores populares.

Esa circunstancia condicionó los desplazamientos y las expulsiones, que de los judíos no fueron simultáneas, como las que se implementaron en Inglaterra, en Francia y en España.

A esa situación, se agregó, en el siglo XVI, la Reforma Luterana que en algún momento pareció poner un paño frío a la efervescencia discriminatoria. En su cruzada renovadora, los planteos de Lutero de una relectura de la Biblia y la eliminación del santoral católico, significaron inicialmente un acercamiento hacia los judíos. Lutero estaba persuadido de poder convencerlos de la verdad mesiánica de Jesús. La negativa judía implicó un giro copernicano en sus actitudes. En su "Sobre los judíos y sus mentiras" (*Von den Juden und ihren Lügen*) publicado en 1543, Lutero desplegó las más violentas diatribas antisemitas; se debían quemar las sinagogas, destruir los libros de oración, prohibir predicar a los rabinos, destruir sus casas, incautar sus propiedades, confiscar su dinero y finalmente, obligar a esos "gusanos venenosos" a realizar trabajos forzados o expulsarlos para siempre. La virulencia de Lutero, que inicialmente se había manifestado contrario a la economía mercantil, era además acorde con el alineamiento del protestantismo con la burguesía comercial. Valga subrayarlo, esa intolerancia antisemita de Lutero, no fue siempre correspondida por todas las iglesias

E.J.Dunayevich

reformistas. (6)

El *voltaface* antisemita de Lutero implicó un cambio en las actitudes de algunos príncipes católicos: un alineamiento a favor de las comunidades judías. En ese contradictorio campo de fuerzas tuvieron lugar los desplazamientos o exclusiones, donde confluían como actores activos las Ciudades Imperiales (Libres o no) dominadas por la burguesía comercial, y la población (los campesinos) exacerbada.

Extendidas a lo largo de más de un siglo, las primeras exclusiones fueron en 1388 en Strasburg. Sucesivamente en 1400 en Praga, en 1420-21 en Viena y Linz, en 1424 en Colonia, entre 1438 y 1473 en Mainz y otras ciudades del Palatinado, en 1440 en Augsburgo, en 1499 en Nuremberg, en 1510 en Berlin y otras ciudades del Brandemburg, en 1519 en Regensburg, en 1537 y 1543 en Brunswick y otras ciudades de Sajonia, en 1540 en Erfurt de Turingia, en 1553 en Hannover. El fermento antisemita luterano continuó después de 1560 en la genaralidad de los estados protestantes.

En 1570 los judíos habían sido expulsados (aunque a veces reautorizados) de casi todas las Ciudades Imperiales del Principado de Hesse (excepto Frankfurt, la ciudad de los Rothschild) y en gran parte de los territorios del Sacro Imperio. (7)

Cuando eran eliminados del ámbito de una ciudad las disposiciones no eran siempre válidas en los territorios gobernados por príncipes, duques o por el mismo emperador. Los expulsados buscaban refugio en territorios a veces vecinos cuyo acceso no les estuviera vedado. Esa situación les permitía continuar con sus actividades y hasta negociar las condiciones en las mismas. Los señores feudales eran los reguladores de las actividades y no dudaban en autorizar el incremento de las tasas de interés para atraer a los prestamistas. (8)

Esas exclusiones, que dieron lugar a desplazamientos en el mismo ámbito del territorio del Sacro Imperio, son las que eufemísticamente se han llamado "emigraciones internas". Hubo coyunturas en las que las autoridades no podían retener en exclusividad a los judíos por lo que estos se veían forzados a pagar las tasas a dos oponentes (el duque y el obispo, por ejemplo), cuando no a tres.

En Brandeburgo en 1510, el príncipe elector Joachim II, que había constatado que 38 judíos torturados y quemados por profanación de hostias habían sido acusados falsamente, invitó a los exiliados a retornar. Esa situación dio lugar a que varias docenas de familias judías se reinstalaran en Frankfurt sobre el Oder y en Stendhal. En Augsburgo, cuando los judíos fueron expulsados de la ciudad, fueron invitados a instalarse en las poblaciones vecinas; en Nuremberg, desautorizados, se establecieron en Furth a apenas 10 km; en el condado de Hanau se brindó protección a los judíos portugueses a quienes los vecinos de Frankfurt habían negado permiso.

En numerosos casos (Augsburg, Erfurt, Nuremberg, Ulm, Speyer, Worms, Triers) poco después de la expulsión se autorizaba su retorno, a veces bajo nuevas restricciones y la imposición de pagos. A veces se requería urgentemente su retorno: las ciudades habían contraído enormes deudas (por las plagas o los malos manejos) y era imperioso reconstruir las economías.

En 1462 en Frankfurt, ante la imposibilidad de expulsarlos sin complicaciones, pues seguían cumpliendo un rol necesario, se recurrió a otra 'solución'. Se decidió acantonarlos en barrios "con derecho a residencia" (los *Judenstättigheit*) rodeados por muros: la ciudad no los expulsaba, los 'protegía' de la violencia popular y podía usufructuar el beneficio que le reportaba el cobro de los impuestos. Esa forma de exclusión fue la antecesora de la que, años más tarde, en 1515, se implemento en Venecia con el nombre de "ghetto". Los ghettos alemanes se impusieron también en otras ciudades, como Worms, Friedberg y Praga. (9)

En la centuria 1470-1570, el colapso hubiera sido total si no fuera por la política imperial de Carlos V que confirmó la protección de los judíos en las dietas imperiales de Ausburg (1530), de Speyer (1544) y de Regensburg (1546). No se trataba se situaciones coyunturales. La ola de marea del luteranismo, la amenaza de la burguesía protestante, llevaba a los príncipes arzobispos a buscar en los judíos un contrapeso. Para evitar el triunfo del protestantismo, los príncipes que lo adoptaran eran excluidos del colegio electoral dinástico. Fue una de las principales razones por las que los judíos pudieron sobrevivir en el Sacro Imperio. Así el territorio extra-muros de Colonia y las ciudades de Mainz, Trier, Munster, Miden, Halberstadt, Paderborn, Wüzburg, Bamberg, Speyer y la del príncipe obispo de Fulda, quedaron bajo la órbita católica y los judíos no perdieron el permiso de residencia.

Ante ese contexto de incertidumbres y temores, un sector no menor de judíos entendió que era el momento de buscar otros horizontes, de buscar una alternativa, de trasladarse a un país donde pudieran desplazarse sin tantas limitaciones.

Francia e Inglaterra estaban vedadas para los Judíos. Empezaban a aparecer sectores sefardíes que huían de la furia conversionista de la España de fines del siglo XIV. No tardarían en llegar, ahora también de Portugal, los marranos perseguidos por la Inquisición y los marginados por la Expulsión. No era el momento de pensar en la península ibérica.

Algunos eligieron Italia (donde en vez de expulsiones proliferaban los ghettos). Quedaba como alternativa Europa Oriental, el territorio vecino del Reino Unido de Polonia Lituania, en ese momento el de mayor extensión en Europa.

Se generó una corriente de emigración que conformó la importante comunidad askenazi del Este. Una comunidad que en su ubicuidad dio origen a una nueva diáspora en el mundo de la Edad Moderna en nacimiento.

XVII. LA ANOMALÍA POLACO-LITUANA

En el capítulo anterior nos hemos referido a las emigraciones hacia Europa Oriental desde del fraccionado Sacro Imperio; muchas de ella habían sido precedidas de expulsiones internas.

Los territorios de asentamiento fueron particularmente los Reinos de Lituania y de Polonia que en el siglo XIII unidos, devinieron el país más extenso de Europa.

La historia de los judíos polacos y lituanos abarca aproximadamente medio milenio (siglos XII/XIII - siglo XVIII). Comenzó con un periodo de tolerancia religiosa y prosperidad que continuó y terminó en un descarnado antisemitismo y en el retorno parcial de los judíos a Alemania.

En los ducados lituanos

A principios del siglo XIII Lituania era un conglomerado de tribus bálticas paganas y de feudos ducales cristianos ortodoxos permanentemente acosados por las órdenes católicas de los Hermanos Livonios de la Espada (Livonia: actuales Letonia y Estonia) y la Orden de los Caballeros Teutónicos.

A través de continuas guerras con las nombradas órdenes y con las tribus bálticas y mongoles, los duques lituanos tomaron el control de zonas de Livonia y de Ruthenia (Bielorusia y Ucrania noroccidental).

Conquistaron así un extenso territorio con un gran vació poblacional. Las necesidades militares requerían un poder central, los duques lituanos firmaron en 1219 un tratado con el Reino de Polonia que inició un proceso de unificación. En 1253 coronaron Gran Duque de Lituania al rey Mindaugas. Mindaugas adoptó el catolicismo y firmó la paz con la Órden de los Hermanos Livonios.

En Lituania había libertad de cultos. Los duques lituanos aún si católicos, contraían matrimonio con las hijas de los duques ortodoxos. Según las crónicas algunos retomaban los antiguos ritos paganos: el principio de tolerancia era general, en particular para con los judíos. Los judíos comenzaron a prosperar favorecidos por cartas de protección de los duques sucesivos.

En la Polonia temprana

La historia de los judíos en Polonia de los primeros siglos del II Milenio tiene algunas similitudes con la de Lituania. Regía también el principio de tolerancia. La primera comunidad judía permanente de Polonia se estableció en el año 1085 en Gniezno, la capital del reino polaco de la Dinastía Piast.

Durante la primera cruzada, en el año 1098, comenzó a desarrollarse un movimiento migratorio de judíos a Polonia. Estuvo animado por el régimen de Boleslao III (1085-1138), que vislumbró el interés de la participación de los judíos en el desarrollo comercial del país. Esa situación, favorecida por políticas similares de los diferentes reyes, continuó durante varios siglos hasta fines del siglo XIV. Durante el reinado de Mieszko III (1173-1202), los judíos llegaron incluso a acuñar las primeras monedas (llevaban grabados caracteres hebreos). En 1264 Boleslao V el Casto proclamó el "Estatuto de Kalisz" (ciudad de Polonia, uno de los centros comerciales más importantes). La carta, similar a las emitidas en diferentes partes de Europa, reconocía a los judíos el derecho a ejercer el comercio y a poseer propiedades, ponía el énfasis en la ignominia de acusar a los judíos de crímenes rituales "opuestos a sus propias leyes" y establecía castigos rigurosos a los que los acusaban falsamente. En 1334 Casimiro III el Grande, en el "Estatuto de Wislicki" ratificó los derechos de los judíos; fue un gobernante especialmente tolerante no sólo con los judíos, abogó también a favor de los campesinos: era apodado "Rey de los siervos y de los judíos".

El Reino Unido de Polonia-Lituania

En 1385, acosados, especialmente por los Caballeros Teutónicos, Polonia y Lituania constituyeron el Reino Unido de Polonia y Lituania, concertando el matrimonio de la reina heredera lituana Eduviges I (Jedvina) con el príncipe Jagaila de Polonia. Jagaila, devenido monarca con el nombre de Ladislao II (Vladislao) dio origen a la dinastía Jagiellon. Eduviges era católica y Jagaila se convirtió al catolicismo. El Reino Unido entraba en la órbita de la Iglesia Católica; se ponía fin al último estado semi-pagano de Europa. El Reino Unido polaco-lituano estuvo vigente doscientos años desde 1388 hasta 1572.

La asociación de Polonia con el Gran Ducado de Lituania tenía además un objetivo político militar: poner fin a la hostilidad permanente de los Caballeros Teutónicos. La Unión polaco-lituana significó la conformación de un país en el que además de las actuales Polonia y Lituania, incluía a gran parte de los territorios de los actuales Bielorrusia, Ucrania y los otros Países Bálticos. Se había constituido el país territorialmente más grande de Europa con casi un millón de kilómetros cuadrados (el fraccionado Sacro Imperio Romano Germánico tenía menos de la mitad). La dinastía Jagiellon, a pesar del persistente acoso de los turcos y del emergente coloso ruso, continuó aumentando sus dominios durante las décadas siguientes. A finales del siglo XV ocupaba también Bohemia y Hungría.

Una de las características del Reino Unido fue su singular estructura gubernamental. Estaba dominado por una aristocracia, la nobleza polaco-lituana, la *szlachta*, que comprendía del siete al diez por ciento de la población. Los Grandes Señores o *magnates*, sólo doscientos ó trescientas familias, representaban a su vez menos del uno por ciento. Sus títulos no eran nobiliarios, correspondían a un estatus de riqueza constituida principalmente por latifundios, que llegaron a magnitudes incalculables. Si tomamos sólo cuatro de las grandes familias su patrimonio se extendía a más de siete millones de hectáreas. (1)

Institucionalmente el Reino Unido tenía carácter hereditario. Pero los poderes del rey eran limitados, la Dieta o *Sejm*, compuesta casi íntegramente por la nobleza era la dueña efectiva del poder. Una situación que implicó una lucha continúa contra los reyes . Así en 1425 Ladislao III logró arrancar a la nobleza la inmunidad del rey ante arrestos arbitrarios; su hijo Casimiro IV, tuvo en cambio que conceder privilegios a las clases propietarias para obtener fondos y tropas en la guerra de los Trece Años en la que enfrentaba a la Orden Teutónica. En 1492, bajo Juan I Alberto, hijo del anterior, la nobleza logró un nuevo avance, los representantes de las ciudades, la burguesía, fueron excluidos tanto del Sejm como de las asambleas locales, los *sejmiki*. El estado fortalecía su carácter aristocrático. En 1505 la nobleza arrancó a Alejandro I un nuevo privilegio (*el Nihil novi*): el rey no podía promulgar ninguna disposición sin el consentimiento de la Dieta.

Entre 1385 y 1520, en sucesivos avances, la nobleza consiguió incrementar los beneficios de la posesión de tierras y el sometimiento del campesinado a través del mantenimiento del vetusto sistema medieval de servidumbre, la *corvée*. Los días en los que el campesinado debía trabajar para sus señores se extendieron a seis días por semana. Por otra disposición la nobleza impuso una infame profundización del servilismo: en una familia campesina, en un año sólo un hijo y no el mayor, podía dejar la hacienda.

Polonia-Lituania potencia europea

Las inmensas y fértiles extensiones de tierra del Reino Unido (con Bielorusia y Ucrania semipobladas, surcadas por numerosos ríos), con un cultivo apropiado podían ser la fuente de riqueza de un lucrativo mercado de exportación agrícola. En Europa occidental el *boom* de población había hecho crecer la necesidad de comestibles y el Reino Unido polaco-lituano se podía convertir en su proveedor de granos.

La distribución se podía hacer fundamentalmente por los caudalosos Don, Dnieper, Dniester y Volga y a través del mar Negro, del Mar Caspio y de los golfos del Báltico, a los puertos del Mar del Norte (Hamburgo y los Países Bajos), del Mediterráneo y de los países del Cercano y Lejano Oriente.

Los aristócratas, acostumbrados al lujo y a la molicie, no estaban en condiciones de hacerse cargo. Iban a buscar en la *arenda* el sistema que les permitiría usufructuar sin esfuerzo sus cuantiosas posesiones.

La *arenda* era un sistema de arrendamiento, pago anticipado mediante, que otorgaba la concesión y administración total de los bienes y de la producción. Los contratos incluían no sólo la explotación de los predios, sino también la de todo lo que formaba parte de los mismos: molinos, almacenes, destilerías de bebidas, tabernas, hosterías, bosques (caza y maderas), lagos y ríos (pesca). La explotación del trabajo rural estaba en manos de los siervos-campesinos, generalmente ucranianos. Los arrendatarios tenían también a cargo la cobranza de los impuestos y el cobro de multas y hasta el castigo de los infractores; también la comercialización y la exportación de los productos.

Un sector de los judíos del Sacro Imperio poseía recursos para poner en marcha el sistema como intermediarios en el manejo administrativo y en la explotación de las propiedades.

Con esas disponibilidades se iban a convertir, a través de la *arenda*, en activos intermediarios en el rol de administradores de las propiedades de la nobleza. Los nobles de la szalchta iban a encontrar el sistema para cubrir sus ingresos sin renunciar a su indolencia.

Así durante la dinastía Jangiellon (1385-1520) se inició una gran ola inmigratoria de los judíos del Sacro Imperio. La inmigración continuó con regularidad hasta aproximadamente 1570. En ese período la población judía de aproximadamente unos 25 mil a 30 mil, paso a 150 mil (una quintuplicación en poco menos de dos siglos). El hecho es que, el Reino de Polonia y Lituania llegó a convertirse en el hogar de las comunidades judías más grande de Europa.

Una situación que no da pie al supuesto origen kházaro de los askenazim. Los kházaros, como 'imperio', habían prácticamente desaparecido en el siglo XIII.

En ese contexto no es difícil imaginar el incremento de las arcas no es difícil imaginar el incremento de las arcas de la nobleza polaca y las del sector de los judíos intermediarios.

Ello no significa que las actividades comercial-administrativas rurales, hayan sido las únicas a las que los judíos se dedicaban. Tanto los de mayores recursos como los de menores ingresos continuaron con las que se habían desarrollado en el Sacro Imperio.

De la tolerancia al antisemitismo

El Ducado de Lituania había sido desde el período que podemos llamar temprano, un país donde convivían paganos, cristianos católicos, cristianos ortodoxos y judíos; un país caracterizado por un pluralismo religioso. El Reino de Polonia, en el período similar, había sido regido por reyes que habían acogido con beneplácito la llegada de los judíos. El Reino Unido de Polonia-Lituania se conformó con una impronta de tolerancia.

Es conocido el antisemitismo generalizado de los polacos (y ucranianos) en el siglo XX, en particular durante la Segunda Guerra Mundial. Dejamos de lado los honrosos casos puntuales. ¿Cómo se dio el pasaje al antisemitismo en el decurso de los seis siglos que comenzaron con la formación del Reino Unido?

Podemos decir que los dos primeros, los de vigencia del Reino Unido (1388-1572) el período de los Jangiellon, fue un período en el que con la pasividad de la monarquía, la Iglesia fue introduciendo en la población polaco-lituana el Antisemitismo Cristiano de la intolerancia. Los judíos en algunos casos tuvieron el apoyo de los reyes, que interesados en el desarrollo comercial, les acordaron cartas de protección. Durante el reinado de Ladislao II, el primer rey de la Unión, los derechos de los judíos polacos fueron ampliados a los que tenían los judíos de Lituania. En algunos documentos se estipulaba la obligatoriedad de los judíos y cristianos de convivir en el respeto, en la tolerancia y el apoyo mutuo.

La masividad de la llegada de los judíos de Europa Central y el rol que comenzaron a cumplir, no solo como arrendatarios que la *arenda* generaba, sino en la actividad intermedia (posaderos, taberneros, cobradores), unidos al antisemitismo que la Iglesia prohijaba no pudo sino haber sido fuente de encono hacia los judíos. En cuanto a la aristocracia terrateniente si bien antisemita por su formación católica simulaba el apoyo a los arrendatarios judíos enfrentados por los campesinos (aparentemente sus explotadores).

Las persecuciones antisemitas en el Sacro Imperio en el siglo XIV eran de ley, en particular cuando la Peste Negra (1346-1351). El virus del antisemitismo no tardó en expandirse en el Este, con la misma intensidad. Se repitieron las acusaciones de Europa Occidental y Central, tanto de envenenamiento de pozos, de crímenes rituales, y de incendios. Entre 1340 y 1500 se documentaron 19 acusaciones de crímenes rituales contra los judíos.

En el siglo XVI, el período de la Reforma y de la Contrarreforma, la Iglesia va a activar su antisemitismo. Su accionar se concentró preferentemente en las ciudades donde podía movilizar más fácilmente al populacho hambriento: Poznan, Cracovia, Varsovia, Lvov, Kalisz, Gogow y otras ciudades fronterizas. La discriminación era todavía seleccionada; se acordó a veinte ciudades el derecho a excluir a los judíos del hábitat urbano. En algunas ciudades como Cracovia, los judíos debían vivir fuera de los límites urbanos e ingresar a las mismas sólo para sus actividades. En 1566 se agregó la generalización de la obligatoriedad del uso de ropajes con colores distintivos amarillos: capas para los hombres y pañoletas para las mujeres.

Una situación paradigmática de ese período, fue protagonizada por Casimiro IV Jagiellón (1447-1492). Fue denunciado por el Arzobispo de Cracovia por haber confirmado los privilegios que sus antecesores habían otorgado a los judíos. Esa actitud era considerada como un "insulto e injuria a la sagrada fe cristiana". Se generó un prolongado entredicho entre el fraile franciscano delegado papal Giovanni da Capistrano y el rey. En ese enfrentamiento también participaron representantes de los judíos de Cracovia. El rey tuvo que ceder; la presión de la Iglesia podía más que sus convicciones e intereses; tuvo que abolir los antiguos privilegios de los judíos, en cuanto eran "contrarios al derecho divino y a las leyes del país".

Durante los reinados de los sucesores de Casimiro, pese a la presión de la Iglesia, las políticas monárquicas fueron todavía de tolerancia; en 1495 Juan I Alberto de Lituania había intentado continuar con la política de tolerancia de su padre; en 1503, su hermano Alejandro I tuvo que ceder al intentar evitar la expulsión de los judíos de Lituania; Segismundo II Augusto (1548-1572) el último de los Jagiellon, mantuvo la política de tolerancia religiosa que su padre Segismundo I, el Viejo (1506-1548) .

Otra actitud relevante de Segismundo II Augusto: permitió la creación de las kehillot, órganos autónomos de las comunidades judías, alrededor de las cuales se desarrollaba la vida comunitaria con una importante actividad mutual. Sus autoridades, elegidas entre los sectores más ricos, eran intermediarias y representantes ante las autoridades locales. Agrupadas a su vez en consejos, conformaron las kehillot de la Gran Polonia, de la Pequeña Polonia, de Rutenia y de Volhynia, constituyendo el Concejo de las Cuatro Tierras.

La existencia de las kehillot ha sido utilizada a veces como manifestación del asilamiento en el que vivían las comunidades judías; un argumento para justificar el antisemitismo. La segregación era recíproca. Un ejemplo: el separatismo que la ortodoxia judía establecía en cuanto a los casamientos mixtos, la prohibición de la Iglesia a sus fieles de participar en las comidas y en las festividades judías, preocupada por mantener el aislamiento del "pueblo testigo". Una situación que dio motivo al nacimiento de las kehillot. Lo mismo con relación al lenguaje; los judíos hablaban yidish, lo utilizaban para comunicarse entre sí, pero hablaban los idiomas y dialectos locales para no estar aislados de las comunidades locales.

La era de los Jagiellon fue también un período en el que los judíos pudieron expresarse culturalmente. Moses Isserles (1520-1572), un eminente Talmudista, estableció una yeshivat en Cracovia. Además de renovador del Talmud era un estudioso de la Cábala, de la historia, de la astronomía y de la filosofía.

De acuerdo a la *Enciclopedia Judaica*: "los intereses de los judíos y *los magnates polacos coincidían y se complementaban* en los aspectos principales de la economía"[las cursivas son nuestras]. Los judíos de la *arenda*, continúa *la Enciclopedia Judaica* "estaban en contacto directo con la vida campesina creando vínculos con los aldeanos"; aparentemente, judíos y campesinos (ucranianos y también polacos) habrían vivido en las mejores relaciones. En 1602, continúa la Enciclopedia "un consejo de dirigentes de la comunidad judía de Volhynia trató de convencer a los arrendatarios judíos para que establecieran el descanso sabático, *justo y merecido premio* por la labor de los campesinos durante la semana" (las cursivas son nuestras).

Un cuadro idílico que ignora la realidad de la explotación socio-económica. Una visión que en nada nos ayudaría a entender las increíbles masacres que los judíos soportaron menos de un siglo más tarde. Masacres en las que no sólo los cosacos, también los ucranianos fueron activos protagonistas.

El levantamiento de Bogdan Chmielnicki

Después del período de los Jagiellon, van sobrevenir cambios de importancia en las relaciones entre los distintos sectores sociales que conformaban las sociedad polaco-lituana.

La dinastía Jagiellón había seguido perdiendo fuerzas en manos de la aristocracia. La aristocracia había comprendido que la explotación de las tierras y el sistema de *arenda* en el que las comunidades judías eran fieles intermediarios era la principal fuente de ingresos de Polonia

Lituania.

En 1648, tuvo lugar el levantamiento cosaco del Atamán Bogdán Chmielnicki, que apoyado por los tártaros de Crimea arrastró a los territorios de Ucrania. Bogdan Chmielnicki es hoy un héroe nacional ucraniano. Reclamaba la devolución de las tierras que los judíos explotaban en nombre de los polacos.

El hecho lamentable es que para Chmielnicki, los polacos, "habían vendido las tierras, a manos de los abominables judíos". Una vez más los judíos eran perseguidos como "culpables" no solo por la muerte de Cristo, sino ahora también como ocupantes extranjeros y por explotadores. En las matanzas de arrendatarios, intermediarios, los que atendían los molinos o las postas de recambio, fueron los judíos quienes sufrieron las mayores pérdidas.

Para Dubnow y otros historiadores judíos las masacres de 1648 y posteriores no fueron un "episodio" más: han quedado como un hecho simbólico del Antisemitismo Ucraniano. Curiosamente, Perry Anderson al referirse a Chmielnicki no menciona a los judíos como víctimas de las masacres. No creemos que la crítica a la visión judeocentrista de la historia valide esta manera de ignorar hechos, aún si se puede relativizar su magnitud, no es aceptable no ver el contexto socio-económico en el que los judíos estaban involucrados. (2)

Nos encontramos una vez más con una situación en la que la historia es relatada con una visión unilateral. No se trata, evidentemente, de justificar las masacres, la barbarie y brutalidad de Chmielnicki y sus hordas. Tampoco de criticar a los judíos en su relación de explotación con los campesinos ucranianos.

Es la manera tradicional de referirse a las situaciones conflictivas por las que el pueblo judío atravesó; no en cuanto a juicio de valor, si no por la reiterada actitud 'negacionista' de registrar la historia judía.

Una democracia dorada

Nos hemos referido anteriormente a Segismundo II Augusto (1548-1572). No tenía herederos varones; sin sucesión, la dinastía Jagiellon desaparecería. La aristocracia polaco-lituana acordó en la Unión de Lublin que en lo sucesivo la monarquía no sería hereditaria, sino electiva, el rey sería elegido por el *Sejm*, la Dieta integrada en mayoría por la aristocracia (había algunos representantes de la burguesía). Cualquier noble polaco o extranjero de sangre real podría convertirse en monarca polaco-lituano; el rey 'elegido' sin raíces en el país, sin vínculos, podría ser manejado por la aristocracia a su antojo. Una "Mancomunidad (Commonwealth) polaco-lituana" o República de las Dos Naciones (que se ha llamado también República Dorada Aristocrática), vigente desde 1569 hasta 1795 (III Partición de Polonia).

En una época en la que Europa se encaminaba hacia el absolutismo, con la centralización del poder de la monarquía, la nobleza polaco-lituana decidió marchar a contracorriente conformando un sistema "democrático" que debilitaba la autoridad real. Era una anomalía similar, aunque inversa, a la "anomalía holandesa de la República de las Provincias Unidas de los Países Bajos, vigente un siglo después (1652-1672) la época de Spinoza. Mientras que en Europa Central se desarrollaba la producción artesanal con innovaciones tecnológicas y la producción manufacturada pre Revolución Industrial (anterior a Watt de 1770 y la máquina de vapor), la "democracia aristocrática" incrementando los privilegios de los terrateniente sobre el servilismo campesino intentó administrar un país que de una economía desbordante, con dos siglos de vigencia, va a terminar con la unidad Polaco-Lituana y el derrumbe económico.

Por otra parte, aún si en sus estatutos, la República Aristocrática establecía el principio de tolerancia religiosa, era una cláusula formal, porque de la semi tolerancia del período anterior, pasó al antisemitismo, al fanatismo antisemita. El año 1569 marca el fin de la corriente emigratoria judía de Europa Central a Europa Oriental y el inicio de su retorno a Europa Central demandante de capitales y de mano de obra, el inicio de la Diáspora Azkenazi. Veamos como se dio ese proceso.

El fin del Reino Unido

En 1648 la Guerra de los Treinta Años, entre las monarquías absolutas, había terminado. Esta es considerada como la "primera guerra europea" que anticipó las guerras europeas (o mundiales) posteriores. Una de sus características: las monarquías absolutistas eran aliadas de la aristocracia y apoyadas por la burguesía, pero ninguna de ambas participaba del poder. Para solventar las tropas mercenarias y los pertrechos bélicos (armas, municiones, insumos logísticos), los estados beligerantes recurrían a préstamos financieros. Los financistas, entre ellos los judíos, no siempre miraban el color de las banderas a donde aportaban recursos.

La Paz de Westfalia puso fin a la Guerra de Treinta Años. Ello no significó el final de los conflictos. La Comunidad Polaco-Lituana que había participado, aunque no en el centro mismo, continuó involucrada en nuevas situaciones bélicas.

Los cosacos de Chmielnicki, que habian terminado su primera asonada, retomaron sus embestidas en 1651. En 1654 los polaco-lituanos iniciaron nuevos conflictos con los rusos, con los tártaros de Crimea y con los otomanos. Las pérdidas llegaron a ser de más de un tercio de la población; entre ellas, alrededor de un 20 por ciento eran judíos.

En 1655 el Imperio Sueco que había participado en la etapa final de la Guerra de los Treinta Años, bajo el reinado de Carlos X Augusto inició la llamada Segunda Guerra del Norte, contra Polonia-Lituania. La invasión sueca del territorio polaco fue arrasadora, una "inundación", que ha dado el nombre a esta guerra: "el Diluvio Sueco". El conflicto tomó aún mayores dimensiones cuando los sectores protestantes de Polonia, a los que se unieron algunos duques lituanos, rompieron la unidad de la comunidad polaco-lituana pasándose al lado de los suecos. Se tejieron nuevas alianzas; además de los cosacos de Chmielnicki y del Imperio Ruso, viejos enemigos, aparecieron nuevos participantes: el Elector de Brandeburgo y Prusia. En 1660, la paz de Oliva puso fin al conflicto, con la Comunidad Polaco-Lituana destrozada.

¿Qué podemos decir en lo referente al antisemitismo polaco en ese contradictorio contexto?

Ante la agresividad católica instalada en la Comunidad Polaco-Lituana y las reiteradas brutalidades de los cosacos de Chmielnicki (aliados de los rusos ortodoxos), los judíos se inclinaron por los suecos que practicaban un protestantismo tolerante. Es posible que en ello haya influido la presión de Carlos X Augusto, que, por las necesidades bélicas haya repetido situaciones de la Guerra de los Treinta Años recurriendo a financistas de la comunidad judía de Polonia. El hecho es que, el general polaco Stefan Czarniecki y los partisanos polacos, en su accionar contra los suecos acusaron a los judíos de colaborar con el enemigo tratándolos brutalmente, sin ninguna piedad.

Ello no significa que la ruptura judeo-polaca a partir de esa situación haya sido total. En otra coyuntura, la comunidad judía polaca va a optar por actitudes diferentes. Ello aconteció más de un siglo después cuando las Particiones. Con la Primera Partición en 1772 una parte del territorio de la Comunidad Polaco-Lituana pasó a manos de Rusia, Austria y Prusia. En 1793 con la Segunda Partición, bajo el reinado de Estanislao II Augusto Poniatowski (amante de Catalina la Grande de Rusia), el último rey polaco-lituano, Rusia incorporó territorios en donde la cantidad de judíos era de un millón y medio. La política rusa hacia los judíos fue extremadamente dura. La zarina Catalina la Grande estableció severas disposiciones restrictivas antijudías: estableció en un territorio de encierro obligado judío mal llamado "Zona de Residencia" (en inglés *Pale Zone*), cuya traducción correspondería a "zona circunscripta o de estacada". Bajo las órdenes del general Tadeoz Kosciuszko, los polacos terminaron por levantarse contra los rusos. En ese levantamiento nacional y liberal, los judíos formaron un regimiento al mando del general judío Berek Joselewicz para luchar al lado de los polacos. Después de tres siglos de convivencia con los polacos los judiós se veían más afines que con los rusos. En 1795, con la Tercera Partición, la Comunidad Polaco-Lituana desapareció del mapa europeo. Los rusos mantuvieron hasta 1818 la apariencia de un Estado polaco, el Zarato de Polonia. Polonia y Lituania recuperaron su independencia recién en 1918.

El fin de la anomalía

Retomemos la trama de la historia momentáneamente interrumpida.

Entre 1600 y 1700, la demanda en el oeste había asegurado a la aristocracia lituano-polaca insuperables ganancias; el valor de la producción de los magnates se habría triplicado y el del resto de la aristocracia solamente duplicado, mientras el campesinado era explotado sin reticencias.

La szlachta no se había preocupado por incrementar la productividad de sus tierras; las técnicas del trabajo rural habían permanecido primitivas; la producción agraria había sido cada vez menos rendidora. La política sistemáticamente antiurbana de la aristocracia había desfavorecido a los comerciantes locales (germanos, judíos, armenios) y perjudicado el desarrollo de la burguesía urbana.

Con esos desmanejos políticos y el desgaste de las guerras permanentes, no es sorprendente que en la segunda mitad del siglo XVIII, la inoperancia del estado aristocrático haya llevado a un empobrecimiento del campesinado y de los sectores de menores recursos y que el país haya entrado en crisis.

Fue el período del retorno de los judíos hacia Europa Central, en especial a los territorios del ex Sacro Imperio Romano Germánico donde el desarrollo del mercantilismo demandaba un incremento poblacional y financiero.

Fue el comienzo de la Diáspora azkenazi, un curioso proceso con una concentración inicial en las tierras de donde habían sido prácticamente expulsados y el encierro oarcial de las comunidades judías en la "zona residencial" de la Rusia de los Zares, base de los villorios de los judíos enmpobrecidos: los *shtetl*.

La Diaspora azkenazi, conjuntamente con la sefaradí, conformaron las dos vertientes que van a participar activamente en el desarrollo de la Edad Moderna, el período histórico en marcha.

XVIII. EXCURSUS. EL CAMINO A LA SHOAH

Los dos pilares de sustentación

La ideología del "pueblo deicida" y el desplazamiento de los judíos hacia el préstamo, consecuencia de la competencia de la naciente burguesía comercial cristiana, fueron los pilares del Antisemitismo que se desarrolló a lo largo de la primera mitad de II Milenio. En el Siglo XVI entramos en un período intermedio que, en el Siglo XX, dio paso a la monstruosidad del Antisemitismo Racista.

No entra en los propósitos de este trabajo analizar este período; solamente, a modo de *excursus,* nos referiremos a algunas características que nos permitirán aproximarnos a ese tramo de la Historia.

En el arranque de la nueva Diáspora

En Italia había habido sólo expulsiones parciales. Con los judíos en su mayoría acantonados en los ghettos bajo el control del Papado y limitados en su movilidad, la Iglesia había encontrado una manera de 'resolver' la cuestión judía. Existieron en cambio, centros con comunidades protegidas por los príncipes respectivos, como el gran centro de Livorno y el de Florencia en Toscana. En Francia y en Inglaterra, aunque las expulsiones fueron masivas, casi absolutas, el 'vaciamiento', en un proceso que duró varios siglos, no se sostuvo.

Los territorios del Sacro Imperio fueron un caso todavía diferente: los judíos atravesaron por situaciones contradictorias. La crisis que en el siglo XVI ocasionó el estallido de la Reforma con la difusión del protestantismo en el que la Iglesia veía en peligro la continuidad cristiana, parecía descomprimir la agresividad del antisemitismo. En ese sentido el giro copernicano antisemita de Lutero y la incisión de la burguesía comercial de las ciudades en oposición a los emperadores, reyes, príncipes y duques, que necesitaban del recurso financiero de los judíos, significó un cambio de rol de los actores. En ese contexto tuvieron lugar las expulsiones internas, los desplazamientos de los judíos de las ciudades a territorios señoriales y las emigraciones a Europa Oriental, con un principal destino: el Reino Unido de Polonia y Lituania.

En España en cambio las conversiones forzosas, la iniquidad de los Estatutos de Limpieza de Sangre, el horror de la Inquisición y la expulsión en 1492 dieron lugar al comienzo de la otra vertiente del antisemitismo: el éxodo. Un éxodo complementado por el de Portugal en 1497 y el de Navarra en 1498.

Fue a partir de esas situaciones cuando los judíos entraron en una nueva etapa con la formación de las dos corrientes, la *sefaradí* y la *askenazi*: la de la península ibérica y la de Europa Oriental. La de los sefaradim a comienzos del siglo XIV, la de los askenazim recién a fines del siglo XVI. Con la Edad Moderna, los judíos ingresaron en un 'nuevo mundo' en el que va evolucionó su destino y su vida.

En el mundo nuevo de la Edad Moderna

¿Cuáles eran sus características?

Para Jonathan I. Israel, 1570 es un año clave: corresponde recordémoslo, al del fin de las emigraciones del Sacro Imperio hacia Europa Oriental y al comienzo del camino inverso, el del retorno de los judíos de Europa Oriental.

El reingreso de los judíos a Europa Central y a Europa Occidental correspondió a la paulatina desaparición del oscurantismo medieval. El descubrimiento del Nuevo Mundo o la caída de Constantinopla son hechos tomados como hitos del inicio de la Edad Moderna que no traducen los cambios fundamentales: ideológicos y económicos, ni los culturales del Renacimiento.

Dios dejó de ser el centro del universo y los monarcas dejaron de detentar el poder en su nombre. En su lugar apareció el hombre como centro, aún si paradójicamente la Tierra no era el centro del mundo copernicano, ni tampoco el centro del universo. Era el reino de la razón en cuyo centro estaba el hombre ("Pienso, luego existo"). El escolasticismo dejando paso al racionalismo y el pueblo delegando el poder a la autoridad, por un contrato (Hobbes, Rousseau). El mundo había dejado de ser furiosamente cristiano. Las luchas católico-protestantes de las que se suponía que sobrevendría el triunfo definitivo de unos sobre otros terminaron en el punto muerto de las Guerras de Religión en Francia (los hugonotes y el Edicto de Nantes) y en los Países Bajos con la separación del Sur flamenco católico de las Provincias del Norte protestantes. En el último tercio del Siglo XVI, la Reforma y la Contra-Reforma perdieron su anterior empuje. El cristianismo empezó a perder su universalidad para dar paso a un escepticismo erosionado por la duda, el ateísmo y el deísmo. Pensadores en el pasaje al Siglo

XVII como el humanista Giovanni Pico della Mirándola, Erasmo de Rotterdam, Johan Reuchlin del sudoeste germano, ocuparon su lugar.

El reingreso de los judíos ocurrió en medio de esas contradicciones. Paradójicamente coincidió con un interés relativamente general: el estudio del idioma y de la literatura hebrea. Era una manera de acceder a las fuentes originales judeo-cristianas, pero no al judaísmo. Para la mayoría de los pensadores las interpretaciones judías eran fundamentalmente erróneas y refractarias. Para el francés Jean Bodin (1530-1596), divorciado de la creencia cristiana, el judaísmo podría ser aceptado en la medida que abandonara su ritual.

El nuevo contexto había debilitado la firmeza del sentimiento antisemita. Ello no significó que los sectores populares y sobretodo la burguesía comercial cristiana hayan terminado por aceptar su desaparición. Aún con la actividad comercial desarrollada el aporte judío cubría las falencias que la burguesía cristiana no alcanzaba a satisfacer.

Fue también el comienzo del absolutismo, Henri IV, William de Orange y Maximiliano II de Austria. El fortalecimiento del estado iba a la par del incremento de las exportaciones, el mercantilismo. El caso de Bohemia y Moravia es paradigmático por las actitudes oscilantes de los emperadores sucesivos. En 1557 en Bohemia mientras Fernando I intentando mantener la política projudía de su padre, Carlos V, no podía impedir la expulsión de los judíos; en Moravia la expulsión concedida por la presión de los burgueses era postergada *sine die*. Pocos años después, en 1564, el emperador Maximiliano II, cancelaba las expulsiones de Bohemia y en 1577 Rodolfo II a pesar de la militancia protestante, readmitía los judíos en Viena y en Insbruk. En Bohemia y Moravia, con una gran actividad judía, comenzaba el Renacimiento; los judíos, en su mayoría, provenían de Polonia.

En Frankfurt, los judíos acantonados en el ghetto desde 1462 tenían un desarrollo restringido. Cuando en los últimos decenios del siglo XVI, las luchas interconfesionales entre luteranos y calvinistas se definieron con la expulsión de los últimos, la comunidad judía comenzó a llenar el vacío que estos dejaron y en menos de medio siglo se sextuplicaron. En otras ciudades como Mainz, Speyer, Minden, Paderborn y Strasburgo de donde habían sido expulsados, fueron readmitidos con el apoyo de los obispos o de los príncipes eclesiásticos y la fuerte oposición de los ciudadanos locales. Una situación similar tuvo lugar en el principado de Essen en 1578 y en Colonia, con el apoyo del arzobispo elector. La ciudad de Fürth y otras pequeñas ciudades en los entornos de Nuremberg, así como el dominio de los territorios católicos del Obispo de Bamberg y del Margrave de Ansbach, se convirtieron en centros importantes del comercio judío. Hamburgo y otras ciudades del Norte de Germania, controladas por la Liga Hanseática (liga de ciudades imperiales), habían sido ciudades de exclusión de los judíos; la competencia con los puertos holandeses, les obligó a abrir parcialmente las puertas a la inmigración portuguesa sefaradí. Fue el origen de una de las comunidades judías más grandes de Europa del Norte.

En Italia, las expulsiones locales (fundamentalmente de los Estados papales) alternaban con los desplazamientos y readmisiones de Ferrara, de Toscana, de Venecia. A ello se agregó el ingreso a Livorno de judíos askenazim alemanes y de numerosos sefaradim de la Península Ibérica, de los Balcanes y del Imperio Otomano.

En Francia, después de la expulsión general de 1394 y cuando en 1487, el Condado de Provence pasó a depender del rey, sólo quedaron los judíos de las posesiones papales: los Condados de Venaissin y Avignon. Ante el despoblamiento que la guerra de los Cien Años había provocado, Luis XI en 1472 reabrió la posibilidad del retorno: el ingreso de los marranos españoles comenzó en consonancia con la Inquisición Española. En el período de Enrique II (1547) a Luis XV (1774) fueron numerosas las invitaciones al retorno, con expresas autorizaciones para ejercer actividades comerciales. Fueron numerosos los pequeños contingentes en su mayoría azkenazim provenientes de la Alemania renana, que llegaron a Lorena (Metz, Verdun y Nancy) y los portugueses de rito sefardí, provenientes de Burdeos y de Bayona que se instalaron en París, junto con aviñoneses de los territorios papales y loreneses germánicos de rito askenazi.

Esther Benbassa, en *Histoire des Juifs de France*, se refiere a las actividades de los judíos en Francia en este período: eran en su mayoría comerciantes con un amplio abanico de actividades. Los niveles variaban desde los que, como en Nancy y Luneville, vivían como burgueses en los barrios nuevos y en las calles principales o eran proveedores del ejército como en Estrasburgo; pasando por los niveles medios o artesanales (orfebres, joyeros y carniceros), los que practicaban el préstamo y en los niveles inferiores, los vendedores de todo tipo: los ambulantes y los de ventas de segunda mano. Algunas ciudades como Metz y Nancy, con una fuerte concentración judía de bajos recursos, llegaron a conformar barrios casi exclusivos (no eran ghettos). En París, con una comunidad reducida, los marranos portugueses practicaban un comercio en general próspero y habitaban barrios como el de la Sorbona. "Los judíos podían ser todavía útiles", comenta Esther Benbassa: "teniendo prácticamente las mismas actividades que el resto de la sociedad, el hecho de que practicaran actividades como el préstamo menor y las que del mismo se derivaban, hacia que en su conjunto la sociedad los siguiera viendo de acuerdo al mismo estereotipo del período de las expulsiones". Más aún, como hemos señalado, al conectar esas actividades con el latrocinio o la reventa de objetos robados. (1)

Sin una ubicación ni concentración territorial particular, se destacaba además un reducido sector de grandes familias que exportaban vinos, licores, carne salada, harina e importaban azúcar, índigo y otros productos de los territorios coloniales: Canadá (Québec) y las islas francesas caribeñas. Sus actividades los colocaban en posiciones cercanas a la clase gobernante; con el tiempo devendrían los Judíos de la Corte del siglo XVIII. Pese a este panorama, no volvieron a constituir comunidades ni importantes ni numerosas. (2)

En Inglaterra también tuvo lugar, aunque con vicisitudes, el reingreso de los judíos. La expulsión de 1290 se había producido en medio de una tormenta en la que al odio al que el espíritu de las Cruzadas había dado pie se sumaba al de los barones endeudados presurosos de liberarse de sus acreedores. Pese a que la expulsión siguió vigente, el retorno de los judíos se fue dando lentamente, como en Francia. Se trataba generalmente de judíos y marranos de España y de Portugal que inmigraban ilegalmente. En su mayoría eran comerciantes, circunstancia que para una Inglaterra en expansión no dejaba de ser conflictiva: era apoyada por unos y rechazada por otros.

Durante Enrique VIII (1509-1547) tuvo lugar un episodio significativo en ocasión de su divorcio con Catalina de Aragón. El rey creyó que convirtiéndose al judaísmo, de acuerdo a una particular interpretación de la ley del levirato, podría contraer un nuevo matrimonio. La cuestión fue sometida al rabinato italiano. El rabinato no lo aceptó. Una oportunidad 'perdida' para el judaísmo... y para los ingleses. (3)

Un siglo después el movimiento reformista de la Iglesia se orientó al puritanismo, que más fiel al Antiguo Testamento, veía a los judíos con benevolencia. Además había quienes tenían la creencia de que la conversión de los judíos era la condición para la Segunda Venida de Cristo. Era pues conveniente abrirles las puertas. En 1649, Oliver Cromwell, con el apoyo de los puritanos, derrocó al rey, convirtiéndose en Lord Protector. Se planteó la cuestión del reconocimiento y del retorno oficial de los judíos. Cromwell sería prácticamente el Mesías. Se decía que habría estado dispuesto a vender a los judíos la catedral de Saint Paul, que se convertiría en Sinagoga. (4)

Los comerciantes no veían la manipulación con buenos ojos. Se desencadenó una reactivación de antisemitismo y un movimiento popular en contra del retorno. Cromwell ordenó que se suspendiera *sine die* la decisión. Los judíos no fueron oficialmente readmitidos; los ingleses perdieron una vez más la oportunidad de ser judíos. Ello no impidió que la inmigración continuara ilegalmente. La colonia sefaradí, principalmente marranos, continuó expandiéndose. En medio del antisemitismo los judíos eran tolerados.

La expansión económico financiera

El viraje de los países europeos hacia la política y economía del absolutismo significó el fortalecimiento del estado, el incremento de la necesidad de capitales para el sostenimiento del comercio interno y del comercio internacional, el desarrollo de la industria, el crecimiento de la burocracia administrativa y de los gastos para las fastuosas vidas reales. Esa expansión económico-financiera, explica el boom de la nueva diáspora en el período que nace en las últimas décadas del Siglo XVI.

Europa Occidental y Central devinieron el gran polo de atracción de los askenazim de la decadente República Aristocrática Polaco Lituana y de los sefaradim, y marranos de la península ibérica, a quienes la Inquisición hacía inviable la vida.

Fue significativo el resurgimiento de las comunidades judías en Francia, los Países Bajos, Dinamarca y aún en España, donde después de la anexión de Portugal muchos portugueses criptojudíos desbordaron en el comercio con la India, Méjico y Perú. En el Sacro Imperio, la expansión continuó con gran empuje en importantes ciudades como Frankfurt, Hamburgo, Colonia, Mainz y Estrasburgo.

Si internamente la preocupación por la literatura hebraísta continuó, se podría pensar que el hebraísmo en conjunción con la filosofía de la *Raison d'État* y el mercantilismo contribuirían a la adopción de actitudes definitivamente filosemitas. No fue eso lo general; en Italia eran numerosos los contratistas para quienes la actividad comercial-financiera de los judíos era perjudicial para el estado; también en Francia y en los Países Bajos. Hubo sin embargo opiniones diferentes como las del holandés Hugo Grotius (1583-1645) que reivindicaba el derecho de los individuos o grupos a mantener sus creencias en la defensa de su dignidad y de sus verdades. En un plano diferente, el orientalista y humanista italiano Joseph Justus Scaliger (1540-1609) se refería a los judíos por su sabiduría y sutileza y la necesidad de aprender de ellos.

La realidad era pues compleja y contradictoria. El reingreso de los que habían sido expulsados tenía una fuerte oposición: la burguesía comercial cristiana dominaba en gran parte de las Ciudades Imperiales.

La Guerra de los Treinta Años

Iniciada como conflicto religioso, como enfrentamiento entre católicos y protestantes, la Guerra de los Treinta Años (1618-1648), se convirtió en una guerra por la hegemonía europea. Con la intervención gradual y sucesiva de distintas potencias europeas, tuvo como punto culminante la rivalidad entre Francia y los territorios de los Habsburgos (el Imperio Español y el Sacro Imperio Romano-Germánico). Intervinieron además: Bélgica (Flandres), los Países Bajos (Holanda), Dinamarca, Suecia, Polonia-Lituania, Hungría (Transilvania).

La Guerra de los Treinta Años es considerada por algunos historiadores como la "primera" Guerra de los Treinta Años; la "segunda" Guerra de los Treinta Años sería, tomando en su conjunto, las Guerras Mundiales I y II (1914-1945). Ambas grandes guerras en el contexto de la Edad Moderna, serían similares no sólo por su duración sino también por su extensión territorial (una europea, la otra mundial) y su intensidad en cuanto a la magnitud de destrucciones civiles y de poblaciones diezmadas y mutiladas. Históricamente, vale destacar, la primera en la culminación de la Edad Moderna (con el absolutismo), la segunda en cuanto marca su fin.

Convertidos en estados políticamente absolutistas y económicamente mercantilistas, los estados participantes habían conformado una estructura que sobrepasaba los estrechos límites del período medieval precedente. Los ejércitos eran mercenarios; el pago de los contingentes era imperioso y las necesidades de provisiones y de armas impostergables.

La rebelión de la Bohemia protestante (la *Desfenestración de Praga*) que marcó el inicio de la guerra, encontró al emperador católico Fernando II en una situación precaria. En contraste con sus antecesores, Maximiliano II, Rodolfo II y Matías, marcadamente tolerantes y hasta projudíos, Fernando II era un ferviente militante de la Contrarreforma. Su intolerancia y su torpeza contribuyeron al estallido de la rebelión. A pesar de los subsidios de España y del Papa, los recursos del estado eran insuficientes para sostener su propio ejército. Los judíos eran unos de los sectores a quienes Fernando II podía recurrir. La expansión de las actividades judías era importante. Por otra parte la mayoría de los judíos de Bohemia y de Moravia estaban en áreas controladas por los rebeldes. La respuesta a los requerimientos monárquicos fue el inicio de la colaboración de los judíos en el suministro de recursos, armas, municiones, vituallas y alimentos. Los católicos no fueron los únicos en recurrir a los judíos, también los protestantes. Merece señalarse que no faltaron ciudades ocupadas y reocupadas por soldados de uno y otro lado, en donde las comunidades judías eran ampliamente respetadas; fue el caso de Fulda y Friedberg.

El caso de Suecia resulta también interesante; cuando intervino en la etapa final de la guerra, a pesar de ser luteranos, recurrieron a la colaboración comercial y financiera de los judíos. Sucedió algo similar con los territorios o ciudades del Sacro Imperio que comenzaron a recurrir a los sectores judíos como contribuyentes para sus fines.

La participación judía (préstamos o insumos) no siempre se hacía contra el pago de beneficios o de intereses; en no pocas veces, a cambio de privilegios, de concesiones o del permiso para reinstalarse.

En Hamburgo los judíos portugueses o españoles, expulsados de Portugal, fueron invitados a fundar el Banco de Hamburgo para promover el comercio con España y con Portugal; entre sus rubros se destacaban el tabaco, los vinos, los textiles y el algodón. En Leipzig (Sajonia), los judíos establecieron un nutrido intercambio con Suiza, Holanda, Italia e Inglaterra. En el Palatinado, el elector Carlos Luis (Karl Ludwig), con su país devastado invitó a los judíos a instalarse para colaborar en la restauración del comercio y de las industrias. En Brandeburgo el Gran Elector Federico Guillermo permitió que cincuenta familias expulsadas de Austria se instalaran en Berlín, garantizándoles amplios derechos y un comercio irrestricto en los territorios del sur (Bohemia, Moravia y Silesia) y en ciudades del centro (Frankfurth, Worms, Speyer). La restauración llegó al centro este (Fürth, Bamberg, Bayreuth y Ansbach), al noreste (Brandeburgo, Pomerania y Sajonia) y al noroeste (Hannover y Hamburgo). Cuando la guerra desbordó los límites del Sacro Imperio, los países que participaron de ambos lados, como Suecia, Dinamarca y Francia fueron más permeables al ingreso de los judíos de las dos vertientes, y a su participación en la provisión de insumos para las tropas.

La participación de los judíos como banqueros o proveedores específicos fue cada vez más sistemática. Jacob Bassevi, a través de sus relaciones con Karl von Liechstenstein, gobernador de Bohemia, devino el proveedor de los ejércitos del Emperador. Esa situación se dio conjuntamente con el reingreso de los judíos a ciudades de donde habían sido expulsados desde 1421 y el otorgamiento del permiso para la construcción de sinagogas, como la de Viena en 1625. La estrella de Bassevi terminó en 1634.

En la 2ª y 3ª década del siglo XVII, con centro en Wesel, al Norte de Colonia, tomó importancia la familia de Salomón Gumpert, destinada a convertirse en una de las principales dinastías de los Judíos de la Corte. Mientras Wesel, pasaba sucesivamente a manos de holandeses, españoles, franceses y prusianos, Gumpert seguía siendo proveedor de vituallas y de tabaco para los soldados. Su gran rival eran Berend Levi de Bonn y el hermano de este Salomon, encargado del manejo de las finanzas del Gran Elector de Brandeburgo.

Además de estos judíos germánicos o de origen lituano-polaco, entre los proveedores de los ejércitos, aparecen sefardim españoles o portugueses. Los últimos, algunos marranos, contaban con el apoyo del rey Juan IV que había logrado la independencia de Portugal de la España de Felipe IV. Entre los sefaradim españoles, la familia Nuñes da Costa, la de los hermanos Lopo Ramirez y Duarte (Jacob Curiel) y el hijo de este, Jerónimo (Moseh Curiel). Los Duarte eran proveedores militares, aún hasta mediados del siglo XVIII, banqueros de John IV y agentes de la corona portuguesa en las Provincias Unidas. Ello no significa que abandonaran sus afinidades judaicas; Duarte era figura líder en la sinagoga de Hamburgo y Jerónimo uno de los principales de la sinagoga de La Haya.

En Francia, durante la Guerra de los Treinta Años, los judíos tuvieron un rol equivalente. En Alsacia y Lorena eran proveedores de caballos para las legiones. Richelieu amplió a los criptojudíos portugueses la protección de la corona en los puertos franceses. Esa política estuvo probablemente favorecida por la amistad con los marranos Alfonso Lopez, Rodrigues Lamego y De Cáceres.

Los Judíos de la Corte

El período posterior a la Guerra de los Treinta Años corresponde al de los llamados "Judíos de la Corte" (Hofjuden) o "factores de la Corte" (Hoiffaktor).

La Guerra de los Treinta Años había sentado nuevas bases en las actividades comerciales y financieras de los judíos. A partir de conexiones inicialmente aisladas, como proveedores de ejércitos y el pago de los mercenarios, en el tramo 1650-1713, emergieron los Judíos de la Corte como banqueros, agentes estatales y consignatarios, ahora en estrecha relación con las cortes del absolutismo. Su vinculación con las cortes fue prácticamente general: se podría hasta afirmar que "cada corte tenía su judío".

En algunos casos tenían fuertes compromisos con grupos de poder y no era infrecuente que actuaran con distintos gobiernos a la vez. (5)

Las provisiones del ejército cubrían no sólo el suministro de armas, municiones; incluían ropas, alimentos, tabaco, caballos, forrajes y una variedad de otros productos requeridos directamente por el estado y/o o por los gobernantes, como granos, joyas y diamantes. Desarrollaban igualmente actividades como la explotación de minas, impresión de monedas, recaudación de contribuciones, nuevas industrias y fábricas, en el marco de las más diversas operaciones financieras y administrativas.

Algunos nombre relevantes: Samuel Oppenheimer de Heidelberg,

Samson Wertheimer en la corte de Viena, Wolf Wertheimer en la corte de Munich, Joseph Suss Oppenheimer factor del duque de Wurtemberg, Elieser Leffmann Behrens en el ducado de Hannover, intermediario de Luis XIV, Bernd Lehman, que influyó en la elección del príncipe Augusto de Sajonia como rey de Polonia. (6)

Entre los sefardim: Antonio (Isaac), Primer Barón Lopez Suasso y su hijo Francisco (Abraham), Segundo Barón Lopez Suasso.

Los Judíos de la Corte eran particularmente valorados por su capacidad y la velocidad de sus respuestas, gracias a la interdependencia con los diversos sectores comunitarios. Por supuesto, su participación en la Corte, no era de su exclusividad; los hubo quienes, en posiciones similares, no eran judíos. (7)

Aunque en general no formaban parte del círculo áulico, se desenvolvían en las cercanías del príncipe y de la corte, con quienes mantenían relaciones de relativa amistad. Era frecuente que los príncipes comieran en la mesa de "sus" judíos, que fueran recibidos en sus opulentas mansiones y que asistieran a las fiestas, casamientos y partidas de caza que organizaban. Sus relaciones se sostenían de manera relativamente estable al punto que frecuentemente el aristocrático mandatario conservaba "su judío" a su lado, por encima de sus críticos.

Se vestían de acuerdo a la moda de la época, con las vestimentas coloridas correspondientes y pelucas empolvadas. No obstante, estaban a merced de los avatares de la suerte y de los caprichos del poder. Algunos pocos llegaron a fundar una verdadera dinastía (los Rothschild, los Dreyfuss). Algunos o sus descendientes, terminaron en la miseria, otros como los hijos de Bernd Lehman fueron expulsados de Sajonia, o como los nietos de Leffmann Behrens pasaron años en prisión por deudas o como Joseph Süss Oppenheimer (el "judío Suss") que tuvo un trágico fin.

No todos mantuvieron la misma actitud en relación con su identidad judía y con sus congéneres. Algunos, con el abandono de la tradición y de la religión y el alejamiento de las comunidades, fueron de alguna manera anticipadores del movimiento asimilacionista; otros manteniendo la identidad judía, intentaron la integración que caracterizó el iluminismo del siglo XVIII; otros sin descuidar sus vínculos con el poder, se mantuvieron fieles a la ortodoxia judía y, gracias a su posición y fortuna siguieron participando en actividades comunitarias, colaborando y ayudando a sus hermanos en situaciones comprometidas y hasta intentando utilizar su influencia para hacer anular o reducir las prohibiciones y restricciones y los proyectos de expulsión de sus congéneres.

La gran expansión y el avance de las comunidades judías en el

Sacro Imperio, no significó el fin de las discriminaciones. Las exclusiones, restricciones, la prohibición de actividades y la marginación siguieron vigentes, aunque no con el rigor de épocas anteriores.

Importantes sectores medios y bajos, desplazados del comercio, siguieron acantonados en el préstamo menor: la usura. A ello nos hemos referido anteriormente. La necesidad de mantener la coherencia del texto nos obliga a una breve reiteración.

Su situación como sectores de las clases medias los llevaban no pocas veces a entrar en un círculo vicioso. La garantía de los préstamos, si no eran joyas, eran en general objetos menores: prendas de uso común. Los objetos no recuperados entraban en el circuito de la reventa de segunda mano en el que con su habilidad, los "remendones", "ropavejeros" y "zurcidores" hacían maravillas. En esa contingencia era frecuente que entraran en connivencia con el latrocinio a través de reducidores. Un panorama que terminó en la estigmatización de los judíos con los defectos más denigrantes: su afinidad con las estafas, las trampas y su avidez por el dinero.

El hecho es que en este tramo de la Edad Moderna los judíos seguían existiendo en su condición de rehenes de la sociedad. El cristianismo y la economía mercantil habían preparado el camino del antisemitismo para que en sus formas más vejatorias (las del racismo), estuviera presente en la etapa siguiente. Esas circunstancias y en particular, la existencia de grandes sectores financieros y comerciales, colocaban a los judíos en posiciones demasiado expuestas como para no contribuir a la creación de la leyenda de los judíos "dueños del mundo", en la que en el siglo XIX, confabularon los creadores del infame libelo, "Los Protocolos de los Sabios de Sión". Una infamia retomada por el nazismo en su propaganda antisemita.

Comenzaron a plantearse situaciones que van a manifestarse plenamente en los siglos por venir. El período siguiente estuvo plagado de contradicciones en las que a la par del iluminismo, de la emancipación y del asimilacionismo, el antisemitismo incorporará el racismo.

En el Siglo de las Luces

El siglo XVIII fue el del Iluminismo, el Siglo de las Luces, el de la razón. Spinoza (1632-1677) aún si fue anterior, con su crítica bíblica fue uno de sus precursores. El pensamiento spinoziano podría considerarse panteísta: Dios era la Naturaleza. Los pensadores de la Ilustración sostenían que la razón humana podía combatir la ignorancia, la superstición y la tiranía y construir un mundo mejor. Se podría pensar que la era de la razón reforzaría la tolerancia y la aceptación de la diversidad religiosa. Los pensadores iluministas se convirtieron en adalides de una Religión Universal, el deísmo, despojada de milagros y de misterios, partidaria de un Ser Supremo. El deísmo estaba seducido por la idea de una religión racional que suponía conciliar con las leyes de la naturaleza.

El Iluminismo alejaba a sus pensadores de los dogmas de la religión, tanto cristiana como judía. Para un sector importante de las comunidades judías, despojar al judaísmo de su rigidez y de sus ritos era abandonar la religión; era la asimilación, con la que no estaban dispuestos a tranzar. No había llegado el momento del despertar nacional. Los judíos del iluminismo (la *Hashkalah*) creían en la emancipación con un judaísmo *aggiornado*; entre ellos estaba la figura prominente de Moisés Mendelsohn.

La actitud maniquea de los pensadores no judíos del iluminismo respondía a esa circunstancia. Al oponerse a la teología y a los ritos, se oponían no solo a la religión, también a las costumbres judías, quedaban así prisioneros del estereotipo de judaísmo que el antisemitismo sustentaba.

El antisemitismo de este período no quedó limitado al sector popular. Tuvo sus sostenedores en el círculo de los pensadores del absolutismo: para Jean Baptiste Bossuet el monstruoso pueblo judío, antes el más feliz del mundo, era ahora débil y odiado, maldición y hazmerreír de los más moderados.

La tolerancia de Montesquieu, expresada en su animosidad contra los inquisidores españoles y portugueses y sus manifestaciones de crear una ciudad judía en la Provence o en el País Vasco, no le impidió manifestarse contra el Talmud y contra los rabinos y sostener que "el comercio había caído en manos de una nación cubierta de infamia, identificada con la usura y la recaudación de subsidios y todos los medios deshonestos de ganar dinero". Rousseau, de una familia calvinista, no escapó a esa impronta al referirse al "pueblo más vil, incapaz de toda virtud". Voltaire en su anti religiosidad militante no pudo escapar a la animosidad antijudía. En su Diccionario filosófico, de los ciento dieciocho artículos una treintena ataca a los judíos: "el pueblo más abominable de la tierra", "no vendimos a nuestras mujeres como Abraham", "pueblo ignorante y bárbaro en el que coinciden la avaricia más sórdida, la más detestable superstición y un odio insuperable hacia todos los pueblos que los toleran y les permiten enriquecerse". La debilidad de su posición nos lleva a referirnos a las contradicciones en los últimos años de su vida, atraído por los negocios y contagiado por el juego, que tan insidiosamente había denunciado como una de las esencias del judaísmo. Por su parte Diderot y D'Alembert en la

Enciclopedia, cuyos blancos primordiales eran las supersticiones que la Iglesia había tomado del Antiguo Testamento, reiteran los juicios negativos sobre los judíos, aun si valoran "el préstamo gratuito que fomenta un sentimiento unitario y fraternal que no existe en otros pueblos".

Con el advenimiento de la "era de la razón", según L. Poliakov, "las contradicciones del antisemitismo militante, un fenómeno fundamentalmente cristiano y burgués, se hicieron cada vez más evidentes". A pesar de esas contradicciones, la idea de un cambio de actitud hacia el judaísmo comenzó a hacer camino. El Iluminismo fue una apertura a favor de la emancipación.

La emancipación y el antisemitismo moderno

Con el Iluminismo, la emancipación estaba todavía en sus comienzos. Los menos hostiles exigían mayor humanidad hacia los judíos, pero no abogaban por el respeto de su especificidad. Malesherbes era partidario de la "regeneración" más que de la emancipación. El abate Enrique Baptista Grégoire, otro reformista, en su "Ensayo sobre la regeneración física, moral y política de los judíos", denunció su propensión a multiplicarse y postuló la desaparición del idish; lo que en realidad él esperaba, era la conversión. Entre los alemanes en cambio, el autor dramático Lessing, amigo de Kant y de Mendelsohn, preconizó que para mejorar las condiciones de los judíos era necesaria la apertura recíproca del mundo y su cultura.

En el siglo XIX, durante la Revolución Francesa, el antisemitismo seguía todavía fuertemente arraigado: seguían existiendo las bases pluriseculares de su sustentación. La lentitud con la que la emancipación fue aceptada es una prueba de ello. Se fue imponiendo con la fuerza de las bayonetas napoleónicas, lo que reforzó el antisemitismo de las monarquías conservadoras. Las marchas y contramarchas de Napoleón, su intento de ganarse el apoyo de las comunidades judías convocando un Gran Sanedrín (inexistente desde hacía catorce siglos) contribuyeron a exacerbar la atmósfera discriminatoria. (8)

Por otra parte la emancipación no siempre contó con el apoyo pleno de los judíos. La comunidad sefardí del sudoeste de Francia (algunos se decían descendientes de la tribu de David) y la azkenazi, postulaban una emancipación selectiva. Esa actitud encontró también partidarios en la población judía del este de Francia, en Alsacia, que rechazaba la uniformidad cultural y quería permanecer ligada a las tradiciones. El debate se extendió a las diferencias entre los judíos reformistas liberales y los conservadores ortodoxos.

Con la emancipación nacieron el integracionismo y el asimilacionismo y surgieron nuevas situaciones y contradicciones. El primero postulaba la integración en la sociedad moderna manteniendo la especificidad judía y el segundo simplemente la asimilación, es decir, la desaparición como judíos.

Con la emancipación los judíos accedían a actividades que hasta ese momento les eran restringidas: las profesiones liberales, las actividades universitarias, humanistas, de la cultura y del saber (la ciencias, la tecnología) y artísticas (literatura, música, teatro). Algunas de ellas, como las artes plásticas (la pintura y escultura), habían estado condicionadas por el dogma de la propia religión. La competencia de la clase media suscitó nuevos asaltos antisemitas. La emancipación creó situaciones contradictorias: la asimilación era rechazada por algunos sectores de los propios judíos, mientras los judíos en vías de integración, seguían siendo rechazados; el antisemitismo seguía vigente.

Aparecieron nuevos elementos, nuevos pilares sobre los que se sustentará el antisemitismo del siglo XX: el nacionalismo y el racismo. A este último nos vamos a referir, aún si brevemente. En cuanto al nacionalismo, (del que el sionismo y el bundismo, forman parte) el judaísmo los incorporó más tarde, si bien fueron herramientas básicas para la definición identitaria judía, integrarían un capítulo que no vamos a tratar aquí.

El Siglo XIX encontró a Francia, Inglaterra y España como naciones constituidas. En Francia el absolutismo de los Luises fue sustituido por el de Napoleón. En Gran Bretaña, con las sucesivas Actas de Unión (la última de 1801) se había configurado el Reino Unido. España, a través de las conversiones, de la Inquisición y de la Expulsión, había entrado en el camino de unidad religiosa y después de la derrota napoleónica, en el de su conformación como nación. Quedaba fundamentalmente el mosaico peninsular itálico y los fraccionados territorios germánicos. La península itálica, destrozada por luchas mazzinianas, los intentos de dominación papal y el *Risorgimento*, entró tardíamente en la unificación. Algo similar pero mucho más dramático aconteció en los territorios del Sacro Imperio.

Después de la derrota napoleónica y del Congreso de Viena de 1815, los territorios del Sacro Imperio aunque fraccionados constituyeron la Confederación Germánica (con unos 36 estados semi soberanos), cuya hegemonía se disputaban el Reino de Prusia y el Imperio de Austria. La Guerra de las Siete Semanas en 1866 terminó con el triunfo de Prusia, que con Bismarck como canciller, impuso su dominación en los territorios de la ahora Confederación Germana del Norte, de la que el Imperio de Austria quedó excluido. Después de la Guerra Franco-prusiana en 1871, Baviera, Württemberg, Baden y el Gran Ducado de Hesse (que originalmente no eran miembros de la Confederación), se integraron a esta, constituyendo la Federación Germánica o Imperio Alemán, con Guillermo I como Káiser o Emperador. Fue el inicio de la consolidación del nacionalismo germánico que la burguesía, en su desarrollo, no había podido lograr.

En ese nuevo concierto, los herederos de los Judíos de la Corte, tenían todavía cierta influencia como banqueros, financistas, proveedores e industriales: los Rothschild, Carl Furstenberg en la industria pesada, Max M. Warburg, Gerson von Bleichröder. (9)

En las filas de los asimilacionistas e integracionistas había un contingente importantede de profesionales, universitarios, intelectuales, artistas (más músicos, que pintores). Muchos de ellos particularmente afines a las nacientes ideologías socializantes.

Entre los componentes del nacionalismo germánico, la mitología ancestral, implicaba una atadura a antiguos derechos tribales que pretendían los privilegios de superioridad de los antiguos pueblos nórdicos. Una situación que acentuaba la marginalidad y el rechazo a los judíos, "extranjeros" sin raíces. A lo anterior se agregó el espíritu militarista prusiano y la disciplina de la obediencia pasiva de Lutero. Estos elementos van conformar las bases del racismo, uno de los pilares del nazismo. La otra, el antibolchevismo.

El racismo apareció en el germanismo a través del nacimiento del mito de la raza indoeuropea, la raza aria. Aunque la antropología moderna ha superado el concepto de razas humanas, el punto de arranque de ese racismo fue a través de la lingüística con el descubrimiento de las raíces comunes de las lenguas indoeuropeas: las europeas y las indo-sánscritas.

En la segunda mitad del siglo XVIII Johann Gottfried Herder descubrió este parentesco. En 1786 el inglés William Jones señalaba las afinidades estructurales entre el sánscrito, el griego, el latín, el gótico y el celta. En 1805 los hermanos Friedrich y August William Schlegel ponían de relieve las diferencias originarias del hindú con las lenguas semíticas. En la misma época Schelling, filósofo alemán, criticaba las imperfecciones de las Santas Escrituras "en nada comparables al contenido superior de los libros sagrados hindúes". Eran etapas sucesivas del nacimiento del indoeuropeísmo, en las que del terreno filológico incursionaba en el religioso. Se comenzaba a romper el yugo religioso del judeocristianismo.

En 1805 Johann Christoph Adelung, profesor de Leipzig y de Dresden, lanzaba la primera piedra sobre el "mito bíblico": el hombre no era originario del Cáucaso en Mediano Oriente (y aún menos del continente africano), sino de la región de Cachemira. Ernst Moritz Arndt

E.J.Dunayevich

(1768-1860), poeta, músico e ideólogo, había identificado las razas con los pueblos y distinguido la alemana de la francesa, de la italiana y de la rusa. Contrario a la idea de la mezcla de razas, había que expulsar o degollar a los extranjeros "regando ambas márgenes del Rhin con la 'sangre impura' de las mezclas" (la sangre de los judíos no era todavía ni mejor ni peor). Para Fredrich Ludwig Jahn (1778-1852), luterano apóstol de la educación física, el pueblo alemán era el pueblo elegido de la Nueva Alianza. De lo religioso entramos a lo racial. En 1820 otro alemán, Johann Gottfried Rhode, inspirado en el Zend Avesta y en el Zoroastrismo, utilizaría por primera vez el término "ario", (A'yran, hombre puro), derivado del sánscrito, del que deriva el nombre de Irán.

En 1828, Goethe respondía en una entrevista: "de ninguna manera queremos negar que el pueblo elegido tenga el honor de descender de Adán. Pero al igual que tenemos antepasados distintos de los negros y los lapones, hay que admitir que nos diferenciamos de los semitas en muchos aspectos y que nos superan ampliamente en todo lo referente a asuntos de dinero". A esas 'simples' diferencias se va a agregar la idea de superioridad: Gustav Klem en 1843 distinguía entre la raza activa (viril) de los arios, que había alcanzado la plenitud en las "vecinas" altiplanicies del Himalaya y la raza pasiva (femenina) de los semitas. Poco después en 1845, el hinduista Christian Lassen se refería a "la superioridad, al talento, al armonioso equilibrio de las fuerzas del alma de los arios, que los semitas no tienen". Había colocado el mito ario en el escalón de la "superioridad". Hubo otros más, como Richard Wagner.

Cabe señalar que hubo quienes, como Alexander Humboldt, eran contrarios a la idea de la existencia de razas superiores e inferiores. La errónea relación del racismo con el darwinismo, fue una reformulación contraria al concepto darwiniano de la evolución de las especies. Darwin publicó *El origen de las especies* recién en 1859. La ideología racista reformuló el concepto darwiniano de selección evolutiva de los más aptos; tomó el concepto de "raza" como el equivalente de "especie" y modificó el de la selección natural por el del triunfo del más fuerte, producto de la lucha por la vida.

El periodista Wilhelm Marr, con sus panfletos incendiarios de 1843 habría sido el creador del término "antisemita". El paso siguiente en el avance del racismo, fue político; lo dieron el austriaco Georg von Schönerer, antisemita, anticristiano y antieslavo que en 1873 formó el Partido Pangermánico y Adolf Stoecker, que en 1878 fundó el Partido Social Cristiano.

El racismo empezó a difundirse no sólo en Alemania, también en otros países occidentales como Francia, país celta-franco-latino y por lo tanto "indoeuropeo". Gobineau, de la aristocracia francesa, en el *"Ensayo sobre la desigualdad de las razas humanas"* (1853-1855), concluyó en la superioridad de la raza teutónica a partir de la comparación de las razas orientales y africanas con las de Europa. (10)

En 1869 el libro de Enrique Gougenot des Mousseaux *"Los judíos, el judaísmo y la judaización de los pueblos cristianos"* devino una biblia del antisemitismo, y en 1886 el libro de Eduardo Drumont, *"La Francia judía"*, en consonancia con el escándalo del canal de Panamá, constituyó un éxito editorial. Con el affaire Dreyfus, en la puja nacionalista antisemita, apareció Charles Maurras con la *Action Française*.

Dejamos de lado los ideólogos del socialismo como Pierre Proudhon, Charles Fourier, Bruno Bauer y Carlos Marx que, preocupados por la problemática del capitalismo, no entendieron el antisemitismo en su forma incipiente y lo que podía implicar. No fue el caso de Federico Engels ni el de Leon Trotsky, que aunque inicialmente lo ignoraron, posteriormente lo entendieron y en particular el último, que propugnó la concientización del peligro que implicaba.

En el Siglo de las Luces (el Siglo XVIII) había comenzado a desarrollarse el concepto de nación (con la nefasta ideología del eurocentrismo, acompañada por el accionar colonialista). Alemania después de haber logrado la unificación territorial y política, recién en 1870, se constituyó en nación. Pero el germanismo necesitaba apuntalar su formación. Con el racismo pareció haber logrado la herramienta para alcanzar su objetivo.

En *"Mi lucha"* Hitler incorporó el racismo en la ideología del Nacional Socialismo, con el que sustentó el mito de la "superioridad" aria y pretendía justificar la expansión territorial. Uniendo racismo y antisemitismo "actualizó" el antisemitismo vaciando al Antisemitismo Cristianismo de su contenido teológico; el Antisemitismo Cristiano devenía así Antisemitismo Racista.

El judío como negatividad era el "anticuerpo" que la "superioridad" germana necesitaba. Un desenfreno que desencadenó el horror de la Shoah.

BIBLIOGRAFÍA

ABDIEV V.I. Historia Social y Económica de Oriente II y I Milenio. Akal Universitario. Madrid. 1985
ABRAHAMS Israel. Jewish Life in the Middle Age. Meridian N.Y. 1960
AMADOR de los RÍOS José. Historia de los judíos de España y Portugal. Madrid 1984 (3 Vol)
ANDERSEN Perry. El estado absolutista. Madrid 1979
ANDERSON Perry. Transición de la antigüedad al feudalismo. Siglo XXI. México 2002
ARENDT Hannah. Una revisión de la historia judía y otros ensayos. Paidós. Buenos Aires 2005
ARENDT Hannah. La tradición oculta. Paidos. Buenos Aires 2004
ASTARITA Carlos. La primera de las mutaciones feudales. An.Hist. Antigua, Media y Moderna Nº33 (2000)
ASTARITA Carlos. Intercambio y desarrollo desigual.... Universidad de Firenze 1999
ASTARITA Carlos. El sistema de relaciones entre el poder condal y... Universidad de Buenos Aires
BACHRACH Bernard S. Early Carolingian Warfare. Univ. Pennsylvania Press. Philadelphia 2001
BAER Ytzhak. A History of Jews in Christian Spain. Jewish Pub. Soc. of America 1966
BARCLAY John M.G. Jews in the Mediterranean Diaspora. University of California Pres. Las Angeles 1966
BARON S W. Ancient and medieval Jewish History. New Brunswick NJ
BARON S W. Historia social y religiosa del pueblo judío. TI/VIII). Paidos. Buenos Aires 1968
BEN SASSON Haim H. La Edad Media (en la Hist. del P. Judío). Alianza Editorial Madrid 1988
BENBASSA Esther. Histoire des Juifs de France. Du Seuil. Paris 2000
BLOCH M., FINLEY M. y otros. La transición del esclavismo al feudalismo - Akal. Madrid 1989
BLUMENKRANZ Bernhard. Juifs et Chrétiens dans le Monde Occidental. Mouton La Haye. Paris 1960
BONNASSIE Pierre. Vocabulario básico de la historia medieval. Crítica. Barcelona 1983
BONNASSIE Pierre. Estructuras y feudalismo -AA.VV. Barcelona 1984
BORWICZ Michel. 1000 années de Vie Juive en Pologne. Centre d'Études Historiques. Paris

BRENNER Robert. Estructura de las clases agrarias.- Crítica. Barcelona
BREUER M y GRAETZ M. German Jewish History in Modern Times.
Columbia University Press NY
CANTOR Norman F. The Civilization of the Middle Age - Harper Collins
Publishers. New York 1993
CASTRO Américo. España en su historia; cristianos, moros y judíos.
Losada.1948
CASTRO Américo. Réalité de l'Espagne. Paris 1963
CASTRO Américo. The Spaniards an introduction to their history. Univ of
California Press 1971
CLEMESHA Arlene. Marxismo e Judaísmo Xama Editora Sao Paulo1998
COLUMELO Lucio Tunio M. - Los 12 libros de la agricultura. Iberia. Madrid.
1930
DUNAYEVICH Enrique J. Los judíos en la trama de los imperios antiguos.
Ed.Catálogos. Bs. Aires 2005
DOHEHAERD Renée. Occidente durante la Alta Edad Media .Ed. Labor
Barcelona 1974
DOPSCH Alfons. Fund. Económ. y Sociales de la Cultura Europea. F. de
Cultura Económica. México 1986
DUBNOW Simón. History of the Jewish People. Jewish Publication Society.
NY. 1929.
DUBY George. Guerreros y campesinos. Desarrollo de la economía. Siglo XXI
México 1999
DUBY George. Hombres y estructuras de la Edad Media.- Siglo XXI. México
1976
DUNLOP D.M. The History of the Jewish Khazars - Princeton Univ. 1967
DURANT Will. De Cesar a Cristo. Ed. Sudamericana. Buenos Aires 1948
FELDMAN Louis H. Jews and Gentles in the Ancient World. Princeton
University Pres. New Jersey 1993
FINLEY M. I. La economía de la antigüedad. FCE. México 1974
FISCHEL Walter J. Jews in the Economic and Politic Life of Mediaeval Islam.
Ktav P. House Inc. N.Y. 1969
FLANNERY Edward H. The anguish of Jews. Paulist Press. New Jersey 199
FRASER P.M. Ptolemaic Alexandria. Clarendon Press. Oxford 1972
FRYE Richard N. Partia y Persia Sasánida en el M. Medit. (en la Hist. Univ.).
Ed. Siglo XXY México .1997
GARCÍA de CORTAZAR J.A. Historia de España. La época Medieval.
Alfaguara. Madrid 1973.
GARCÍA IGLESIAS L. Motivac.de la política antijudía del reino visigodo.
Simp. Hist. Ant. Univ. Oviedo 1977
GARCÍA IGLESIAS L. Profesiones y economía familiar de los judíos Esp. Ant.
Rev. Intern.Sociol. 1975
GARCÍA IGLESIAS L. Los judíos en la España antigua. Cristiandad. Madrid
1978
GARELLI. Próximo Oriente Asiático. Labor. Barcelona 1982
GIDAL Nachum T. Jews in Germany. Könemann Verlag Colonia-1998
GILBERT Martin. Historia Judía (Atlas) P.O.B. Jerusalem 1978
GOITEIN S.D. A Mediterranean Society. Economic Foundation. Univers. of
California Press. Berkeley 1999
GOITEIN S.D. Jews and Arabs, History of their social and cultural relations.
Dover Pub. New York. 2005
GOLDESTEIN Philip A. Convenient Hatred. The History of Anti-Semitism.

Bibliografía.

Kindle Ed. Brookline 2011
GOODMAN Martin. Mission and Conversion - Clarendon Press Oxford 1994
GORDON CHILDE V. Orígenes de la civilización - FCE. Buenos Aires 1954
GRAETZ Heinrich. History of the Jews. Jewish Public Society Philad. 1991-
1999
GRAYZEL Solomon. A History of the Jews. (From de Babylonian Exile - Jewish
Pub. of America. Philad.1969
GRAYZEL Solomon. The church and the Jews in the XIII century - N.Y.
Herman Press Hermon 1966
GUIGNEBERT C. Christianity- Past and Present. Ed. Mc Millan .N.Y. 1927
GUIGNEBERT C. El mundo judío en tiempo de Jesús. Ed Cristiandad.
Madrid 1985
HALDON John. El modo de producción tributario. Hispania 200 1998
HALKIN Abraham S. -La época Judeo-Islámica. Paidós Buenos Aires 1975
HILTON Rodney. Conflicto de clases y crisis del feudalismo. Crítica.
Barcelona 1982
HILTON Rodney y otros. La Transición del feudalismo al capitalismo. Crítica-
Grijalbo. Barcelona 1982
HITTI Felipe K. Historia de los Árabes. Razón y Fe. Madrid 1950
HODGET Gerald A.J. Historia social y económica de la Europa Medieval.
Alianza. Madrid 1982
IANACU Danièle. – Être juif en Provence, au temps du roi René. Ed. Albin
Michel. Paris 1988.
ISAAC Jules. Anti-Semitism Roots in Christianity. NCCJ. N.Y. 1961
ISAAC Jules. L'Antisémitisme, a t'il des racines chrétiennes? Paris 1960
ISAAC Jules. Teaching of contemp. Christian roots of Anti-Semitism - New
York Holt 1964
ISRAEL Johnathan I. European Jewry in the Age of Mercantilism (1550-1750).
Clarendon Press Oxford 1985
ISSAC Jules. Jésus et Israel. Paris 1959
ISSAC Jules. Genèse de l'Antisémitisme. Calman Levy Paris 1956
ITZIGSOHN José A. Tras las huellas de azhkenaz. Edición Mila. Buenos Aires
1989
JOHNSON Paul. La historia de los judíos. Vergara. Buenos Aires 1991
JOHNSON Paul. Historia del Cristianismo. Madrid 1989
JUSTER Jean. Les juifs dans l´Empire Romain. Burt Franklin. N. York 1980
KAPLAN Yosef. Judíos Nuevos en Amsterdam. Gedisa. Barcelona 1996
KAUTZKY KARL. El cristianismo sus orígenes y fundamentos. Establec. F.
Engels. La Havana 1986
KINDER H y HILGEMANN. Atlas histórico mundial. Istmo. Madrid 1979
KLIMA José. Sociedad y Cultura de la Antigua Mesopotamia. Akkal. Madrid
1980
KOESTLER A. La Treizième Tribu los Khazaros. Calman Levy Paris 1976
KRAUSS Solomon. Jews in the works of the Church Fathers. Jewish Quarterly
Review V 1893, VI 1894
KRIEGEL Maurice. Les Juifs à la fin du Moyen-âge. Hachette 1979
KRIEGEL Maurice. La prise de décision: l'expulsion des Juifs d'Espagne. Revue
Historique
KUCHEMBUCH L y MICHAEL B. Estruct.y dinámica del modo de prod.
feudal. Ullstein. Frankfurt. 1986
LAZARE Bernard. El antisemitismo. Su historia y sus causas. La Bastilla.
Buenos Aires 1974

LE BON Gustavo. La civilización de los árabes - Arábigo-argentina. El Nilo. Bs Aires 1974
LE GOFF Jacques. Mercaderes y banqueros en la Edad Media. Ed.Universitaria. Buenos Aires 1986
LE GOFF Jacques. La civilización del occidente medieval - Paidós. Barcelona 1999
LEON Abraham. Concepción materialista de la cuestión judía. El Yunque. Buenos Aires 1975
LEÓN Harry J. The Jews of Ancient Rome. Jewish Public. Soc.of America
LEWIN Boleslao. Los Criptojudíos, un Fenómeno Religioso Social - Milá. Buenos Aires 1987
MADARIAGA Salvador de .Cristóbal Colón. Espasa Calpe. Madrid 1979
MALAMAT Abraham. Orígenes y período formativo en Hist. Pueb.Jud. de B.Sasson Alianza. Madrid 1988
MARCUS Mar. Ley y religión en el imperio cristiano. Revista de Ciencias de las Religiones. 2004
MARTIN J.L. La península en la Edad Media. Barcelona 1976
MARTINI. Historia económica de la Roma Antigua. Akkal. Madrid
MARK Carlos. El capital -T I,II,III. FCE .México 1959
MARX Carlos. La cuestión judía. Ediciones Contraseña. Buenos Aires 1974.
MEYER Michael A. Ideas of Jewish History. Behrman House. N. York 1974
NETANYAHU Benzion. The Marranos of Spain - New Yor 1966
NEUMAN Abraham. The Jews in Spain. Jew Pub Library Philadelphia 1942
O'CALLAGHAN J.F. A History of Medieval Spain - Ithaca Londres 1975.
PARKES James. The Conflict of the Church and the Synagogue - Atheneum Ed. New York 1969
PARKES James. Historia del pueblo judío. Paidos. Buenos Aires.1966
PARKES James. History of the Peoples of Palestine. Oxford University Press. Oxford 1971
PARKES James. Anti-Semitism History Prelude to Dialogue Jewish-Christian relationship
PARKES James. The Jews in the Medieval Comunity - Soncino. London 1938
PASTOR Reyna. Prólogo a Pierre Toubert - Crítica. Barcelona 1990
PAUL André. El mundo judío en tiempos de Jesús. Cristiandad. Madrid.1982
PÉREZ Joseph. Historia de una tragedia. La expulsión de los judíos de España. Crítica. Barcelona 2001
PIRENNE Henri. Historia Económica y Social de la Edad Media - Fondo de Cultura Económica. México 1980
PIRENNE Henri. Mahomet et Charlemagne - PresseUniversitaire de France. Paris 1970
POLANYI Karl y otros. - Comercio y mercado en los Imperios Antiguos - Labor. Barcelona 1976
POLIAKOV León. Historia del antisemitismo. De Cristo a los judíos de corte. Calman Levy.París 1955
POLIAKOV León. Historia del antisemitismo. De Mahoma a los marranos - Milá. Buenos Aires 1988
POLIAKOV León. El Siglo de las luces. Muchnik Editores Barcvelona 1884
POMAR Manuel de. La España del rey David.- L.O.L.A. Buenos Aires 1999
RENAN Ernest. Vie de Jesus. Calman-Levy. Paris 1962
RODINSON Maxime. Peuple Juif ou Probleme Juif. La Découverte. Paris 1997
ROMANO R. y TENENTI A. Los fundamentos del mundo moderno. Siglo

XXI Madrid 1981
ROMANO R. y TENENTI A. La Edad Media Tardía.- Siglo XXI. México 1986
ROMERO José Luis. La Edad Media. Fondo de Cultura Económica. Buenos Aires 1949
ROSTOVTZEFF M. Roma de los orígenes a la última crisis - EUDEBA. Buenos Aires 1984
ROSTOVTZEFF M. The Social and Economic Hist. of the Hellenistic World. Clarenden Press. Oxford 1941
ROPS Daniel H. Cathedrals and Crusades of Medieval Church (1050-1350). - J.M.Dent London 1956
ROPS Daniel Henri. - The church in the Darks Ages (600 to 1500)
ROTH Cecil. A History of Jews in England. Clarendon Press Oxford 1964
ROTH Cecil. Histoire du People Juif. La Terre Retrouvée. Paris 1963
ROTH Cecil - History of Marranos. Meridian New York 1958
ROTH Cecil. La época europea (de la Historia del Pueblo Judío). Paidós Buenos Ares 1975
ROTH Cecil. The Church in the Dark Ages. Doubleday. NY 1962
ROTH Cecil. The History of Jews in Italy - Jewish Public Soc. of America. Philadelfia 1964
ROTH Cecil. The Spanish Inquisition - Norton New York 1964
ROTH Cecil. The darkages. Jews in Christan Europe (711-1096). Massadah Pub. Tel Aviv 1966
SAFRAI Shmuel. Época de la Misnah y del Talmud en Hist.Pueb.Jud. B.Sasson - Alianza. Madrid 1988
SALRACH J.M. Del estado romano a los reinos germanos. 2° Congreso de Est. Medievales 1993
SANCHEZ ALBORNOZ Claudio. El Islam de España y Occidente. Espasa Calpe 1974
SANCHEZ ALBORNOZ Claudio. España, un enigma histórico. Buenos Aires 1956
SANCHEZ ALBORNOZ Claudio. La España musulmana. Ateneo. Buenos aires 1960
SANCHEZ ALBORNOZ Claudio. Orígenes del Feudalismo (España/ Los árabes). Istmo. U.N. Cuyo 1942
SEAVER James E. The parsec. of the Jews in the Roman Empire (300-428). Univ. Kansas Press. Kansas. 2000
SIMON Marcel. Verus Israel. Littman Library Oxford Univ. Press. 1986
SIMON Marcel. Las sectas judías en tiempo de Jesús. Eudeba. Buenos Aires. 1967
SIMON Marcel. - Saint Stephen and the Hellenistic in the Primitive Church. London 1958
SIMÓN Marcel. - Los primeros cristianos. Eudeba. Buenos Aires 1961
SIMON Marcel y BENOIT A. El Judaísmo y el Crist. Antiguo, de Antíoco a Const. Labor Barcelona 1972
SINGERMAN Robert. Contemporary Racist in Juedophone Ideology discover Khazars
SPULER Berthold. The Muslim World - Brill. Leyden 1968
STERN Menajem. Período del Segundo Templo (en Hist. del Pueblo Judío B. Sasson). Alianza. Madrid 1988
STILLMAN N. A. The Jews of Arab Lands in Modern Times. Phil. Jew.Pub. Soc. 1991
TADMOR Hayim. Época del Primer Templo (en Hist.Pueb.Jud. B. Sasson) -

Alianza. Madrid 1988
TCHERIKOVER Victor A. Corp.Papyr Judaic I-III Harvard Press. Cambridge 1957/61
TOUBERT Pierre. Castillo, señores y campesinos en Italia Medieval. Crítica Barcelona 1990
TRAVERSO Enzo. Los marxistas y la Cuestión Judía - Del Valle. Buenos Aires 1996
VAN DULMEN Richard. Los inicios de la Europa Moderna 1550-1548 - Siglo XXI. Buenos Aires 2002
WEINRYB Bernard D. Solving the Khazar Problem - Ed Judaism Vol 13No4 (American Jew Cong1964 NY)
WEINSTOCK Nathan. Le Pain de Misère. Amazon. N.Y. 2002
WIESENTHAL Simon. Operación Nuevo Mundo. Aymá S.A. Editora. Barcelona 1973
WICKHAM C. y GIDAL N. Prob. la soc. rural en Eur. Occid. Edad Media.- A. Hist. Ant. Y Med. No 29-1996
WICKHAM Chris. Otra transición del mundo antiguo al feudalismo
ZABOROV Mijail. Historia de las Cruzadas . Akal. Madrid 1985

NOTAS AL PIE Y ANEXOS

Las notas al pie y anexos de esta edición
han sido publicados online en forma separada
para su descarga y consulta gratuitas
en el sitio web del autor:

www.enrique-dunayevich.com.ar

www.ingramcontent.com/pod-product-compliance
Lightning Source LLC
Chambersburg PA
CBHW050644270326
41927CB00012B/2867